El sacerdocio de todos los estudiantes

El sacerdocio de todos los estudiantes

Fundamentos históricos, teológicos y misiológicos de un ministerio universitario global

Timothée Joset

© 2023 Timothée Joset

Publicado en 2023 por Langham Global Library
Un sello editorial de Langham Publishing
www.langhampublishing.org

Langham Publishing y sus sellos editoriales son un ministerio de Langham Partnership

Langham Partnership
PO Box 296, Carlisle, Cumbria, CA3 9WZ, UK
www.langham.org

ISBNs:
978-1-83973-893-7 Print
978-1-83973-894-4 ePub
978-1-83973-895-1 PDF

Timothée Joset ha afirmado su derecho de ser identificados como los autor de esta obra bajo la Ley de propiedad intelectual, dise.os y patentes de 1988 (Reino Unido).

Todos los derechos reservados. Ninguna parte de esta publicación puede ser reproducida, almacenada en un sistema de recuperación o transmitida, en cualquier formato o por cualquier medio, electrónico, mecánico, fotocopiado, grabación o de otra manera, sin el permiso previo por escrito de la editorial o de la Agencia de Derechos de Autor.

Las solicitudes para reutilizar contenidos de Langham Publishing son procesadas a través de PLSclear. Favor visitar www.plsclear.com para completar su solicitud.

A menos que se indique lo contrario, todas las citas bíblicas han sido tomadas de la Reina-Valera 1960 ® © Sociedades Bíblicas en América Latina, 1960. Renovado © Sociedades Bíblicas Unidas, 1988. Utilizado con permiso

British Library Cataloguing-in-Publication Data
A catalogue record for this book is available from the British Library

ISBN: 978-1-83973-893-7

Diseño & arte de portada y libro: projectluz.com
Traducción al español: Yadira Maïté Colin

Langham Partnership respalda activamente el diálogo teológico y los derechos de publicación de los autores, pero no necesariamente avala las opiniones y opiniones expuestas aquí o en las obras a las que se hace referencia en esta publicación, ni garantizamos la corrección técnica y gramatical. Langham Partnership no se responsabiliza por los daños a terceros u otras propiedades como resultado de la lectura, el uso o la interpretación del contenido de esta publicación.

A las muchas mujeres y hombres de los cinco continentes cuyos nombres nunca aparecen en esta investigación, pero cuyo compromiso misionero, a menudo desapercibido pero sacrificado, humilde y fiel tanto en el servicio como en la oración ha hecho la historia, la teología y la misiología de IFES. Algún día conoceremos y nos alegraremos de sus testimonios que han cambiado el mundo.

Contents

Lista de abreviaturas ix

Agradecimientos xi

Introducción 1

Parte 1: Una visión selectiva de la historia de IFES

1   El trabajo de los estudiantes antes del IFES (1800-1909) 19

2   La narración magistral de una separación (1909-1935) 25

3   Reunirse en conferencias (1934-1946) 35

4   Todo comenzó en un mundo cambiante (1946-1962) 39

5   ¿Buenas nuevas para un mundo revolucionado? Los años 60 73

6   Cuando el Sur viene al Norte: La década de 1970 105

7   Asociaciones crecientes: La década de 1980. 125

8   Un nuevo mapamundi para terminar un siglo: La década de 1990. . 147

9   IFES en un nuevo milenio. 185

Parte 2: Actividades de IFES

10   El funcionamiento práctico del ministerio dirigido
     por estudiantes 191

Parte 3: Tercera parte: Reflexión eclesiológica y misiológica en IFES

11   Una base firme 211

12   Autores de IFES hablan de eclesiología. 243

Parte 4: Recursos teológicos

13   El sacerdocio de todos los creyentes 265

14   Reflexiones dogmáticas: Los laicos en la Iglesia. 281

15   Eclesiología misional 293

16	¿Un ministerio de expansión? La misiología de Roland Allen y el ministerio de IFES	319
17	Participación en la *Missio Dei*	329
18	Apostolicidad, teología y expansión misionera	345

Parte 5: Conclusión

19	El ministerio estudiantil a la luz del sacerdocio de todos los creyentes	357
20	Conclusión general	385

Apéndices

Apéndice 1: Dos discursos que cambiaron el evangelicalismo 395

Apéndice 2: La base doctrinal del IFES 399

Apéndice 3: Bibliología en la base doctrinal 401

Bibliografía 415

Lista de abreviaturas

SGA	Secretario General Adjunto
CICCU	Unión Cristiana Intercolegial de Cambridge
BD	Base doctrinal
EPSA	Región africana anglófona y lusófona
GBEU	Grupos Bíblicos de Escuelas y Universidades
GBU	Groupes Bibliques Universitaires (movimiento estudiantil francés)
CG	Comité General
SG	Secretario General
CE(I)	Comité Ejecutivo (Internacional)
IFES	Comunidad Internacional de Estudiantes Evangélicos
IVCF	Comunidad Cristiana InterVarsity
IVF	Comunidad Inter-Varsity
NT	Nuevo Testamento
OICCU	Unión Cristiana Intercolegial de Oxford
AT	Antiguo Testamento
ICR	Iglesia Católica Romana
SR	Secretario regional
MEC	Movimiento Estudiantil Cristiano
UCCF	Comunidad Cristiana de Universidades y Colegios Universitarios
AM	Asamblea Mundial
CMI	Consejo Mundial de Iglesias
FUMEC	Federación Universal de Movimientos Estudiantiles Cristianos

Agradecimientos

Como es habitual, no podré agradecer adecuadamente a todas aquellas personas que me han apoyado en el largo proyecto de una tesis doctoral que ahora se ha convertido en este libro. Sin embargo, deseo mencionar específicamente al menos a las siguientes:

Mis padres, Josiane y Pierre-André Joset, por su amor a la historia, la literatura, la música y la reflexión teológica, que han allanado el camino de mi periplo académico en cuatro países, así como por su imprescindible apoyo financiero a la aventura doctoral que desembocó en este libro.

Al profesor Dennis Ngien, por impulsarme a emprender los estudios de doctorado y por animarme a través de sus tutorías y su apoyo durante mis estudios teológicos en la Universidad Tyndale (Canadá); así como al profesor Ronald Kydd, por sus extraordinariamente amplias perspectivas de enseñanza de la historia de la Iglesia.

El profesor Mike Higton, cuyo escepticismo inicial hacia mi proyecto se convirtió en un apoyo comprometido, receptivo y dedicado. Siempre salí animado y fortalecido de las reuniones regulares de supervisión por Skype y luego por Zoom, aunque a veces supusiera reescribir o recortar (grandes) partes de mi trabajo.

El profesor Pete Ward, por sus perspicaces comentarios sobre la propuesta original de tesis, así como sobre borradores anteriores de este trabajo.

El profesor Stefan Paas, cuyos escritos descubrí tarde en mi investigación, pero cuya perspicacia misiológica es profundamente esclarecedora. Es un honor beneficiarme de su experiencia como examinador externo.

Kirsty Thorburn, que me presentó el funcionamiento interno de IFES cuando yo era un joven estudiante que descubría una junta internacional. Por su paciente ayuda en mi navegación por la historia de IFES y por permitirme el acceso a los archivos electrónicos.

Tim Adams, secretario general de IFES, por su amistad y confianza al concederme acceso ilimitado a los archivos de IFES.

Dr. Femi Adeleye y Dr. Augustin Ahoga, por su paciencia tanto para instruir a un joven estudiante blanco sobre la complejidad del África poscolonial como para apuntar que necesitaba ampliar mi comprensión teológica.

Dr. Vinoth Ramachandra, por su perspicaz lectura de un borrador anterior de este trabajo y por ayudarme a ampliar mis perspectivas teológicas y misiológicas.

Al Dr. Daniel Bourdanné, cuando aún ejercía como secretario general de IFES, por sus ánimos para que me aventurara en esta investigación y para que apartara el tiempo suficiente para completar el trabajo. Por su ejemplo de humildad en el servicio de IFES.

Christian Schneeberger, el primer obrero de GBEU que me sirvió de mentor mientras descubría el mundo de la universidad al mismo tiempo que asumía el liderazgo del grupo local. Gracias por esas noches casi en vela que pasamos discutiendo de teología durante los campamentos y las formaciones que me han animado mucho a afinar y ser más caritativo en mi pensamiento.

El profesor Donald A. MacLeod, biógrafo de Stacey Woods, por su inesperada y solidaria amistad mientras desarrollaba tímidamente la propuesta de investigación que dio lugar a este trabajo.

Tony Lai e Iris Youngsun Eom, que no solo nos recibieron en una nueva comunidad en Canadá, sino que nos orientaron de maneras reveladoras a mi esposa y a mí en el ministerio con estudiantes internacionales. El tiempo que pasamos con ellos fue un complemento extraordinario a los estudios teológicos formales. Muchas ideas recogidas durante las reuniones semanales del ISM han confluido en esta investigación.

Igors Rautmanis y el Dr. Kosta Milkov, dos queridos mentores que me han ayudado a mantener la salud espiritual y mental durante estos frenéticos años de investigación y ministerio.

Baptiste Bovay, el antiguo líder del grupo GBUN de Neuchâtel, que me ayudó con las citas y que siempre me alentó con sus preguntas recurrentes sobre mis progresos.

El profesor Hannes Wiher, por su tutoría en el desarrollo de mi perspicacia misiológica, por su apoyo, confianza y amistad, por su insistencia en que completara mi tesis en un plazo razonable, y por su eficaz lectura y sagaces comentarios sobre una versión anterior de este trabajo.

El Dr. McTair Wall, por su amistad y tutoría en las complejidades del mundo de la misiología francófona.

Todos los que están detrás del ministerio de GBEU Suiza. Durante los últimos cinco años, su apoyo financiero a mi ministerio también ha hecho posible esta investigación y la ha mantenido anclada en la realidad del ministerio universitario.

Jacqueline y Carmelo Cavaleri, mis suegros, cuya mesa siempre ofrece ricas y sabrosas comidas, que son bienvenidos descansos tras horas de redacción en mi escritorio.

Mi hermana Anne-Eve Favre y su marido Cédric, cuyo apartamento era un apreciado oasis de calma y descanso que ofrecían a pesar de que pasábamos poco tiempo con ellos.

La Dra. Bonnie Aebi, que corrigió con paciencia y gran eficacia todo el manuscrito durante las últimas semanas de la redacción final de la tesis doctoral a partir de la cual se escribió este libro.

Varios amigos y colegas de IFES que han leído partes de versiones anteriores de este trabajo y que han hecho comentarios, preguntas y sugerencias sobre lo que podría explorar.

Muchos amigos y colegas que – a veces con dudas – me han preguntado con regularidad por los progresos realizados en este trabajo. A menudo he declinado invitaciones, he retrasado la respuesta a correos electrónicos o mensajes de WhatsApp, o he acortado el tiempo que pasábamos juntos para poder dedicar suficientes horas al trabajo académico. Sus ánimos y oraciones han significado mucho.

Mi querida e incesantemente comprensiva esposa Natacha, sin la cual no habrían sido posibles ni mis estudios teológicos iniciales ni el minucioso trabajo que conlleva un proyecto a tan largo plazo. Concentrarme en el trabajo académico ha significado a menudo que los fines de semana fueran cortos, las vacaciones escasas y que el apartamento no estuviera tan limpio y ordenado como debería. Es una bendición inconmensurable transitar juntos en la senda del Señor, pues *"Quien halla esposa halla la felicidad: muestras de su favor le ha dado el Señor"* (Prov 18:22).

Y, evidentemente, doy gracias a Aquel en quien vivo, me muevo y existo. *Soli Deo Gloria.*

Introducción

La Comunidad Internacional de Estudiantes Evangélicos (IFES) es uno de los ministerios estudiantiles con mayor extensión geográfica, diversidad étnica y denominacional. Este libro explora cómo se ha desarrollado su teología a lo largo de su historia y sugiere una nueva forma de dar sentido a su labor. Propongo que la combinación de la doctrina del *sacerdocio de todos los creyentes*, con una comprensión misiológica de la eclesiología, ofrece una base firme para entender su labor y su desarrollo.

La idea de un sacerdocio de todos los creyentes sugiere *inmediatez, mediación y participación*. Los estudiantes, por la fe, tienen una conexión *inmediata* con Cristo y no necesitan depender de la mediación de una orden sacerdotal ni de ninguna otra jerarquía. En segundo lugar, los estudiantes *median* o *representan* a Cristo en el mundo, llamando a los que les rodean a la comunión directa con Cristo. En tercer lugar, los estudiantes se unen al sacerdocio de Cristo en virtud de su *participación* en *todo el pueblo sacerdotal de Dios*: la iglesia.

Contexto histórico

A medida que se desarrollan las universidades modernas en el siglo XIX, grupos de estudiantes con ideas afines se reúnen para realizar actividades de interés común. En muchos países, los estudiantes cristianos se reúnen para orar, estudiar la Biblia, dar testimonio común y edificarse mutuamente. Estos grupos se reúnen bajo supervisión clerical, como en el caso de las "congregaciones universitarias", o sin dicha supervisión, como ocurre con las "asociaciones voluntarias". Algunos aspiran involucrarse profundamente en aspectos teológicos y políticos con la sociedad y la universidad, mientras que otros dan prioridad a la piedad personal y al testimonio misionero.

Al igual que ocurre con otras sociedades voluntarias formadas por individuos que también son miembros de iglesias locales – sobre todo las florecientes sociedades misioneras-, los teólogos se plantean la cuestión de la legitimidad eclesiológica de tales reuniones. ¿Sobre qué base puede el laicado reunirse y participar en actividades eclesiásticas? ¿Cuál es su relación con las jerarquías eclesiásticas y, sobre todo, qué diferencia a estas agrupaciones de las iglesias locales? ¿Deben considerarse "iglesias" y, si no es así, cómo deberían llamarse?

Se dan respuestas divergentes a estas preguntas. La oposición, la sospecha y, en algunos casos la excomunión, no detienen la aparición de estos grupos. A menudo, los estudiantes cristianos que se implicaron significativamente en sociedades estudiantiles cristianas durante sus estudios se convierten en miembros profundamente implicados en las iglesias locales y en líderes reconocidos de otras organizaciones cristianas, que pronto se denominarán "organizaciones paraeclesiásticas" a falta de un término más apropiado. La más famosa de estas primeras organizaciones es la Federación Mundial de Estudiantes Cristianos (FUMEC), fundada en 1895.

Aparte de las agrupaciones vinculadas a las iglesias estatales o mayoritarias, los grupos evangélicos también adquieren importancia a finales del siglo XIX. Estos grupos no están aislados de las corrientes teológicas de la época. Como la universidad fomenta el pensamiento duro y la ampliación de horizontes, los grupos estudiantiles se ven a menudo involucrados en los profundos debates teológicos que causan división en las iglesias. Del mismo modo, los grupos de estudiantes cristianos se dividen por cuestiones teológicas o misiológicas.

Tras su fundación en 1947, IFES crece rápidamente en la era de la descolonización gracias a un liderazgo local, la promoción de un ethos de descentralización y el énfasis en la iniciativa de los estudiantes. IFES promueve un enfoque vanguardista que contextualiza la práctica misionera evangélica a la vez que insiste en la validez universal de los principios básicos de la fe evangélica. Este ethos permite la supervivencia de la organización en medio a la conmoción que provocó el llamado a una "moratoria misionera" en los años 60. El apoyo al liderazgo estudiantil implica apoyar la reflexión teológica laica entre sus movimientos miembros. Numerosos obreros del IFES desarrollan una "misiología desde abajo", imaginando el compromiso misionero con las realidades de contextos universitarios muy dispares en un mundo muy diverso. A medida que el mundo cambia, los estudiantes plantean nuevas cuestiones en los campus y es necesario abordar nuevas respuestas teológicas, como el papel de los cristianos en un mundo de revoluciones (marxistas), el arraigo cultural de las formulaciones doctrinales cristianas o los nuevos desafíos a la enseñanza ética cristiana tradicional.

Las principales actividades que tienen lugar bajo el paraguas del IFES son el estudio de la Biblia, las reuniones de oración y el testimonio a los compañeros a través de amistades y actos públicos en el campus. Algunos líderes estudiantiles desarrollan un hábito de reflexión cristiana en contextos que les capacitan a contextualizar el mensaje cristiano en el Mundo Mayoritario de formas poco frecuentes en los círculos evangélicos. Esto se hace especialmente evidente en el Congreso de Lausana de 1974, donde numerosos oradores influyentes estuvieron involucrados con IFES en el pasado. Esta comunidad había sido el contexto en el que desarrollaron su capacidad de liderazgo y su perspicacia teológica y donde se les dio una voz que no habrían tenido necesariamente en otras organizaciones misioneras más centralizadas.

Los movimientos nacionales de IFES nunca han podido contratar a suficientes miembros del personal como para supervisar constantemente las actividades de los grupos estudiantiles locales repartidos por sus respectivos países. En muchos casos, los estudiantes llevaban reuniéndose mucho tiempo antes de que algún miembro del personal tuviera noticia de las reuniones. Esta firme creencia en la capacidad de los estudiantes para dirigir a sus compañeros en el estudio de la Biblia, la oración y el testimonio era, sobre todo, consecuencia de una tradición evangélica profundamente arraigada de confiar en la doctrina del "sacerdocio de todos los creyentes". Esta idea teológica, muy discutida entre las numerosas ramas de las tradiciones cristianas y arraigada en el luteranismo posterior, reelaborada en la tradición de la Iglesia Evangélica Libre y especialmente en los círculos de los Hermanos – de los que salieron numerosos de los primeros líderes de IFES – asume que *cualquier* estudiante cristiano puede mediar entre Dios y sus compañeros, cristianos o no, en virtud de su relación *inmediata* con Dios.

El sacerdocio de todos los creyentes

Sostengo que la doctrina del "sacerdocio de todos los creyentes" ha sido esencial, desde el principio, para el enfoque específicamente no clerical del IFES con respecto al ministerio estudiantil. Incluso si este fundamento teológico solo se menciona explícitamente en raras ocasiones en los documentos oficiales, proporciona la justificación implícita para animar a los estudiantes a ministrar a otros estudiantes mucho antes de que ninguno de ellos pudiera tener una formación teológica formal o una acreditación oficial por parte de las autoridades eclesiásticas. También explica por qué la mayoría de los obreros solo recibe formación teológica "sobre la marcha" y que solo algunos obreros senior estén ordenados en sus denominaciones respectivas. Este enfoque del ministerio *basado en el sentido común* hace que miembros del clero de todos los rincones del mundo cuestionen la legitimidad del ministerio de IFES y se pregunten si los grupos de estudiantes se consideran a sí mismos iglesias locales en el campus. Mientras que a veces éste era incidentalmente el caso, la dirección de IFES siempre desarrolló cautelosamente su pensamiento eclesiológico para afirmar que los grupos estudiantiles formados por estudiantes cristianos, y por lo tanto miembros de la iglesia, no eran en sí mismos iglesias, sino el *brazo misionero de la iglesia local en el campus*, que llegaban a una población específica que requería una comprensión especial, y que eran sociológicamente estratégicos tanto para la sociedad en general como para la futura dirección de la iglesia.

Concluyo que, a pesar del desafío que suponen los posibles excesos individualistas, el "sacerdocio de todos los creyentes" proporciona un pilar esencial sobre el que establecer un ministerio lo suficientemente flexible como para tener en cuenta la gran volatilidad del mundo de la educación superior y la variedad de contextos sociales, geográficos, eclesiales y económicos en los que operan los movimientos IFES. Esta agilidad es necesaria por razones prácticas, pero también por razones profundamente misiológicas: si el mensaje cristiano se dirige a todos los seres humanos, éstos deben poder responder de forma adecuada a su cultura, formas de pensamiento, lengua y aspiraciones.

Una herencia doctrinal común compartida ofrece una orientación sólida y digna de confianza, pero el "depósito de la fe" debe ser apropiado por quienes lo reciben. Los estudiantes son los más indicados para identificar los retos a los que se enfrentan sus compañeros en el mundo de la educación superior. Desde el punto de vista misiológico, es crucial que consideremos al grupo destinatario en sus propios términos. Si una dimensión esencial de la educación universitaria implica formar a los estudiantes para que examinen el mundo y reflexionen críticamente sobre él, el mensaje cristiano también debe estar abierto a un examen reflexivo. Tales "espacios seguros" fuera de las limitaciones de las tradiciones y lealtades eclesiales permiten fructíferos encuentros interdenominacionales que fomentan el entendimiento entre los cristianos y les capacitan para comprometerse con los demás, *mediando* el evangelio en un diálogo respetuoso y reflexivo. De lo contrario, un ministerio dirigido a los estudiantes corre el riesgo de permitir únicamente una fe que podría permanecer al margen de los desafíos reales relacionados con la vida y los estudios a los que se enfrenta cualquier estudiante y, por tanto, no sería sostenible una vez que se dejen atrás las estructuras de apoyo de los grupos estudiantiles locales. Pues los principios de *inmediatez*, *mediación* y *pertenencia* a la iglesia y a la misión de Dios pueden sostener la vida de los cristianos mucho más allá de sus años en la universidad.

Metodología

La idea de que el sacerdocio de todos los creyentes podría dar sentido al trabajo de IFES fue en primer lugar una intuición personal basada en mi amplio conocimiento personal de su trabajo. En última instancia, no estoy afirmando que el sacerdocio de todos los creyentes sea *la* forma en la que los líderes y la base de IFES explican su trabajo, sino que proporciona una forma de reunir las afirmaciones clave realizadas dentro de IFES y las prácticas clave de IFES, y dotarlas de fundamentos teológicos misiológicos que les den sentido.

Quería entender por qué IFES lleva a cabo su misión del modo en que lo hace y cómo la legitima teológicamente. Otras cuestiones eran cómo el laicado desarrolla gradualmente su perspicacia teológica a lo largo de su participación en la comunidad estudiantil – esto incluye especialmente a las mujeres – y cómo toda esta empresa consigue funcionar a escala mundial. Para obtener una visión preliminar de estas áreas, leí obras publicadas de actores clave como los secretarios generales de IFES, pero también de otros altos cargos como René Padilla, Zac Niringiye, Samuel Escobar, Vinoth Ramachandra; y finalmente de teólogos cercanos al IFES como John Stott, Jim Stamoolis y Chris Wright, entre otros. Ninguno de ellos articuló la labor de IFES del modo que aquí propongo. Sin embargo, la mayoría de ellos hicieron breves alusiones a la legitimidad de la misión laica, atribuyéndola a la importancia del acceso inmediato a Dios como premisa necesaria para el estudio de la Biblia y el compromiso misionero. Antes de mi trabajo de tesis, discutí mis ideas con Lindsay Brown y Chris Wright, y notablemente ambos me confirmaron que iba por buen camino. En una de las pocas entrevistas orales que pude realizar – debido tanto a las limitaciones de espacio de este trabajo como al COVID – Escobar confirmó mis ideas y también me señaló otros escritos de Padilla que, en esencia, defendían el ministerio laico en la misma línea que este trabajo.[1]

Estas conversaciones preliminares enmarcaron la forma en que llevé a cabo mi trabajo de búsqueda de archivos.[2] Estudié los documentos internos: actas de comités, correspondencia, documentos de debate y de posición, documentos de conferencias. Estos documentan la forma en que IFES ha entendido su propio trabajo y reflexionan largo y tendido sobre cómo presentarlo al mundo exterior. No todas las discusiones quedan registradas en las actas, ya que

---

1. Samuel Escobar, Entrevista (Coma-Ruga, España, 2018).

2. Los archivos de IFES de los años 1935–91 se conservan en el centro de archivos Billy Graham en Wheaton, Illinois, EE.UU. Los archivos de los años siguientes aún se encontraban en el centro internacional de servicios de IFES en Oxford cuando comencé mi trabajo de archivo en 2016.

muchas también tienen lugar de manera informal, pero el historiador no puede acceder a ninguna de ellas salvo a través de una historia oral muy extensa, que además tiene la limitación de la memoria y los intereses de cada interlocutor.

Leí estos documentos de archivo, a los que se me había concedido acceso ilimitado, examinándolos temáticamente a través de tres "conceptos clave" principales: la teología (la legitimación de la misión de IFES); la eclesiología (la legitimación de la forma de la misión de IFES); y la universidad (el contexto de la misión de IFES). Estos conceptos eran a veces explícitos, a veces implícitos, más comprensibles en el contexto de los documentos examinados, sus autores y sus objetivos. Tomé notas exhaustivas de los principales argumentos de los documentos que leí – desde los memorandos y documentos de visión más formales hasta los boletines informativos más informales – y posteriormente los organicé en una gran biblioteca de temas y subtemas. En las fases finales de redacción, conservé únicamente los documentos que discuten de forma más articulada los "conceptos clave" mencionados, dejando de lado a regañadientes un número muy significativo de otras fuentes – en particular, la correspondencia de actores más locales – que harían la descripción más sustancial pero no alterarían significativamente el argumento que aquí ofrezco. Esta investigación combina conocimientos de las distintas ramas de la teología – sistemática, bíblica, práctica – pero también de la historia, ofreciendo una combinación de análisis temático comparativo con elementos de análisis contextualizado del discurso. Aunque no sigue un enfoque científico-social estricto, al igual que una metodología de codificación formal puede entenderse como una especie de espiral hermenéutica a través de capas de textos normativos, experiencias de campo y relatos de estas experiencias. Además de los documentos internos, leí la mayoría de los documentos publicados por IFES – revistas, libros, boletines, documentos de presentación, etc. – que fueron publicados directamente por IFES o por sus movimientos miembros.

La primera parte histórica no es ni una historia factual ni un catálogo de la obra de figuras destacadas. No es una "historia de los grandes hombres", sino más bien una "historia teológica de las ideas", centrada en cómo han surgido las cuestiones eclesiológicas y misiológicas a lo largo de la historia de IFES.[3] El estudio de una organización extendida de unos 170 países, en el momento de escribir estas líneas, es una tarea de enormes proporciones, y representar

---

3. Por falta de espacio, no he podido contextualizar históricamente todos los desarrollos y debates teológicos de los que se informa en esta obra. Para ello, se recomienda al lector que busque panorámicas más amplias, como Brian Stanley, *Christianity in the Twentieth Century: A World History* (Princeton: Princeton University Press, 2018).

con justicia la riqueza de la diversidad geográfica, teológica, socioeconómica y cultural excede las fuerzas de un solo autor. He intentado, en la medida de lo posible, dar una voz justa a todas las regiones de IFES. Sin embargo, reconozco que un trabajo más amplio será necesario en el futuro para hacer justicia a los muchos actores anónimos pero comprometidos que han dado forma a la comunidad a lo largo de su historia. Un área de trabajo importante que solo se ha podido insinuar escasamente a lo largo de este trabajo, pero que merecería un estudio en profundidad, es todo el ministerio de la enseñanza secundaria, que es extremadamente fuerte en muchos países, mucho más importante que el ministerio universitario. Del mismo modo, un estudio minucioso de la dirección, las estructuras y las operaciones financieras de la comunidad merecería sin duda el tiempo de futuros investigadores interesados en el funcionamiento interno de una organización de la envergadura de las Naciones Unidas que, sin embargo, funciona con solo una fracción del presupuesto de esta última.

Una de las limitaciones de las que tenía conciencia antes de comenzar el trabajo es que un ministerio como IFES, que trabaja esencialmente con fuerza humana voluntaria y unos pocos empleados generalmente humildemente remunerados, no suele invertir grandes sumas de dinero en escribir sobre su labor. Algunos movimientos nacionales han publicado historias de mayor o menor profundidad analítica – algunas se citan en este trabajo. IFES ha publicado algunas obras de autorreflexión. Sin embargo, en general, una extraordinaria riqueza de sabiduría sobre los entresijos del ministerio universitario se pierde a medida que cada generación de estudiantes y miembros del personal se traslada a otros lugares de trabajo o ministerio.

Significativamente, éste es el primer libro completo que evalúa la labor global de IFES desde una perspectiva académica. Se han escrito artículos breves y una biografía en profundidad sobre su primer secretario general, pero queda mucho por hacer, sobre todo para desvelar la labor de las muchas mujeres comprometidas que han dado forma a la vida y el ministerio de IFES.[4] Esta obra aspira a arrojar algo de luz histórica, teológica y misiológica sobre un actor importante en el mundo de las organizaciones estudiantiles cristianas. "Estudiantes" se utiliza en todo el documento como término paraguas para referirse a los miembros clave de IFES. En ocasiones puede implicar a los estudiantes de enseñanza media y, desde luego, engloba a los estudiantes de posgrado. Además, si esta tesis resulta convincente, podría apoyar un

---

4. Un intento notable de destacar estas poderosas influencias es Vivienne Stacey, ed., *Mission Ventured: Dynamic Stories across a Challenging World* (Leicester: IVP, 2001).

ligero replanteamiento de la visión de IFES como para considerarla más deliberadamente un ministerio para la universidad y no solo para los que tienen la condición oficial de estudiantes: los profesores, el personal no académico y, más en general, toda la labor académica.

Sobre el autor

IFES ha sido uno de los elementos bien avenidos de mi propio recorrido académico. Me convertí en líder estudiantil en mi último año de enseñanza media y en mi primer año de universidad. He pasado incontables horas en actividades de grupos estudiantiles de todo tipo en Suiza, Alemania y Canadá, asumiendo casi todos los niveles de liderazgo. Escribí esta tesis mientras trabajaba a tiempo parcial con el movimiento IFES de Suiza francófona, GBEU, además de viajar regularmente a conferencias IFES y participar en la formación de estudiantes en grupos IFES de tres continentes. Desde muy pronto, leí casi todo lo que pude sobre la identidad y la visión de nuestro trabajo. En mi primer año en la universidad, el secretario general de GBEU me sugirió que mi futura tesis de máster examinara la historia de mi movimiento. Esa primera tesis – defendida en 2012 – fue el comienzo de un viaje fascinante del que este trabajo es la culminación. Como el primer trabajo se escribió en un departamento de historia, me frustró no dedicar más energía al pensamiento teológico. A lo largo de mis estudios teológicos posteriores, me di cuenta de que el mundo teológico casi ignoraba todo lo relacionado con el ministerio estudiantil, especialmente en las universidades seculares, y cómo sus percepciones misiológicas podrían enriquecer el pensamiento teológico, incluso en cuestiones eclesiológicas. La mayoría de mis amigos y colegas simplemente carecen de tiempo para escribir y reflexionar sobre su ministerio.

Por ello, me he lanzado a la osada empresa de escribir un relato de IFES que, aunque sea el de un iniciado, pretende ser lo más justamente crítico posible. Así es como pretende escribir un historiador cristiano, aunque ello signifique, en ocasiones, tener que dar cuenta de elementos incómodos: en última instancia, todos los actores de IFES, como humanos, son pecadores redimidos. Por eso era crucial para la honestidad intelectual de este trabajo, así como para el autoconocimiento de IFES, dejar que las voces críticas, tanto de dentro como de fuera de la comunidad, hablaran en sus propios términos. No nos atrevemos a suponernos inmunes a la crítica justa, a la corrección, a la convicción de acciones, escritos u opiniones pecaminosas. Como parte de la iglesia, IFES necesita corrección y mejora, como todos nosotros.

Los lectores de IFES con una larga experiencia podrían sentir que se han descuidado algunos aspectos del ministerio; otros, que he hecho demasiado hincapié en algunos elementos o que he malinterpretado algunas acciones o escritos. Tal es el destino del historiador que navega por ingentes cantidades de materiales de archivo y del teólogo que se ve obligado a limitar los temas en los que puede centrarse. Supongamos que los lectores ajenos a IFES comprenden su trabajo en la mayoría de sus dimensiones, incluidas las que ven de forma más crítica. Supongamos que personas con una larga experiencia en IFES reconocen elementos clave y tal vez (re)descubren aspectos de este ministerio que antes no percibían. En ese caso, el siguiente relato habrá contribuido a una mejor comprensión mutua en el complejísimo mundo de la teología y el ministerio cristianos.

La consecuencia de lo que precede es que mi propio *Sitz im Leben* significa que, teológicamente, este libro está escrito desde *dentro* de la tradición teológica *evangélica* de la IFES. Esencialmente, en lo que sigue y en diálogo con otras tradiciones, presumiré una sacramentología baja, un relato a priori bajo del orden eclesiástico y una confianza alta en la capacidad de los creyentes para dar sentido a la Biblia. Estoy ofreciendo una contribución a un debate evangélico en curso y no intento defender la teología evangélica, ya que muchos autores lo han hecho en otros lugares. Aunque he leído y me he beneficiado ampliamente de autores no occidentales, mi propia trayectoria académica es esencialmente occidental, pero con la esperanza de no ser demasiado insular a pesar de todo.

Revisión bibliográfica

En la literatura cristiana del siglo XX, el papel de los ministerios estudiantiles se reconoce la mayoría de las veces solo de pasada en los estudios historiográficos[5] así como en algunos artículos académicos más específicos.[6] La mayoría de

---

5. David W. Bebbington, *Evangelicalism in Modern Britain: A History from the 1730s to the 1980s* (Londres: Unwin Hyman, 1989); Brian Stanley, *The Global Diffusion of Evangelicalism: The Age of Billy Graham and John Stott*, vol. 5 de *A History of Evangelicalism*, 5 vols. (Downers Grove: IVP, 2013); David W. Bebbington y David Ceri Jones, eds, *Evangelicalism and Fundamentalism in the United Kingdom During the Twentieth Century* (Oxford: OUP, 2013); Sébastien Fath, *Le protestantisme évangélique, un christianisme de conversion: entre ruptures et filiations*, Bibliothèque de l'Ecole des Hautes Etudes; Sciences religieuses (Turnhout: Brepols, 2004); Sébastien Fath, "Evangelical Protestantism in France: An Example of Denominational Recomposition?", *Sociology of Religion* 66, no. 4 (1 dic. 2005): 399–418.

6. David Goodhew, "The Rise of the Cambridge Inter-Collegiate Christian Union, 1910–1971", *The Journal of Ecclesiastical History* 54, nº 1 (2003): 62–88; Donald A. MacLeod, *C. Stacey Woods and the Evangelical Rediscovery of the University* (Downers Grove: IVP Academic, 2007);

los escritos son recuerdos personales e institucionales, como en el caso de la Federación Mundial de Estudiantes Cristianos[7] o la Comunidad Internacional de Estudiantes Evangélicos,[8] entre otros en general.[9] Los estudios específicos por países han examinado los grupos de estudiantes cristianos en Europa y Norteamérica. Dos estudios[10] han explorado cómo un movimiento evangélico ha navegado por las modificaciones en la cultura de liderazgo a raíz de las críticas a las instituciones y la "crisis religiosa" de los años sesenta,[11] en comparación con las estructuras del Movimiento Estudiantil Cristiano (MEC).[12] Estos estudios toman como punto de partida el fuerte compromiso de las organizaciones laicas con la labor misionera.[13] Algunos trabajos han analizado el papel desempeñado

---

John G. Turner, *Bill Bright and Campus Crusade for Christ: The Renewal of Evangelicalism in Postwar America* (Chapel Hill: University of North Carolina Press, 2008).

7. Suzanne de Diétrich, *Cinquante ans d'histoire: la Fédération universelle des associations chrétiennes d'étudiants (1895–1945)* (París: Ed. du Semeur, 1946); Philip Potter y Thomas Wieser, *Seeking and Serving the Truth: The First Hundred Years of the World Student Christian Federation* (Ginebra: Consejo Mundial de Iglesias, 1996); Risto Lehtonen, *Story of a Storm: The Ecumenical Student Movement in the Turmoil of Revolution, 1968 to 1973* (Grand Rapids: Eerdmans, 1998); Robin H. S. Boyd, *The Witness of the Student Christian Movement: Church Ahead of the Church* (Londres: SPCK, 2007); Johanna M. Selles, *The World Student Christian Federation, 1895–1925: Motives, Methods, and Influential Women* (Eugene: Pickwick, 2011).

8. Douglas Johnson, *A Brief History of the International Fellowship of Evangelical Students* (Lausana: IFES, 1964); Pete Lowman, *The Day of His Power: A History of the International Fellowship of Evangelical Students* (Leicester: Inter-Varsity, 1983); Lindsay Brown, *Brillando como estrellas: El poder del evangelio en las universidades del mundo* (Barcelona: Andamio Editorial, 2018).

9. David M. Howard, *Student Power in World Evangelism* (Downers Grove: IVP, 1970).

10. Adrienne Prudente, "Histoire des Groupes Bibliques Universitaires (GBU) en Suisse romande (de 1937 à 1953). Ou des stratégies pour une évangélisation efficace des étudiants" (tesis de máster, Universidad de Lausana, 2004); Timothée Joset, "20 ans d'histoire des groupes bibliques universitaires de Suisse Romande: 1955–1975: L'histoire de la "Réformation" des étudiants en une période mouvementée ou comment concilier une foi séculaire dans un monde en mouvement" (tesis de máster, Universidad de Neuchâtel, 2012).

11. Hugh McLeod, *The Religious Crisis of the 1960s* (Oxford: Oxford University Press, 2007).

12. Ronald Preston, "The Collapse of the SCM", *Theology* 89, n° 732 (1986): 431–40; Lehtonen, *Story of a Storm*.

13. Deryck W. Lovegrove, *The Rise of the Laity in Evangelical Protestantism* (Londres: Routledge, 2002); Kenneth Hylson-Smith, *The Laity in Christian History and Today* (Londres: SPCK, 2008).

por la doctrina en las organizaciones ecuménicas e interconfesionales,[14] y se han estudiado comparativamente algunas declaraciones doctrinales.[15]

En cuanto a las organizaciones paraeclesiásticas, sigue faltando una investigación académica sistemática, ya que solo existen manuales, pero sin un enfoque específico sobre las particularidades del movimiento estudiantil.[16] La sociología ha demostrado ser un enfoque fructífero para los grupos estudiantiles considerados generalmente como movimientos religiosos.[17] Siguiendo el trabajo fundamental de Bruce,[18] quién comparó sociológicamente los dos movimientos en Gran Bretaña (MEC y IVF), Bramadat[19] ha profundizado y subrayado las complejidades de una "mentalidad de fortaleza" y el necesario compromiso en un contexto secular. Otros han hecho hincapié en las características de los

---

14. Daniel W. Hardy, "Upholding Orthodoxy in Missionary Encounters: A Theological Perspective," en *Christian Missions and the Enlightenment*, ed. Brian Stanley (Grand Rapids: Eerdmans, 2001), 198–222; Danièle Hervieu-Léger, "Le converti 'évangélique,' figure de description de la modernité religieuse," en *Le protestantisme évangélique, un christianisme de conversion: entre ruptures et filiations*, ed. Sébastien Fath (Turnout: Brepols, 2004), 207–13; Fath, Christianisme de conversion. Sébastien Fath (Turnhout: Brepols, 2004), 207–13; Fath, *Christianisme de conversion*.

15. Jean-Paul Willaime, "La formule d'adhésion, la déclaration de foi et le problème ecclésiologique du protestantisme : un point de vue sociologique", en *Vers l'unité pour quel témoignage ? La restauration de l'unité Réformée (1933-1938)*, ed. Jean Baubérot. Jean Baubérot (París: Les Bergers et les Mages, 1982), 288–304; Jean-François Collange, "Les confessions de foi 'évangéliques'", *Autres Temps. Les cahiers du christianisme social* 3 (1984): 72–82; Rob Warner, "Evangelical Bases of Faith and Fundamentalizing Tendencies", en *Evangelicalism and Fundamentalism in the United Kingdom During the Twentieth Century*, ed., David Bebbington y David Ceri. David Bebbington y David Ceri Jones (Oxford: OUP, 2013), 328–47.

16. Lausanne Movement, "Cooperating in World Evangelization: A Handbook on Church/Para-Church Relationships", Lausanne Occasional Paper (1983), http://www.lausanne.org/content/lop/lop-24; Jerry E. White, *The Church and the Parachurch: An Uneasy Marriage* (Portland: Multnomah, 1983); Wesley Kenneth Willmer, J. David Schmidt y Martyn Smith, *The Prospering Parachurch: Enlarging the Boundaries of God's Kingdom* (San Francisco: Jossey-Bass, 1998); John Pellowe, "Leading Ministries into Christian Community: A Practical Theology for Church-Agency Relations" (tesis doctoral, Seminario Gordon-Conwell, 2008); John Pellowe, *The Church at Work: A Manual for Excellent Church-Agency Relations* (Elmira: Canadian Council of Christian Charities, 2012).

17. Robert A. Stallings, "Patterns of Belief in Social Movements: Clarifications from an Analysis of Environmental Groups", *The Sociological Quarterly* 14, no. 4 (1973): 465–80; James A. Beckford, "Explaining Religious Movements", *International Social Science Journal* 29, nº 2 (1977): 235; James A. Beckford, *Social Theory and Religion* (Cambridge: CUP, 2003).

18. Steve Bruce, "The Student Christian Movement and the Inter-Varsity Fellowship: A Sociological Study of Two Movements" (tesis doctoral, Stirling, Universidad de Stirling, 1980).

19. Paul A. Bramadat, *Church on the World's Turf: An Evangelical Christian Group at a Secular University* (Oxford: Oxford University Press, 2000).

años de estudiante[20] como el periodo de desarrollo de una visión del mundo y de un compromiso para desafiar los valores y las prácticas sociales.[21]

En la tradición evangélica se suele hacer mucho hincapié en el estudio de la Biblia; por consiguiente, un ministerio paraeclesiástico dirigido por estudiantes implica consecuencias hermenéuticas, y Village[22] proporciona un buen punto de partida.

Varias publicaciones han explorado la compleja relación de los evangélicos con el rito de paso que representa la universidad para los jóvenes adultos[23] en el contexto de la búsqueda intelectual para protestantes y evangélicos,[24] católicos y estudiantes en general.[25] Son indispensables a este respecto importantes obras que han influido en la historia de los recientes movimientos evangélicos[26] y

---

20. Christian Smith y Patricia Snell, *Souls in Transition: The Religious and Spiritual Lives of Emerging Adults* (Oxford: OUP Premium, 2009); Sonya Sharma, "Navigating Religion between University and Home: Christian Students' Experiences in English Universities", *Social & Cultural Geography* 14, nº 1 (2013): 59–79.

21. Jean-Philippe Legois, Alain Monchablon y Robi Morder, *Cent ans de mouvements étudiants*, editado por Groupe d'études et de recherches sur les mouvements étudiants (GERME) (París: Editions Syllepse, 2007); Valérie Becquet, "Moment étudiant, moment d'engagement: regard sur les activités bénévoles des étudiants", en Legois, Monchalbon y Morder, *Cent ans*, 141–55; Françoise Hiraux, ed., "Un moment d'engagement: regard sur les activités bénévoles des étudiants", en Legois, Monchalbon y Morder, *Cent ans*, 141–55., *Les engagements étudiants: des pratiques et des horizons dans un monde globalisé* (Lovaina la Nueva: Academia-Bruylant, 2008); Françoise Hiraux y Paul Servais, "Les figures de l'engagement étudiant", en Hiraux, *Engagements étudiants*, 31–58.

22. Andrew Village, *The Bible and Lay People: An Empirical Approach to Ordinary Hermeneutics*, Explorations in Practical, Pastoral, and Empirical Theology (Aldershot: Ashgate, 2007).

23. Edward Dutton, *Meeting Jesus at University: Rites of Passage and Student Evangelicals* (Burlington: Ashgate, 2008).

24. John R. Fry, "Anti-Intellectualism in the Church Today", *The Christian Scholar* 45, nº 1 (1962): 22–27; Mark A. Noll, "Common Sense Traditions and American Evangelical Thought", *American Quarterly* 37, nº 2 (1985): 216–38; Mark A. Noll, *The Scandal of the Evangelical Mind* (Grand Rapids: Eerdmans, 1994); Cornelius Plantinga, *Engaging God's World: A Christian Vision of Faith, Learning, and Living* (Grand Rapids: Eerdmans, 2002); Carl R. Trueman, *The Real Scandal of the Evangelical Mind* (Chicago: Moody, 2011); Alvin C. Plantinga, "On Christian Scholarship", en *Christian Scholarship in the Twenty-First Century: Prospects and Perils*, eds. Thomas M. Crisp, Steven L. Porter y Gregg Ten Elshof (Grand Rapids: Eerdmans, 2014), 18–33.

25. Mathew Guest, *Christianity and the University Experience: Understanding Student Faith* (Londres: Bloomsbury, 2013).

26. John Stott, *Your Mind Matters: The Place of the Mind in the Christian Life* (Downers Grove: IVP, 1973); Oliver R. Barclay, *Developing a Christian Mind* (Leicester: IVP, 1984); Clifford Williams, *The Life of the Mind: A Christian Perspective* (Grand Rapids: Baker Academic, 2002); Mark A. Noll, *Jesus Christ and the Life of the Mind* (Grand Rapids: Eerdmans, 2011); David A. Horner, *Mind Your Faith: A Student's Guide to Thinking and Living Well* (Downers Grove: IVP, 2011); Alister E. McGrath, *The Passionate Intellect: Christian Faith and the Discipleship of the Mind* (Downers Grove: IVP Books, 2014).

las recientes reflexiones teológicas sobre la idea del florecimiento humano y la educación superior.[27] Por último, y más recientemente, Cawley ha explorado cómo la estructura de la visión de "Piedras Vivas" del IFES puede ser un marco fructífero para dar cuenta de lo que ocurre en toda la comunidad.[28]

Esquema de los capítulos

La primera parte de esta obra es un repaso histórico a la evolución del IFES desde su fundación en 1947 hasta el año 2000. El panorama se centra en las reflexiones y debates teológicos. Al ser un relato selectivo, no proporciona una narración completa de la rica historia de cómo los movimientos nacionales independientes se unieron, cooperaron entre sí, debatieron cuestiones teológicas y misiológicas y, en ocasiones, se enfrentaban unos a otros.

Esta parte mostrará que, en relación con *la inmediatez*, la labor de IFES gira en torno a un compromiso con la autoridad de la Biblia y con la capacidad de todos los creyentes para descubrir por sí mismos el sentido llano de las Escrituras. En la historia de IFES han surgido preguntas sobre la relación entre esa capacidad y la autoridad de IFES como organismo para determinar y expresar lo que es el sentido llano de las Escrituras. IFES respondió a este desafío elaborando una base *doctrinal*, que sirve como resumen autorizado de los fundamentos teológicos de la comunidad. Esta base surgió en un contexto histórico particular y desde entonces ha definido su identidad y sus límites. De ahí que surjan preguntas en la historia de esta comunidad sobre la relación entre ese contexto de origen y los muchos otros contextos en los que opera.

En relación con la *mediación*, mostraré en primer lugar cómo su historia muestra diferentes actitudes ante los contextos intelectuales del ministerio estudiantil, incluyendo especialmente una actitud defensiva desde el principio que ha seguido dando forma al movimiento de muchas maneras. En segundo lugar, la historia de IFES muestra un sorprendente y temprano avance hacia la autoreferencialidad misiológica, aunque existen tensiones persistentes entre la autoreferencialidad y la supervisión central, y todo tipo de complejidades sobre el papel del personal (extranjero).

En relación con la *participación*, mostraré cómo la insistencia en la inmediatez del acceso de cada estudiante a las Escrituras, y en la autoreferencialidad del ministerio en cada contexto nacional, ha ido de la

---

27. Mike Higton, *A Theology of Higher Education* (Oxford: OUP, 2012).
28. Luke Cawley, *Luces en el campus: Estudiantes que viven y hablan de Jesús en todo el mundo* (Ulzama: Andamio Editorial, 2021).

mano de todo tipo de apoyo y aliento que fluye en torno al IFES; pero también que hay preguntas persistentes sobre hasta qué punto el IFES en su conjunto es capaz de recibir los dones de la autoreferencialidad intelectual e internacional de cada uno de los contextos en los que opera.

La segunda parte complementa el relato histórico ofreciendo una descripción de las actividades centrales de los grupos IFES, basada en pruebas de archivo. Estas actividades se basan en profundos supuestos teológicos vinculados a mi comprensión del "sacerdocio de todos los creyentes". El testimonio, la oración, la lectura de la Biblia y la comunión son actividades de los grupos estudiantiles locales que cuestionan y responden a las interrogantes de *inmediatez*, *mediación* y *participación*; lo mismo ocurre con el complejo papel de los obreros, que se encuentran en el punto intermedio entre los grupos dirigidos por estudiantes y las autoridades eclesiásticas.

La tercera parte muestra que en el seno de IFES se ha dado lugar a una importante reflexión eclesiológica y misiológica. El argumento del "sacerdocio de todos los creyentes" se vincula mejor con una *eclesiología misional* que se desarrolló lenta pero constantemente en el seno de la comunidad y que sigue en diálogo con su contexto y con el mundo cristiano en general. Esta reflexión tardó en surgir. El primer contexto en el que se esbozó parte de ella fue la declaración teológica clave de IFES, su base doctrinal, que examino con cierto detalle. También se articuló en escritos teológicos y misiológicos redactados por personas influyentes en el mundo de IFES, así como cada vez más fuera de él. Las experiencias recogidas por estos autores fueron moldeando su concepción de la eclesiología dado que proporcionaron un modo misional que es congruente con la vocación de cada creyente de *mediar* con sus creencias en su entorno.

La cuarta parte profundiza la reserva teológica de recursos examinando en primer lugar cómo una lectura misional de ciertos textos bíblicos puede sustentar *una comprensión misional del sacerdocio de todos los creyentes y una eclesiología correspondiente* que comience con el llamado al pueblo de Israel y que prosiga con la comprensión de la misión sacerdotal del pueblo de Dios en la iglesia. Lejos inicialmente del semillero teológico de IFES, los textos oficiales católicos romanos, así como los escritos de Hans Küng, trazan de forma convincente lo que a continuación paso a argumentar; a saber, que las organizaciones "paraeclesiásticas", una vez entendidas correctamente en el contexto de una eclesiología misional, no están ni al lado ni fuera de la iglesia, sino que son su encarnación misma fuera de los muros de las asambleas reunidas tradicionales. El misiólogo Roland Allen, muy conocido por su reflexión sobre las realidades de las misiones en el extranjero, resulta útil aquí para comprender lo que significa *mediar* un mensaje en tierras lejanas y centrarse en lo esencial. En última instancia, lo que hacen todos los creyentes cuando comparten el mensaje de su fe es unirse a la *missio Dei* que, por su naturaleza encarnacional, está conformada por los contextos en los que se proclama y se recibe el Evangelio. Esta *participación* en la misión de Dios conforma la identidad de los creyentes que se entienden a sí mismos como *peregrinos y sacerdotes* del evangelio apostólico.

La quinta y última parte de esta obra contiene la propuesta constructiva de una *misiología para la universidad*, formalizando el modo en que el "sacerdocio de todos creyentes" ayuda a comprender el ministerio del IFES y puede inspirar el ministerio estudiantil de forma más amplia. Los estudiantes son un *público específico* con *necesidades especiales*, y representan un desafío para las estructuras eclesiales del mismo modo que los estudios universitarios desafían su fe – o la ausencia de ella. Dado que los estudiantes representan un liderazgo en formación, una misiología robusta no pasa por alto su lugar en la sociedad. Considera sus necesidades de experimentar, evaluando críticamente su fe y su conexión con el mundo de la universidad, que en esencia está en primera línea de la exploración epistemológica. Esto concuerda con la comprensión y la práctica del "sacerdocio de todos los creyentes": del mismo modo que los estudiantes tienen un acceso *inmediato* a Dios, tienen un acceso cercano al conocimiento y a las personas. Se produce una intensa *mediación multidimensional* cuando la universidad *media el conocimiento* a los estudiantes que, a su vez, están llamados a *mediar* el evangelio en la universidad. En última instancia, esto significa *participar* en la *missio Dei* y ser una bendición para el campus, que en muchos casos es una tierra extranjera a la iglesia. Lo que está en juego es un compromiso creativo y fiel con las realidades contextuales. La articulación de la *apostolicidad* como "enviado" se explora en el contexto del IFES como una organización que abarca los dos mundos de pensamiento del *imperialismo* y el *poscolonialismo*. Como el mundo universitario es también un mundo globalizado bajo una fuerte influencia occidental, esta última parte nos lleva de vuelta al punto de partida con consideraciones sobre cómo una mentalidad de *peregrinos y sacerdotes* puede animar a los estudiantes a ser *testigos fieles* en el fascinante mundo académico al que Dios les ha llamado.

Parte 1

Una visión selectiva de la historia de IFES

Fundada oficialmente en 1947, la IFES se basó en modelos existentes de ministerio para estudiantes, pero que se diferencian de otras estructuras por diversas razones. A continuación, un breve esbozo histórico de los acontecimientos, personas y orientaciones significativos de IFES permitirá al lector familiarizarse con el trasfondo de las consideraciones teológicas que van de la mano con esta sección histórica. Este relato es muy selectivo y se concentra en los acontecimientos, las personas y los debates que parecen más ilustrativos de la evolución teológica y misiológica en el seno de IFES, especialmente en relación con la tesis de este trabajo.

1

El trabajo de los estudiantes antes del IFES (1800–1909)[1]

Los precursores de IFES[2] incluyen el Jesus Lane Lot, un grupo de jóvenes estudiantes implicados en la enseñanza de las Escrituras y el trabajo de alfabetización entre la gente desfavorecida de Cambridge, fundado en 1827; "Daily Prayer Meeting [Reunión de Oración Diaria]" (DPM) fundada en 1862 por estudiantes universitarios que habían experimentado la oración diaria en su antiguo colegio; y Cambridge University Church Missionary Union, formado en 1875, que llegó a incluir al 10% de los estudiantes universitarios locales, y proporcionó estructura a una creciente preocupación de los estudiantes británicos por la misión mundial en esta época de colonización del mundo. En rápida sucesión, se fundaron el Cambridge Inter-Collegiate Christian Union (CICCU, 1877) y Oxford Inter-Collegiate Christian Union (OICCU, 1879). Estaban dirigidos por estudiantes independientemente de los capellanes universitarios y su objetivo era reunir a los estudiantes para orar, estudiar la

---

1. Se trata de un relato muy somero. Para una buena panorámica histórica, véase Tissington Tatlow, *The Story of the Student Christian Movement of Great Britain and Ireland* (Londres: MEC, 1933); Clarence Shedd, *Two Centuries of Student Christian Movements: Their Origin and Inter-Collegiate Life* (Nueva York: Association Press, 1934); Donald Coggan, *Christ and the Colleges: A History of the Inter-Varsity Fellowship of Evangelical Unions* (Londres: Inter-Varsity, 1934); Ruth Rouse, *The World's Student Christian Federation: A History of the First Thirty Years* (Londres: MEC, 1948); Johnson, *Brief History*; Howard, *Student Power*; Douglas Johnson, *Contending for the Faith: A History of the Evangelical Movement in the Universities and Colleges* (Leicester: IVP, 1979); Oliver R. Barclay, *Whatever Happened to the Jesus Lane Lot?* (Leicester: IVP, 1977); Lowman, *Day of His Power*; Potter y Wieser, *Seeking and Serving*; Oliver R. Barclay y Robert M. Horn, *From Cambridge to the World: 125 Years of Student Witness* (Leicester: IVP, 2002); Boyd, *Student Christian Movement*; Shedd, *Two Centuries*.

2. Se trata en su mayoría de grupos anglófonos, lo que no significa que no existieran antes grupos similares en otros países. Sin embargo, su historia está en su mayor parte por escribir.

Biblia y animarse mutuamente para dar testimonio en el contexto universitario. El testimonio adoptaba sobre todo la forma de discusiones personales con los compañeros de estudios. Sin embargo, los estudiantes del CICCU pronto sintieron la necesidad de una proclamación más pública de sus creencias y pidieron al evangelista estadounidense Moody que actuara como orador en una misión universitaria en 1882, destinada a reavivar – o hacer nacer – una fe personal entre los estudiantes. Moody aceptó ir a pesar de no ser él mismo un licenciado. Un estudiante que encabezó una ruidosa resistencia a la reunión comentó que "si hombres sin educación van a venir a enseñar al Varsity, merecen ser despreciados".[3] Muchos estudiantes no vieron con buenos ojos este auge de la piedad evangélica.

Los Christian Unions [grupos estudiantiles cristianos][4] pronto decidieron que era necesario estrechar lazos entre ellas, y de ahí que se fundara el Movimiento Estudiantil Cristiano (MEC) en el contexto de las conferencias de Keswick en 1893. El primitivo MEC era esencialmente evangélico, "inspirándose en las tradiciones evangélicas del CICCU, en Keswick y en el avivamiento estadounidense de Moody, Wilder y la Northfield Student Summer School";[5] también era interdenominacional, abarcando notablemente a anglicanos, presbiterianos y miembros de la Iglesia Libre; y se caracterizaba por su "celo misionero".[6]

Una figura destacada de este periodo fue el estadounidense John Mott, que se había convertido él mismo gracias a la enseñanza y el asesoramiento de un estudiante británico en una misión universitaria en Estados Unidos en 1886.[7] Mott fue el presidente del nuevo Student Volunteer Movement (SVM) fundado en 1888 y viajó mucho para reclutar estudiantes para las misiones – entendidas

---

3. En Barclay, *Jesus Lane Lot*, 24. Más tarde, el estudiante se disculpó personalmente ante Moody.

4. En el resto de este trabajo, se utilizará la abreviatura "CU" por sus siglas en inglés para designar a los grupos estudiantiles locales relacionados con IFES. En esta introducción, nos ceñimos a este uso, aunque resulte un tanto anacrónico.

5. Martin Wellings, *Evangelicals Embattled: Responses of Evangelicals in the Church of England to Ritualism, Darwinism and Theological Liberalism 1890–1930* (Carlisle: Paternoster, 2003), 275.

6. Wellings, *Evangelicals Embattled*, 275.

7. Se dice que Studd aconsejó a Mott "que no confiara en ninguna conclusión dogmática a la que hubieran llegado otras personas, ya fuera doctrinal o de otro tipo, sino que le indicó que volviera a las fuentes originales, indicándole, por un lado, que estudiara su Nuevo Testamento y, por otro, en particular, que depositara su confianza en una relación personal con Cristo para la guía de su vida." Basil Mathews, *John R. Mott, World Citizen* (Nueva York: Harper, 1934), 47–50.

en aquella época esencialmente como "enviar gente al extranjero".[8] Firmemente convencido de la importancia de reclutar laicos,[9] proclamó que el objetivo del SVM era "la evangelización del mundo en esta generación".[10] El comité del SVM era "optimista en cuanto a que si los 10 millones de cristianos del mundo dieran testimonio cada uno ante 100 personas en un plazo de quince años, entonces toda la población actual de la tierra escucharía el evangelio para el año 1900." [11] Un aspecto teológico clave de este punto de vista era la esperanza premilenialista de que la segunda venida podría acelerarse si se llegaba a toda la tierra.[12] Esta tarea se consideraba alcanzable, siempre que se encontrara personal suficiente. Las universidades parecían ser uno de los terrenos más prometedores para el reclutamiento. Como recordaría más tarde una figura fundamental de la FUMEC,

> Esta máxima fundamental de la filosofía de la FUMEC no fue elegida fortuitamente por un determinado grupo de dirigentes. ¿El pensamiento de los estudiantes cristianos no les parece un instrumento ordenado para la redención del mundo debe ser un fragmento del pensamiento eterno de Dios manifestado en la historia en el momento que Él eligió?[13]

El enfoque de Mott fue muy influyente para la comprensión estructural del ministerio misionero internacional. Como recuerda uno de sus colegas, Mott pensaba que:

> en lugar de intentar organizar a los estudiantes cristianos bajo un solo nombre y según un solo plan de organización, sería mejor animar a los estudiantes cristianos de cada país a desarrollar movimientos estudiantiles cristianos nacionales propios, adaptados en nombre, organización y actividades a su genio y

---

8. Sobre Mott, véase Mathews, *John R. Mott*; Robert C. Mackie, *Layman Extraordinary: John R. Mott, 1865-1955* (Londres: Hodder and Stoughton, 1965); Charles Howard Hopkins, *John R. Mott, 1865-1955: A Biography* (Grand Rapids: Eerdmans, 1979).

9. John Raleigh Mott, *Liberating the Lay Forces of Christianity* (Nueva York: Macmillan, 1932).

10. Dana L. Robert, "The Origin of the Student Volunteer Watchword: 'The Evangelization of the World in This Generation,'" *International Bulletin of Missionary Research* 10, no. 4 (octubre de 1986): 146-49.

11. Robert, "Student Volunteer Watchword", 147.

12. Robert, 147.

13. Rouse, *World's Student Christian Federation*, 308.

carácter particulares, y luego unirlos en alguna federación sencilla pero eficaz.[14]

Mott pretendía fomentar las iniciativas locales para la misión en tantos contextos como fuera posible. Esta priorización del ministerio al mundo perdido por encima de las divisiones y separaciones eclesiológicas fue una característica fundamental de las corrientes misioneras contemporáneas, tal y como se expresó en el Congreso de Edimburgo de 1910.[15] Se apoyaba no solo en premisas pragmáticas, sino en la teología de los evangélicos activistas:

> Para los evangélicos, "la iglesia" era el cuerpo de los verdaderos creyentes,[16] unidos por una experiencia común de la gracia y la devoción a Cristo como salvador, dondequiera que se encontraran. La unidad consistía en una apertura compartida a la Biblia y su enseñanza, la amistad espiritual y la cooperación en causas comunes, especialmente la misión. Esta eclesiología fue la base del "ecumenismo" que caracterizó al movimiento. Además de ser transnacional, el evangelicalismo era interdenominacional. Esta capacidad para establecer afinidades más amplias tuvo importantes consecuencias organizativas. Además de simpatizar entre sí, los hombres y mujeres de la diáspora evangélica se reunieron en organizaciones paraeclesiásticas que se convirtieron en un rasgo distintivo del movimiento.[17]

Estos movimientos se reunieron en torno a un conjunto de creencias básicas – en particular, la autoridad de la Biblia, el nacimiento virginal, la deidad de Cristo, la pecaminosidad universal, etc. – que formaron un consenso lo suficientemente amplio y, sobre todo, transferible para su dispersión por todo el mundo. Esto generó la "capacidad de crear las organizaciones interconfesionales que pretendían convertir las aspiraciones en logros. Dichas organizaciones fomentaron a su vez un sentimiento de pertenencia

---

14. John Mott, *The World's Student Christian Federation: Origin, Achievements, Forecast; Achievements of the First Quarter-Century of the World's Student Christian Federation and Forecast of Unifinished Tasks* ([¿Londres?]: World's Student Christian Federation, 1920), 4.

15. Jeremy Morris, "Edinburgh 1910–2010: A Retrospective Assesment", *Ecclesiology*, septiembre de 2011.

16. La base doctrinal de la IFES (cláusula D) menciona explícitamente a "todos los verdaderos creyentes" como formadores de la iglesia.

17. Geoffrey Treloar, *The Disruption of Evangelicalism: The Age of Torrey, Mott, McPherson and Hammond* (Londres: IVP, 2016), 3–4.

a una comunidad comprometida con el servicio social y, sobre todo, con la evangelización y la misión."[18]

Algunas de estas organizaciones formaron posteriormente IFES. Sus movimientos surgieron de estos movimientos estudiantiles anteriores preocupados por la devoción, la misión y (en menor medida) la acción social cristiana, en un contexto de emergente unidad evangélica interdenominacional en la misión, apuntalada por el acuerdo en algunos fundamentos teológicos; y en el contexto de una idea emergente de los estudiantes como agentes locales clave para la misión mundial. Sin embargo, estos movimientos se vieron a veces cuestionados.

---

18. Treloar, *The Disruption of Evangelicalism*, 5.

2

La narración magistral de una separación (1909–1935)

> Toda división dentro de los círculos cristianos debe lamentarse; pero cuando está en juego nuestra posesión más preciada, el evangelio libre, no nos atrevemos a transigir ni en un solo punto.[1]

Podría parecer peculiar prestar una atención sostenida a la historia de un grupo local específico, el CICCU, en un esbozo histórico sobre IFES. Sin embargo, la mayoría de los relatos históricos existentes sobre IFES mencionan los acontecimientos ocurridos en torno a 1909-1911, que condujeron a una separación entre el CICCU y el MEC nacional, como *el* acontecimiento fundacional que legitimó la existencia de IFES.

La historia solo será esbozada aquí.[2] Fundado dieciséis años antes que el MEC, el CICCU fue durante algún tiempo uno de los principales grupos miembros del MEC. Sin embargo, a partir de finales de la década de 1890, surgieron divergencias entre la dirección del CICCU y el MEC, que desembocaron en un voto de desafiliación del MEC en 1910.[3] Muchos

---

1. Johnson, *Brief History*, 45. Johnson cita a uno de los primeros dirigentes del Norges Kristelige Studentlag, más tarde el movimiento IFES noruego.

2. Relatos que coinciden y divergen en Cambridge Inter-Collegiate Christian Union, *Old Paths in Perilous Times*, 1ª ed. (Cambridge, 1913); Bruce, "Sociological Study"; Barclay y Horn, *Cambridge to the World*; Goodhew, "Rise"; Justin Thacker y Susannah Clark, "A Historical and Theological Exploration of the 1910 Disaffiliation of the Cambridge Inter-Collegiate Christian Union from the Student Christian Movement. Unpublished Conference Paper" (Evangelicalism and Fundamentalism in Britain, Oxford, 2008).

3. Thacker y Clark señalan que la votación la llevaron a cabo solo veintidós estudiantes y, además, que "pocas personas ajenas al ambiente cristiano de Cambridge consideraron significativos los acontecimientos". Thacker y Clark, "Historical and Theological Exploration", 1.

actores intentaron durante varios años influir en el CICCU en una u otra dirección, y el último intento fallido de revertir la separación tuvo lugar en 1919. La cuestión se consideró zanjada, a pesar de haber agitado los ánimos de estudiantes y líderes eclesiásticos durante muchos años. Las "razones precisas de la desafiliación seguían siendo territorio disputado".[4]

Estatus de la Biblia

Se debatió intensamente el papel y el estatus de la Biblia en la vida y el testimonio de los cristianos. Manley,[5] comentó posteriormente los acontecimientos, afirmó que:

> No se trata tanto de la "inspiración verbal" o la "inerrancia" de la Biblia como de la profunda convicción de que la Biblia es la palabra de Dios y, por tanto, verdadera. La IVF [Inter-Varsity Fellowship] acude a la Biblia para dejarse enseñar por ella: la actitud típica del MEC es discutirla. Esto implica dos actitudes distintas y opuestas ante las teorías actuales de la crítica bíblica. En la IVF, consideramos que estas teorías socavan la fe.[6]

La reacción a las tendencias contemporáneas de la crítica bíblica no se refería únicamente a los devocionales privados y a los actos públicos: tenía implicaciones más amplias para la implicación cultural de los estudiantes del CICCU y especialmente para la actitud de los estudiantes ante los desafíos intelectuales. Parecían existir dos enfoques principales: o bien "comprometerse con los desafíos intelectuales, pero eso tal vez entrañaba el riesgo de disminuir su visión de la Biblia",[7] o bien "retirarse de las cuestiones intelectuales, bajo la premisa de que comprometerse con los debates sería negar la verdad bíblica y reducir la simplicidad de Cristo".[8]

Esto contribuyó a la creciente división entre las dos facciones:

---

4. Thacker y Clark, 4. Los líderes de la CICCU expusieron su visión de la historia en Cambridge Inter-Collegiate Christian Union, *Old Paths* (1ª ed.).

5. Antiguo miembro del Christ College de Cambridge y redactor jefe del influyente libro de G. T. Manley, G. C. Robinson y A. M. Stibbs, *New Bible Handbook* (Londres: IVP, 1947).

6. "G. T. Manley a J. C. Pollock" (s.f.), J. C. Pollock, Documentos sobre la historia del CICCU, Biblioteca de la Universidad de Cambridge; citado en Thacker y Clark, "Historical and Theological Exploration", 9.

7. Thacker y Clark, 5–6.

8. Thacker y Clark, 5–6.

El MEC fue atacado con mayor frecuencia por su árido intelectualismo; por descuidar la vida espiritual en favor del estudio. Sus estudios bíblicos eran considerados por los evangélicos como estudios "sobre" la Biblia más que "de" ella. A su vez, los miembros del MEC veían a los evangélicos conservadores como *lectores inexpertos que entienden mal los shibolets*; sinceros pero miopes . . . Al restringir artificialmente el significado de "intelectual" y "espiritual", ambos bandos de la controversia convirtieron la etiqueta que se daban a sí mismos en un cumplido y la etiqueta que ponían a sus antagonistas, en un insulto.[9]

¿Comprensión de la expiación?

Normalmente se ha supuesto que la doctrina de la expiación es el quid de la cuestión,[10] y es uno de los marcadores teológicos críticos de la base doctrinal posterior de la IFES.[11] Sin embargo, lo más probable es que éste no fuera el caso en 1910,[12] ya que la primera edición del folleto explicativo *Old Paths* – escrito para explicar a los estudiantes más jóvenes por qué se había producido la separación – nunca menciona una visión penal de la expiación. Por el contrario, la segunda edición de 1932, con una ampliación significativa, expone la cuestión de la siguiente manera:

> La doctrina básica que defiende la C.I.C.C.U. es la de la expiación expiatoria realizada en la cruz por el Señor Jesucristo por los pecados de todo el mundo. La sangre de Jesús es todo el tema de su predicación, la cruz y su aplicación la esencia de su enseñanza.[13]

---

9. Bruce, "Sociological Study", 209–10; énfasis añadido.

10. Barclay, *Jesus Lane Lot*, 82.

11. Especialmente por Bruce, "Sociological Study", 219–20; así como Barclay y Horn, *Cambridge to the World*, 86. La base doctrinal de IFES afirma "la redención de la culpa, la pena, el dominio y la contaminación del pecado, únicamente mediante la muerte sacrificial (como nuestro representante y sustituto) del Señor Jesucristo, el Hijo de Dios encarnado". Véase más adelante, capítulo 11.

12. Thacker y Clark, "Historical and Theological Exploration", 7–8.

13. Cambridge Inter-Collegiate Christian Union, *Old Paths in Perilous Times*, ed. Basil F. C. Atkinson, 2ª ed. (Londres: IVF, 1932). Es de interés anecdótico que Chapman diga que el mismo Atkinson introdujo al joven John Stott en la idea de la "inmortalidad condicional", una doctrina explícitamente combatida en revisiones posteriores de la base doctrinal de la IVF-UCCF. Véase Alister Chapman, "¿Evangélico o fundamentalista? El caso de John Stott", en Bebbington y Jones, *Evangelicalism and Fundamentalism*, 204.

La pregunta versaba sobre la necesidad de la expiación más que sobre la teoría de la expiación,[14] ya que las últimas investigaciones de archivo tienden a demostrar que las teorías de la expiación no desempeñaron un papel significativo en la separación de 1910. En una observación que apoya este punto de vista, Thacker y Clark comentan que en la correspondencia archivada que data inmediatamente de antes y después de la separación, ni las cartas de los miembros del CICCU ni las de los miembros del MEC hacen mención significativa alguna a la expiación como causa disputada.[15] Así que lo que parece haber sucedido es que posteriormente se pensó retrospectivamente que la expiación había sido central en 1910, como resultado del relato de 1932 de la reunión de 1919 descrita más tarde por el historiador interno Oliver Barclay como "una de las conversaciones más famosas de la historia de IFES".[16] Grubb informó de que:

> Tras una hora de conversación que no nos llevó a ninguna parte, se formuló una pregunta directa y vital: "¿Considera el MEC la sangre expiatoria de Jesucristo como el punto central de su mensaje?". Y la respuesta fue: "No, no como punto central, aunque se le da un lugar en nuestra enseñanza". Esa respuesta zanjó la cuestión, pues les explicamos de inmediato que la sangre expiatoria era tan central en nuestro mensaje que nunca podríamos unirnos a un movimiento que le diera un lugar menor.[17]

La decisión de 1919 de no unirse al MEC no fue el único planteamiento de los futuros miembros del grupo de la IVF. En 1925, la OICCU decidió convertirse en el "ala devocional" del MEC local, pero volvió a separarse en 1927-28.[18]

---

14. Cambridge Inter-Collegiate Christian Union, *Old Paths* (1ª ed.), 13.

15. Thacker y Clark, "Historical and Theological Exploration", 9.

16. Oliver R. Barclay, "Guarding the Truth: The Place and Purpose of the Doctrrinal Basis. Taller en Formación 89", *IFES Journal* 27 (1989): 30.

17. Coggan, *Christ and the Colleges*, 17; John Pollock, *A Cambridge Movement* (Londres: John Murray, 1953), 195; también en Barclay, *Jesus Lane Lot*, 82; Thacker y Clark, "Historical and Theological Exploration", 10.

18. Véase Bruce, "Sociological Study", 228-29; Wellings, *Evangelicals Embattled*, 279.

¿Un Evangelio Social?

Existe un motivo académico común que presupone la indiferencia de los primeros evangélicos hacia las cuestiones de justicia social, pero este enfoque ha sido cuestionado.[19] Treloar subraya:

> Mucho más sustancial de lo que generalmente se supone, el comentario social evangélico de principios del siglo XX impulsó la aplicación continua del Evangelio a las condiciones de la sociedad contemporánea . . . Al parecer, allí donde había una necesidad, los evangélicos de la época desarrollaban un ministerio o creaban una institución para aliviar los efectos de esa necesidad y remediar sus causas.[20]

Treloar señala además "numerosos libros que analizan los problemas sociales contemporáneos, explican la enseñanza bíblica pertinente y abogan por diversas respuestas"[21] que fueron escritos por teólogos evangélicos, además de la firma de peticiones. Sin embargo, los miembros del CICCU no consideraban que la implicación social fuera su tarea. De hecho, *Old Paths in Perilous Times [Viejos caminos en tiempos peligrosos]* establece el escenario con la firme afirmación de que

> Aunque cree que siempre forma parte del deber cristiano apaciguar la angustia, el CICCU no puede entusiasmarse con los planes para conseguir la paz mundial mediante organismos políticos como la Sociedad de Naciones, o la elevación social mediante métodos de reforma. Sostiene que solo en el evangelio de Cristo reside la única esperanza para el mundo mediante la regeneración del individuo.[22]

Bruce interpreta que esto implica un argumento a favor de "la inutilidad de la reforma social".[23] Una forma alternativa de entender esta reticencia a desviarse de la "única predicación del Evangelio" la propone Barclay en su propio relato de la historia del CICCU:

> En una época en la que pocos cristianos nominales conocían el Evangelio, la preocupación por las cuestiones sociales parecía una distracción fatal del trabajo principal que se tenía entre

---

19. Puede encontrarse un tratamiento notablemente equilibrado y en profundidad en Brian Steensland y Philip Goff, eds., *The New Evangelical Social Engagement* (Oxford: OUP, 2013).
20. Treloar, Disruption of Evangelicalism, 99.
21. Treloar, 93.
22. Cambridge Inter-Collegiate Christian Union, *Old Paths* (2ª ed.), 38.
23. Bruce, "Sociological Study", 220.

manos, y los líderes del CICCU pensaron que podían ver que la preocupación social había llevado al MEC a la ineficacia espiritual. El CICCU reaccionó de forma exagerada ante el MEC, al igual que los evangélicos en general. Las preguntas que deberían haberse planteado deberían haber sido, en primer lugar, ¿es bíblica esa preocupación y, en segundo lugar, qué tipo de prioridad tiene?[24]

Esta línea de explicación fusiona dos hilos principales: la necesidad pragmática de concentrar la energía de un grupo y un fuerte sentido de la prioridad de la conversión del individuo sobre la de la implicación social. Esto último llegaría más tarde.[25] Dicho esto, Barclay parece ser consciente de la importancia del componente de implicación social en la historia de la desafiliación, ya que ofrece una interesante explicación basada en la relevancia de las cuestiones sociales para la vida estudiantil. Al comentar sobre los miembros del CICCU que más tarde se implicaron en cuestiones sociales, señaló que:

> Puede que no tuvieran esa actitud ante las cuestiones sociales mientras eran estudiantes, pero una vez libres de la necesidad de posicionarse frente al MEC les resultó más fácil preguntarse de forma más abierta qué implican realmente las enseñanzas de la Biblia para las cuestiones sociales . . . El CICCU ha considerado cada vez más la preocupación social como algo correcto pero que debe dejarse en gran medida hasta que uno se encuentre en el mundo más real del empleo y de la comunidad en general, donde los problemas y las oportunidades ya no son círculos de reflexión. Nunca ha habido más que un número muy reducido de miembros que hayan considerado, siendo aún estudiantes, que estas cuestiones tenían una alta prioridad.[26]

Aunque el hilo justificativo de la afirmación es inequívoco, apunta sin embargo a otra explicación potencial que hasta ahora solo se ha insinuado en las historias existentes y en los análisis eruditos del debate CICCU-MEC. Los documentos contemporáneos dan la impresión de que el rechazo de la implicación social se basaba en razones esencialmente teológicas. Sin embargo, los orígenes socioeconómicos de los estudiantes y de los simpatizantes de alto nivel podrían haber desempeñado un papel hasta ahora subestimado. Boyd

---

24. Barclay, *Jesus Lane Lot*, 119.
25. Barclay, 120.
26. Barclay, 120.

observa que "la mayoría de los estudiantes universitarios de la época procedían de familias acomodadas con poca experiencia de cómo vivían otras personas".[27] Su ubicación social puede haber ocultado realidades más oscuras fuera de los círculos más ricos.

Consecuencias a largo plazo

Reflejando la importancia de este episodio para la posterior autocomprensión del IVF británico e incluso más tarde de la IFES, Coggan resume la postura deliberadamente separatista del CICCU después de 1919:

> A partir de ese momento, los miembros de la C.I.C.C.U. tuvieron perfectamente claro que su decisión debía ser la misma que la de su predecesora antes de la guerra. Aunque reconocían de buen grado que los miembros individuales del S.C.M. podían ser verdaderos siervos de Cristo, sin embargo, como movimiento había apostatado de las verdades sobre las que se había fundado, y la C.I.C.C.U. debía permanecer absolutamente separada, con el fin de dar un testimonio claro en la Universidad del camino de salvación de Dios a través de Cristo. Esta decisión fue también el verdadero fundamento de la I.V.F., pues solo unos meses más tarde caímos en la cuenta de que si una C.I.C.C.U. era una necesidad en Cambridge, una unión del mismo tipo era también una necesidad en todas las universidades del mundo, con las excepciones aisladas de aquellas en las que la S.C.M. aún mantenía su testimonio original de la verdad de la Palabra de Dios.[28]

Los líderes de la IVF tuvieron mucho cuidado en asegurarse de que no se permitiera hablar a oradores indeseables en los actos de la IVF para que las influencias fuera de las líneas acordadas no ganaran terreno. El principal dispositivo para ello fue la declaración doctrinal, ya que "la CICCU se dio cuenta ahora de que era necesaria una declaración doctrinal clara y explícita en un mundo en el que casi todas las grandes doctrinas estaban siendo puestas en duda o negadas por destacados teólogos y dignatarios eclesiásticos".[29]

Este hito histórico daría forma de manera significativa a la IVF británica, pero también a la futura IFES. Treloar observa que en lugar de quedarse en un

---

27. Boyd, *Student Christian Movement*, 29.
28. Coggan, *Christ and the Colleges*, 17.
29. Barclay, *Jesus Lane Lot*, 87.

accidente local, la separación del CICCU fue un acontecimiento con efectos de gran alcance: "La disposición a adoptar una postura separada en nombre de la fidelidad bíblica se extendió a medida que los estudiantes de 1910 se convertían en líderes en diversos puntos del mundo".[30] De hecho, muchas veces los antiguos miembros del CICCU se convirtieron en miembros activos de grupos pioneros de la IFES en distintos países, especialmente en el contexto de las nuevas universidades fundadas a raíz de la descolonización. Se llevaron consigo la narrativa.

Si durante los años veinte el CICCU estuvo al margen,[31] la década sentaría las bases de su posterior fortaleza y resurgimiento, que culminaría con la fundación en 1928 de la Inter-Varsity Fellowship. Las conferencias demostrarían ser una de las herramientas más importantes para conectar a los grupos estudiantiles, tanto a nivel nacional como internacional.[32] Después de que Grubb reiniciara las conferencias Oxford-Cambridge,[33] se ampliaron de modo que la primera "Conferencia Inter-Varsity" oficial se convocó en 1921 en Londres.[34] La aventura fue una combinación de pensamiento estratégico y visión. Grubb recuerda que el impulso para la fundación de la IVF británica le llegó a través de una visión y que desde el principio se orientó hacia el desarrollo mundial:

> No puedo recordar el día exacto, pero fue en algún momento hacia la mitad de ese trimestre de Michaelmas, 1919, *que un día en mi habitación, Dios me dio la clara visión del I.V.F que iba a ser. Vi que no solo debía existir este testimonio en cada universidad, sino que Dios iba a hacerlo.* Probablemente el hecho de que Noel Palmer captara la visión de iniciar una O.I.C.C.U. en Oxford y que fuera a hacerlo, permitió a Dios abrirnos los ojos a algo mucho más grande: De todos modos, el resultado inmediato fue

---

30. Treloar, Disruption of Evangelicalism, 88.

31. Goodhew, "Rise", 65.

32. Rouse señala con agudeza sobre la IVF británica que "utiliza los métodos de la S.C.M.: conferencias, un movimiento de misioneros voluntarios, secretarios itinerantes, etc., y en la fecha de redacción de este informe tiene sucursales en muchos países". Rouse, *World's Student Christian Federation*, 293.

33. Bruce, "Sociological Study", 230–31.

34. En cuanto al intrigante nombre, que aún hoy utilizan numerosos movimientos en el mundo, se remonta a un acontecimiento muy concreto: "en diciembre, estudiantes de Oxford, Cambridge y Londres se reunieron para una 'Conferencia Inter-Varsity' – llamada así porque la fecha elegida era la del partido de rugby 'Inter-Varsity' entre Oxford y Cambridge, y por tanto el momento (se pensaba) en que más estudiantes cristianos estarían en Londres". Lowman, *Day of His Power*, 50.

que vimos que el primer paso hacia la realización de la visión. Sería celebrar una conferencia interuniversitaria anual, en la que reuniríamos a tantos como pudiéramos de otras universidades, y les entusiasmaríamos con la visión de iniciar una rama en sus propias universidades.[35]

Una consecuencia de esta visión del mundo fue la costumbre del movimiento británico de ser influyente invitando a otros estudiantes a asistir a sus campamentos. Aunque no se encuentre ninguna mención directa en los escritos de la IVF, el supuesto subyacente podría haber sido el de "los pensadores cristianos británicos de la década de 1920 [que] presentaban el imperio de su nación como el único comprometido con la difusión de los valores distintivamente británicos de libertad y progreso hacia la democracia".[36] Sin embargo, no todo ocurría dentro o fuera de Gran Bretaña: se celebraban campamentos y conferencias en Canadá, Suiza, Noruega, Suecia y otros países.

En ese momento, IFES no existía, pero algunos de sus fundamentos – estudiados aquí en el ejemplo de la IVF británica – se asentaron en movimientos que se definían en parte frente a la teología liberal, o más positivamente como una defensa de la autoridad bíblica y de una soteriología centrada principalmente en la conversión individual. Eso dejó cuestiones sin resolver sobre la relación de estos movimientos con las cuestiones sociales y los desarrollos intelectuales contemporáneos.

---

35. Citado en Coggan, *Christ and the Colleges*, 19; énfasis añadido.
36. Stanley, *Christianity in the Twentieth Century*, 16.

3

Reunirse en conferencias (1934-1946)

En septiembre de 1934 se celebró en Oslo la primera conferencia internacional de estudiantes evangélicos, con delegaciones de Gran Bretaña, Dinamarca, Estonia, Finlandia, Alemania, Hungría, Letonia, Noruega y Suecia.[1] El orador principal, Hallesby, pronunció un notable discurso titulado "La hora de Dios". Insistió en que las corrientes teológicas habían empujado recientemente a los movimientos estudiantiles hacia la teología liberal y que había llegado el momento de adoptar una postura más firme. Hallesby subrayó el carácter tradicional de su mensaje frente a la influencia modernista:

> No deseábamos comenzar algo nuevo, solo queríamos trabajar en las viejas líneas en las que se había desarrollado el trabajo estudiantil cristiano desde el principio. Desde el principio nuestro programa ha sido el viejo evangelio en su totalidad, predicado para el avivamiento, la conversión y la nueva vida en el servicio a nuestro Señor, en casa y en el extranjero en el campo misionero.[2]

Un año más tarde, durante la segunda conferencia en Suecia se redactó una constitución destinada a estructurar estos eventos. La primera cláusula que establecía los objetivos de la reunión era programática del entendimiento estructural que prevalecería en el futuro:

---

1. Lowman, Day of His Power, 67.
2. Ole Hallesby, "The Districtive Message of the Conservative Evangelical Movements: Address Given at the First International Conference of Evangelical Students, Oslo, septiembre de 1934", en Johnson, *Brief History*, 180.

> Los objetivos de la conferencia serán, en consonancia con la base doctrinal de la conferencia, – (a) unir y fortalecer los grupos estudiantiles nacionales, [y] (b) buscar por todos los medios entre los estudiantes de todos los países del mundo estimular la fe personal en el Señor Jesucristo y promover la obra evangelística. (Pero nada de lo contenido en esta cláusula o en cualquier otra parte de esta Constitución se interpretará de manera que otorgue poder alguno a la conferencia o a sus Comités para controlar en modo alguno las actividades de los grupos estudiantiles nacionales, que seguirán siendo autónomas).[3]

La reunión constituyó un hito para garantizar la perdurabilidad y fomentar la colaboración entre los países.[4] La mayoría de los actores principales de la conferencia de 1935 volvieron a reunirse al año siguiente en Suiza para celebrar una Conferencia Internacional para el Avivamiento en las Universidades de Europa. Descrita por una de sus figuras preeminentes y posterior presidente de la IFES, Pache, como "una pequeña convención internacional",[5] fue significativa para reforzar el trabajo estudiantil en la Europa continental, pero también para estrechar el número de agrupaciones similares que más tarde podrían unirse a la causa común: "dado a nuestra firme postura en cuanto a la inspiración de toda la Biblia, muchas personalidades, muy conocidas en el mundo estudiantil, dijeron que no podían unirse a nosotros".[6]

Los mismos líderes senior fueron invitados a reunirse de nuevo en Budapest en 1937 para una de las últimas reuniones de la época anterior a la guerra. No se trataba de una gran reunión de debate, sino de una "conferencia" en el sentido tradicional del término. Una nota de los delegados holandeses observa en términos directos que

> Sin duda, esta conferencia está sobrecargada. Uno tiene que darse prisa para [una] comida, tomar la comida deprisa y volver a darse

---

3. "Constitución de la Conferencia Internacional de Estudiantes Evangélicos" (9 sep. 1935), pt. 3, BGC #193.

4. "Esto tomó a veces la forma de académicos cristianos asociados con los movimientos estudiantiles (por ejemplo, el profesor Hallesby o el profesor Rendle Short) haciendo giras de conferencias por otros países; pero también implicó el intercambio de equipos de estudiantes, la mayoría de los cuales viajaron a sus expensas." Lowman, *Day of His Power*, 68.

5. Citado en Paul Gruner, *Menschenwege und Gotteswege im Studentenleben: Persönliche Erinnerungen aus der christlichen Studentenbewegung* (Berna: Buchhandlung der Evangelischen Gesellschaft, 1942), 389. A menos que se indique lo contrario, las citas de fuentes no inglesas han sido traducidas por el autor, a veces con la ayuda del servicio de traducción en línea DeepL.

6. Citado en Gruner, *Menschenwege und Gotteswege*, 389.

prisa para la reunión . . . Agradeceríamos algún intercambio. Por ejemplo, ¿podrían organizarse [pudiera haber] una o dos reuniones en la conferencia abiertas al debate? Consideramos que la tendencia de la conferencia es principalmente evangelizadora; si es así, pensamos que el mejor método de evangelizar es presentar la Palabra de Dios y no la experiencia personal. [No importa] cuán grande pueda ser la experiencia personal . . . estamos plenamente convencidos de que, como método de evangelización, la entrega de un mensaje personal tiene que estar muy por detrás de la divulgación de la Palabra de Dios.[7]

Otro participante instó al comité de planificación de la próxima conferencia a "planificar de modo que alguna porción consecutiva de las Escrituras sea enfatizada . . . [y] que se elijan ponentes más jóvenes, viriles e instruidos, haciendo un uso considerable de los actuales estudiantes universitarios".[8]

Estas notas fueron escuchadas y consideradas en el programa de la última reunión importante de la era pre-IFES convocada en Cambridge en junio de 1939. Se reunieron mil delegados de treinta y tres países diferentes, entre ellos ochocientos estudiantes.[9] "Cristo, nuestra libertad" fue el título programático en vísperas de la Segunda Guerra Mundial. Las sesiones principales trataron temas como "Las pretensiones omnímodas de Cristo y el mundo del pensamiento, la visión evangélica del mundo, el servicio cristiano y la vida profesional, el cristiano y las órdenes de la sociedad, el desafío de las puertas abiertas".[10] El aspecto de disfrutar del "compañerismo con personas de ideas afines" parece haber marcado a los participantes y las historias que contaron a los líderes posteriores, como Chua relató de la conferencia de Cambridge muchos años después: "Desde 1934, los estudiantes evangélicos europeos se habían beneficiado enormemente de estas reuniones fraternales. Muchos tenían que mantener su posición evangélica en medio de las burlas de los líderes eclesiásticos teológicamente liberales. Eran animados enormemente con las excelentes exposiciones bíblicas y su fe se reafirmaba a través de la comunión con estudiantes creyentes de ideas afines."[11]

---

7. To Chairman Rector Hoïg "Notice by the Dutch Delegates" (1935), BGC Box #193.

8. Godfrey Captain Buxton to Rektor Hoïg (11 Sep. 1937).

9. Barclay, *Jesus Lane Lot*, 107.

10. Douglas Johnson, "Christ Our Freedom: International Conference of Evangelical Students Cambridge; Advertisement Paper" (1939), BGC Box #193.

11. Chua Wee Hian, "With Evangelical Students", en *Martyn Lloyd-Jones: Chosen by God*, ed. Christopher Catherwood (Crowborough: Highland Books, 1988), 111.

Si los organizadores de la conferencia de Cambridge habían previsto la fundación de un movimiento más amplio, el estallido de la Segunda Guerra Mundial dejó en suspenso estos planes. "En el plazo de un año, algunos de los presentes, al incorporarse a las fuerzas armadas, habían caído en servicio activo para sus países";[12] pero esto no impidió que los estudiantes se reunieran y que los movimientos nacionales continuaran su labor como buenamente pudieran. Los delegados eran conscientes de la situación mundial:

> En la mayoría de los círculos británicos existía la opinión generalizada de que una gran guerra europea era inevitable + que solo un milagro podría evitar que la guerra estallara a principios de otoño. "Se acordó que, en caso de guerra, se mantendría el contacto entre ellos el mayor tiempo posible+ se prestaría toda la ayuda disponible entre los movimientos tanto durante como después de las hostilidades. Correspondía al Comité Ejecutivo sentir una responsabilidad muy especial para ponerse en contacto unos con otros tan pronto como se restablecieran las comunicaciones entre sus diversos países + tratar de fortalecer las amistades supervivientes + seguir adelante con la tarea de la cooperación cristiana."[13]

La colaboración adoptó la forma de contactos interpersonales y correspondencia, así como de escritos teológicos. Estos contactos constituyeron el semillero para la fundación de IFES.

---

12. Johnson, *Brief History*, 68.

13. "Minutes of Meetings of the Executive Committee of the IFES" (Examination Hall, Cambridge, 27 de junio de 1939), 3, IFES e-archives.

4

Todo comenzó en un mundo cambiante (1946–1962)

Fundar un ministerio universitario

Inmediatamente después de la Segunda Guerra Mundial, el ambiente era de enérgica reconstrucción: "En todos los ámbitos, los evangélicos trataron de cooperar con las energías liberadas por la guerra y la reconstrucción para rehacer el rostro religioso del mundo".[1]

Los líderes evangélicos del periodo de entreguerras estaban decididos a reunirse de nuevo y reanudar la labor constituyente de una comunidad mundial de estudiantes evangélicos. En marzo de 1946, el Comité Ejecutivo nombrado en la conferencia de 1939 se reunió en Oxford con delegados de doce países. Aunque antes de la guerra había habido cierto recelo respecto a hacer algo más que organizar conferencias, la guerra había cambiado las mentalidades. Johnson recuerda que "aquellos que habían dudado sobre el peligro de desarrollar una organización internacional de alto nivel – y esto estaba probablemente en la mente de la mayoría de los delegados presentes – sintieron que seguir dudando sería desobedecer un llamado de Dios."[2]

La principal tarea de la reunión de 1946 fue preparar una constitución para que fuera aprobada por los delegados de una reunión fundacional oficial de IFES al año siguiente. Las enmiendas al borrador de la constitución

---

[1]. Mark Hutchinson y John Wolffe, *A Short History of Global Evangelicalism* (Nueva York: CUP, 2012), 180.

[2]. Johnson, *Brief History*, 73. El propio Johnson asistió a todas las conferencias previas a la IFES.

fueron resumidas por Martyn Lloyd-Jones,[3] que pronto asumió un papel destacado en las reuniones de los comités de IFES.[4] En términos de personal, "se acordó que podría pasar algún tiempo antes de que se dispusiera de un Secretario Itinerante del tipo adecuado – pero con el tiempo tal trabajador o trabajadores se harían indispensables para una coordinación adecuada."[5] Dos países destacaron especialmente en la conferencia: China, que solicitaba por telegrama su afiliación a la comunidad internacional que pronto se fundaría, y Alemania, que acababa de perder la Segunda Guerra Mundial. El interés chino fue notable, ya que se interpretó como el anuncio de una "nueva era en la que los estudiantes cristianos de países con poca o ninguna herencia evangélica podrían ser acogidos como miembros de esta nueva comunidad mundial".[6] Se habló de la situación de Alemania y los delegados estuvieron de acuerdo en que "la Iglesia de Cristo era la única esperanza del mundo y de esta situación desesperada en Europa en particular". Correspondía ahora a los cristianos mostrar el poder curativo del Evangelio".[7] Por consiguiente, los delegados seguían pendientes de Alemania y se invitaría a los delegados alemanes a las conferencias tan pronto como fuera posible.

Continuaron los debates por correo sobre la creación de una organización de apoyo a los movimientos estudiantiles nacionales. La principal preocupación seguía siendo garantizar la fuerza de la visión y la motivación misioneras entre los estudiantes. Ese mismo año se llevó a cabo en Toronto la "American Foreign Mission Conference", lo que más tarde se conocería como la "Urbana Conference"[8] donde asistieron 575 estudiantes. Los círculos vinculados a IFES estaban siendo fieles a las raíces del Student Volunteer Movement. Muchos estaban convencidos, ya que la mitad de los delegados de la Conferencia de Toronto se fueron al extranjero como misioneros.[9]

---

3. Lloyd-Jones (1899–1981), predicador calvinista galés, aunque sin formación teológica formal estuvo muy implicado en los inicios de la IVF británica, como presidente (1947–57) y presidente (1957–67) de IFES. D. Eryl Davies, "Lloyd-Jones, David Martyn", en *Biographical Dictionary of Evangelicals (Diccionario biográfico de evangélicos)*, ed. Timothy Larsen. Timothy Larsen (Leicester: IVP, 2003), 370–74.

4. El movimiento chino solicitó en particular su afiliación a IFES. Los delegados debatieron también la situación del movimiento alemán, al que deseaban incluir lo antes posible.

5. "Minutes of a Meeting of the General Commitee of the IFES" (Biblioteca del Regent's Park College, Oxford, 28 mar. 1946), 7, BGC Box #193.

6. Chua Wee Hian, "Evangelical Students", 113.

7. "Minutes of a Meeting" (28 mar. 1946), 5.

8. Debe su nombre al campus de Urbana-Champaign, donde tendrían lugar muchas de las conferencias posteriores.

9. Lowman, *Day of His Power*, 305.

La reunión fundacional de IFES tuvo lugar finalmente en el caluroso agosto de 1947 en Boston, Massachusetts.[10] Obreros estudiantiles, pastores y algunas figuras significativas asistieron a la reunión del comité,[11] mostrando así un patrocinio más amplio que solo el de dignatarios eclesiásticos o aspirantes a pastores juveniles. Sin embargo, no estuvo presente ningún delegado estudiantil. En tono anecdótico, Lowman reproduce los recuerdos estereotipados de Stacey Woods sobre la interacción de las sensibilidades nacionales y eclesiásticas que hubo que sortear durante la reunión:

> Cuando se trataba de planificar, estaba la cuidadosa y precisa forma británica de hacer las cosas: "Siempre se ha hecho así"; estaba la descarada seguridad estadounidense de que la forma estadounidense era la forma de Dios; estaba la intolerante convicción australiana de que todo el mundo estaba fuera de lugar menos los australianos; estaba la tranquila fuerza inamovible de Oriente: sin tener en cuenta a nadie ni nada, sin discusión ni debate lo harían a su manera.[12]

Se debatieron ampliamente la relación entre los movimientos nacionales con la nueva organización y el funcionamiento interno de los movimientos nacionales respecto al papel de los estudiantes. Se preservó la autonomía nacional ya que "se hizo hincapié en que I.F.E.S. no era en ningún sentido una superorganización jerárquica que interfiriera con los grupos estudiantiles nacionales, sino que era esencialmente más bien una comunidad de grupos estudiantiles nacionales con ideas afines que se fortalece mutuamente y que evangeliza en todo el mundo estudiantil."[13]

La segunda cuestión también era compleja: ¿qué papel organizativo debía otorgarse a los estudiantes? Solo se puede adivinar el tono de los debates resumidos por Lowman: "Los estadounidenses presentes consideraban que

---

10. La mayor parte de los costes de las reuniones anteriores a 1947 fueron sufragados por el IVF británico, así como por el IVCF estadounidense (especialmente a través de los fondos de un hombre de negocios germano-americano, John Bolten, que más tarde se convertiría en tesorero de IFES).

11. "La delegación canadiense estaba encabezada por uno de sus principales amigos, el juez John Reid, del Tribunal Internacional de Justicia de La Haya; entre los estadounidenses se encontraba el presidente de Rotary International, Herbert Taylor, presidente de su junta directiva; entre los australianos estaba el arzobispo de Sydney, Howard Mowll, que había sido presidente del CICCU el año siguiente a su ruptura con el MEC". Lowman, *Day of His Power*, 79.

12. Lowman, 80.

13. "Minutes of the First Meeting of the General Committee of the IFES" (Phillips Brooks House, Universidad de Harvard, Cambridge, Massachusetts, 18 de agosto de 1947), 4, BGC Box #193.

los británicos intentaban imponer a Estados Unidos la forma de trabajar de la IVF, incluido un comité nacional de estudiantes. A los británicos, en cambio, les resultaba muy difícil ver cómo podía existir un auténtico movimiento de estudiantes sin un comité."[14]

Woods recuerda que "Canadá y EE.UU. simplistas y activistas, estaban ansiosos por poner las cosas en marcha con toda una fanfarria de publicidad, pero la Europa conservadora quería moverse con cuidado, deliberadamente y con poco aviso público".[15] La fundación se comunicó a través de periódicos eclesiásticos, cartas y telegramas. En la misma reunión se nombró a Woods secretario general a tiempo parcial, cuyo papel consistiría en unir los movimientos de IFES, viajar por el mundo para fomentar la aparición de nuevos movimientos nacionales y fortalecer los ya existentes. Se inauguró una tradición de honrar a las personas que apoyaban su causa y reconocer sus credenciales en la labor estudiantil, el comité general invitó a Hallesby a convertirse en el primer presidente honorario.

Otro punto interesante para nuestro trabajo es que los implicados en la IFES mostraron desde el principio una marcada conciencia histórica, preocupados por transmitir el legado de sus acciones. Las actas de 1947 señalan que se "propuso que el Dr. D. Johnson preparara una historia de IFES para que el público pudiera estar informado de su origen, carácter y base de funcionamiento. Se tomó nota de que el Dr. Johnson tenía material a mano sobre estos asuntos".[16] Johnson escribió efectivamente *A Brief Histoof the International Fellowship of Evangelical Students* [*Una breve historia de la Comunidad Internacional de Estudiantes Evangélicos*], pero no se publicó hasta unos veinte años más tarde, en 1964. El hecho de que, hasta ahora, las historias de la IFES hayan sido escritas únicamente por autores anglosajones[17] es significativo en la medida en que explica la importancia concedida a los acontecimientos de 1911–1919 en Gran Bretaña y a la relación del CICCU con el MEC relatada anteriormente.

---

14. Lowman, *Day of His Power*, 80. Lowman se basa esencialmente en los recuerdos de Johnson y Woods.

15. C. Stacey Woods, "IFES History Draft" (manuscrito inédito, Lausana, 1977), 4.

16. "Minutes of the Meeting of the Retiring Executive Committee of the IFES" (Phillips Brooks House, Harvard University, Cambridge, Massachusetts, 18 de agosto de 1947), 3, BGC Box #193.

17. Johnson y Lowman del Reino Unido; Lineham (inédito) de Nueva Zelanda.

Constitución

Basada en la constitución de la IVF Gran Bretaña y en la constitución de 1935 de la Conferencia Internacional de Estudiantes Evangélicos, la constitución de 1947 fue elaborada minuciosamente por los delegados, que tuvieron que considerar las preocupaciones de muchos futuros miembros diferentes. Destaco aquí tres aspectos principales de la constitución.

Objetivos

Los objetivos del IFES se enuncian en la segunda cláusula:

> Tratar de despertar y profundizar la fe personal en el Señor Jesucristo y fomentar la labor evangelizadora entre los estudiantes de todo el mundo.
>
> Fortalecer las Uniones Evangélicas Nacionales y proporcionar comunidad a nivel mundial y regional.
>
> Organizar a intervalos regulares conferencias internacionales unidas y regionales.[18]

El énfasis en el aspecto personal de la fe cristiana es inequívoco, al igual que la ausencia de toda mención a la preocupación social. Esta prioridad queda ilustrada en un comentario de un antiguo miembro de la CICCU y de la OICCU que escribe para explicar a un colega ecumenista lo que son los "evangélicos conservadores":

> El evangélico conservador dice con San Pablo "¡Ay de mí si no predicara el Evangelio!" y, tras haber tomado las debidas disposiciones para los estudios que son su principal razón de estar en una universidad y para el esparcimiento físico y social necesario para la salud, se propone dedicar el tiempo que pueda al estudio de la Biblia, a la oración y a la evangelización personal. Así, cuando el capellán de la universidad o su ministro o el secretario de la S.C.M. o de una sociedad confesional se le acercan y le dicen "Admiro su celo – comparto su deseo de evangelizar – pero ¿no deberíamos hacer también X, Y y Z?", el evangélico responde honestamente "No tengo tiempo". A esto viene la réplica "Si no estudias los problemas de la fe y el orden, de la iglesia y la sociedad,

---

18. "Constitution of the International Fellowship of Evangelical Students" (ago. 1947), sec. 2, BGC #193.

¿cómo puedes presentar el Evangelio de forma relevante?" "¿Pero no ve", responde el miembro de la C.U., "que está cayendo en la principal tentación del cristiano intelectual que habla de predicar el Evangelio en lugar de predicarlo?".[19]

Eclesiología

La eclesiología no parecía preocupar a los delegados de la reunión. Procedían de diferentes iglesias y tuvieron que dejar a un lado sus diferencias confesionales. La constitución menciona a la iglesia solo dos veces. La primera mención forma parte de la base doctrinal, que establece que IFES afirma creer en "las verdades fundamentales del cristianismo, incluyendo", entre otros diez puntos, "la Única Santa Iglesia Universal que es el Cuerpo de Cristo y a la que pertenecen todos los verdaderos creyentes".[20] Nótese que lo que importa aquí es la iglesia invisible, que da libertad a sus miembros para asociarse con quien consideren oportuno. La segunda mención a la iglesia es la disposición de que "la comunidad no está comprometida con ninguna forma particular de orden eclesiástico en la medida en que es interdenominacional".[21]

No colaboración

Se aprobó una cláusula de no colaboración, derivada de los estatutos de la IVF británica de 1924,[22] : "El Comité General Internacional y el Comité Ejecutivo Internacional pueden organizar actividades conjuntas en nombre de la comunidad solo con aquellas organizaciones religiosas cuya base de fe y propósitos sean equivalentes a los de la Comunidad."[23]

---

19. Martin H. Cressey, *The Conservative Evangelical in the Ecumenical Movement* (Londres: Student Christian Movement, 1960s), 3.
20. "Constitution" (Sep. 1935), pt. 4.
21. "Constitution" (agosto de 1947), sec. 5.
22. Dice así: "Que en conexión con la Conferencia no se organizará ninguna reunión conjunta con ningún cuerpo religioso que no sostenga sustancialmente las verdades declaradas en las Bases de la Conferencia". Constitución reimpresa como Apéndice 2 en Johnson, *Contending for the Faith*, 262. En los círculos de la FUMEC, esta cláusula era bien conocida, como demuestra esta cita de Rouse: "En la mayoría de los países se considera que la fidelidad a sus principios exige la no cooperación con ningún movimiento que no acepte todas sus creencias teológicas en su totalidad, y esto la ha convertido en un factor de división en las universidades." Rouse, *World's Student Christian Federation*, 293.
23. "Constitution" (agosto de 1947), sec. 9.

Esta cláusula ocasionó numerosos debates a lo largo de los años. Pretendía impedir cualquier asociación con la FUMEC. Se recurrió a ella en la primera reunión, en la que "se decidió que los movimientos estudiantiles de Finlandia y Sudáfrica, que en la actualidad han expresado su deseo de mantener relaciones con la FUMEC, debían ser invitados a convertirse en miembros asociados de la I.F.E.S.",[24] ya que "nos resultaba imposible permitir que una Unión Nacional Evangélica tuviera pleno derecho como miembro de I.F.E.S. a la vez que mantenía su afiliación a la FUMEC".[25] Este patrón de oposición caracterizó la relación entre IFES y los círculos ecuménicos en la década de 1950.

La IFES se consideraba una comunidad orientada a la misión, al igual que la FUMEC, aunque sus fundamentos teológicos eran más estrictos. Aceptaba las diferencias eclesiológicas dentro de ese marco doctrinal y se definía en oposición a otros planteamientos considerados liberales. La consecuencia lógica de aplicar un principio de no colaboración sería la realidad de un testimonio cristiano en el campus que no podría demostrar unidad, al menos estructuralmente. Éste fue un importante punto de discordia entre IFES y la FUMEC, ya que la propia existencia de la IFES amenazaba el frente supuestamente unificado de la FUMEC.

No estaban solos: La FUMEC y los primeros años de IFES

Si la confrontación oficial con los círculos del MEC podía, a grandes rasgos, quedar al margen del contexto británico a principios del siglo XX, la era de la posguerra, en rápida globalización, demostraría ser un contexto muy diferente en el que ejercer el ministerio. Las ramas locales del MEC afiliadas a la Federación Mundial de Estudiantes Cristianos encontraron un nuevo impulso con el ímpetu ecuménico que culminaría en la fundación en 1948 del Consejo Mundial de Iglesias (CMI). En el periodo inmediatamente posterior a la guerra se estructuraron oficialmente nuevos movimientos nacionales de IFES y, en varias ocasiones, estos movimientos se fundaron en oposición directa a los grupos locales de la FUMEC, lo que provocó tensiones y discusiones. La cuestión principal que se planteó fue si era concebible que el testimonio cristiano en el campus estuviera dividido en el mismo momento en que las iglesias parecían estar uniéndose.

---

24. "Minutes of the First Meeting of the General Committee of the Fully Constituted IFES" (Phillips Brooks House, Universidad de Harvard, Cambridge, Massachusetts, 23 de agosto de 1947), 3, BGC Box #193.

25. "Minutes of the First Meeting" (23 de agosto de 194), 3.

Tres importantes líneas de fractura emergen de una lectura atenta de las fuentes archivísticas de la FUMEC sobre la IFES. Estas líneas son en cierto modo similares a las de la historia MEC-CICCU de 1910–19, pero se articulan con el telón de fondo de los ministerios de las dos organizaciones en la escena mundial. En lo que sigue, se presentarán con cierto detalle las principales divergencias *teológicas, eclesiológicas* y *misiológicas,* ya que ello permitirá comprender mejor cómo el otro gran actor del ministerio estudiantil de la época percibía la teología de la IFES. Y si bien el "sacerdocio de todos los creyentes" nunca se menciona como un punto de discordia subyacente, sin embargo, planea sobre muchas de las discusiones.

Una nota de contexto primero. Los círculos de la FUMEC no empezaron a interesarse por IFES cuando se fundó oficialmente en 1947. Los protocolos internos de discusión muestran que la FUMEC estaba preocupada por la perspectiva de la aparición de la IFES a escala mundial, tras haber sido testigo de las conferencias de entreguerras patrocinadas por la IVF británica.[26] Ante el inminente lanzamiento oficial de la IFES, previsto para agosto de 1947, el Comité Ejecutivo de la FUMEC encargó a su secretario general, el escocés Robert Mackie, que redactara un documento de posición titulado "Las relaciones de los Movimientos Estudiantiles Cristianos Nacionales y de la F.C.S.M. con la Comunidad Inter-Varsity de Uniones Evangélicas". Este documento, que contenía la valoración personal del secretario general sobre IFES y algunos extractos de correspondencia y de los informes de los movimientos nacionales de la FUMEC sobre sus relaciones con los movimientos de la IFES, fue posteriormente perfeccionado y modificado a lo largo de casi diez años. Ante el rápido crecimiento de IFES en todo el mundo, la FUMEC intentó organizar una consulta conjunta en la década de 1950, pero todos los intentos resultaron infructuosos porque el Comité Ejecutivo (CE) de la IFES aconsejó a su secretario general que rechazara tales invitaciones. Sin embargo, la situación debió de considerarse grave, ya que la FUMEC convocó una consulta mundial sobre la IFES en marzo de 1956 en Suiza, con vistas a

---

26. Robert Mackie afirma que "un dirigente de la I.V.F. le aseguró personalmente en 1936 que no había intención de formar una organización mundial". Robert C. Mackie, "The Relationships of National Student Christian Movements and the W.S.C.F. to the Inter-Varsity Fellowship of Evangelical Unions", documento privado para uso dentro de la FUMEC y no pronunciamiento oficial (Ginebra: Federación Universal de Movimientos Estudiantiles Cristianos, sep. 1946), Archivo de la FUMEC 213.16.39/2.

preparar un documento oficial de posición que se distribuiría a la FUMEC tras la reunión de su Comité General en el verano de ese mismo año.[27]

Un "Simposio para uso de los Movimientos Estudiantiles Cristianos y sus Líderes"[28] llegó a estar disponible en los círculos de la FUMEC en 1957. Este documento se encuentra entre los últimos conservados en los archivos de la FUMEC.[29] Aunque "esta consulta no pudo formular recomendaciones para la acción práctica, [realizó] el fructífero trabajo de varias comisiones que intentaron especialmente definir las diferencias entre la IVF y el MEC y revisar la posición y el programa del MEC a esa luz". [30]Este último simposio y los documentos elaborados en preparación de la consulta son documentos serios que muestran la seriedad con la que la dirección de la FUMEC se propuso comprender la IFES y su posición a lo largo de casi veinte años. Estos documentos preparatorios y finales serán la base de nuestro análisis,[31]

---

27. No obstante, se consultó a Stacey Woods sobre la conveniencia de invitar a cierto orador a la consulta. Philippe Maury, Carta al reverendo Sverre Magelssen (14 de febrero de 1956), Archivo de la FUMEC 213.14.76/2. No se ha podido encontrar ninguna respuesta de Magelssen y su nombre no figura en la lista de asistencia. Sin embargo, es destacable que había sido un infiltrado de IFES, formando parte de su Comité Ejecutivo hasta su dimisión en 1955.

28. Federación Universal de Movimientos Estudiantiles Cristianos, "Las relaciones de la Federación Mundial de Estudiantes y los Movimientos Estudiantiles Cristianos con la Fraternidad Internacional de Estudiantes Evangélicos y las Fraternidades Inter-Varsity", Simposio para uso de los Movimientos Estudiantiles Cristianos y sus dirigentes (Ginebra: Federación Mundial de Movimientos Estudiantiles Cristianos, 1957), Archivo de la FUMEC 211.16.39/1.

29. Además de los documentos internos (actas, correspondencia, informes nacionales, resúmenes de debates, publicaciones de la IFES), las cajas del archivo de la FUMEC sobre IFES también archivan varios trabajos académicos en los que se examinan las diferencias entre ambos movimientos, en particular Verna Claire Volz, "The InterVarsity Christian Fellowship and the Lacks in the Student Christian Movement Program Which Its Rise Reveals" (ensayo de maestría encargado por la Comisión de Programas del Consejo Cristiano Nacional Interuniversitario (YMCA), Seminario Teológico de la Unión, 1945), Archivo de la FUMEC 213.14.66/1; Ruth E. Shinn, "The International Fellowship of Evangelical Students (Inter-Varsity): Its Role in the Ecumenical Life of Christian Student Movements" (Tesis de licenciatura, Yale Divinity School, 1955), Archivo de la FUMEC 213.16.39/2; David Foster Williams, "A Comparison of the Work of the Student Christian Movement and the Inter-Varsity Fellowship as Each Is Found in Latin America" (Tesis de máster, The Biblical Seminary de Nueva York, 1959), Archivo de la FUMEC 213.16.39/1.

30. World's Student Christian Federation, "Relationships", 3.

31. El presente trabajo es, que yo sepa, el primero que hace uso de las fuentes archivísticas de la FUMEC para estudiar la IFES. Como consecuencia de la observación de que en los informes de la FUMEC no se establece ninguna diferencia significativa entre "MEC" y "FUMEC", hemos utilizado indistintamente MEC/FUMEC y IVF/IFES, a pesar de que, en sentido estricto, los grupos "IVF" analizados en los documentos se refieren en su mayoría a grupos británicos afiliados o que pronto se afiliarán a la IFES, y de que los grupos miembros de la IFES en Norteamérica, por ejemplo, se denominaban más bien "IVFC". Nunca se mencionan otros nombres como "GBU" para Francia o "GBEU" para Suiza, a pesar de que existían, eran miembros

cuyo objetivo es comprender cómo se percibía IFES desde otro ministerio con objetivos similares pero una perspectiva teológica diferente.

Particularismos teológicos

> Una de las principales aportaciones de la I.V.F. a la Universidad es el testimonio definitivo de un dogma particular. Quien lo acepta es cristiano; quien no lo hace, no lo es. Los hechos o las ideas que no se ajustan a esta enseñanza se consideran falsos o se guardan en otro compartimento de la mente.³²

Los documentos de la FUMEC, ya sea en notas informales o en declaraciones oficiales, sostienen que el principal problema de la teología de la IFES es su "particularidad", lo que significa que o bien no era lo suficientemente inclusiva, de los miembros de otras iglesias, o bien no estaba lo suficientemente actualizada. Un ejemplo a este respecto es la dificultad que encontró la FUMEC para dar sentido a la teología de IFES, que la FUMEC consideraba herencia de un conflicto pasado:

> *Aunque es simplemente una tontería calificar de "fundamentalista" la postura del I.V.F., existen* ciertas características que, cuando se juntan, producen una postura extrañamente rígida. Confieso que aún se me escapa cualquier definición. Los I.V.F. afirmarían que no llevan ideas preconcebidas a la Biblia y que no le añaden nada. Son particularmente aficionados al estudio textual, y los líderes no temen ciertamente comprometerse en reflexiones radicales. Pero todos los demás, ya sea Karl Barth, o C. H. Dodd, que se ocupan fielmente de la Biblia, pero no hablan de ella, o la entienden, exactamente como lo hacen los líderes de la I.V.F., están teñidos de "liberalismo". No sirve de nada señalar que al azotar el "liberalismo" en los círculos de la Federación, están azotando en gran medida un caballo muerto; no sirve de nada señalar que nadie va a la Biblia sin ideas preconcebidas y no añade nada a ella. Una controversia pasada se ha congelado y no puede disolverse.³³

---

fundadores de IFES y también estaban regularmente en contacto y en conflicto con grupos locales vinculados a la FUMEC.

32. Mackie, "Relationships" (sep. 1946), 8.

33. Robert C. Mackie, "The Relationships of National Student Christian Movements and the WSCF to the Inter-Varsity Fellowship of Evangelical Unions and the International Fellowship of Evangelical Students. Memorándum 2" (Ginebra: Federación Universal de Movimientos

La relativa postura antiteológica de la dirección general de IFES parece haber exasperado a la FUMEC, a la que le habría gustado "pasar página", pero la relación de cada movimiento con la historia teológica iba a ser un perdurable y serio motivo de desacuerdo. Por un lado, estaba el cansancio de la FUMEC de hacer declaraciones doctrinales firmes por la necesidad de mantenerse a la altura del lenguaje de la época. Por otro, estaba la preocupación de la IFES por aferrarse a lo que consideraba el "depósito de la fe". Los círculos de la FUMEC afirmaban que "mientras que el MEC ha crecido en teología a medida que las iglesias lo han hecho en gran medida, la postura de la IVFC ha cambiado poco desde finales de siglo",[34] pero los líderes de IFES no tardaron en afirmar que la suya era la postura ortodoxa:

> Le instamos a que ignore la opinión tan frecuentemente esgrimida en el periodo de entreguerras de que una posición doctrinal fuerte conduce necesariamente a lo contrario de la unidad. La historia de la Iglesia no presta su apoyo a tal opinión, salvo que ha habido una unidad aparente en tiempos de esterilidad. Como cuestión de política práctica, nuestra impresión es que la Iglesia romana ha ganado mucho en los últimos años afirmando con fuerza su dogma. Creemos sinceramente que una reunificación de la cristiandad es imposible sin una posición doctrinal fuerte que, en la propia naturaleza de las cosas, deberá ser lo más congruente posible en todo lo esencial con la prescrita por nuestro Señor y los Apóstoles. Sin la reafirmación y la reaceptación de una teología bíblica, la realización de la tarea ecuménica, aunque fuera posible, sería ineficaz o incluso peligrosa.[35]

Estudiantiles Cristianos, agosto de 1947), 4, Archivo de la FUMEC 213.16.39/2; cursiva añadida. Esta palabra de prudencia lingüística no parece haber calado en la base del movimiento. En agosto de 1957, el Ejecutivo de la IFES señaló que "tras un considerable debate sobre la situación religiosa en el mundo y la identificación de la IFES con una definición errónea de Fundamentalismo y Separatismo, *se acordó que la IFES debía adoptar la postura de que era un movimiento estudiantil separatista en la actual situación mundial y no disculparse por este hecho. Ser conservador y bíblico en su pensamiento eclesiástico.* También se acordó que una declaración informativa y positiva sobre la IFES, su posición doctrinal y su énfasis, con especial hincapié en las definiciones, sería de ayuda para los movimientos o grupos de estudiantes pioneros jóvenes que se encuentran bajo la presión del MEC." "Minutes of the Meeting of the Executive Committee de la IFES" (Branksome Hall, Toronto, Canadá, 31.8-3.9 1956), 3, IFES e-archives; énfasis añadido.

34. Volz, "InterVarsity Christian Fellowship", 37.
35. Douglas Johnson, Carta a Greer (22 abr. 1943), 2, Archivo de la FUMEC 213.13.94/7.

Dada la normalmente fuerte aversión de Johnson a la teología católica, es interesante verle apelar al catolicismo para apoyar sus opiniones sobre la importancia del dogma en su organización. Además, la apelación a la "historia de la Iglesia" es un patrón que se repite con frecuencia en la historia de IFES y que, curiosamente, rara vez, o nunca, está fundamentado. Así pues, a uno no le queda más remedio que especular si se hace una referencia implícita a la fuerza de las convicciones de los Reformadores o a cualquier otra cosa que pudiera haber ocupado un lugar preponderante en la percepción de los implicados en IFES.

Mientras que los vinculados a IFES afirmaban que su base doctrinal – a la que nos referiremos con más detalle a continuación – era "solo" una reescritura contemporánea de algunas de las verdades más fundamentales, los actores de la FUMEC contraargumentaban que los líderes de IFES habían añadido a los puntos de vista comunes, puntos de vista particulares vinculados a sus respectivos gustos teológicos. En sentido estricto, el análisis de la FUMEC es correcto: desde su versión adoptada en 1947 hasta hoy, los estatutos de IFES afirman en su introducción a la base doctrinal que "la Base Doctrinal de la Comunidad serán las verdades fundamentales del cristianismo, incluyendo . . . [luego siguen los once puntos de la BD]".[36] Como ha demostrado la historia anterior de la controversia MEC-IVF Cambridge, la doctrina de la expiación fue un punto polémico.[37] Lo interesante, sin embargo, es que aunque la IVF británica fuera posiblemente la más influyente en la configuración de la IFES, la base doctrinal de la organización mundial introdujo una cláusula sobre la iglesia que, aunque de alcance bastante minimalista, respondería a un reproche expresado en 1943 por Mackie a Johnson:

> Si tuviéramos que ampliarla, dudo que lo hiciéramos como usted lo ha hecho, ya que no creemos que su declaración sea plenamente bíblica ni en su énfasis ni en su fraseología. Instaríamos a su omisión incluso de mencionar a la Iglesia, y a su enunciación

---

36. "Constitution" (agosto de 1947).

37. En la reunión de 1956, se volvió a discutir este punto y la conclusión fue que "la IVF no tiene una doctrina adecuada de la expiación. Es legalista. Hay un elemento legal en la justificación, pero la unión personal viviente con Cristo en todos los aspectos supera el legalismo; y . . . hay un fuerte tren de santidad en la IVF en algunos puntos, y un énfasis en la vida santa que no puede descartarse simplemente como una elaboración de la religiosidad." Peter Kreyssig, "The Reality of the New Life in Terms of Conversion, Regeneration, and Sanctification", Resumen del discurso pronunciado en la Consulta Ecuménica de la FUMEC de 1956 (Céligny, 1956), 2, Archivo de la FUMEC 213.16.39/2.

de una teoría particular de la Expiación. Si ha de haber una base doctrinal, que sea una buena.[38]

La postura positivista hacia la doctrina que caracterizaba a los vinculados a la FUMEC es, además, evidente al afirmar que el apego de los de IFES a su base doctrinal debía atribuirse a una falta de madurez: "Me pregunto cuántos de sus antiguos miembros que están ahora en el ministerio cristiano pueden aceptar su actual Base sin aplicar reservas intelectuales. ¿Consideran que es imposible mejorarla?".[39]

Si la respuesta a la última pregunta fue negativa en la década de 1940, ya que el IFES fundacional aún estaba inacabado, resultó ser más bien positiva más adelante, ya que la base doctrinal no ha sufrido modificaciones significativas desde la reunión fundacional de la IFES.[40]

Coherente con la negativa a participar en el encuentro ecuménico, la política de afiliación de IFES sería más restrictiva que la de la FUMEC. Sin embargo, las razones no eran pragmáticas, sino más bien teológicas. En un articulado análisis que vale la pena citar extensamente, Robert Mackie enmarca así las diferencias:

> La aceptación de una variedad de interpretaciones de la verdad cristiana es una de las esencias de la ecumenicidad. Aquí la formulación de los nombres de los dos organismos internacionales expresa una diferencia fundamental entre ellos. I.F.E.S. aplica la palabra evangélica a los estudiantes que son sus miembros, mientras que la W.S.C.F. aplica la palabra cristianos a la comunidad en la que se acoge a los estudiantes. A grandes rasgos, esto también es cierto a escala nacional. Esta diferencia significa que la pertenencia a las comunidades nacionales de I.F.E.S. está restringida a una definición evangélica, mientras que los movimientos nacionales de la F.C.S.M. están, en su mayoría, abiertos a todos los estudiantes que deseen seriamente participar en la vida de una comunidad cristiana.[41]

---

38. Robert C. Mackie, "Draft Letter Enclosed in Confidencial Memorandum on the Relationships of the WSCF and IVF Britain", carta a Douglas Johnson (abr. 1943), 5–6, Archivo de la FUMEC 213.16.94.

39. Mackie, "Draft Letter", 5–6.

40. Excepto por una enmienda de 2007 que adoptó un lenguaje más inclusivo.

41. Mackie, "Relationships . . . Memorándum 2" (agosto de 1947), 4.

Nada hay de sorprendente en esta cita: la misma lógica que actuó para rechazar el movimiento ecuménico basado en una eclesiología divergente, motivada teológicamente, impediría en el mundo eclesial general la unidad en el mundo estudiantil. La lógica es impecable, pero las perspectivas de un mayor entendimiento mutuo eran entonces correspondientemente débiles. Lo que no se menciona, sin embargo, y da la impresión de que eran sectarios, es que siempre se animó a los grupos IFES a estar abiertos a todo aquel que quisiera asistir a sus reuniones, como consecuencia lógica de un grupo misionero por naturaleza. Eran – y siguen siendo en la mayoría de los casos – los puestos de liderazgo los que estaban restringidos a aquellos que firmaran la base doctrinal y estuvieran de acuerdo con los objetivos y propósitos de IFES, que eran mucho más estrictos que los del MEC. Sin embargo, antes de pasar a la cuestión del movimiento ecuménico, es importante señalar que había factores sociológicos en juego: Los autores de la FUMEC pretendían regularmente que la teología de la IFES era esencialmente el resultado de su condición minoritaria, de sus menores credenciales académicas y de su falta de integridad intelectual. La retórica del embate encontrada en los documentos de IFES verifica ampliamente la primera tesis, mientras que las otras dos dimensiones se exageraron principalmente en aras de la diferenciación. En cualquier caso, estas actitudes no facilitaron la diplomacia.

Diplomacia ecuménica: El rechazo de IFES al movimiento ecuménico

La esencia misma del movimiento ecuménico era acercar a las iglesias entre sí, fomentando la comprensión y el reconocimiento mutuos.[42] Por eso, la aparición de IFES a escala mundial no podía sino ser un problema para los círculos ecuménicos: parecía una separación más del ya de por sí muy diverso mundo cristiano si, en efecto, "la división entre Intervarsity y el MEC no deja de ser una división en la vida de la Iglesia y una división entre denominaciones particulares".[43] La razón de la "separación" o de la aparición de un nuevo movimiento fue, al parecer, motivo de cierto examen de conciencia en la FUMEC:

---

42. El espacio no permite aquí ni siquiera una somera historia del ecumenismo. Para el marco temporal de este trabajo, véase John Briggs, Mercy Amba Oduyoye y Georges Tsetsis, eds., *A History of the Ecumenical Movement*, vol. 3, *1968–2000*, 3 vols. (Ginebra: Consejo Mundial de Iglesias, 1986).

43. "Report of the Commission on the Student Christian Community in the University", Grupos de trabajo de la Consulta Ecuménica de la FUMEC de 1956 (Céligny, 1956), 1, Archivo de la FUMEC 213.16.39/2.

> En primer lugar, debemos reconocer que el crecimiento de una organización cristiana paralela entre los estudiantes, y su extensión a un país tras otro, debe ser en cierta medida un juicio sobre los Movimientos Estudiantiles Cristianos afiliados a la Federación Universal de Movimientos Estudiantiles Cristianos. Si existe una división en el testimonio cristiano en las universidades, compartimos la responsabilidad de esa división. Si otra presentación de la verdad cristiana ha tenido mayor atractivo, debe de haber algo defectuoso en la nuestra. Si otra comunidad parece más convincente para los estudiantes, la nuestra debe carecer de ciertas características esenciales.[44]

Aunque la cuestión aún no está en primer plano, existe un motivo misiológico. Más allá de la realidad de los ministros de la Iglesia divididos o de los obreros estudiantiles, acecha la cuestión del atractivo de cada movimiento para su público principal: la población estudiantil. El rápido crecimiento de IFES seguiría siendo una fuente importante de preocupación en los círculos del MEC.

De hecho, en casi todos los documentos de debate, cartas, actas u otros documentos en los que se menciona la existencia de IFES al mismo tiempo que los movimientos de la FUMEC, sale a relucir el mismo argumento: no debe haber un testimonio dividido. Mientras que los de IFES probablemente habrían estado de acuerdo en que un testimonio dividido no era bienvenido, no se pudo llegar fácilmente a un acuerdo sobre la solución debido a las raíces de la división: mientras que la FUMEC entendía que la iglesia debía incluir a todas las personas que se confesaran cristianas, la IFES afirmaba la necesidad de un acuerdo teológico y, más aún, de pureza teológica, para un testimonio común. Uno ve la perplejidad en la información de Maury de que

> Siempre me impresionó el temor que mostraban los miembros de IFES a que algún tipo de herejía entrara en su seno o, en términos generales, en la vida de la Iglesia. Cada vez que discutía con ellos sobre los peligros del ecumenismo, obtenía la respuesta de que en el movimiento ecuménico hay personas con cuya fe no pueden estar de acuerdo. Creo que esto también lo dirán de la Federación.[45]

---

44. Mackie, "Relationships" (sep. 1946), 4.
45. Philippe Maury, "Document IV and Additional Notes of the 1957 WSCF Symposium", carta a la Asociación de Estudiantes Cristianos de Sudáfrica (dic. 1954), 5, Archivo de la FUMEC 211.16.39/1.

Maury admite además que "hay en la Federación personas con cuya fe yo mismo no estoy de acuerdo y a las que considero herejes",[46] pero no le preocupa realmente, ya que su comprensión de la Iglesia no se basa en un acuerdo teológico.[47] Esta fuerte divergencia eclesiológica, a la que pronto nos referiremos con más detalle, obstaculizó cualquier posibilidad de fusión de los dos movimientos, para consternación del secretario general de la FUMEC, que concluyó que la IVF

> está en contra del movimiento ecuménico tal y como se conoce en la actualidad. Cree que es erróneo y que hay que oponerse a él, ya sea en secreto o abiertamente. La I.V.F. cree que no podemos alcanzar la medida de entendimiento que hemos logrado, sin comprometer la fe. Por ejemplo, la I.V.F. es antisacerdotal y no tendrá nada que ver con las opiniones o prácticas "católicas". En consecuencia, cualquier relación constructiva entre protestantes y ortodoxos, y menos aún entre protestantes y católicos romanos, es una traición fundamental a la fe evangélica. De hecho, dentro del anglicanismo y el luteranismo puede darse la misma traición; y todo lo que sea alta Iglesia es contrario al Evangelio.[48]

El propio carácter evangélico de IFES no podía entonces dejarse de lado fácilmente en aras de la cooperación: para IFES, renunciar a su carácter distintivo teológico habría socavado sus propios cimientos. Incluso se podría analizar el conflicto entre la FUMEC y el IFES como una guerra por poderes entre el CMI y la Alianza Evangélica Mundial, aunque esta última casi nunca se mencione en la documentación.[49] Había dos visiones de lo que significa ser "iglesia" y, por tanto, dos enfoques del ministerio estudiantil. Es a un análisis más profundo de los argumentos eclesiológicos avanzados por la FUMEC a lo que nos dirigimos ahora.

---

46. Maury, "Document IV", 5.

47. Y, de hecho, esta tolerancia de la herejía dentro de la FUMEC fue una línea en la arena para IFES. Como resume Boyd, "El MEC estaba siendo considerado, en efecto, como un cuerpo herético, al que solo se podía acercar en la proclamación del Evangelio, no compartiendo el estudio de la Biblia". Boyd, *Student Christian Movement*, 85.

48. Mackie, "Relationships . . . Memorandum 2" (agosto de 1947), 5.

49. Lane Scruggs, "Evangelicalism and Ecumenism: The World Evangelical Alliance and Church Unity", *Fides et Historia* 49, nº 1 (2017): 85–103.

La FUMEC y el IFES y sus relaciones con la autoridad eclesiástica

> De hecho, personalmente estoy bastante convencido de que la diferencia básica entre IFES y la Federación radica más bien en nuestra concepción de una actitud hacia la Iglesia.[50]

La FUMEC esgrime dos argumentos principales: el primero es que la iglesia es la comunidad, llamada por Dios, a la que pertenecen todos los que se autodenominan cristianos; el segundo, que aunque IFES afirmaba que no era una iglesia, su desprecio por las autoridades eclesiásticas establecidas, unido a su promulgación de una declaración de fe, equivale prácticamente a funcionar como una nueva iglesia, o al menos como una denominación – siendo este segundo punto un pecado imperdonable en opinión de la FUMEC. Maury resume así la situación:

> Nuestra unidad cristiana entre nosotros no es el resultado de un acuerdo teológico, ni siquiera de un amor mutuo, sino del amor eterno de Dios por nosotros. Si fracasamos en la predicación del Evangelio de la Salvación, o fracasamos en vivir ese Evangelio en las relaciones personales, sociales y raciales, nos oponemos a la unidad que Dios ha fundado en Jesucristo, pero no la anulamos. La Iglesia de Jesucristo es una, no como en un mero logro de cristianos, sino como la plenitud de aquel que todo lo llena en todo. Los hombres han dividido la iglesia y así han desgarrado y distorsionado la verdad de Dios, pero la verdad permanece en la iglesia, que sigue siendo reconocible por la fe a través de las iglesias existentes.[51]

El análisis de Maury mezcla argumentos soteriológicos, misiológicos y eclesiológicos en un caso al que IFES respondería que su comprensión de la misión y la iglesia difieren. Sin embargo, Maury entiende bien a IFES si tenemos en cuenta la afirmación de Johnson de que "nuestra definición de la 'ecclesia' adopta la forma neotestamentaria, es decir, la comunidad de todos los verdaderos creyentes". A la larga, estamos seguros de que los amigos de la unión

---

50. Maury, "Document IV", 3.

51. En Robert C. Mackie, "Statement on the Relationship of the Federation with I.F.E.S.", documento oficial de posición, 1957 Symposium for the Use of Student Christian Movements and Their Leaders (Ginebra: Federación Universal de Movimientos Estudiantiles Cristianos, 1949), 5, Archivo de la FUMEC 213.16.39/1.

ecuménica tienen todo que ganar y nada de valor que perder adhiriéndose a fondo a una definición neotestamentaria de la Iglesia".[52]

La consecuencia evidente de esta concepción de la iglesia como una asamblea de "verdaderos creyentes"[53] llevó a IFES, como hemos visto anteriormente, a desarrollar muy pronto su base doctrinal como forma de definir no solo su ministerio sino también quién debía estar "dentro" y quién era mejor mantener fuera. Así, el carácter inclusivo de la FUMEC hacía improbable la cooperación, como Woods había insinuado a Maury poco antes de la consulta de la FUMEC. En un raro momento de aparente distanciamiento del CE, se informa de que Woods dijo que

> Lo que imposibilitó la cooperación o la unificación en el momento actual fue la actitud mantenida por varios miembros de IFES sobre la concepción de la Iglesia y de la comunidad cristiana, a saber, la comunidad basada en el acuerdo teológico, mientras que en el Movimiento Ecuménico se basa sobre todo en el reconocimiento común de que Dios en Jesucristo es creador de la Iglesia.[54]

Por lo que se puede leer en otras fuentes escritas directamente por Woods, esto parece una maniobra táctica por su parte. Sin embargo, podría insinuar que su propio enfoque era posiblemente más pragmático que el de otros miembros del Ejecutivo de IFES.[55]

La idea de IFES de la iglesia como una comunidad basada en el acuerdo teológico no puede entenderse adecuadamente sin considerar el propio ethos protestante de IFES. Los individuos pueden llegar a convicciones teológicas como comunidad, pero al considerar la cuestión de la afiliación, parece lógico concluir que un individuo tiene que haber llegado a su conclusión antes de unirse a IFES. Esta convicción teológica puede, por supuesto, ser fruto de una

---

52. Johnson, carta a Greer, 3.

53. El punto J de la base doctrinal afirma que IFES cree en "la Única Santa Iglesia Universal que es el Cuerpo de Cristo y a la que pertenecen todos los verdaderos creyentes". "Constitution" (agosto de 1947), 2.

54. Philippe Maury, "Memorandum on IFES. Report on a Meeting with Stacey Woods" (Chicago, 21 de diciembre de 1955), 1, Archivo de la FUMEC 213.16.39.

55. Maury informa además de que "Stacey Woods, por su parte, me dijo que, si bien él personalmente estaría realmente interesado en lograr este tipo de *acercamiento* e incluso de unidad, no podría en las circunstancias actuales hacer nada más que muy lentamente y con gran precaución, en vista de las divisiones que existen dentro de la propia I.F.E.S., entre lo que podríamos llamar los elementos abiertos y los rígidos. Si bien parece que el grupo americano, por ejemplo, estaría mucho más abierto a los contactos ecuménicos . . . por el contrario, los movimientos británico, noruego y holandés representan en la actualidad los grupos más rígidos de la I.F.E.S." Maury, "Memorandum on IFES", 1.

vida en una comunidad eclesiástica teológicamente próxima a IFES, pero parece poco probable poder comprenderla sin un cierto grado de individualismo. Este "sacerdocio del creyente" permite al estudiante ser "apto para la afiliación". La mayoría de los que en la FUMEC estuvieron en contacto activo con los líderes del IFES a nivel superior eran protestantes, algunos habían crecido en hogares evangélicos; esto les habría hecho propensos a la idea, común entre los católicos romanos, de que los protestantes son irremediablemente individualistas. Sin embargo, éste es exactamente el mismo argumento que la FUMEC esgrimiría contra el IFES: que su teología era demasiado individualista, incluso liberal, como muestra el siguiente fragmento, bastante irónico, de la larga carta de Maury:

> En varias ocasiones en las que he discutido con líderes y miembros de IFES me ha impresionado tanto una cierta falta de preocupación por su parte por la realidad visible de la Iglesia – me refiero a nuestras iglesias históricas – como lo que *podría llamar, a riesgo de escandalizar a algunos de mis amigos de IFES, una concepción muy liberal de la Iglesia.* Sobre el primer punto, *siempre tuve la sensación de que IFES hacía más hincapié en la importancia de la fe individual, de la obediencia individual, de la piedad individual, que en la participación en la comunidad de la Iglesia. Más aún, me sorprendió la falta de preocupación por los diversos signos de la vida de la Iglesia.* Pienso, por ejemplo, en las confesiones de fe históricas de la Iglesia, en las autoridades visibles de las Iglesias y en la vida de las congregaciones locales. (En algunos casos llega hasta una cierta despreocupación por la vida sacramental, pero sé que esto no es universal). En concreto, *criticaría duramente a IFES por dos cuestiones distintas: en muchos casos no se siente realmente responsable de llevar a sus miembros a una participación activa en la vida de la Iglesia*; y, en segundo lugar, *al pedir a sus miembros que suscriban una declaración doctrinal en forma de confesión de fe, realmente se sustituye a sí misma por la Iglesia, e incluso se comporta como si fuera una nueva denominación o confesión.* Creo que en este punto existe definitivamente una diferencia considerable entre la Federación y el IFES.[56]

Resulta ciertamente irónico considerar "liberal" la postura de IFES frente a la constante afirmación de IFES de que su propia aparición había sido necesaria

---

56. Maury, "Document IV", 4; énfasis añadido.

debido al liberalismo teológico. Además de la cuestión sacramental, fácilmente explicable por el gran número de elementos de la Iglesia Baja dentro de IFES, la cuestión de la pertenencia de los estudiantes y graduados a las iglesias fue, en efecto, un asunto de preocupación constante para IFES.[57] Como escribiría un joven graduado unas décadas más tarde, "la enseñanza evangélica sobre cómo se manifiesta el cuerpo de Cristo a través de sus miembros individuales difícilmente puede ser criticada. Pero hay algo más que debe enfatizarse. Todo graduado cristiano debe ver la preocupación expresada en las Escrituras por la iglesia local".[58] Lo sorprendente es que cada vez aparecieron más artículos sobre el tema de la integración de los estudiantes en las iglesias locales en los últimos años de IFES, pero hubo menos en la época contemporánea a las consultas de la FUMEC. Esto no significa, sin embargo, que los escritos de IFES no demostraran, desde el principio, una preocupación regular por animar a los estudiantes a formar parte de las comunidades locales:

> El grupo cristiano no es una iglesia, pues carece, entre otras cosas, de la madurez de los verdaderos ancianos y de los medios para practicar las ordenanzas; tampoco da testimonio directo a la "sociedad en general". El estudiante, como miembro de la "sociedad en general", debe ser miembro de una iglesia local y su pertenencia al grupo cristiano no debe considerarse como un sustituto.[59]

Sin embargo, la segunda acusación de la carta de Maury es mucho más sustancial desde el punto de vista eclesiológico que la referencia al individualismo: "Al pedir a sus miembros que suscriban una declaración doctrinal en forma de confesión de fe, en realidad se sustituye a sí misma por la iglesia".[60] A los ojos del secretario general de la FUMEC, era evidente que la base doctrinal de IFES estaba estableciendo de hecho una nueva iglesia. En la misma línea y en términos inequívocos, la "Comisión sobre la Verdad y la

---

57. Lo que tampoco significa que siempre fuera fácil para los estudiantes del MEC. Tatlow cuenta la historia de la fundación en 1912 de "The Auxiliary of the Student Movement of Great Britain and Ireland" – del que asumió la presidencia – que tenía dos objetivos: "Unir en una comunidad de intercesión y donación a los antiguos miembros del movimiento estudiantil cristiano. Ayudar a los miembros a pasar al servicio activo en la Iglesia cristiana". Tatlow, *Story*, 728. Bruce analiza esta creación como un reconocimiento implícito de que las iglesias eran demasiado "estrechas" para dar cabida a los jóvenes graduados. Bruce, "Sociological Study", 267.

58. Swee-Eng Aw, "But When I Left College I Couldn't Fit into a Church", *In Touch* 1 (1984): 3.

59. James Johnston, "A Biblical Philosophy of Students Witness", *IFES Journal* 2 (1966): 8.

60. Maury, "Document IV", 4.

Doctrina" de la consulta de 1956 afirma que "la formulación y aceptación de la doctrina es tarea de las iglesias".[61] Igualmente clara había sido la respuesta comunicada de una delegación del MEC a la primera convención misionera norteamericana de la IVFC en 1946[62] a la observación de un obrero del personal local de que la base doctrinal era simplemente un desarrollo contemporáneo de la doctrina de los reformadores:

> Nuestra reacción es que, aunque estos puntos puedan encontrarse en las declaraciones doctrinales de las iglesias, un grupo de estudiantes no es el órgano adecuado para formalizar y aplicar las normas, sobre todo cuando los tribunales más autorizados de las iglesias nombradas no fueron consultados y no estarían de acuerdo con el proceso.[63]

El abismo no podía ser más profundo: por un lado, un movimiento estudiantil que confía en las iglesias para definir las doctrinas y se alegra de "soportar humildemente la carga de la desunión cristiana";[64] por otro lado, otro movimiento que considera necesario fijar por escrito sus creencias fundamentales para garantizar un terreno común satisfactorio para el ministerio.[65] La declaración doctrinal vuelve a ser el campo de una batalla campal entre IFES y la FUMEC:

> La razón por la que la Federación no mantiene ninguna base doctrinal detallada y no pide a sus miembros que suscriban una declaración de fe personal es nuestra convicción de que la confesión de fe es propiamente una de las marcas de la Iglesia, y no deseamos que nuestros miembros confiesen su fe salvo dentro de

---

61. "Report of the Commission on Truth and Doctrine", Grupos de trabajo de la Consulta Ecuménica de la FUMEC de 1956 (Céligny, 1956), 1, Archivo de la FUMEC 213.16.39/2.

62. Más tarde, las convenciones de Urbana.

63. Hilda Benson, Rev. Candy Douglas y Rev. Gerald Hutchison, "Extracts from a Report on the Conference for Missionary Advance, Toronto, 1946" (Toronto: Federación Universal de Movimientos Estudiantiles Cristianos, enero de 1947), 11, Archivo de la FUMEC 213.16.39/2.

64. Mackie, "Statement", 9.

65. Sin embargo, un aspecto que los analistas de la FUMEC pasan por alto es que la IFES exige a los movimientos nacionales que solicitan la adhesión que presenten cartas de recomendación de los pastores locales para garantizar que estos nuevos movimientos son conocidos por los cristianos del país. Este requisito demuestra respeto por las comunidades eclesiásticas locales.

la comunidad de su iglesia particular en la que han sido bautizados y recibidos.⁶⁶

Lo que está en juego aquí son cuestiones no negociables. Tanto para el IFES como para la FUMEC, la prioridad es el testimonio. Para esta última, sin embargo, la unidad de los cristianos en el campus será el argumento más eficaz para que otras personas – que de antemano no pueden clasificarse en categorías cristianas/no cristianas – consideren la fe cristiana. Para IFES, es el *contenido convincente de la fe* (doctrina) lo que convencerá a los no cristianos para que consideren la fe cristiana. De ahí se derivan las convicciones eclesiológicas: unidad con las iglesias locales reales para dar testimonio y sumisión a su autoridad, frente a unidad de doctrina entre las iglesias locales, reuniendo a "todos los verdaderos creyentes" para dar testimonio.⁶⁷ Finalmente, la cuestión eclesiológica se convierte también en una cuestión de poder y autoridad:⁶⁸ al espíritu más libre de los de IFES responden los defensores de la FUMEC, de mentalidad más clerical.⁶⁹ Formada en un intento de zanjar la cuestión, la declaración oficial de la FUMEC es inequívoca: "En la Federación buscamos ser leales a las enseñanzas y tradiciones de nuestras propias iglesias, sabiendo que existe una verdad de Dios que ellas representan parcialmente. No pretendemos construir una secta con un Credo propio".⁷⁰

---

66. Maury, "Document IV", 4–5. Aunque la mayoría de los documentos tienden a dar la impresión de una relación muy clara entre la FUMEC y las iglesias, en la consulta de 1956 se señaló que la cuestión seguía siendo compleja: "Dado que la comprensión actual del MEC sobre su relación con la iglesia no es del todo satisfactoria, pedimos [que] se siga aclarando esta cuestión. Un lugar donde esto podría hacerse sería en relación con la revisión de los objetivos de la constitución de la FUMEC." "Reporto of the Commission on the Student Christian Community", 1.

67. "La Federación ve el evangelismo ineludiblemente ligado a la ecumenicidad porque la escandalosa división de la iglesia niega su mensaje de redención y reconciliación al mundo no cristiano. La Comunidad de estudiantes evangélicos ve en el ecumenismo una desviación confusa y peligrosa de la tarea de dar un claro testimonio de Jesucristo." Shinn, "International Fellowship of Evangelical Students", 31.

68. Hablando del contexto estadounidense, un alto cargo de la FUMEC hizo un análisis similar: "En una generación estudiantil que puede caracterizarse, si se me permite generalizar, por su falta de convicción, compromiso y comunidad, este esfuerzo ha resultado muy atractivo para muchos estudiantes. Reacciono ante el crecimiento de la I.V.F. como un juicio sobre gran parte del trabajo estudiantil organizado, es decir, dominado o patrocinado eclesiásticamente." Roger Blanchard, "Concerns of Proposed Ecumenical Consultation" (c.1955), 54, Archivo de la FUMEC 213.16.39/2.

69. No debe pasarse por alto la relación de la teología de IFES, aunque sea muy implícita, con la comprensión de J. N. Darby de la apostasía de la iglesia. Dado el número de miembros influyentes de los Hermanos en los primeros altos cargos de IFES, es difícilmente concebible que esto no hubiera tenido cierta importancia.

70. Mackie, "Statement", 9.

La acusación de organizar una secta es violenta y refleja las luchas de poder en juego en el conflicto entre IFES y la FUMEC. Mientras que los documentos de esta última rara vez mencionan sus conexiones con el CMI, los grupos del MEC estaban principalmente vinculados a las iglesias tradicionales establecidas, incluso en el mundo mayoritario, donde a menudo heredaban las antiguas estructuras coloniales. Una vez que IFES entra en escena, no puede sino representar un desafío para los líderes. Como resume acertadamente Stackhouse, existe una relación más estrecha entre las iglesias establecidas y la cultura que con los movimientos "sectarios" o "separatistas":

> Una "iglesia" es una denominación que goza de estatus en la cultura, participa en la cultura y, de hecho, manifiesta algo de interés de propiedad en la cultura. Incluye a muchos cuya lealtad es solo nominal y suele abarcar una variedad de puntos de vista y prácticas (vestigio de la idea de "iglesia territorial") como parte de su estatura de denominación ampliamente "aceptada" y "aceptante". La "secta", por el contrario, no goza de ningún estatus en la cultura, sino que se separa conscientemente de ella. Está formada solo por "creyentes", solo por aquellos que se unen conscientemente a ella y que mantienen su disciplina intelectual y de comportamiento.[71]

Por el contrario, frente a la confianza en las autoridades eclesiásticas establecidas para delimitar la doctrina, Woods tiene un enfoque más directo que evidentemente traiciona sus propios orígenes. En lugar de apelar a la tradición histórica, apela a la historia del "hombre común":

> A través de las edades Dios el Espíritu Santo ha dado a los hombres sinceros de Dios un entendimiento *común* concerniente a toda la verdad vital y esencial. Desde los primeros días de la iglesia hasta esta hora, Dios ha dado un entendimiento *común*, una interpretación *común*, una convicción común respecto a todos los asuntos fundamentales de la fe y la práctica cristianas. Esta interpretación no es un juicio subjetivo personal, sino que *tiene esa medida de autoridad objetiva que proviene de la voz común de los hombres de Dios a través de las edades*. Dondequiera que se sostenga que la Biblia es la palabra autorizada de Dios, y dondequiera que haya habido una humilde dependencia de la luz

---

71. John G. Stackhouse, *Canadian Evangelicalism in the Twentieth Century: An Introduction to Its Character* (Toronto: University of Toronto Press, 1993), 13.

> y la guía del Espíritu Santo a través de esa palabra, ha surgido la verdadera doctrina cristiana, y Dios Espíritu Santo ha conducido a los cristianos sinceros a una comprensión común de su mente y voluntad.[72]

La idea de "hombres sinceros" a los que Dios se ha revelado a lo largo de la historia es muy importante para Woods: existe una comunidad, pero se trata realmente de una "comunidad imaginada"[73] de fieles, una "iglesia de todos los verdaderos creyentes" y no de una institución. Es una fascinante mezcla de individualismo y comunidad la que presenta el primer secretario general (SG) de IFES. El tono de esta publicación periódica de la IVFC estadounidense, es bastante populista,[74] pero no simplista: en el núcleo de su alegato hay una profunda convicción de que Dios se revela a los individuos y que la iglesia viene después.[75] Además, esto se resiente mucho en los círculos de la FUMEC, como muestra el siguiente análisis de esta cita de Shinn. Para ella, Woods

> no define en términos históricos cuáles son los hombres que a lo largo de los tiempos han sostenido estas verdades, la verdad doctrinal sostenida por aquellos fragmentos de la iglesia con los que Woods e IFES están de acuerdo. Parecería que Woods ha comenzado con el énfasis protestante en la libertad de leer las escrituras bajo la guía del Espíritu Santo.[76]

Aquí encontramos una combinación de las acusaciones de individualismo y particularismo teológico. La idea de que la gente lea la Biblia por sí misma y que no dependa de la supervisión clerical parece ser un escollo a los ojos de Shinn. Y de ahí que, mientras Woods y sus colegas se veían a sí mismos como los herederos de la teología ortodoxa, se les acuse de ser los representantes de solo "esos fragmentos de la iglesia". La consecuencia lógica, para Shinn, es el ostracismo teológico:

---

72. C. Stacey Woods, *What Is Biblical Christianity?* (IVCF USA, s.f.); citado en Shinn, "International Fellowship of Evangelical Students", 14 énfasis en el original de Shinn.

73. En referencia a la obra seminal de Benedict Anderson, *Imagined Communities: Reflections on the Origin and Spread of Nationalism* (Londres: Verso, 1983).

74. Para un debate esclarecedor sobre las conexiones entre la cultura y la teología estadounidenses, véase Nathan O. Hatch, "Evangelicalism as a Democratic Movement", en *Evangelicalism and Modern America*, ed., George M. Marsden (Grand Rapids: Eerdmans, 1984), 71–82. George M. Marsden (Grand Rapids: Eerdmans, 1984), 71–82.

75. Woods se graduó en el Seminario Teológico de Dallas. Su dispensacionalismo personal puede haber aflorado o al menos haber sido comprendido por algunos de sus interlocutores.

76. Shinn, "International Fellowship of Evangelical Students", 15.

Entonces ha dado a sus ideas una validez y autoridad únicas – un derecho a desechar a otros como no cristianos – tan arbitrario como la autoridad que un alto eclesiástico reclama sobre bases históricas para su doctrina. Para tomar un ejemplo crucial, Woods reclamaría como un entendimiento común, como el único entendimiento dado a los hombres sinceros de Dios a través de los tiempos, la doctrina sustitutiva de la expiación.[77]

No hay nada nuevo en esta afirmación de alguien relacionado con la FUMEC de que la doctrina sustitutiva de la expiación es demasiado marginal en teología como para convertirla en una prueba de fuego de la comunidad cristiana. Sin embargo, lo raro es ver una pista sobre qué alternativa teológica sostenían los líderes de la FUMEC. Directamente bajo las palabras citadas anteriormente, Shinn hace referencia al influyente libro de Gustaf Aulén *Christus Victor*,[78] apuntando hacia el modelo de expiación preferido en los círculos de la FUMEC.[79] Sin embargo, no hay una verdadera discusión teológica: El punto de vista de la IFES sobre la expiación se considera – en línea con el argumento de Aulén – individualista y, por tanto, incompatible con las preocupaciones misiológicas del momento.[80]

Woods era muy consciente de las críticas suscitadas por la postura de IFES y se enfrentó a ellas en términos claros. Su postura, sin embargo, se preocupa mucho menos por las expresiones locales de la vida eclesiástica que por la solidez teológica de quienes están dentro de su redil. Un año después de la consulta de la FUMEC, Woods escribe que

> Frente a la crítica de que la comunidad es independiente o no está relacionada con la Iglesia, la comunidad debería afirmar su verdadera unidad con la Iglesia histórica de Jesucristo en la

---

77. Shinn, 15.

78. Gustaf Aulén, *Christus Victor: An Historical Study of the Three Main Types of The Idea of the Atonement* [Den Kristna Försoningstanken], trad. autorizada de A. G Hebert (Londres: SPCK, 1931).

79. Esto es coherente con la preocupación más general de los medios de la FUMEC y del CMI por la teología política y por la lucha contra las injusticias estructurales.

80. Esto no significa que Woods fuera ajeno a la teología de Christus Victor, como demuestra la siguiente cita. Sin embargo, no menciona el pecado estructural, aunque en la mente de Woods pudiera haber quedado subsumido bajo "la carne y el diablo": "En el Calvario, Cristo, el último Adán, Christus Victor, además de eliminar el pecado mediante el sacrificio de sí mismo y morir como nuestro sustituto, se ocupó de la cuestión cósmica del pecado. Se convirtió en vencedor del mundo, de la carne y del diablo, y por derecho de conquista moral y espiritual derrotó legalmente a Satanás. Y así este mundo volvió a ser de Dios". C. Stacey Woods, *Some Ways of God* (Downers Grove: InterVarsity Press, 1975), 33.

evangelización universitaria, *una unidad que no es una meramente externa* sino que es inherente a la vida y al testimonio bíblico de la unión evangélica. Del mismo modo, las iglesias que verdaderamente dan testimonio de aquella "fe que una vez fue dada a los santos" podrían afirmar de la manera más útil su unidad espiritual con los grupos estudiantiles evangélicos en las universidades de todo el mundo.[81]

Aquí también, el lenguaje es claro. O hay unidad teológica con "la iglesia histórica de Jesucristo" o unidad "que es meramente externa". Mientras que los de la FUMEC ven la diversidad teológica como una ventaja, Woods y sus colegas la ven como una amenaza, citando Judas 3, un versículo del Nuevo Testamento que se encuentra a menudo en los documentos de la IFES. La preocupación por evitar la herejía en el seno de la IFES resultaba desconcertante para miembros de la FUMEC como Maury, que replicaba que "la Iglesia es el cuerpo de Cristo reunido por su acción redentora. Por supuesto que hay herejía e incredulidad en la Iglesia".[82]

Comprometiendo al mundo estudiantil: Diferencias misiológicas

Durante la consulta de 1956, surgió un último punto serio de desacuerdo entre la FUMEC y la IFES: la cuestión misiológica sobre la relación entre los grupos estudiantiles y el mundo. Pero antes de examinar en detalle las líneas divisorias, y para que el lector no se quede pensando si los movimientos del MEC eran partidarios de una "teología secular" únicamente interesada en "el mundo", y si el IFES, tenía enfoques "pietistas" de la evangelización, es esencial subrayar que, al menos hasta mediados de la década de 1950, ambos movimientos tenían un sentido muy claro de su vocación de dar testimonio – de hacer misión – en la universidad. En una declaración que todos los líderes de IFES habrían firmado de todo corazón, la Comisión "Comunidad estudiantil en la universidad" afirma que "la comunidad cristiana no puede existir por sí misma. Dios la concede para dar testimonio en el mundo de su Salvación del mundo. Comunidad y misión son inseparables. Sin misión, la comunidad deja de ser cristiana".[83] Lo mismo puede decirse de una consideración bastante rara sobre

---

81. C. Stacey Woods, "Evangelical Unions and the Church", *IFES Journal* 10, no. 3 (1957): 5; énfasis añadido.

82. Maury, "Document IV", 5.

83. "Report of the Commission on the Student Christian Community", 1.

la necesidad de la organización paraeclesiástica, de nuevo escrita por Maury a sus destinatarios sudafricanos:

> La única justificación para la existencia de movimientos que mantengan unidos a los estudiantes cristianos o a los niños y niñas de la escuela surge en paralelo a otros miembros de la iglesia, la razón por la que hay una necesidad de movimientos cristianos estudiantiles que se establece aparte de las congregaciones locales surge, en mi opinión, solo de la necesidad de un instrumento particular para evangelizar universidades y escuelas.[84]

Como hemos visto anteriormente, la FUMEC considera que la teología y la práctica de IFES son demasiado distantes. Este análisis parece derivarse de la preocupación de la IFES por la pureza doctrinal, expresada en su insistencia en el acuerdo doctrinal y en las políticas de no cooperación. En consecuencia, la FUMEC se enorgullece de comprometerse con el mundo estudiantil de una forma mucho más minuciosa. Es como si la claridad doctrinal y el compromiso con el mundo fueran incompatibles:

> La IVF hace hincapié en la pureza de vida y de doctrina para que la evangelización sea eficaz. La Federación tiende a hacer hincapié en la fluidez en el lenguaje del mundo al hablar con los estudiantes de su mundo; y trata de utilizar este lenguaje con honestidad e integridad. La disciplina de la Federación es de amor (identificación) e integridad. En realidad, la verdadera diferencia es de énfasis.[85]

En correspondencia con su carácter inclusivo, la teología de la FUMEC presume que la salvación es un proceso potencialmente muy amplio, si no comunitario. Por el contrario, los movimientos IFES, coherentes con el fuerte énfasis de la teología evangélica en cuanto a la piedad individual, tienden a dirigirse a estudiantes individuales en lugar de a la comunidad universitaria en general. Dicho brevemente en palabras de un analista de la FUMEC, "el grupo fundamentalista hace las exigencias en doctrina y disciplina, pero no plantea cuestiones sobre la sociedad de la que forma parte".[86] En la misma línea, John Deschner, posteriormente moderador de la comisión "Fe y Constitución" del CMI, afirma que

---

84. Maury, "Document IV", 8.
85. John Deschner, "Evangelism", Resumen del discurso pronunciado en la Consulta Ecuménica de la FUMEC de 1956 (Céligny, 1956), 2, Archivo de la FUMEC 213.16.39/2.
86. Volz, "InterVarsity Christian Fellowship", 19–20.

la IVF se dirige al propio estudiante, como individuo, como descendiente de Adán.⁸⁷ La Federación intenta dirigirse al estudiante en una situación concreta, hablar de sus problemas y de la forma que debe adoptar su discipulado en la universidad. La diferencia es de método más que de principio.⁸⁸

Esta diferencia de método tiene, sin embargo, implicaciones misiológicas de gran alcance. O bien un grupo estudiantil se considera parte integrante de una comunidad estudiantil y, por tanto, sus miembros deben comprometerse en la ardua tarea de comprender cuidadosamente el terreno de su testimonio para llegar a ella de forma pertinente; o bien consideran que la vida universitaria es más bien accidental y, al menos en parte, irrelevante para la forma en que se vive y se transmite el mensaje cristiano. Así, la Comisión de Evangelización de la FUMEC informó en 1956 que

Toda la vida y el programa del MEC tienen que verse a la luz de su entorno concreto dentro de la comunidad universitaria total. Dios ha llamado al MEC a hacer que su testimonio cristiano sea relevante y desafiante para todos los estudiantes y profesores, y para las responsabilidades especiales de toda la comunidad cristiana de la universidad.⁸⁹

Esta afirmación y el tono general del informe dan a entender que se trataba de una diferencia importante entre FUMEC e IFES, y resulta sorprendente encontrar muy pocos posicionamientos tan articulados sobre el tema del testimonio y la comunidad universitaria en los documentos contemporáneos de IFES. Curiosamente, en la década de 1970 esta preocupación surgiría con mayor ímpetu y se defendería mucho más, una vez que los movimientos del MEC fueron perdiendo significativamente su influencia.⁹⁰ La FUMEC se esfuerza por subrayar la necesidad de "hablar con una voz cristiana en la comunidad universitaria". Ejemplar a este respecto es el siguiente extracto del mismo informe que, aun sin aportar muchos detalles concretos, muestra sin embargo un enfoque notablemente contextualizado, dirigiéndose no solo a los estudiantes sino también a los profesores y a la investigación:

---

87. Aquí el supuesto subyacente es de nuevo el debate sobre la doctrina personal (sustitutiva) frente a la más comunitaria (Christus Victor) de la expiación.

88. Deschner, "Evangelism", 1.

89. "Report of the Commission on Evangelism", grupos de trabajo de la Consulta Ecuménica de la FUMEC de 1956 (Céligny, 1956), 2, Archivo de la FUMEC 213.16.39/2.

90. Preston, "Collapse of the SCM"; Lehtonen, *Story of a Storm*.

> *El Evangelio debe ser proclamado de tal modo en este entorno que pueda conducir hacia el pleno compromiso de las personas, convirtiéndolas en estudiantes cristianos y profesores cristianos – cristianos que encuentran una vocación a la que Dios les ha llamado en su vida académica común y en su trabajo diario de enseñanza, estudio o investigación. La tarea de la comunidad cristiana estudiantil no debe concebirse, por tanto, aislada del trabajo académico, sino en relación integral con él.* No se trata de evangelizar pensando en las implicaciones intelectuales, sino de evangelizar a las personas en y a través de su vida intelectual, así como a través de los aspectos emocionales al igual que otros aspectos de sus vidas. Esto exige formas de testimonio cristiano en las que el Señor de la Verdad pueda pronunciar su palabra de juicio, redención e iluminación en medio a la búsqueda de la verdad de la comunidad universitaria, que se desafíe a las personas al compromiso pleno y a la vocación cristiana en la universidad. El testimonio cristiano, *concretado en el ámbito universitario, debe servir tanto para renovar como para sostener el fermento intelectual que es esencial para el carácter racional de la universidad.*[91]

Llama la atención esta preocupación y este cuidado por la universidad como institución de enseñanza superior que rara vez se encuentra en los documentos de IFES del mismo periodo. En esos documentos de IFES, el interés por la universidad queda casi siempre subordinado a la necesidad de llegar a su población de forma amistosa, pero el enfoque sigue siendo en gran medida de "proclamación". A esto, la FUMEC – ya sea en rechazo implícito de las "semanas de misión" de la IVF o como observación general – añade que

> creemos que la proclamación directa del evangelio . . . es una actividad esencial de la Federación. Se realiza en los servicios de culto, a través de las admisiones en la universidad, a través del estudio de la Biblia y a través de cualquier otra forma de testimonio a la que la Federación pueda ser llamada . . . Dicho esto, *insistimos, por otra parte, en que en nuestras universidades secularizadas muchos estudiantes nunca serán alcanzados por el llamado evangelismo directo. Tenemos que vivir entre ellos simplemente como hombres entre hombres, convencidos de que la nueva vida que Cristo ha iniciado en nosotros debe hacernos no*

---

91. "Report of the Commission on Evangelism", 3; énfasis añadido.

> *menos, sino más plenamente humanos, compartiendo los intereses y los problemas de nuestros compañeros.*[92]

Esta preocupación por los problemas de los estudiantes en el campus – en términos generales, una preocupación sociopolítica – debería tener implicaciones programáticas, como sostiene Maury, dando un duro golpe a los grupos IFES:

> En la mayoría de los casos, el programa de un grupo de la IVF prestará mucha menos atención a las cuestiones políticas y sociales que el de un MEC en situaciones similares. Se podría decir que la IVF tiende a menudo a adoptar una postura "apolítica", que el MEC criticará como "conservadora de facto" y como "pietista"...
> A menos que me equivoque por completo, pensaría que una de las principales diferencias entre la IVF y el MEC radica en su distinta comprensión de la evangelización en el mundo. Mientras que en la Federación hemos insistido mucho en la importancia evangelizadora de nuestra "presencia" en el mundo, en IFES la evangelización equivale a menudo a un llamado a alejarse del mundo. Mientras que en la FUMEC hemos subrayado el lugar de la acción política y social en la evangelización, los miembros de la IVF miran las cuestiones políticas y sociales con una sospecha consciente o implícita, como tentaciones y amenazas a la pureza cristiana.[93]

También en este caso, el reproche es severo: no comprometerse con el activismo social significa apoyar el statu quo. Aunque de hecho no era cierto en lo que respecta a muchas cuestiones sociales, como demuestra el único ejemplo de la postura de Stacey Woods sobre la integración racial, una posición muy impopular en la época en que ocupó el cargo en la IVFC de EE.UU.,[94] sí que

---

92. "Report of the Commission on Evangelism", 2; énfasis añadido.

93. Maury, "Document IV", 11. Sin embargo, este fuerte juicio sobre la IVF se había mitigado un poco en el debate que siguió al informe de la Comisión de Evangelización de 1956, que concluyó: "Se señaló que la IVF, como se ve en sus publicaciones, probablemente tiene más interés en la cultura de lo que cabría esperar." Deschner, "Evangelism", 3.

94. MacLeod, *C. Stacey Woods*, 112-14. Sin embargo, en un informe intrigante, el secretario general de la FUMEC ofreció una valoración bastante positiva de la sensibilidad de Stacey Woods hacia las cuestiones sociales: "Lo encontré muy abierto y muy estimulante y desafiante en muchos sentidos. Me impresionó especialmente su apertura, algo muy nuevo para mí en la IVF, a las cuestiones políticas. La forma en que habló de la revolución social y política de nuestro tiempo, la actitud que adoptó respecto a la ofensiva sectaria de los extremistas del I.C.C.C. y otros grupos semejantes y los peligros que representan en Asia con la identificación

era política habitual no implicarse en debates políticos. David Adeney, con su experiencia ministerial transcontinental, explica que

> *IFES no se deja enredar en los problemas sociales y políticos del momento. Se inspira en una sola pasión: "predicar a Cristo". Sin embargo, reconoce que sus miembros deben ser conscientes de los problemas de la universidad y de la sociedad en la que viven.* Están llamados a estar "en el mundo, pero no ser del mundo", y su testimonio cristiano les implicará en oposición a lo que es malo y [en] simpatía práctica y compasión por los necesitados que les rodean. No pueden aislarse del pecado y el sufrimiento de sus semejantes. Su énfasis en la comunión con el Señor resucitado y su determinación de no conocer nada salvo a Cristo y a Él crucificado deberían profundizar su amor por aquellos a quienes son enviados a servir en el nombre del Señor Jesús.[95]

Adeney, tras haber servido en Gran Bretaña, Estados Unidos y China, no podía ser insensible a las necesidades de prudencia en asuntos políticos.[96] Sin embargo, la acusación de pietismo era frecuente y Woods probablemente la había oído pronunciar varias veces. Más tarde, una vez jubilado, tendría más tiempo para reflexionar sobre la cuestión, refiriéndose al mismo pasaje bíblico que Adeney para ofrecer un análisis socio-teológico:

> Un error frecuente de *algunos cristianos evangélicos sinceros pero inseguros* es exagerar la doctrina de la separación del cristiano del mundo. Interpretan erróneamente la oración de Cristo en Juan 17:16: "No son del mundo, como tampoco yo soy del mundo". No ven que la aplicación de esta oración se encuentra en los versículos 15 y 18 de ese mismo capítulo. Cristo oró para que los suyos fueran guardados del mal de este mundo, pero ellos son enviados por Cristo al mundo de la misma manera y bajo

---

que piden entre cristianismo y anticomunismo, fue algo muy interesante y alentador." Maury, "Memorandum on IFES", 2.

95. David H. Adeney, "Student Work in Southeast Asia", *IFES Journal* 12, n° 1 (1959): 9; énfasis añadido.

96. Él mismo tuvo que abandonar China tras la toma del poder por los comunistas. Véase David H. Adeney, *China: Christian Students Face the Revolution* (Londres: IVP, 1973); y Carolyn Armitage, *Reaching for the Goal: The Life Story of David Adeney – Ordinary Man, Extraordinary Vision* (Wheaton: OMF Books, 1993).

las mismas condiciones y con el mismo ministerio que el Señor mismo había sido enviado por Dios Padre.[97]

Además, de la lista de expertos convocados en la consulta de 1956 y de otros documentos se desprende claramente que el compromiso de la FUMEC con la práctica y la visión de IFES se limitaba casi por completo a las realidades de Norteamérica y las Islas Británicas. Por eso llama la atención que en su historia del movimiento norteamericano, escrita después de que se retirara de la dirección de IFES, Stacey Woods afirmara en un lenguaje bastante inequívoco y, por lo demás, aún más concreto que el del informe de la FUMEC antes citado que

> *No hay nada más trágico que cuando un estudiante o un miembro del profesorado no participa plenamente en la vida de la universidad, sino que vive en un gueto cristiano y solo tiene participación social y personal con la sección local de InterVarsity y/o una iglesia local. Los estudiantes y profesores cristianos son una parte genuina de la comunidad universitaria con todos los privilegios, oportunidades y responsabilidades que la universidad proporciona.* Un estudiante que no participa de la vida de la universidad no es más que recipiente de una educación truncada en el mejor de los casos . . . Para un testimonio eficaz en el campus y una evangelización "amistosa", un estudiante cristiano, además de participar plena y activamente en la sección local de Inter-Varsity, debería ser activo en al menos otra organización universitaria. Debería buscar un puesto en la plantilla del periódico del campus o en la administración estudiantil. Allí, él o ella puede ejercer una influencia para Cristo, así como hacer amistades con aquellos que al final pueden asistir a algún grupo de estudio bíblico evangelístico. Tal posición también puede ser de enorme ayuda para organizar reuniones públicas en la universidad donde se pueda presentar el evangelio o dar una conferencia apologética. Diversos clubes sociales y deportivos proporcionan un contacto natural entre cristianos y no cristianos sin ningún compromiso en la vida o el testimonio.[98]

---

97. C. Stacey Woods, *The Growth of a Work of God: The Story of the Early Days of the Inter-Varsity Christian Fellowship of the United States of America as Told by Its First General Secretary* (Downers Grove: IVP, 1978), 64; énfasis añadido.

98. Woods, *The Growth of a Work of God*, 65; énfasis añadido.

A la luz de este extenso pasaje, queda claro, por tanto, que la línea de demarcación entre la FUMEC e IFES era el resultado práctico – la *priorización* – de diferencias misiológicas basadas en premisas teológicas divergentes. Dada la influencia relativamente fuerte del (pre)milenarismo en los círculos de IFES – un aspecto teológico al que volveremos más adelante[99] – , la necesidad de predicar el Evangelio se consideraba más urgente a la luz del inminente regreso de Cristo que cualquier compromiso social de largo alcance. Repasando lo que se ha examinado hasta ahora, podemos sugerir por tanto que la situación era mucho más matizada de lo que Maury hubiera querido hacernos creer, en su resumen:

> Yo diría que aquí estamos divididos sobre una cuestión muy importante, la de la relación entre la iglesia y el mundo... Incluso estoy seguro de que entre los miembros de la FUMEC hay muchos desacuerdos sobre estas cuestiones. Pero me parece que estamos de acuerdo al menos en reconocer que sencillamente no podemos eludir la cuestión, que el mundo es realmente el lugar de nuestra obediencia, así como el objeto del amor de Dios, y que por tanto estamos llamados a amarlo (aunque ello signifique luchar contra él) y nunca a evadirnos de él, ni a llamar a seguir tal evasión.[100]

---

99. No debemos olvidar que el periodo contemporáneo a los debates examinados en este capítulo fue el complejo comienzo de la Guerra Fría, un periodo de intensas tensiones geoestratégicas susceptible de alimentar imaginaciones de mentalidad apocalíptica.

100. Maury, "Document IV", 11. Aunque la FUMEC parezca absolutamente segura de la superioridad misiológica de su enfoque, eso no significa que lo considere también exento de peligros innatos. La temprana, pero casi profética, advertencia de Volz apunta hacia una posible falta de interés en la iglesia por parte de los estudiantes y otros miembros de la iglesia que se adentran en el activismo social: "Si somos realmente críticos con nuestro cristianismo liberal, veremos que los estudiantes y otras personas se pasan a menudo a los grupos sociales o políticos seculares, a partir de la motivación adquirida en su experiencia y trasfondo eclesiásticos. Ven a la iglesia solo como se la ve tan a menudo, obviamente, una sociedad de compromiso contra el orden decadente del que desean rebelarse. Podrían entender el cristianismo que siguió a Cristo, pero no ven a la iglesia ni de lejos como eso". Volz, "InterVarsity Christian Fellowship", 19–20.

5

¿Buenas nuevas para un mundo revolucionado? Los años 60

Los años 50 estuvieron marcados por enfrentamientos con la FECSM que no alteraron significativamente la autocomprensión de IFES. Ha llegado el momento de pasar a los agitados años sesenta. Numerosos autores han señalado importantes cambios en la atmósfera social de la década, especialmente desde una perspectiva religiosa.[1] El resumen de Gebara sobre los sentimientos de la época recordará al lector el contexto en el que se produjeron los siguientes acontecimientos en la historia de IFES:

> Las manifestaciones antiautoritarias de todo tipo se convirtieron en la pauta del nuevo orden mundial y en un punto de referencia para formas alternativas de convivencia humana. Términos como libertad, participación, responsabilidad, democracia, ciudadanía y justicia social formaban parte constante de nuestro vocabulario y de nuestros sueños. El derecho a ser diferente, a romper con las normas establecidas, a crear un grupo propio, un arte, una música o una vida sexual propios, eran elementos que no dejaban de encontrarse en muchos lugares.[2]

---

1. Para un relato exhaustivo para Occidente, véase McLeod, *Religious Crisis*. Otros tratamientos importantes son Sydney E. Ahlstrom, "The Radical Turn in Theology and Ethics: Why It Occurred in the 1960s", *Annals of the American Academy of Political and Social Science* 387 (enero de 1970): 1–13; Robi Morder, "Années 1960: crise des jeunesses, mutations de la jeunesse," *Matériaux pour l'histoire de notre temps* 74 (2004): 62–69; Callum G. Brown, "What Was the Religious Crisis of the 1960s?", *Journal of Religious History* 34, no. 4 (2010): 468–79.

2. Ivone Gebara, "The Movement of May 1968 and Theology in Latin America", *The Ecumenical Review* 70, nº 2 (23 sep. 2018): 266–67.

Del mismo modo, Woods informó en la reunión de IFES de 1963 de que IFES se encontraba en una encrucijada:

> a causa del crecimiento y la aceptación existía el peligro de la complacencia, la frialdad y la ineficacia; que en el mundo actual se estaban produciendo cambios en las pautas de la evangelización mundial, sobre todo en relación con las formas tradicionales de la empresa misionera en el extranjero; que la evangelización debía ser la tarea de todo movimiento nacional y que, sobre todo, este tiempo era un llamado a un nuevo compromiso, a una vida de sacrificio y a una nueva misión de Dios.[3]

Que el SG lanzara una advertencia contra la *autocomplacencia* refleja su espíritu pionero y su preocupación por perder el espíritu aventurero característico de los primeros tiempos: IFES contaba ahora con veintiséis movimientos nacionales.

La teología, al igual que la práctica, necesitaba un replanteamiento. James Houston, uno de los fundadores del Regent College, el influyente seminario evangélico de Vancouver fundado en 1968,[4] recuerda que, tras las revueltas estudiantiles y la crisis en torno a la guerra de Vietnam,

> Todo el mundo empezó a ver las cosas de forma más holística. Buscábamos la conectividad y la vida. La mentalidad tecnocrática y el impacto de vivir con la ciencia y el cientificismo – hubo una fuerte reacción a eso. Su reduccionismo nos estaba engañando. Surgió un mayor deseo de que la teología fuera algo que produjera sabiduría, que produjera curación del alma y cuidado del alma, así como enseñanza del alma. Y esto es lo que pretendía hacer la teología espiritual, ser más holística, más integrada.[5]

---

3. "Minutes of hte Meeting of the Sixth General Committee of the IFES" (Nyack, Nueva York, 1963), 27, IFES e-archives.

4. Regent ha desempeñado un papel importante en la historia de IFES debido a los numerosos miembros del personal que han estudiado teología allí, sobre todo durante los años sabáticos. El descuento del 50% en las tasas de matrícula para los trabajadores del IFES es un fuerte incentivo, especialmente para los solicitantes del Mundo Mayoritario. Véase Regent College, Admisiones y Finanzas, "Tuition Discounts", consultado el 14 de julio de 2020, https://www.regent-college.edu/admissions-finance/costs/tuition-discounts.

5. Mark Filiatreau, "Honoring Our Elders: Dr. James Houston, Founder of Regent College", BC Christian News, junio de 2001, https://web.archive.org/web/20090519095349/https://canadianchristianity.com/cgi-bin/bc.cgi?bc/bccn/0601/supelders. Hutchinson y Wolffe señalan que bajo Houston y "con la posterior incorporación de Jim Packer, Regent tendría una influencia significativa a la hora de canalizar las influencias británicas hacia el evangelicalismo estadounidense y desarrollar una red mundial de graduados (según el modelo de la IVCF)". Hutchinson y Wolffe, *Brief History*, 197.

El liderazgo de IFES necesitaba adaptarse a un nuevo contexto para garantizar la adecuación de la organización a los nuevos tiempos. Los movimientos de IFES ya se habían enfrentado durante algún tiempo a retos revolucionarios, sobre todo en China, donde los estudiantes habían estado sometidos a una importante presión por parte de las autoridades comunistas.[6]

Como ya se ha mencionado, la IVF china había sido miembro fundador de IFES en 1947, antes de ser clausurada por las autoridades comunistas. Esta experiencia de primera mano de un movimiento estudiantil que atravesaba un periodo revolucionario y se enfrentaba a importantes desafíos podría explicar en cierta medida el nivel de cautela expresado por los líderes de IFES con respecto a los esfuerzos revolucionarios. De hecho, David Adeney, misionero británico en China y más tarde secretario general asociado de IFES con responsabilidades en Extremo Oriente, escribió un relato vívido, y en su mayor parte de primera mano, de lo que habían tenido que vivir los estudiantes chinos antes e inmediatamente después de la toma del poder por los comunistas. El folleto se publicó en 1973, Adeney se había convertido entretanto en vicepresidente de IFES. Aunque la descripción general es claramente histórica, la insistencia del autor en los retos políticos experimentados por los estudiantes chinos parece indicar dos propósitos más amplios.

El primero era esencialmente el de desalentar el interés de los estudiantes potenciales por las bondades del comunismo, descrito no solo como una religión sino como "un dinámico movimiento misionero que aspira a la conquista del mundo entero",[7] intentando esencialmente proporcionar sustitutos de la doctrina y la práctica cristianas. Por lo tanto, para los lectores occidentales que podrían haber sentido la tentación de seguir las sirenas del comunismo como una solución válida y prometedora a los problemas de la época, Adeney describe un enfoque totalitario de la vida y una llamada a la entrega total a los postulados de una nueva "fe". Como señala el biógrafo de Adeney, el ministerio estudiantil se había vuelto cada vez más difícil en China:

> Se esperaba que los jóvenes escribieran las historias de sus vidas y creencias, criticándose a sí mismos y sometiendo después lo que decían a la crítica de sus compañeros. Los nuevos líderes veían la reforma personal como el camino hacia un apoyo incondicional a la revolución. Los estudiantes cristianos que se atrevían a expresar sus creencias en los grupos de estudio eran severamente

---

6. La vívida historia se cuenta en Adeney, *China*.
7. Adeney, 41.

reprendidos por aferrarse a costumbres anticuadas, peor aún por seguir una religión propugnada por los odiados imperialistas. Con un propósito, el adoctrinamiento consumía grandes porciones del día, dejando escaso tiempo para las reuniones cristianas. Poco a poco se iba estrangulando la libertad cristiana.[8]

De hecho, los métodos empleados por los líderes comunistas guardan un parecido asombroso con las prácticas evangélicas del diario y el arrepentimiento. Pero las luchas no se limitaron a cuestiones doctrinales. La vinculación de la transformación social y la evangelización era crucial y, como de costumbre, los enfoques distintos al de IFES fueron cuestionados rotundamente:

> Al igual que los apóstoles, los estudiantes cristianos tenían más fe en el poder transformador de Cristo que en el éxito de cualquier cambio político. Grupos no evangélicos como la YMCA, persuadidos de que el cambio social y no el espiritual era la necesidad apremiante de China, se opusieron abiertamente a esta postura y con ello profundizaron el aislamiento de los evangélicos.[9]

Esto nos lleva al segundo propósito evidente de Adeney: un alegato contra el aislacionismo cultural dada la necesidad de un testimonio cristiano holístico. En una descripción que se asemeja a un sermón edificante, Adeney recuerda a sus lectores que el quietismo no es un enfoque posible ante una agitación social como una revolución:

> No había libertad de silencio en la China comunista. A los estudiantes cristianos nunca se les permitía callarse cuando se discutían asuntos de religión. Se esperaba de ellos que participaran en las discusiones de grupo y estaban obligados a expresar sus opiniones sobre las enseñanzas que se impartían. Si se sabía que tenían un trasfondo religioso, se les obligaba a responder a preguntas destinadas a ridiculizar la fe cristiana. *Por supuesto, muchas de las preguntas que se hacían no eran nuevas, ni se limitaban a los países comunistas.* Los cristianos eran objeto de burlas constantes con la acusación de que el cristianismo es poco realista: "Ustedes los cristianos hablan de la importancia del amor, pero ¿cómo pueden resolver los problemas económicos de este mundo mediante la caridad? Maldita sea su caridad, ¡queremos

---

8. Armitage, *Reaching for the Goal*, 121.
9. Armitage, 118.

justicia!". *Los cristianos que se habían preocupado principalmente de predicar el evangelio de la salvación a los individuos se encontraron con que ahora tenían que explicar la relevancia de su mensaje para la sociedad en su conjunto. Se esperaba de ellos que tuvieran una visión cristiana del mundo.*[10]

Los retos a los que se enfrentaban los estudiantes chinos servían como ejemplo de los retos a los que podrían enfrentarse otros estudiantes en cualquier otro lugar y en cualquier momento, lo que explica la petición de Adeney de un compromiso intelectual en profundidad con los temas del momento:

> Es importante que los cristianos afrontemos con honestidad las críticas que nos llegan del mundo no cristiano. Con demasiada *frecuencia hemos vivido en una existencia tipo gueto, fuera de contacto con muchas de las cuestiones desafiantes que se debaten en los grupos de estudiantes de todo el mundo.* Si la lectura se limita a una pequeña gama de autores evangélicos, existen pocos incentivos para enfrentarse a las cuestiones candentes de nuestros días o para comprender el pensamiento de un gran número de personas cuya perspectiva es diametralmente opuesta a la visión cristiana de la vida.[11]

Las cuestiones sobre la relevancia de la fe cristiana para los problemas de la vida real no se limitaron obviamente a la China comunista, sino que caracterizaron muchos de los debates llevados a cabo en el seno del IFES de los años 60.

---

10. Adeney, *China*, 56; énfasis añadido.

11. Adeney, 63; énfasis añadido. Adeney no era el único que abogaba por un compromiso reflexivo con la doctrina comunista. Un grupo de trabajo ad hoc durante el CG de 1963 había recomendado notablemente que los miembros de IFES que entraran en contacto con el comunismo debían "comprender y admitir los defectos y crímenes del cristianismo nominal que han contribuido indirectamente al ascenso del comunismo". A pesar de la incompatibilidad total entre Cristo y el comunismo muestre un amor cálido, como el de Cristo, al adherente individual. El amor es más fuerte que el odio. Al criticar ciertos aspectos del comunismo, también debemos expresar claramente nuestro apoyo al progreso social y a la justicia." "Report on the Working Party Held on Suggestions for Our Behavior toward Communism" (Nyack, Nueva York: Comité General de IFES 1963), 1, IFES e-archives, actas del CG 1963, Apéndice H.

Las dos vías de la escucha y la afirmación

Al comentar las protestas estudiantiles de finales de los 60 y principios de los 70, las publicaciones del IFES presentan en su mayoría dos enfoques posibles: escuchar o afirmar.[12]

¿Escuchar al mundo?

Como demuestran los acontecimientos en torno a 1968, los círculos de la FUMEC estaban muy interesados en escuchar lo que el mundo tenía que decir a los cristianos, aunque ello supusiera una dura crítica. Esto no era ninguna novedad en los círculos ecuménicos; escuchar al mundo llevaba mucho tiempo en la agenda, como muestra el siguiente extracto de 1953:

> Para proclamar el evangelio de Jesucristo, los cristianos deben ser capaces de ver lo que ocurre realmente en el mundo de hoy. Dado que el orden que Dios introduce en Jesucristo abarca a todas las personas y la totalidad de la vida humana, juzgando y salvando, la misión cristiana es una preocupación por las personas vistas en relación con Dios y entre sí. No puede ser meramente una preocupación de las personas en un aspecto de sus vidas (por ejemplo, "el espíritu" en lugar de "el cuerpo") o para las personas fuera de relación unas con otras. Por tanto, debe contar con las estructuras sociales y políticas, porque debe contar con las personas tal y como son en su vida cotidiana real. Los propios cristianos son el pueblo de Dios solo en este tipo de mundo, y no son un enclave separado del mundo.[13]

La conciencia contextual, la receptividad de los contemporáneos, ocupaba un lugar destacado en el orden del día, y un ejemplo de esta misiología fue el famoso *Honest to God* del obispo Robinson en 1963, publicado especialmente

---

12. Este marco presenta sintéticamente los principales enfoques que se pueden encontrar, aunque, en realidad, había más matices dentro de la confraternidad. Sin embargo, en los archivos no se encuentra una categorización articulada à la Niebuhr. La primera referencia documentada a este clásico (publicado en 1951) se hace en 1988, donde las actas del CE anotan que "se hará circular entre los miembros del Comité, si es posible, un ejemplar de *Cristo y la cultura*, de Richard Niebuhr". "Minutes of the Meeting of the Executive Committee of the IFES" (London Bible College, Northwood, Inglaterra, agosto de 1988), 11, IFES e-archives. La idea de "dejar que el mundo marque la agenda" nunca formó parte del panorama de IFES.

13. "Actas del Comité General de la FUMEC" (Nasrapur, 1953); citado en Potter y Wieser, *Seeking and Serving*, 163.

por la MEC británica.[14] El principal objetivo del libro era "revelar la insatisfactoria imaginería que los teólogos cristianos habían utilizado habitualmente para hablar de Dios",[15] intentando desacreditar el vocabulario conservador con el que se asociaba a los teólogos próximos al IFES. Para el mundo anglófono, Packer respondió en términos claros con *Keep Yourselves from Idols*,[16] y para los países francófonos, Blocher escribió una crítica mordaz en el mismo sentido.[17] Visto desde los círculos conservadores, el impacto social del libro fue significativo, como señala McLeod:

> Los liberales como Robinson abrieron fatalmente el camino a la duda y a un crecimiento masivo del agnosticismo. Los debates que suscitó permitieron a los escépticos "admitir realmente su incredulidad" y alejaron a muchos de los que habían aceptado el cristianismo de forma pasiva e irreflexiva. Cita a un ex feligrés diciendo que "ahora los reverendos contradicen todo lo que han dicho".[18]

La idea misma de "admitir la propia incredulidad" era totalmente ajena a la retórica de IFES. En plena década de los sesenta, Woods seguía siendo secretario general y se esforzaba por deplorar el cambiante estado de ánimo de la época, subrayando las inconmensurables diferencias entre los cristianos y el mundo:

> El cristiano tiene un estándar de valores totalmente diferente a la del no cristiano. Piensa de forma diferente, reacciona de forma diferente, tiene un conjunto diferente de juicios de valor. Su vida se vive en la perspectiva de la eternidad, mientras que el hombre no convertido solo vive en el contexto de su tiempo. El hombre inconverso es de esta tierra, y el hombre cristiano es esencialmente un ser eterno, espiritual, celestial.[19]

El lector percibe en IFES una sensación de asedio. La retórica de Robinson se consideraba exactamente lo contrario de lo que aspiraban. Aceptar este

---

14. John A. T. Robinson, *Honest to God* (Londres: MEC, 1963).

15. Michael Walsh, "The Religious Ferment of the Sixties", en *World Christianities c.1914-c.2000*, ed. Hugh McLeod, vol. 9 de *The Cambridge History of Christianity* (Cambridge: Cambridge University Press, 2006), 306.

16. J. I. Packer, *Keep Yourselves from Idols* (Londres: Church Book Room, 1963).

17. Henri Blocher, "Lu et commenté : Dieu sans Dieu", *Chantiers* (1965), p. 26-30.

18. Hugh McLeod, "The Religious Crisis of the 1960s", *Journal of Modern European History* 3, n° 2 (2005): 207.

19. C. Stacey Woods, "The Medium Is the Message", *IFES Journal* 21, n° 1 (1968): 9.

nuevo marco de la existencia teológica habría equivalido a una capitulación, lo que hubiese puesto en peligro la existencia de IFES. En consecuencia, la primera respuesta a los tiempos que corrían fue una reafirmación de la verdad, pero con una fuerte sensibilidad ante el contexto. *La mediación* del Evangelio se consideraba un movimiento unidireccional, y no se podía aprender mucho del mundo.

Afirmar la verdad en su contexto

Consciente de los cambios que se estaban produciendo, Woods evaluó "una población mundial en explosión, una proporción decreciente de cristianos profesantes en el mundo, por no hablar de la proporción de los que dentro de la cristiandad están verdaderamente regenerados".[20] Deploró un secularismo creciente y la pérdida de influencia de la iglesia, junto con el problema de que "muchos evangélicos, en particular los graduados, en un esfuerzo por encontrar aceptación en la sociedad sociológico-científica actual, seguirán comprometiendo su cristianismo bíblico".[21] La narrativa histórica de la "pendiente resbaladiza" del MEC estaba resurgiendo. Sin embargo, la evaluación de IFES sobre la teología de la FUMEC no era solo el resultado de prejuicios internos y propaganda. Stacey Woods cuenta la historia de un estudio realizado por la Yale Divinity School para examinar

> la diferencia esencial de ethos entre la Comunidad Cristiana Inter-Varsity de Canadá y Estados Unidos – comunidades cristianas estudiantiles florecientes y en crecimiento – y el Movimiento Estudiantil Cristiano (Federación Universal de Movimientos Estudiantiles Cristianos) que ya mostraba signos de declive. Esperaba plenamente que esta diferencia se viera como nuestra posición doctrinal respecto a las Escrituras. No fue así. La conclusión fue que Inter-Varsity dependía conscientemente del Espíritu Santo, de su guía y capacitación. Creíamos en el sobrenaturalismo, en contraste con el Movimiento Estudiantil Cristiano, al que se juzgaba mucho más naturalista y humanista.[22]

---

20. C. Stacey Woods, "God's Initiaive and Ours", *IFES Journal* 1 (1966): 3.

21. 1. C. Stacey Woods, "Perspectives and Priorities in the 1970's", *IFES Journal* 23, nº 2 (1970): 2.

22. Woods, *The Growth of a Work of God*, 145.

El problema era misiológico y sociológico: ¿cuál sería la mejor forma de que IFES *transmitiera* lo que consideraba el "evangelio central" a su público en un mundo en rápida evolución? Woods abogaba por una reafirmación de la fidelidad bíblica, pero también por la idea de que los seguidores de IFES podrían, después de todo, pertenecer a un pequeño grupo minoritario de remanentes fieles, contextualmente flexibles. El tono general de Woods era pesimista, como ejemplifica el siguiente informe:

> Creo que todos estamos al tanto de la confusión creciente en el mundo evangélico, tanto en la doctrina como en la práctica, así como de las presiones del mundo eclesiástico y del mundo secular. Los ejemplos de esta confusión serían las cuestiones como la doctrina bíblica de la evangelización, la verdadera naturaleza de la regeneración y la conversión, la doctrina de la santificación. Existe el peligro de sucumbir a métodos rápidos y simplistas que parecen garantizar los resultados anhelados en cuanto a cifras. En algunos aspectos, los evangélicos parecen ser más fuertes numéricamente y ejercer una influencia más amplia. Sin embargo, por otro lado, nuestra influencia sobre la situación eclesiástica mundial parece escasa y hay poca respuesta al mensaje del Evangelio por parte del mundo secular. No parecemos capaces de detener en medida apreciable la podredumbre y la decadencia moral y ética que están destruyendo el mundo occidental. Nuestra mayor necesidad es un avivamiento dado por Dios.[23]

Como lector, se percibe una desorientación desilusionada. Woods había iniciado ministerios estudiantiles en la década de 1930, cuando la influencia cristiana aún era poderosa, pero sentía que todo iba cuesta abajo.[24] Sin embargo, la influencia cristiana en el mundo no estaba decayendo en todas partes. Incluso en Europa, el cristianismo seguía siendo muy influyente en la inmediata posguerra,[25] y un hombre de tantos viajes podría haberse dado

---

23. C. Stacey Woods, "Report of the General Secretary of the Seventh General Committee of the IFES" (Wuppertal-Barmen, Alemania, 1967), 4, IFES e-archives, Actas del CE 1967, Apéndice B.

24. En 1975 escribiría que "tenemos un nuevo estilo de vida. La sociedad se ha vuelto permisiva e indulgente. El aterrador aumento de la violencia, la crueldad, la brutalidad y la delincuencia es profundamente preocupante. Las relaciones entre hombres y mujeres, maridos y esposas, padres e hijos ya no son lo que eran en la década de 1940". Woods, *Some Ways*, 21.

25. Muchos estudios en profundidad exploran el flujo y reflujo de la influencia cristiana en la era posterior a la II Guerra Mundial, en particular Grace Davie, *Religion in Modern Europe: A Memory Mutates*, European Societies (Oxford: OUP, 2000); Detlef Pollack y Gert Pickel,

cuenta de que muchos líderes de los movimientos de descolonización eran cristianos, al igual que los miembros del movimiento por los derechos civiles en EE UU. Lo que vio, sin embargo, fue que "numerosos países cierran sus puertas a la propaganda cristiana profesional extranjera y a la evangelización".[26] Así pues, aunque Woods era firme en que los movimientos IFES nacionales eran mucho más iniciativas locales que importaciones extranjeras, deploraba sin embargo las posibilidades desaprovechadas de enviar "profesionales" para el ministerio. El llamado a los profesionales es especialmente interesante porque iba a contracorriente del fuerte énfasis que, Woods solía poner anteriormente en la iniciativa estudiantil:

> La iniciativa y la responsabilidad de los estudiantes no significa que solo ellos se encarguen de la enseñanza, la predicación y la evangelización en la universidad. Estos estudiantes solicitan ayuda constante por parte de los licenciados, profesores y pastores. Sin embargo, la carga del testimonio al alumnado inconverso la asumen los propios estudiantes cristianos. Deben tomar la iniciativa en la intercesión, el testimonio personal y la organización. Deben pensar, planificar y prepararse. Es su visión, la tarea que Dios les ha encomendado.[27]

Para los observadores externos, que un hombre mayor afirmara los deberes y responsabilidades de los estudiantes más jóvenes en términos tan rotundos podría haber sonado a paternalismo. No obstante, refleja la flexibilidad contextual del enfoque de IFES sobre el ministerio estudiantil: esta convicción inquebrantable de los líderes anteriores y posteriores de que el ministerio cristiano debía ser llevado a cabo por los estudiantes. Al tener acceso directo a Dios, los estudiantes sabrían cómo *mediar mejor con* él en cualquier circunstancia en la que se encontraran. En palabras de Voelkel, socio a largo plazo de IFES en América Latina,

> El cambio ha sacado a los estudiantes de su marco tradicional. Como nunca antes, están abiertos a nuevas ideas y a una causa digna de su vida y de su muerte. Parece muy probable, por destellos aquí y allá, que el cambio los haya preparado realmente

---

"Religious Individualization or Secularization", en *The Role of Religion in Modern Societies*, eds. Detlef Pollack y Daniel V. A. Olson (Nueva York: Routledge, 2008), 191–220; Callum Brown, "Religious Crisis".

26. Woods, "God's Initiative and Ours", 3.

27. C. Stacey Woods, "Student Work: Strategy and Tactics", *IFES Journal* 1 (1966): 14.

para escuchar el llamado de Cristo: convertirse en sus eternos revolucionarios.[28] Este es nuestro momento para actuar. Los obreros son demasiado escasos en este segmento cada vez más importante de la sociedad. ¡Que Dios levante un vasto ejército de audaces cosechadores para hacer el trabajo![29]

El equilibrio entre predicar y escuchar no se consideraba una tarea fácil. Pero el péndulo entre la afirmación doctrinal y la escucha del mundo no era prerrogativa exclusiva de los evangélicos. La década de 1960 también estuvo marcada, en el mundo religioso, por el segundo Concilio del Vaticano, reunido de 1962 a 1965 y que pretendía un *aggiornamento* (actualización) de la Iglesia católica romana. El punto especialmente relevante para nuestro tema es el mayor énfasis en la lectura de la Biblia y el uso de las lenguas vernáculas en la celebración de la misa. Willaime sostiene que el aumento del individualismo, característico de la década de 1960, fue concomitante con el compromiso intelectual y, por tanto, con una "protestantización de los sentimientos religiosos":

> El desarrollo del ecumenismo es inseparable de la evolución del sentimiento religioso contemporáneo y de las propias organizaciones religiosas. La individualización y la intelectualización del sentimiento religioso, ligadas al aumento de las capas intelectuales y del nivel cultural de la población, así como el cuestionamiento de los modelos de autoridad, han favorecido una evolución que, en algunos aspectos, puede interpretarse como una "protestanización" del sentimiento religioso (el paso del latín a la lengua vernácula, la promoción del laicado, la reforma litúrgica, la mayor importancia concedida a la Biblia, una cierta desclericalización de la figura del sacerdote y el uso del lenguaje del sentido más que del de la sustancia).[30]

Esta tensión de legitimación entre la autoridad jerárquica y la autodesignación para el ministerio es una cuestión recurrente para los

---

28. Voelkel puso una interesante cita de Nikolai Berdyaev como epígrafe de su libro: "El cristiano es el eterno revolucionario al que no satisface ningún régimen de vida porque busca el Reino de Dios y su justicia, porque aspira a la transformación más radical de los hombres, de la sociedad y del mundo".

29. Jack Voelkel, *Student Evangelism in a World of Revolution*, Contemporary Evangelical Perspectives (Grand Rapids: Zondervan, 1974), 37.

30. Jean-Paul Willaime, *La précarité protestante : sociologie du protestantisme contemporain*, Histoire et Société 25 (Ginebra: Labor et Fides, 1992), 163–64.

ministerios paraeclesiásticos. Sin embargo, IFES no se sitúa al margen de las dimensiones profundamente individuales de la fe y de la vocación misionera, aunque ambas formen parte de los debates teológicos del momento.

En última instancia, las corrientes eran demasiado fuertes para que la "oposición" o la "capitulación" fueran una postura sostenible, y fue necesaria la perspicacia teológica de John Stott, cuya influencia crecía en el seno de IFES,[31] para proponer una *vía* típica entre dos enfoques principales para los cristianos en relación con el mundo. El resumen de Stott de las posiciones comúnmente sostenidas en la época se muestra en la tabla siguiente.

Enfoque "ecuménico" tradicional	Enfoque "evangélico" tradicional
La primera preocupación de Dios es el mundo.	La principal preocupación de Dios es la salvación de las almas humanas.
Las acciones de Dios en el mundo tienen como principal objetivo establecer su paz (shalom).	Las acciones de Dios se manifiestan en la conversión de los individuos.
Misión significa que la iglesia "descubre en el mundo" lo que Dios ya está haciendo, a veces a través de revoluciones políticas.	Misión significa que la iglesia proclama el evangelio, principalmente a través de la predicación.
La iglesia debe "unirse a Cristo" en su lucha contra la injusticia social.	El activismo social está demasiado vinculado al "evangelio social" y debe evitarse.

Para Stott, simplemente retirarse de la implicación sería antibíblico, porque significaría olvidar que "Dios no creó almas sino cuerpos-almas llamados seres humanos, que también son seres sociales, y que se preocupa por sus cuerpos y su sociedad, así como por su relación consigo mismo y su destino eterno".[32] Sin embargo, sería igualmente antibíblico adoptar una perspectiva puramente de este mundo confundiendo la liberación teológica con las necesidades espirituales de los seres humanos. De ahí que, para Stott

> toda la iglesia está llamada (y cada miembro de ella) tanto a involucrarse en el mundo como a separarse de él, tanto a la "mundanalidad" como a la "santidad". No a una mundanidad que

---

31. Basado en John Stott, *Christ the Controversialist* (Downers Grove: IVP, 1970), 188–89. Uno de los distintivos teológicos de Stott era su capacidad para mediar entre posiciones divergentes dentro del evangelicalismo.

32. Stott, *Christ the Controversialist*, 188.

sea impía, ni a una santidad que sea ajena al mundo, sino a una "mundanidad santa", una verdadera separación de Dios que se vive en el mundo, el mundo que Él hizo y envió a su Hijo para redimirlo.[33]

Los debates y discusiones mantenidos en IFES durante las décadas siguientes pueden leerse sobre el telón de fondo de las posibles actitudes descritas en el esquema esbozado por Stott.

Excurso 1: La cuestión racial

No siempre fue fácil hacer valer la doctrina. En la década de 1960 también se agudizó la cuestión de las relaciones entre las razas y, en 1963, se propuso al Ejecutivo que adoptara una postura al respecto. El impulso vino de Chandapilla, el SG indio, que "consideraba que IFES debía adoptar una postura firme contra la discriminación racial en cualquiera de sus formas porque tal discriminación es anticristiana y pecaminosa. Además . . . los movimientos miembros deberían comprometerse a no permitir ninguna forma de discriminación dentro de sus movimientos".[34]

La cuestión no era fácil de resolver ya que la BD no menciona nada sobre raza y etnia. El problema era más una cuestión de protocolo que de práctica. Woods se había opuesto rotundamente a la segregación en las conferencias, incluso en contra de algunos de los miembros de la directiva estadounidense,[35] y los Comités Generales (CG) de IFES convocaban a líderes de tantos países y etnias como movimientos miembros había.[36] ¿Cómo reaccionaría el Ejecutivo ante una nueva situación sin comprometer la postura habitual de no involucrarse en lo "no esencial"? De hecho, "se produjo un debate considerable en el que se planteó la cuestión de la sensatez de que IFES aprobara resoluciones y se señaló que si aprueba una resolución sobre un tema debería,

---

33. Stott, 190.

34. "Minutes of the Meeting of the Executive Committee" (Uppigard, Noruega, 30 de septiembre de 1965), 24, IFES e-archives.

35. MacLeod, *C. Stacey Woods*, 112–14.

36. El movimiento de Chandapilla parece haber sido más táctico, frente al activismo de la FUMEC, que dirigido a las controversias internas, ya que uno busca en vano en los archivos de la IFES mucho compromiso con las cuestiones raciales. Siendo la beca mundial, habría sido difícil mantener un racismo manifiesto. Esto no significa que no hubiera podido haber un racismo sistémico o velado – sobre todo en algunas relaciones asimétricas-, pero nunca se defendió como una opción defendible.

para ser coherente, aprobar resoluciones sobre muchos temas".[37] Mientras que condenar la discriminación racial probablemente no hubiera preocupado a los miembros del CE dada su propia conciencia cultural, sus preocupaciones eran más amplias: la FUMEC era conocida por emitir declaraciones sobre asuntos políticos, e IFES quería mantenerse al margen de tales enredos. Como solución intermedia, el CE sugirió que se escribieran artículos en la *Revista de IFES* y que posiblemente se dedicara un estudio bíblico sobre la cuestión en el CG de 1967. Entonces, en lugar de una resolución oficial que podría haber sido vinculante e incluso potencialmente ofensiva para algunos donantes, el CE aprobó una modesta moción:

> el Comité afirma su adhesión al principio bíblico expresado en Gálatas 3:28: "Ya no hay judío ni griego, esclavo ni libre, no hay hombre ni mujer, porque todos vosotros sois uno en Cristo Jesús". A lo largo de su historia, IFES ha demostrado sistemáticamente la realidad de una comunión en Cristo que no conoce barreras raciales y, por la gracia de Dios, seguirá haciéndolo; no aprobando resoluciones, sino manteniendo una estrecha comunión en el Evangelio tanto dentro como entre nuestra comunidad, una comunidad abierta a todas las razas representadas en las universidades.[38]

Una moción tan clara pero humilde en el seno de un comité no bastaría para zanjar la cuestión de una vez por todas. La situación en Sudáfrica fue especialmente delicada. Ocupó muchas horas de debate en las reuniones del Ejecutivo y del Comité General. Estaba la cuestión del apartheid, pero también la de la afiliación de los diferentes movimientos nacionales, uno de los cuales era también miembro de la FUMEC, lo que llevó de nuevo a la dirección de IFES a abordar la perenne cuestión de la doble afiliación.[39] Aunque tradicionalmente IFES no quería hacer declaraciones políticas, se vio obligada a considerar la cuestión debido a la relación entre el cristianismo y el apartheid. Como señaló Bentley-Taylor, enviado especial del SG, en 1967, la cuestión era misiológica:

> En general, prevalece la apatía; a los ojos de la mayoría de los estudiantes africanos, el cristianismo está desacreditado por la

---

37. "Minutes of the Meeting of the Executive Committee" (1965), 24.
38. "Minutes of the Meeting of the Executive Committee" (1965), 24.
39. La cuestión de los movimientos sudafricanos y sus relaciones con la FUMEC y la IFES daría para un libro entero. Para una introducción a la historia de los desafíos, véase Lowman, *Day of His Power*, 272–78.

situación política, mientras que los estudiantes europeos, incluso en el grupo estudiantil, no están acostumbrados a mantener relaciones personales cordiales con los de otras razas; y ambas partes se arriesgan a la ira de su grupo si intentan salir del círculo en el que están atrapados.[40]

Como muestra la historia posterior de IFES, la cuestión de las relaciones étnicas ha vuelto una y otra vez al primer plano, no solo en relación con las cuestiones raciales, sino también en cuestiones relativas a las naciones y la ciudadanía. Algunos movimientos siguen separados por líneas lingüísticas o culturales, y si no son dos entidades administrativas, pueden tener varias divisiones de sus ministerios centradas en los estudiantes negros, latinos o asiáticos, como en InterVarsity USA, por ejemplo.[41] En cualquier caso, el desafío lanzado por Escobar muchos años después no dejaría mucho lugar a dudas:

> IFES ha sido un movimiento pionero en nuevas asociaciones a través de equipos internacionales. Pero los movimientos estudiantiles nacionales tendrán que trabajar por una mejor integración multirracial y multicultural en casa antes de intentarlo en el extranjero. La misión local es el nuevo campo de entrenamiento para las nuevas asociaciones que también llevarán a cabo la misión en todo el mundo.[42]

Excurso 2: Terrenos neutrales y un castillo

Desde sus inicios, la dirección de correspondencia de la oficina internacional de IFES coincidía con el domicilio de Stacey Woods o con oficinas alquiladas en las proximidades de su casa. Esto tenía sentido en los primeros años de IFES, porque Woods seguía siendo el secretario general en funciones de IVCF Canadá, así como el de IVCF EE.UU.[43] Sin embargo, la situación se volvió incómoda a medida que IFES se expandía porque "ciertos gobiernos equiparaban erróneamente una oficina estadounidense con una lealtad a la

---

40. David Bentley-Taylor, "African Diary, Part II", *IFES Journal* 20, no. 3 (1967): 28.

41. InterVarsity, "Our Ministry", consultado el 10 de marzo de 2016, https://intervarsity.org/our-ministry.

42. Samuel Escobar, "A New Time for Mission: Plenary Address to IFES WA 1999" (Hyundai Learning Center, Yong-In, Corea del Sur, 23 de julio de 1999), 4, IFES e-archives.

43. Woods dimitió del IVCF Canadá en 1952 y del IVCF EE.UU. en 1961.

política exterior estadounidense".⁴⁴ De ahí que decidiera trasladarse a la neutral Suiza, pero se tuvo cuidado diplomático; como recuerda Woods, "la única estipulación que se hizo fue que si el traslado iba a ser a Suiza, la oficina no debía estar en Ginebra debido a la ubicación del Consejo Mundial de Iglesias y de la Federación Universal de Movimientos Estudiantiles Cristianos."⁴⁵ Aunque acostumbrarse a la Suiza francófona no resultaría fácil para Woods, la nueva ubicación, ahora a salvo de la asociación políticamente cargada con Estados Unidos, pronto se convertiría en un punto de reunión para el personal de IFES que informaba y buscaba asesoramiento. El propio Woods se jactaría más tarde de que

> Los visitantes no dejaban de asombrarse de las modestísimas y frugales oficinas centrales que mantenía un movimiento internacional en expansión. Sin embargo, gracias a estas estrictas economías se disponía de fondos para la expansión mundial y la convicción general era que debía gastarse lo menos posible en gastos generales y enviar la mayor cantidad posible de cada dólar dado al extranjero para la evangelización de los estudiantes.⁴⁶

El traslado a Suiza no fue solo por motivos políticos, sino también financieros, ya que permitió asignar más fondos de forma flexible, como recuerda Woods: "Al tener nuestra base en Lausana (Suiza), aumentaron las contribuciones suizas. El IVF británico se encargó entonces de suscribir los costes del trabajo africano, traspasándolo al IFES en 1973."⁴⁷

Además, a mediados de los 60, IFES adquirió Schloss Mittersill, un castillo medieval en el Tirol austriaco, como centro internacional de formación para IFES. Para Woods, un centro de formación de este tipo era un sueño hecho realidad y puso una gran energía en el proyecto. En el castillo se celebraron numerosos actos de formación regionales e internacionales memorables, así como Comités Generales. El centro, que se topó con innumerables problemas financieros y de gestión, acabó vendiéndose en 2009.⁴⁸ Su apogeo, sin embargo,

---

44. Lowman, Day of His Power, 359.

45. Woods, "IFES History Draft", cap. 2, p. 7.

46. Woods, cap. 2, p. 9. Las exploraciones personales del autor de esta obra en los distintos lugares de Lausana donde Woods y la oficina del IFES tenían su sede confirman la modestia – incluso el carácter deprimente – de los aposentos elegidos: nadie habría imaginado que una organización internacional en expansión operaba desde estos insignificantes apartamentos.

47. Apéndice J de las "Minutes of the Meeting of the Executive Committee" (1988) 1.

48. Para más información sobre Schloss Mittersill, véase Alex Williams, *Holy Spy* (Budapest: Harmat, 2003); MacLeod, *C. Stacey Woods*, cap. 15.

se produjo en la década de 1980, especialmente debido a su estratégica ubicación geográfica: era mucho más fácil llevar a los estudiantes de Europa del Este a Austria que a la mayoría de los demás países occidentales.

¿Adónde van las misiones?

En la década de 1960, el mundo de las misiones se vio sometido a un intenso escrutinio, del que IFES no se libró. Mientras que "entre los protestantes tradicionales, la autocrítica de las prácticas misioneras paternalistas condujo a nuevas teorías misioneras de 'asociación' a partir de los años 60",[49] los miembros de IFES tomaron nota de los cambios sin modificar sus planteamientos generales de la misión. Al haber sido fundada más tarde que muchas otras organizaciones misioneras y operar en un marco federalista, IFES era más contextual y hacía más hincapié en el liderazgo local que muchas otras iniciativas más antiguas.

A este respecto, resulta esclarecedor el relato de Woods sobre la labor pionera de IFES en África tras la descolonización. A finales de la década de 1940, era evidente que la fundación de numerosas nuevas universidades en las nuevas naciones independientes de África representaba un extraordinario potencial de crecimiento para IFES. Sin embargo, no estaban solos en este terreno y los viejos conflictos con la FUMEC pronto se reanudaron en forma de "guerra por el poder". En el relato de Woods

> Rápidamente, la Federación Mundial de Estudiantes Cristianos se movilizó para atajar la posibilidad de formación de cualquier movimiento estudiantil evangélico en estas nuevas universidades. Se proclamó la doctrina de la unidad ecuménica. Las autoridades universitarias prometieron no permitir un segundo movimiento cristiano en sus campus. En algunos casos, se nombraron capellanes universitarios para controlar la actividad religiosa estudiantil. La Federación Mundial de Estudiantes Cristianos envió su propio personal a África.[50]

La era de la descolonización abrió la competencia entre los movimientos estudiantiles del continente africano y los círculos ecuménicos parecían decididos a evitar el testimonio dividido que las universidades occidentales habían mostrado hasta entonces. IFES se vio relativamente impotente ante

---

49. Dana L. Robert, *Christian Mission: How Christianity Became a World Religion* (Hoboken: Wiley & Sons, 2009), 71.

50. Woods, *Some Ways*, 54.

tal empuje: "La puerta parecía cerrada a cal y canto para IFES. Pero Dios tenía su propia estrategia, que nosotros desconocíamos o que nos pasó inadvertida. Tenía su propia 'quinta columna' en esas mismas universidades con sus amplios campus y sus impresionantes edificios".[51] No se dio margen al azar, y de la misma manera que los antiguos colonos iban a "servir" a las colonias, "cuando se hizo la convocatoria para un personal docente para estas nuevas instituciones, graduados cristianos, en su mayoría de Gran Bretaña y todos anteriormente activos en grupos evangélicos locales, habían solicitado y recibido nombramientos como profesores."[52]

Hubo un planteamiento deliberado de colocar aliados dentro de las universidades, lo que facilitó mucho la aparición de grupos locales de IFES con la ayuda de estos profesores. En un fascinante ejercicio de narración, Woods presenta la situación de la forma siguiente:

> Como es natural, hicieron lo que cualquier otro conferenciante o profesor cristiano habría hecho. Un domingo por la tarde, estos hombres invitaban a estudiantes a sus casas para una exposición bíblica, muchos estudiantes de los cuales habían cursado sus estudios secundarios en escuelas misioneras y algunos de los cuales eran cristianos, o como se conoce en Inglaterra, una "lectura" de la Biblia. A continuación, hubo preguntas, debate, oración, té y galletas. Algunos de estos estudiantes se convirtieron. Espontáneamente, por iniciativa propia, se agruparon, formaron grupos cristianos y solicitaron su reconocimiento como sociedades estudiantiles. No hubo propaganda del exterior. Nunca se mencionó al IFES. Ante tal iniciativa y responsabilidad estudiantil, las autoridades no tuvieron más alternativa que conceder el reconocimiento solicitado.[53]

El aspecto "bastante natural" de estas iniciativas podría exagerarse. Estas invitaciones fueron más bien el resultado de una profunda reflexión estratégica destinada a fomentar la aparición de grupos evangélicos. Como explica Johnson, "propusimos a todos nuestros graduados en el extranjero la idea de reunir a los estudiantes para orar y estudiar la Biblia; dejando la iniciativa en manos de los estudiantes, salvo para las tareas que no tuvieran tiempo de hacer."[54] Lo

---

51. Woods, 54.
52. Woods, 54.
53. Woods, 54–55.
54. Como se cita en Lowman, *Day of His Power*, 242.

fascinante de las afirmaciones de Woods y Johnson son sus comentarios de que los grupos locales surgieron "espontáneamente" y que no hubo "propaganda del exterior". Puede que no hubiera carteles publicitarios ni brillantes ceremonias de lanzamiento. Sin embargo, el ánimo de estos graduados del IVF-UK fue decisivo a la hora de invitar a estos grupos a "unirse" y es prueba suficiente de la importancia del apoyo a estos grupos "autóctonos".

Los líderes de IFES no estaban dispuestos a cuestionar la pertinencia de la vocación de todo cristiano al testimonio misionero, incluso a escala internacional. Esto también estaba en consonancia con el lema del CMI de "misión en seis continentes", adoptado en 1963. En consecuencia, "los misioneros deben ser designados para ir de cualquier parte a cualquier parte, según las necesidades".[55]

Ese mismo año, uno de los ocho movimientos nacionales acogidos en IFES fue una federación de movimientos florecientes, la Comunidad Panafricana de Estudiantes Evangélicos (PAFES, por sus siglas en inglés), fundada en 1958. Esta infusión de sangre africana en la vida de IFES trajo consigo nuevas cuestiones, una de las cuales era la relación de los misioneros extranjeros con los nuevos países independientes. Las actas del CG recogen un largo debate en el que participaron "delegados de casi todas las naciones representadas". Afirmaron la "necesidad de replantearse toda la tarea de las misiones mundiales al darse cuenta de que en muchos países se restringirá la actividad misionera extranjera tal como la hemos conocido".[56] Era legítimo cuestionar el papel y la conducta de los misioneros, pero no la validez universal del mandato misionero. En congruencia con el ethos misionero evangélico tradicional, se aceptó la moción de que

> el Comité Ejecutivo o un grupo de personas designadas por él, incluidos representantes de África, Asia y América Latina (es decir, zonas del mundo en las que los misioneros occidentales se han convertido políticamente en personas no gratas), deberían reconsiderar el papel que debe seguir desempeñando el esfuerzo misionero occidental a la luz principalmente de la comisión universal, haciendo referencia a las situaciones políticas, con el fin de que los cristianos occidentales sepan cómo sus hermanos de estos países desean que sigan cumpliendo el mandato del

---

55. Robert, *Christian Mission*, 72.
56. "Minutes of the Meeting of the Sixth General Committee" (1963), 29.

Señor y que se reoriente en caso necesario el esfuerzo misionero procedente de fuentes occidentales.[57]

Que los delegados británicos presentaran la moción puede verse o bien como un reconocimiento implícito de que su antiguo liderazgo en África estaba siendo cuestionado y de que estaban dispuestos a perderlo; o bien como una forma de mantener la sartén por el mango en el proceso de discernimiento. Los intercambios no estuvieron exentos ni de controversia ni de juegos de poder, como demuestra incluso un somero vistazo a las actas del CG. Algunos movimientos aparecen mucho más a menudo que otros como punta de lanza de las acusaciones contra el cambio, los posibles movimientos teológicos o el acercamiento a otras organizaciones. Algunos líderes ganan influencia sobre otros líderes y movimientos nacionales o socavan ciertos ministerios especiales que, a su juicio, no encajan en las prioridades generales de la comunidad. En cualquier caso, el debate sobre el papel de los misioneros extranjeros estaba lejos de cerrarse en 1963. De hecho, Chua recordaría más tarde que su "bautismo en IFES fue en el Comité General de 1967, donde se produjeron feroces conflictos ideológicos. La mayoría de los delegados regresaron a casa más deprimidos que renovados".[58] Curiosamente, los debates eran más bien los de los miembros del personal que los de los estudiantes: solo el 35% de los delegados eran estudiantes.[59] Sin embargo, no todo el mundo estaba contento con los procedimientos del comité. Como consta en las actas

> Los delegados asiáticos que asistieron a las dos últimas Conferencias del Comité General consideran que existe el peligro de dar una impresión equivocada sobre la naturaleza de IFES. Se dedica tanto tiempo a discutir detalles organizativos y constitucionales que se difumina el sentido de una verdadera comunidad en el Espíritu. Nos parece que las sesiones de trabajo tienden a estar dominadas por algunos delegados cuya insistencia en las minucias de la organización nos ha desviado de la discusión de las cuestiones realmente importantes. Sentimos la necesidad de dedicar mucho más tiempo a la oración, a compartir y a *afrontar las tremendas oportunidades y dificultades de cada uno de nuestros países.*[60]

---

57. "Minutes of the Meeting of the Sixth General Committee" (1963), 30.

58. Chua Wee Hian, "IFES General Secretary's Report 1991" (Wheaton College, Wheaton, Illinois, EE.UU., 27.7-4.8 1991), 3, IFES e-archives, actas GC 1991, apéndice D.

59. "Minutes of the Meeting of the Executive Committee" (Casa Moscia, Ascona, Suiza, 30.8-3.9 1968), 14, IFES e-archives.

60. "Minutes of the Meeting of the Executive Committee" (1968), 3; énfasis añadido.

Esta crítica representa una rara puesta en relieve de las diferencias de percepción entre Occidente y el resto. Con una intrigante mezcla de sentimientos, Bentley-Taylor, emisario del SG y una voz importante en la comunidad, informó desde la reunión del CG de 1967 que

> Cuando se pasó revista a la labor misionera, los europeos se cruzaron de brazos y la nota que pusieron los oradores asiáticos, africanos y sudamericanos fue inequívocamente crítica. Se sugirió que muchos habían rechazado la interpretación occidental de Cristo, más que a Jesucristo mismo. Se hizo un llamamiento para que hubiera más misioneros no profesionales, tanto asiáticos como europeos. Se escuchó la demanda de menos misioneros, pero de mayor calidad, de un cambio en su papel, con más énfasis en la formación de otros, y se recordó al europeo su deber para con su propia tierra y continente. Algunos consideraron que los misioneros no habían logrado entrar en las áreas más estratégicas de la vida de una nación, en particular que en América Latina no se había hecho casi nada en los círculos educados y en las ciudades, por lo que el bajo nivel educativo actual entre los predicadores cristianos repelía a los estudiantes.[61]

Para alguien que pasó los ocho años que van de 1966 a 1974 recorriendo especialmente "campos pioneros",[62] era una valoración bastante abrasiva, y de hecho llegó a señalar que había esperado "que se encontrara a un no europeo que expresara la verdad equilibrada del sacrificio y los logros misioneros".[63] Era una tarea compleja cribar el imperialismo y el sacrificio como factores de motivación para la misión. No fue fácil para los europeos asumir la crítica sin cinismo, ya que, al contrario que en los círculos ecuménicos, no se habían enfrentado al famoso llamado de 1971 a una "moratoria de las misiones" del teólogo keniano Gatu, cuyo discurso fue inequívocamente claro. Para que el lector comprenda el contexto en el que operaba IFES, es importante citar este conocido texto:

> Voy a argumentar que ha llegado el momento de retirar a los misioneros extranjeros de muchas partes del Tercer Mundo, que

---

61. David Bentley-Taylor, "The Seventh IFES General Committee: An Appraisal," *IFES Journal* 20, no. 3 (1967): 11-12.

62. Véanse sus memorias anecdóticas: David Bentley-Taylor, "Adventures of a Christian Envoy" (manuscrito fotocopiado, Londres, 1992), Archivo IFES, Oxford.

63. Bentley-Taylor, "Seventh IFES General Committee", 11-12.

debe permitirse a las Iglesias del Tercer Mundo encontrar su propia identidad y que la continuación del actual movimiento misionero es un obstáculo para esta identidad propia de la Iglesia... Empecé diciendo que los misioneros deberían retirarse del Tercer Mundo durante un periodo de al menos cinco años. Iré más lejos y diré que los misioneros deberían retirarse y punto. La razón es que debemos permitir que Dios, el Espíritu Santo, dirija nuestro próximo movimiento sin darle un calendario. El Evangelio tendrá entonces un efecto más profundo y de mayor alcance que el que ha proporcionado hasta ahora nuestra misión cristiana.[64]

Aunque no pedían tal moratoria, los líderes evangélicos en estrecha asociación con IFES habían expresado una opinión algo similar un año antes en la Declaración de Cochabamba de 1970:

Reconocemos nuestra deuda con los misioneros que nos trajeron el evangelio. Al mismo tiempo, creemos que una reflexión teológica relevante para nuestro propio pueblo debe tener en cuenta la dramática realidad del escenario latinoamericano y debe hacer un esfuerzo por identificar y eliminar los adornos extranjeros en los que se ha envuelto el mensaje.[65]

Esta valoración matizada de la actividad misionera es contraria a muchos relatos contemporáneos que ven la presencia misionera occidental bajo una luz mucho más tenue. [66]La preocupación era abiertamente misiológica: los líderes de IFES creían en el mismo evangelio y en la importancia de compartirlo con sus conciudadanos, pero era necesario eliminar los elementos culturales (occidentales) para permitir una apropiación más contextual. La influencia de los obreros latinoamericanos de IFES en la futura configuración del evangelicalismo queda patente en la declaración adoptada en Lausana en 1974, en la que se postulaba que "una reducción de los misioneros extranjeros y del dinero en un país evangelizado puede ser a veces necesaria para facilitar

---

64. John Gatu, discurso en el Festival de la Misión, Milwaukee, EE.UU., 1971, publicado en *Church Herald*. Citado en Bengt Sundkler y Christopher Steed, *A History of the Church in Africa* (Cambridge: CUP, 2001), 1027. El discurso suscitó un prolongado debate en los círculos misioneros. Véase "The Moratorium Debate", *International Review of Mission* 64, n° 254 (1975): 148–64.

65. "Evangelical Declaration of Cochabamba: At the Founding Meeting of the Fraternidad Teológica Latinoamericana, diciembre de 1970", *Journal of Latin American Theology* 11, n° 2 (2016): 186.

66. Robert, *Christian Mission*, 93.

la autosuficiencia de la iglesia nacional y liberar recursos para las zonas no evangelizadas."[67]

La valoración de varios líderes del Mundo Mayoritario de IFES sugería que IFES les había proporcionado un marco de relativa libertad, que les permitió desarrollar su propio ethos cristiano contextual. En 1977, Escobar ya tenía en cuenta la necesidad de corregir las narrativas cuando afirmó que

> Nuestros movimientos estudiantiles han estado expuestos en la universidad y se ha creado una actitud generalmente negativa a causa de cierta literatura teológica con análisis sociológicos de las misiones. Creo que es necesario corregirla. Por supuesto, muchos estudiantes de nuestros movimientos también han sufrido los efectos de un enfoque fundamentalista ingenuo de las misiones, de las relaciones entre misioneros y nacionales, etc. Considero una tarea importante establecer vínculos entre la labor misionera y nuestros movimientos, informar sobre las necesidades, interpelar con el mandato bíblico de ver el mundo con una visión misionera.[68]

Del mismo modo, Brown se jactaría en 1997 de que, a sus ojos, IFES había contribuido a adelantarse a su tiempo misiológicamente:

> IFES ha contribuido al desarrollo de nuevos modelos de misión. Hace cincuenta años, la idea de movimientos autónomos dirigidos por nacionales que se unían para impulsar la causa del evangelio era única. Liberaba a la misión global de los controles de las iglesias y organizaciones occidentales, y hacía hincapié en valores como el respeto a los cristianos locales, la propiedad nacional y el reparto justo de los recursos. Hoy en día, estas cosas se dan por sentadas en la mayoría de las agencias misioneras e instituciones de formación.[69]

Estos desarrollos fueron consecuencia de la convicción de que todos los creyentes tienen acceso *inmediato* a Dios y pueden teologizar en los contextos en los que se encuentran para *mediar* su fe ante su entorno. Esto representa también un reto para la comunión en la que *participan* estos creyentes: un reto de escucha y respeto mutuos.

---

67. Movimiento de Lausana, "El Pacto de Lausana" (1 de agosto de 1974), párr. 9, https://www.lausanne.org/content/covenant/lausanne-covenant.

68. Samuel Escobar, "Report of the IFES Associate General Secretary at Large" (Oxon, Inglaterra, 28.9–3.10 1977), 2, IFES e-archives, EC 1977 minutes, Apéndice E.

69. Lindsay Brown, "IFES Jubilee", *Highlights* (dic. 1997), p.2.

Mantenerse firme durante la tormenta de 1968

El año 1968 marcó un hito en la historia del ministerio estudiantil. IFES no celebró ningún evento mundial. Por el contrario, la FUMEC se reunió en Finlandia para celebrar una conferencia estudiantil, seguida inmediatamente por su Asamblea de la Federación en Uppsala, Suecia. Ambas reuniones fueron problemáticas: a algunos oradores plenarios no se les permitió dirigirse a los estudiantes, y un espíritu revolucionario también caracterizó la reunión del CMI.[70] En palabras de Lehtonen, el ambiente de la época era tal que "los estudiantes buscaban liberarse del paternalismo y de las estructuras autoritarias y jerárquicas". La democratización de la sociedad universitaria y algunas formas de socialismo eran objetivos aparentes".[71] McLeod también señala una reorientación en las preocupaciones de los estudiantes, destacando que "a medida que la temperatura política alcanzaba un punto de ebullición en 1968, las organizaciones cristianas estudiantiles se desgarraban, ya que muchos miembros decidieron que trabajar por la revolución era la máxima prioridad y que todo lo demás era un espectáculo secundario irrelevante".[72]

El límite de espacio no permite un relato extenso y justo de los acontecimientos del FUMEC-CMI. Sin embargo, sea cual sea la perspectiva que adopte el lector sobre los acontecimientos relatados por varios asistentes a estas reuniones, fueron significativos para el IFES, ya que marcaron la desaparición del FUMEC como competidor institucional eficaz. Después de 1968–1972, la FECSM fue considerada por IFES y otros analistas como solo una sombra de su antigua gloria. En palabras sombrías del propio secretario general de la FUMEC, "la Federación dejó la responsabilidad de la evangelización a los ministerios más institucionalizados de las iglesias y a una serie de organizaciones evangélicas de estudiantes".[73] Bruce llega a calificar este periodo como el "colapso del MEC",[74] mientras que Chua advertiría que

---

70. El relato histórico del centenario de la FUMEC guarda un silencio intrigante sobre esta época turbulenta y atribuye la mayoría de los desafíos a las dificultades financieras; véase Potter y Wieser, *Seeking and Serving*, que no menciona ni una sola vez a IFES. Por el contrario, el secretario general de la FUMEC entre 1968 y 1973 escribió un relato detallado de los acontecimientos, publicado especialmente por una editorial evangélica porque los editores de la historia oficial no quisieron publicar su relato; véase Lehtonen, *Story of a Storm*, xix. En la historia más reciente de la FUMEC, Boyd ofrece un relato detallado y matizado que incluye voces críticas; véase Boyd, *Student Christian Movement*, cap. 6.

71. Lehtonen, *Story of a Storm*, 58.

72. Hugh McLeod, "The Crisis of Christianity in the West: Entering a Post-Christian Era?", en *World Christianities c.1914-c.2000*, ed. Hugh McLeod, vol. 9 de *The Cambridge History of Christianity* (Cambridge: CUP, 2006), 339.

73. Lehtonen, *Story of a Storm*, 325.

74. Preston, "Collapse of the SCM".

Con la desaparición parcial del MEC en muchos países, algunos de nuestros movimientos más establecidos han tendido a la complacencia y a esforzarse por ser respetables. Sin embargo, varios movimientos han tomado conciencia de este peligro y han llamado a sus miembros a un nuevo compromiso con Jesucristo y con la proclamación de su Evangelio.[75]

Si los occidentales deploraban las importantes pérdidas sufridas por las iglesias cristianas, otros animaban a sus correligionarios a hacer frente al desafío. Ilustrativo de ello es uno de los estudios periódicos de la situación mundial publicados en la *Revista IFES*:

Vivimos entre nuevos paganos. Los estudiantes y profesores cristianos de todas las universidades, en París y en Makerere, en Yakarta, Río de Janeiro y Colombia, tienen que enfrentarse a este hecho que les une: son una minoría entre los no cristianos. Pero estos paganos entre los que vivimos no se parecen a las marcas clasificadas en los manuales religiosos. Muy a menudo, son antiguos cristianos, antiguos musulmanes, antiguos budistas, pero también son un nuevo tipo de hombres y mujeres, transformados por la nueva sociedad que está naciendo.[76]

Calificar al mundo de población de "nuevos paganos" fue un atrevido encuadre retórico destinado a motivar a las tropas de IFES. ¿Cómo debían los miembros del personal motivar a los alumnos cristianos sin presionarlos? El tema del paternalismo, aunque vagamente definido, también se trató en un número importante de la *Revista IFES*. El autor – un obrero del personal en América Latina – subrayó la diferencia entre el paternalismo religioso, asumido como erróneo, y el enfoque de IFES sobre el liderazgo, que en su opinión era mucho más genuino y eficaz para el testimonio en el campus. En su contraste expresado con crudeza

La religión en esta cultura durante siglos ha significado ir al "padre" para confesar tus pecados, averiguar cuál es la voluntad de Dios y hacer que se haga una misa por tus seres queridos en el purgatorio. ¿Es de extrañar que, en lo que respecta a las cosas

---

75. Chua Wee Hian, "Report of the General Secretary" (Schloss Mittersill, Austria, 1974), 1, IFES e-archives, Actas de la CE 1974, Apéndice A.

76. Paul D. Fueter, "New Christians for New Pagans", *IFES Journal* 21, no. 3 (1968): 1.

de Dios, muchos estudiantes se sientan "indignos" de intentar el liderazgo y tiendan a esperar a que lo hagan "los profesionales"?[77]

Sin desarrollar mucho más su crítica, Hanks ofreció a sus compañeros algunos puntos estratégicos para "matar al dragón del paternalismo".[78] Debían

> matricularse en la universidad, fomentar la oración en la universidad, fomentar el estudio de la Biblia en la universidad, hacer hincapié en los estudios biográficos de liderazgo en la Biblia para abordar el modelo del *caudillo*, y por último, pero no por ello menos importante, animar a los pastores en su ministerio a los estudiantes... Si usted puede ayudar y animar a los pastores a desarrollar un ministerio de predicación expositiva bíblica, de oración comprensiva por sus "estudiantes rebeldes" en la universidad, puede lograr más que con su ministerio directo en el campus.[79]

La dirección de IFES intentó caminar por la estrecha senda de la tradición y la novedad: el mundo nunca parecía marcar la agenda, pero IFES tampoco era impermeable a los cambios significativos en el estado de ánimo de la época. Este difícil ejercicio de caminar sobre la cuerda floja duró mucho tiempo: En el CG de 1971 se debatieron numerosas tensiones doctrinales y misiológicas.

Doctrinas tradicionales para tiempos turbulentos: Comité General 1971

Si 1968 fue un punto de inflexión para la FUMEC, el Comité General de la IFES de 1971 fue igualmente una época de fuertes intercambios. Las tensiones doctrinales fueron numerosas. Se distribuyeron y debatieron documentos sobre la autoridad de la Biblia, pero las cuestiones de procedimiento también ocuparon a los delegados en gran medida. El CG de 1971 también representó el ocaso de la era de los padres fundadores: Woods era el SG saliente, y el vicepresidente Lloyd-Jones hizo su última aparición importante como expositor de la Biblia. Sus exposiciones sirvieron como una especie de testamento teológico y son resumidas así por Catherwood:

---

77. Tom Hanks, "Paternalistic – Me?", *IFES Journal* 21, n° 1 (1968): 2.
78. Hanks, "Paternalistic", 3.
79. Hanks, 5.

"¿Cuál ha de ser entonces nuestro método para definir lo que es un evangélico? El método, por supuesto, es principalmente bíblico. El gran lema de la Reforma, *sola scriptura*, ha sido siempre el lema del verdadero evangélico. El evangélico comienza con la Biblia. Es un hombre del Libro. Ésta es su única autoridad y a ella se somete en todo". Continuó recordando a su audiencia en la tercera conferencia, tras citar las bases de la fe de la IFES que había ayudado a redactar unos veinticinco años antes: "La Escritura es nuestra *única* autoridad . . . nuestra única autoridad".[80]

El tono estaba marcado: en una época de agitación teológica y social, la postura evangélica tradicional debía mantenerse sin complejos. Es evidente que no se había evitado la confrontación con el estado de ánimo de la época: los disturbios estudiantiles seguían produciéndose en muchos países y la "cuestión social" no se limitaba a los círculos ecuménicos. Tampoco lo estaba la cuestión de la autoridad que, según un informe sorprendentemente negativo pero publicado de la formación estudiantil que había tenido lugar justo antes del CG, era realmente el escollo del momento, al igual que el vínculo entre la teoría y la práctica:

> Los hombres conocidos que traían los mensajes matutinos no exponían los textos bíblicos tanto como sus aplicaciones de ciertas verdades bíblicas . . . Para los grupos maduros, la exposición menos estructurada de la Palabra de Dios era la comunión que necesitaban después de un día intenso. Pero algunos de los grupos más jóvenes se hundieron en el subjetivismo o en una virtual indiferencia hacia los textos seleccionados. Quizá esto deba servirnos de advertencia: En un momento en que estamos reforzando enérgicamente los enunciados de nuestra posición bíblica y alentando vigorosamente la producción de literatura bíblica, debemos proporcionar simultáneamente una iniciación máxima al examen personal de la Biblia a nivel práctico en los cursos de formación.[81]

---

80. Christopher Catherwood, *Martyn Lloyd-Jones: His Life and Relevance for the 21st Century* (Nottingham: IVP, 2015), 51.

81. "Instruction, Imitation, Initiation: A Composite Report (IFES Training Course, Mittersill, 1971)", *IFES Journal* 25, no. 3 (1971): 16.

En la reunión del CG, además de estas exposiciones bíblicas habituales y ejemplares de la conciencia contextual de los líderes de IFES de la época, se presentaron los siguientes documentos de debate en varios grupos de trabajo:

1. El malestar estudiantil: Sus causas, características y curas
2. Cristianismo y otras religiones
3. La salvación del individuo y el lugar del trabajo social en el servicio cristiano
4. Autoridad, verdad permanente y normas cambiantes
5. Moral cristiana en una sociedad no cristiana[82]

El artículo de Bürki sobre los "disturbios estudiantiles" es especialmente interesante como ventana al pensamiento de la nueva generación. Tras señalar astutamente que "el malestar y la rebelión estudiantiles han sido una tradición universitaria desde que existen las universidades",[83] proporciona razones del reciente malestar en su opinión son esencialmente tres:

> (a) la prolongada dependencia del estudiante respecto a su familia, (b) la agudización de su conciencia y su actitud crítica como resultado de sus actividades intelectuales, (c) el prestigio de la juventud en la sociedad, un fenómeno relativamente tardío, que aumenta su sensación de irritación ante su impotencia real en la toma de decisiones.[84]

Para Bürki, lo esencial para el surgimiento de esta impaciencia hacia la impotencia sentida en cuestiones de autoridad fue una crisis en el estatus de la razón, como señala más adelante:

> La crisis de autoridad tiene su paralelo en la crisis de la razón autónoma. La convicción del sinsentido de los estudios académicos y del efecto deshumanizador de los métodos analíticos de las ciencias humanas frente a las necesidades personales y sociales impulsa a los estudiantes (a) a "escapar de la razón" (F. Schaeffer) y a la sociedad a experimentar con drogas, meditación trascendental, etc. (George B. Leonard, *Educación y éxtasis*), [y] (b)

---

82. "Minutes of the Meeting of the Eight General Committee of the IFES – 1971" (Schloss Mittersill, Austria, 28 de agosto de 1971), 23, IFES e-archives.

83. Hans Bürki, "Student Unrest: Its Causes, Characteristics and Cures", ponencia de seminario (Schloss Mittersill, Austria, 1971), 1, IFES e-archives, Actas del CG 1971, Apéndice J.

84. Bürki, „Student Unrest", 1.

a implicarse en movimientos revolucionarios de diversa índole...
"El malestar estudiantil refleja la compleja situación de alienación de la sociedad actual, con su subcultura juvenil, su sistema de valores pluralista y la polarización de los movimientos".[85]

El principal objetivo de Bürki al citar factores socioeconómicos y señalar la "compleja situación de alienación de la sociedad actual, con su subcultura juvenil, su sistema de valores pluralista y la polarización de los movimientos", era intentar ofrecer una perspectiva cristiana sobre los disturbios y sobre cuál podría ser una respuesta adecuada por parte de los grupos IFES. Al tomar como ejemplo un estudio realizado por el movimiento IFES japonés KGK que mostraba que los estudiantes tendían a estar motivados por un fuerte sentimiento de desesperación, Bürki señaló que la situación de disturbios podría suponer dificultades para los grupos cristianos, ya que los principios fundamentales de la fe eran atacados por ser esencialmente antihumanos: "la fe en el único Redentor del pecado, la obediencia al Señor de todo, mantiene al hombre en la esclavitud".[86]

Lo que Bürki ofreció para contrarrestar la acusación fue, por un lado, una renovada conciencia de la gravedad de la situación junto con el rigor de las acusaciones lanzadas contra los cristianos, pero, por otro lado, un llamado a volver a los fundamentos de la fe.

En un desarrollo que merece la pena citar extensamente, Bürki esbozó su propuesta de enfoque:

> Los cristianos deben adoptar una actitud verdaderamente crítica y profética hacia los creyentes y las condiciones existentes en la Iglesia, la universidad y el mundo en su conjunto. Debemos enfrentarnos sin rodeos a la total desesperanza actual y rechazar la falsedad y el engaño del llamado proceso de curación de la propia alienación. En particular, debemos analizar los presupuestos de los diferentes postulados del nuevo liberalismo teológico y su ética social, y exponerlos a la naturaleza integral del Evangelio.[87]

La cura prescrita para el malestar estudiantil era el compromiso sensible y la afirmación enérgica. Mientras que los círculos de la FUMEC abogaban por *el diálogo* como su forma preferida de comprometerse con el mundo,

---

85. Bürki, 1.
86. Bürki, 2.
87. Bürki, 2.

Bürki era inflexible al afirmar que un método únicamente dialógico no daría frutos duraderos:

> En la formación de los alumnos debemos reafirmar y utilizar el método antitético por el que la Biblia enseña su verdad. El Nuevo Testamento designa este método con la palabra *katekesis* (1 Cor. 14:19; cf. Deut. 6:7) que excluye *el dialektike* como método de enseñanza de la verdad bíblica. Esto no significa que el "diálogo" carezca de valor en la evangelización; significa que la verdad última sobre Dios, el hombre y el mundo solo puede comprenderse si aceptamos la autoridad de la Biblia como Palabra de Dios, es decir, si la revelación bíblica es el marco definitivo de nuestro razonamiento.[88]

Por último, Bürki también se refirió brevemente a la implicación real de los grupos de estudiantes de IFES en las protestas y la agitación que tenían lugar en sus campus. No se puede dejar de leer cierto nerviosismo en la vinculación de la participación y la observación con el testimonio cristiano, un nerviosismo que también se encuentra en muchos otros documentos posteriores de IFES:

> Los grupos de estudiantes cristianos que, por un lado, se han implicado prácticamente en las luchas estudiantiles y que, por otro, han intentado llevar a cabo los objetivos de la comunidad cristiana en un sentido más restringido, han sido muy bendecidos. Si los estudiantes cristianos hubieran formado grupos separados además del grupo estudiantil para dar dirección a los problemas agudos del campus de forma responsable y llevarla a cabo, entonces su testimonio de Cristo podría haber sido más eficaz. Si se forman tales grupos especializados dentro del grupo estudiantil, las actividades de testimonio del grupo tienden a perder su vitalidad. Es necesario investigar si esta pérdida es una consecuencia necesaria. Es importante aclarar la relación entre el propósito y los medios en tales grupos separados (o especializados). Deberían contar con el pleno apoyo y la comunión de todo el grupo estudiantil y de las iglesias.[89]

No se conserva ningún registro escrito de las discusiones que tuvieron lugar tras la presentación de las ponencias, pero cabe suponer que fueron tensas,

---

88. Bürki, 2-3.
89. Bürki, 3.

ya que, cuando los delegados pidieron que las ponencias se distribuyeran a un círculo más amplio dentro de IFES, "el Prof. Wisløff llamó la atención sobre el hecho de que estas ponencias no eran en modo alguno documentos oficiales, y que se habían expresado desacuerdos en ciertos momentos durante la discusión en grupo de estas ponencias."[90] Esto indica un cierto malestar de algunos altos líderes hacia una nueva generación emergente de líderes. Como señalaba el mencionado informe crítico "No somos meros seres pensantes y orantes. También somos personas que sienten, deciden y actúan". Imagínense a los "viejos" cristianos (¡por ejemplo, los obreros del personal!) viviendo una revolución".[91] En efecto, estaban surgiendo nuevos líderes, como demuestran los siguientes acontecimientos.

Como resultado de estas numerosas discusiones, los asistentes resolvieron solicitar al Ejecutivo que redactara una introducción a la base doctrinal de IFES en línea con el enfoque asertivo explorado anteriormente.[92]

En un mundo de revoluciones, la idea de que los propios estudiantes eran los agentes locales clave de la misión mundial se vio reforzada y adquirió aún más relevancia tras la descolonización. A partir de entonces, la relación de la misión autóctona con las estructuras y corrientes teológicas internacionales fue un elemento marcado de la identidad del IFES.

---

90. "Minutes of the Meeting of the Eight General Committee" (1971).
91. "Instruction, Imitation, Initiation", 16.
92. Véase más adelante, *Análisis teológico*, p. 235, y *Una base firme*, p. 211.

6

Cuando el Sur viene al Norte: La década de 1970

La década de 1970 fue un período de intensa reflexión teológica en el Mundo Mayoritario, considerada una "Década Dorada".[1] Es crucial repasar brevemente los aspectos más destacados de la época, ya que una parte esencial de los desarrollos teológicos evangélicos latinoamericanos se produjeron gracias a la labor de varios altos funcionarios del IFES, entre los que destacan Escobar, Padilla y Arana.[2] Además, en 1972, tras veinticinco años en el cargo, Woods concedió el cargo de SG a Chua, nacido en Hong Kong, lo que constituyó una señal del creciente poder de las figuras no occidentales en la cúpula directiva y también de algunas nuevas enseñanzas.[3]

El surgimiento de importantes figuras teológicas procedentes del Mundo Mayoritario supuso un intenso cuestionamiento de sus premisas teológicas para la circunscripción evangélica más amplia. Este nuevo grupo de figuras influyentes fue en parte el resultado de la práctica de IFES de dejar que se

---

1. Daniel Salinas, *Teología con Alma Latina: el pensamiento evangélico en el siglo XX* (Lima: Ediciones Puma, 2018).

2. Los tres habían sido los principales impulsores de la fundación de la Fraternidad Teológica Latinoamericana (FTL) en Cochabamba en diciembre de 1970, donde ya se habían enfrentado con Peter Wagner, del Seminario Fuller, por cuestiones hermenéuticas. Véase MacLeod, *C. Stacey Woods*, 220–21. Para el trabajo de la FTL, incluidos numerosos documentos de archivo, véase "FTL: Fraternidad Teológica Latinoamericana", consultado el 27 de julio de 2020, https://ftl-al.com/.

3. Chua mostró un profundo interés por las relaciones que los estudiantes mantenían con sus familias, por ejemplo, de ahí que pusiera sobre la mesa la cuestión de las lealtades familiares en el contexto de las culturas comunales, una consideración pendiente desde hace tiempo en la enseñanza del IFES sobre la evangelización. Para enseñanzas e historias anecdóticas, véase Chua Wee Hian, *Getting through Customs: The Global Jottings of Chua Wee Hian* (Leicester: Inter-Varsity Press, 1992).

desarrollara el liderazgo local. Así al menos lo presentarían tanto Padilla como Chua a los estudiantes norteamericanos en la Conferencia de Urbana de 1973:

> Cada movimiento es independiente. Cada uno trabaja su propio programa. Cada uno debe seguir la guía del Señor. No tenemos métodos "enlatados" de evangelización y no establecemos el programa para nadie. Intentamos ayudar a los estudiantes dándoles formación, especialmente en lo que respecta al estudio de las Escrituras.[4]

Por el contrario, como sugieren Hutchison y Wolffe,

> Los evangélicos occidentales habían tendido a enviar al extranjero a sus obreros-misioneros más que a sus teólogos. Su fe en la suficiencia de la cruz también significaba que los africanos, asiáticos y otros necesitaban resolver por sí mismos lo que significaba realmente ser cristiano en ese lugar. En contrapartida, los occidentales que se encontraron con este nuevo dinamismo se vieron desafiados hasta la médula en cuanto a cómo enfrentarse a sus propias tradiciones eurocéntricas e ilustradas.[5]

En algunas zonas este encuentro no se produjo sin contratiempos.[6] A continuación, se presentará la historia común del IFES y del Congreso de Lausana de 1974, sin embargo, es importante situarla en el contexto adecuado del compromiso teológico con las circunstancias complejas de la América Latina de posguerra.

Llegando a un acuerdo con el marxismo: América Latina y la Misión Integral

El movimiento universitario evangélico, a menudo pasado por alto en el registro histórico del protestantismo, ha llegado a aportar

---

4. Chua Wee Hian y C. René Padilla, "God's Work in the World Today", en *Jesus Christ: Lord of the Universe, Hope of the World; Urbana 1973*, ed., David M. Howard (Downers Grove: IVP, 1974), 168. David M. Howard (Downers Grove: IVP, 1974), 168.

5. Hutchinson y Wolffe, *Brief History*, 187.

6. Alister Chapman, "Evangelical International Relations in the Post-Colonial World: The Lausanne Movement and the Challenge of Diversity, 1974–89", *Missiology* 37, no. 3 (2009): 355–68; Michael Clawson, "Misión Integral and Progressive Evangelicalism: The Latin American Influence on the North American Emerging Church", *Religions* 3, no. 3 (2012): 790–807; Brian Stanley, "'Lausana 1974': The Challenge from the Majority World to Northern-Hemisphere Evangelicalism", *Journal of Ecclesiastical History* 64, no. 3 (2013): 533–51.

su pensamiento inquieto y vanguardista a los esfuerzos por expresar la fe evangélica en términos aplicables a las condiciones del continente.[7]

El concepto de *misión integral* es posiblemente la mayor contribución teológica y misiológica del IFES a la iglesia, al menos a finales del siglo XX. Su creador, C. René Padilla, desafió al mundo teológico de la época principalmente por sus experiencias de trabajo con estudiantes en toda América Latina.

Universidades en ebullición

IFES no era la única comunidad que reflexionaba sobre las cuestiones del momento. Kirkpatrick señala que "los informesl personal del MEC ecuménico son sorprendentemente similares a los de los obreros de IFES".[8] Para comprender el contexto se debe conocer la compleja situación de las universidades latinoamericanas en las décadas de 1960 y 1970. La población estudiantil se había disparado hasta alcanzar cifras desconocidas hasta entonces;[9] Bürki señaló que "mientras que hasta hace 50 años la educación universitaria era un lujo económico, ahora se ha convertido en una necesidad económica y nacional."[10]

Arana[11] describió a los grupos marxistas de América Latina como "los grupos más activos y militantes de las universidades [que] presentan un atractivo particular por su objetivo de cambiar la vida en algo digno para los seres humanos."[12] Esto representaba un reto importante para los cristianos, porque no se les consideraba aliados naturales del espíritu revolucionario de la época:

---

7. Lic Edgar Alan Perdomo, "Una descripción histórica de la teología evangélica latinoamericana (Segunda de dos partes)", *Kairos* 33 (2003): 94–95.

8. David C. Kirkpatrick, "C. René Padilla and The Origins of Integral Mission in Post-War Latin America," *The Journal of Ecclesiastical History* 67, nº 2 (2016): 362.

9. "El número total de graduados entre 1940 y 1950 fue solo de 62.584, mientras que solo en el año 1960, la universidad contaba con más de 70.000 estudiantes". Kirkpatrick, "Origins of Integral", 356.

10. Hans Bürki, "The Confrontation of Evangelism with Ideology", *IFES Journal* 1 (1967): 25.

11. El pastor presbiteriano peruano Arana fue secretario general Adjunto (SGA) para América Latina.

12. Pedro Arana, "Evangelization in the Latin American University," *International Review of Mission* 63, nº 252 (1974): 508.

> Es un hecho innegable que para millones y millones de latinoamericanos hoy la voz de la iglesia no es la voz de Dios ni sus intereses son los intereses de sus respectivos países. La ven como un símbolo del pasado, como los restos de una época que debe quedar atrás con todo el fanatismo, la injusticia y la intolerancia que la caracterizaron.[13]

¿Cómo responderían al desafío los teólogos protestantes y evangélicos, con formación universitaria y, por tanto, no pertenecientes a los más pobres, si, como recuerda Gebara, "los pobres pusieran en tela de juicio a la Iglesia institucional y provocaran un nuevo movimiento en la teología? También pusieron en tela de juicio a muchos teólogos y comunidades protestantes."[14] Voelkel recuerda la siguiente anécdota sobre Samuel Escobar:

> Sabiendo que Samuel se había sentido una vez fuertemente atraído por el marxismo, le pregunté: "¿Qué te convenció para seguir a Cristo?". Samuel repasó su época de estudiante. Los comunistas habían encendido su imaginación para servir a su país y satisfacer las necesidades sociales de su pueblo (una visión que nunca había recibido en su propia iglesia protestante). Sin embargo, pronto observó que la mayoría de los jóvenes pasaban por un proceso. Ganados por un idealismo altruista a la causa comunista, la mayoría se corrompía lentamente cuando empezaban a saborear el poder. Samuel vio que el egoísmo básico del individuo es un problema que el comunismo no tiene el poder de resolver. Esta solución solo la encontró en Jesucristo.[15]

El escenario estaba preparado para nuevos enfoques.[16] Pero primero hubo que cuestionarse duramente.

---

13. C. René Padilla, "Student Witness in Latin America Today", *IFES Journal* 2 (1966): 14.

14. Gebara, "Movement of May 1968", 265.

15. Voelkel, *Student Evangelism*, 46.

16. Una respuesta destacada desde el lado católico y protestante de línea principal fue el desarrollo de la teología de la liberación. El nombre del movimiento, publicado especialmente en inglés SMC (MEC en español), está tomado de Gustavo Gutiérrez, *A Theology of Liberation*, traducido Caridad Inda y John Eagleson (Londres: MEC, 1988). A lo largo de la historia posterior de IFES, aquellos preocupados por el enfoque de misión integral defendido por Padilla y Escobar les acusaron regularmente de ser teólogos de la liberación (marxistas), un pecado capital a ojos de la mayoría de sus adversarios. Véase C. René Padilla, "The Roads to Freedom: Liberation Theology", *In Touch* 2 (1979): 7.

Las respuestas tradicionales se quedan cortas

> La mayor cuestión práctica a la que se enfrenta hoy el estudiante cristiano en América Latina no es si el uso de pintalabios es o no permisible para una chica cristiana, sino qué curso de acción debe tomar ante los problemas sociales imperantes y las ideologías que pretenden poder resolverlos.[17]

Como Padilla y Escobar repetían a menudo, su impecable pedigrí evangélico no los había preparado para los retos a los que se enfrentaron.[18] Woods tampoco parecía estar plenamente consciente de las dificultades que encontraría cuando en 1958 cuestionó la aspiración de Padilla de emprender estudios superiores, retrasando así sus inicios como miembro del personal. Como recuerda Padilla, "'Bueno', dijo [Woods], 'no necesitas más estudios. ¿Por qué no te lanzas? Aprenderás más haciendo'. [Yo] dije: 'Bueno, Stacey, dame tiempo'. Y me alegro de haberme quedado".[19] Sin embargo, al regresar a Latinoamérica de sus estudios en el Wheaton College, Padilla se encontró "falto de ética social. Mis años de estudios en Estados Unidos no me habían preparado para el tipo de reflexión teológica que se necesitaba urgentemente en una situación revolucionaria".[20] Escobar argumentó de forma similar, en un folleto pionero de 1972, que la situación contemporánea estaba

> Tomando a los evangélicos por sorpresa con preguntas para las que no tenemos respuestas, pues deberíamos haber pensado en ellas hace años. En las iglesias, la brecha generacional es una prueba evidente de que es así, y algunos de nuestros mejores jóvenes se marchan en busca de las respuestas en otros lugares.[21]

El debate sobre la idoneidad de la teología evangélica occidental se convirtió en una constante de las décadas siguientes. De hecho, IFES mantuvo una relación ambigua con el "centro neurálgico" del activismo evangélico

---

17. Padilla, "Student Witness", 11.

18. Para conocer de primera mano la historia de la labor de la IFES en América Latina, véase Samuel Escobar, *La chispa y la llama: breve historia de la Comunidad Internacional de Estudiantes Evangélicos en América Latina* (Buenos Aires: Ediciones Certeza, 1978); Samuel Escobar, *La chispa y la llama: Volumen II* (Buenos Aires: Certeza Unida, 2022).

19. "T2. Entrevista de historia oral con René Padilla", transcripción de la cinta de audio, vol. 2, 361 (Wheaton College, 1987), 2, https://archives.wheaton.edu/repositories/4/archival_objects/238467.

20. C. René Padilla, "My Theological Pilgrimage", en *Shaping a Global Theological Mind*, ed. (en inglés). Darren C. Marks (Aldershot: Ashgate, 2008), 130.

21. Samuel Escobar, "The Social Impact of the Gospel", en *Is Revolution Change?* ed. Brian Griffiths, IVP Pocketbook (Londres: Inter-Varsity Press, 1972), 84.

mundial, la Asociación Evangelística Billy Graham (BGEA), ya que, a sus ojos, "se estaba librando una batalla por la iglesia en América Latina entre los promotores liberales y ecuménicos del evangelio social y los evangélicos conservadores como ellos que hacían hincapié en la conversión personal al cristianismo como solución al pecado tanto individual como social."[22]

Muchos jóvenes obreros del IFES lucharon contra la teología promovida por muchos misioneros occidentales, que no daba respuestas a las preguntas de los estudiantes, ya que, en consecuencia, corría el riesgo de dividir las vidas en esferas sagradas y seculares: "Tomemos el caso del estudiante cristiano que ha crecido rodeado de los cuidados de padres creyentes. Ha conseguido dividir su vida en dos compartimentos ordenados: 'lo sagrado', que incluye un surtido de actividades eclesiásticas, y 'lo secular', que comprende todo lo relacionado con sus estudios".[23]

Otro fallo que observaron los obreros del IFES fue la aparente falta de compromiso personal y a largo plazo de los misioneros, necesario en el ministerio con estudiantes universitarios:

> Una gran parte de la población mundial actual (especialmente entre los estudiantes universitarios y los intelectuales) desconfía cada vez más de cualquier atisbo de prácticas adoctrinadoras. Pondrán a prueba a propósito la autenticidad del interés del cristiano hacia ellos. Gran parte del problema del seguimiento revela una falta de auténtica preocupación por todos los aspectos de la vida del prójimo.[24]

Si los obreros latinoamericanos del IFES cuestionaron los fundamentos teológicos – llegando incluso a calificar el fundamentalismo de "distorsión de la ortodoxia",[25] su compromiso con la autoridad de las Escrituras se mantuvo intacto. Afirmaron que "la necesidad del momento es volverse a la Palabra de Dios en sumisión al Espíritu Santo. Implica volver a la Biblia y al Señor que reina a través de ella, así como cuestionar nuestras "tradiciones evangélicas" a

---

22. Clawson, "Misión Integral", 791. La Conferencia CLADE 1, celebrada en 1969, fue organizada por el BGEA, promoviendo especialmente la teología latinoamericana de Peter Wagner: *Latin American Theology: Radical or Evangelical?*

23. Padilla, "Student Witness", 16.

24. Bürki, "Confrontation", 26.

25. Samuel Escobar, "Social Concern and World Evangelism", en *Christ the Liberator*, ed. John R. W. Stott, Urbana 70 (Downers Grove: IVP, 1971), 104. John R. W. Stott, Urbana 70 (Downers Grove: IVP, 1971), 104.

la luz de la revelación escrita".²⁶ Dada la importancia de la hermenéutica en la historia y la teología de IFES, merece la pena citar extensamente la siguiente historia contada por Padilla:

> Al regresar a América Latina como obrero IFES, las preguntas que me plantearon los estudiantes universitarios y otras personas me obligaron a ver que el enfoque histórico-gramatical de la hermenéutica era un paso bueno y necesario, pero no suficiente. Si quería ayudar a los universitarios cristianos a dar testimonio de Jesucristo en un contexto de injusticia y pobreza, no bastaba con enseñarles a estudiar las Escrituras centrándome en el mensaje en sus contextos originales. Tenía que ayudarles a relacionar la enseñanza bíblica con la vida humana en todas sus dimensiones.²⁷

Los métodos de estos obreros del IFES no quedaron sin respuesta. Los estudiantes y los líderes estudiantiles intentaban *transmitir* sus experiencias a los líderes de la iglesia, pero esto no siempre era bien recibido: "Había muy poca comprensión por parte de los líderes. Normalmente, los pastores no se mostraban muy abiertos a la idea de . . . un grupo estudiantil interdenominacional".²⁸ Algunos también expresaron su apoyo, pero en general ser pioneros y fortalecer los grupos IFES fue una tarea ardua y larga. Padilla recuerda:

> No sería injusto decir que para algunos misioneros, quizá muchos [se ríe] misioneros, el movimiento estudiantil era una especie de amenaza. Hablábamos de cuestiones sociales. No se podía . . . hacer otra cosa que eso. Quiero decir . . . tenías que discutir cuestiones sociales, y tratar de empezar a entender o al menos explorar toda la cuestión de la relación entre el evangelio y la justicia social. Verá, en medio de una situación revolucionaria no se puede espiritualizar el evangelio.²⁹

Curiosamente, poca de la intensa reflexión misiológica que empezaba a hacerse en el seno del IFES, especialmente en América Latina, consiguió una mayor audiencia a través de la *Revista de IFES*. La publicación se interrumpió

---

26. "Evangelical Declaration of Cochabamba", 187.
27. Padilla, "Theological Pilgrimage", 130.
28. "Interview with René Padilla", 2, 2:3.
29. "Interview with René Padilla", 2, 2:5.

en 1972 porque "la opinión general era que la Revista *IFES* no satisfacía las necesidades de los estudiantes".[30]

Una nueva teología para una nueva era

Los nuevos teólogos que crecían en el seno de IFES tuvieron que enfrentarse a dos frentes simultáneamente. A veces, el ministerio de IFES era considerado peligroso por los cristianos debido a las novedosas respuestas que daba a cuestiones que los evangélicos no estaban acostumbrados a abordar. Pero también era considerado un peligro por los revolucionarios que consideraban especialmente al cristianismo *evangélico* como una importación extranjera. Como recuerda Padilla

> probablemente éramos los únicos que intentábamos ofrecer una ética social cristiana a los estudiantes y ayudarles a reflexionar sobre cuestiones relacionadas con nuestra propia situación concreta de pobreza e injusticia. A menudo éramos atacados por marxistas que decían que estábamos, bueno, pagados por la CIA o ese tipo de cosas. Y, sin embargo, por otro lado, fuimos acusados por buenos hermanos y hermanas de ser marxistas.[31]

La respuesta teológica tuvo que intentar defenderse de las refutaciones de amigos y enemigos por igual, lo que resultó ser un ejercicio para mantener el equilibrio a largo plazo. Quizá la nueva respuesta teológica más significativa que desarrollaron los obreros de IFES fue lo que pronto se llamaría "misión integral". Se trataba de un reflejo crítico de la teología de la liberación, que conocían de primera mano, ya que Arana había asistido a los cursos de verano de Gutiérrez que se convirtieron en su obra magna.[32] Contrariamente a lo que afirmaban algunos críticos,[33] la inspiración de este enfoque del testimonio misionero no procedía de la teología de la liberación. Compartía una profunda preocupación por los pobres – la famosa "opción preferencial por los pobres"-,

---

30. "Minutes of the Meeting of the Executive Committee of IFES" (Sanden Bjerggard, Dinamarca, sep. 1972), 17, IFES e-archives. La pérdida de lectores se atribuyó a la falta de publicidad y a la anticuada maquetación.

31. "Interview with René Padilla", 2, 2:5.

32. David C. Kirkpatrick, *A Gospel for the Poor: Global Social Christianity and the Latin America Evangelical Left* (Filadelfia: University of Pennsylvania Press, 2019), 35.

33. En particular, Richard Quebedeaux, *The Worldly Evangelicals* (San Francisco: Harper & Row, 1980).

pero también insistía en la *proclamación del Evangelio*.³⁴ Kirkpatrick ofrece un agudo resumen de la misión integral desarrollada por los obreros del IFES:

> La proclamación del evangelio (*kerygma*) y la demostración del evangelio que se entrega en el servicio (*diakonía*) forman un todo indivisible (indisoluble). Uno sin el otro es un evangelio incompleto, mutilado y, en consecuencia, contrario a la voluntad de Dios. Desde esta perspectiva, es una tontería preguntarse por la importancia relativa de la evangelización y la responsabilidad social. Sería equivalente a preguntarse por la importancia relativa del ala derecha y el ala izquierda de un avión.³⁵

Algunas de las articulaciones más detalladas de esta nueva misiología se presentaron públicamente en el Congreso de Lausana. Sobre el terreno, se promovió la misión integral durante los campamentos organizados para estudiantes: Los estudios bíblicos y los debates tenían lugar por las mañanas y el servicio a los vecindarios pobres por las tardes. En las universidades, las tradicionales charlas evangelizadoras se complementaban a menudo con charlas en las que se abordaban cuestiones urgentes de los estudiantes locales desde un punto de vista académico y se proponían enfoques cristianos. De hecho, "estudiantes a los que tal vez nunca se persuada para que asistan a una iglesia o incluso a un estudio bíblico celebrado en un aula pueden, sin embargo, asistir con gusto a una conferencia que trate un tema contemporáneo desde una perspectiva cristiana".³⁶ Estas innovadoras charlas se publicaban a menudo como folletos o documentos mimeografiados y llegaban a un público relativamente amplio.³⁷

De ahí que una visión misiológica crítica se viera respaldada por el compromiso de IFES con el liderazgo estudiantil, puesto que llegaba al público específico de los estudiantes universitarios. En el vívido relato que hace Padilla de la descripción del trabajo de un obrero estudiantil, contrastada con la de un misionero extranjero, la imagen es clara:

---

34. "También creíamos que, para llegar a la conclusión de esta *opción preferencial*, no era necesario depender de la sociología marxista con su receta única para diferentes contextos." Pedro Arana, "Towards a Biblical Public Theology", *Journal of Latin American Theology* 11, no. 2 (2016): 35–59.

35. Kirkpatrick, "Origins of Integral Mission", 368.

36. Padilla, "Student Witness", 21.

37. Posiblemente los más conocidos de estos ciclos de conferencias publicados sean Samuel Escobar, *Diálogo entre Cristo y Marx y otros ensayos* (Lima: AGEUP, 1969); Samuel Escobar, C. René Padilla y Edwin Yamauchi, eds., *¿Quién es Cristo hoy?* (Buenos Aires: Ediciones Certeza, 1971).

Baste decir que su tarea principal [la del obrero del IFES] es la formación de discípulos entre los estudiantes para que a su vez se conviertan en testigos vivientes dentro de la universidad. Naturalmente, debe enseñar no solo con la palabra, sino también con el ejemplo. Por lo demás, es un funcionario del Evangelio. Pero está lejos de cumplir con su cometido a menos que reconozca plenamente que no hay mejor evangelizador entre los estudiantes que los propios estudiantes, y que la intervención continua de evangelizadores estudiantiles "a tiempo completo" puede producir resultados estadísticos inmediatos, pero a largo plazo será perjudicial para el desarrollo de líderes responsables.[38]

Misiología estudiantil en beneficio de la Iglesia

IFES fue pionera en América Latina en un nuevo estilo de ser evangélico, penetrante en su crítica social e inusualmente consciente de los peligros del imperialismo religioso.[39]

Llegados a este punto, el lector podría preguntarse por la relación del desarrollo de la misión integral con la idea de que el "sacerdocio de todos los creyentes" es esencial para comprender el ministerio de IFES.

Las pruebas archivísticas – que insistían cada vez más en la importancia de la implicación de la iglesia local – llevan al historiador a concluir que, si los líderes necesitan insistir en algo, significa que o bien hay que recordar a sus electores un determinado aspecto; o bien hay que tranquilizar a los demás actores y competidores potenciales ante las crecientes preocupaciones; o ambas cosas. IFES estaba aprovechando una reserva de recursos humanos a la que los líderes eclesiásticos se dirigían de forma similar. Del mismo modo, los estudiantes y el personal de IFES podrían haber encontrado su participación en la misión estudiantil más satisfactoria que la de sus iglesias locales.

En cualquier caso, el hecho mismo de que fuera el Congreso de Lausana el que fomentara de forma significativa la influencia mundial de los principales actores del IFES demuestra que sus reflexiones se consideraban útiles para una gran variedad de ministerios eclesiásticos y paraeclesiásticos de todo el mundo. Debido a la naturaleza tentativa y en cierto modo vanguardista del ministerio

---

38. Padilla, "Student Witness", 19–20.
39. Stanley, Christianity in the Twentieth Century, 536.

estudiantil, podían pensar antes que muchos líderes eclesiásticos y, por lo tanto, servían a la iglesia con sus reflexiones. Como señala Padilla con aprecio,

> El tiempo para el trabajo teológico como tal era limitado, pero difícilmente se puede exagerar la importancia que tuvo el énfasis del IFES en el desarrollo de movimientos nacionales autóctonos dirigidos por estudiantes para aquellos de nosotros que tuvimos el privilegio de servir como estudiantes voluntarios. Se nos *dio libertad para pensar y para responder creativamente a las exigencias de la época sin sentirnos obligados a ajustarnos a un programa importado ya hecho.* Como resultado, el *IFES en América Latina se convirtió en un semillero de una teología arraigada en las Escrituras y, al mismo tiempo, profundamente consciente de la necesidad de explicitar las implicaciones sociales prácticas del mensaje bíblico para la vida y la misión* de los cristianos *como individuos y como comunidades* en la región.[40]

Esto podría explicar la naturaleza ambigua de la relación que los obreros del personal de IFES en América Latina, cuyo pensamiento exploramos, mantenían con los líderes de las misiones. Eran los autóctonos del continente. Su enfoque era decididamente de naturaleza "misionera". Consideraban que tenían un mensaje que proclamar y encarnar, y que su tarea no consistía únicamente en "unirse" a las fuerzas revolucionarias. Sin embargo, debido a su insistencia en el liderazgo encarnado local, sus relaciones con los misioneros fueron en ocasiones tensas y críticas. No obstante, esto nunca supuso un rechazo frontal: muy al contrario, Escobar y Padilla destacaron a menudo la importancia del servicio misionero extranjero para desarrollar el evangelio en su región. Del mismo modo, Chua se mostró inflexible al afirmar que "un nuevo liderazgo" y "una infusión masiva de sangre nueva" eran esenciales para un avance. "No soy antioccidental, ni tengo ningún rencor que guardar a ninguna sociedad misionera".[41] A este respecto, Robert señala la importancia de que las organizaciones evangélicas rechazaran el llamamiento a una "moratoria de las misiones". En su lugar, parece haber centrado sus energías y, en consecuencia,

> Los cristianos se organizaron en una red independiente para evangelizar a los "pueblos no alcanzados", los millones de no cristianos que nunca habían oído el nombre de Jesucristo. Este

---

40. Padilla, "Theological Pilgrimage", 132; énfasis añadido. Para más información sobre la eclesiología de Padilla, véase el capítulo 12.

41. Chua Wee Hian, "Breakthrough in the Seventies", *IFES Journal* 23, nº 2 (1970): 11.

movimiento misionero de cristianos conservadores rechazó la idea de que el fin del colonialismo occidental exigía el fin de las misiones transculturales.[42]

Fue una reacción al fracaso percibido del CMI a la hora de mantener la misión de la iglesia claramente definida teológica y misiológicamente[43] lo que impulsó a un grupo de influyentes líderes evangélicos encabezados por Billy Graham a convocar una cumbre mundial alternativa en Lausana en 1974.[44] El congreso marcó un paso importante en la influencia del IFES en el escenario evangélico mundial. En opinión de Kirkpatrick, "el movimiento estudiantil evangélico mundial proporcionó vías de intercambio intelectual que traspasaron las amplias fronteras de lo 'conservador' y lo 'liberal', y de 'Occidente' frente al 'Mundo Mayoritario'".[45]

Cuando IFES cambió el mundo teológico: Lausana 1974

En 1972, el Comité Ejecutivo debatió la posible participación del SG designado, Chua Wee Hian, y de Samuel Escobar, en aquel momento Secretario Regional para América Latina, en el CE del siguiente Congreso de Lausana sobre Evangelización Mundial.[46] Otros han escrito la historia de este congreso y su influencia duradera en el mundo evangélico.[47] Dada la influencia posterior de los colaboradores de IFES en el Movimiento de Lausana s – "se dice que el 90% de los líderes de World Vision en África son graduados de IFES y casi el 40%

---

42. Robert, *Christian Mission*, 72.

43. Walsh afirma que esta orientación hacia los problemas sociales a expensas de la teología fue, entre otros factores, el resultado de la influencia del nuevo SG del CMI, Eugene Carson Blake. Véase Walsh, "Religious Ferment", 314.

44. Stanley, *Christianity in the Twentieth Century*, 210.

45. Kirkpatrick, "Origins of Integral Mission", 354.

46. No era el primer congreso de este tipo. Graham había convocado un congreso similar – aunque con una representación mucho menor del Mundo Mayoritario – en Berlín en 1966. Escobar, Padilla y Woods habían participado, si no intervenido. La eficacia de los ponentes de la IFES en el evento de 1974 podría atribuirse en parte a la experiencia adquirida en Berlín.

47. En particular Chapman, "Evangelical International Relations"; Robert J. Schreiter, "From the Lausanne Covenant to the Cape Town Commitment: A Theological Assessment", *International Bulletin of Missionary Research* 35, nº 2 (2011): 88–90, 92; Clawson, "Misión Integral"; Lars Dahle, ed., *The Lausanne Movement: A Range of Perspectives* (Oxford: Wipf & Stock, 2014). En cuanto a la composición, la asistencia estaba formada esencialmente por "expertos": "Menos del 10% de los asistentes eran laicos, mientras que Graham había esperado un tercio: para una reunión evangélica, la preponderancia de ministros profesionales era asombrosa. Más alentador fue el hecho de que la mitad de los asistentes eran menores de cuarenta y cuatro años". Stanley, "Lausanne 1974", 540.

del Congreso de Lausana de 2010 tenía un trasfondo de IFES"[48] – es notable que la participación de personal senior de IFES en el primer congreso se debatiera largamente dentro del CE de IFES. A ojos de algunos altos cargos de IFES, la previsible participación de católicos romanos en el congreso significaba el riesgo de un compromiso doctrinal público.[49] Receloso de esa posible asociación, el presidente del consejo, Oliver Barclay, se retiró anticipadamente del congreso.[50] En un ejercicio de equilibrio de argumentos raramente recogido en otras actas, el comité señala que

> Los pros incluirían tener una "voz" y una "presencia" del IFES en este organismo mundial. También reafirmaría el compromiso del IFES con la evangelización mundial y la empresa misionera. Además, la presencia del personal de IFES también generaría buena voluntad entre los participantes evangélicos en el Congreso. También se señaló que muchos de los objetivos del Congreso coincidían con los de la IFES. Los contras incluirían la apariencia de un compromiso doctrinal y cargas de trabajo adicionales.[51]

Un organismo internacional teológicamente muy próximo al IFES convocó una reunión. Varios altos cargos querían formar parte de ella, pero encontraron una fuerte resistencia,[52] posiblemente también a la luz de que un reciente CG había afirmado que "a la luz de experiencias pasadas . . . los movimientos miembros no deben comprometerse en ningún esfuerzo de cooperación con ninguna organización, ni siquiera evangélica, sin un acuerdo previo por

---

48. Daniel Bourdanné, "Forward", en *Influence: The Impact of IFES on the Lives of Its Graduates* (Oxford: International Fellowship of Evangelical Students, 2015), 9.

49. "Minutes of the Meeting of the Executive Committee" (1972), 8. Las actas señalan además que la relación entre la Asociación Billy Graham (principal organizadora del Congreso de Lausana) y Hans Bürki (en aquel momento Secretario General Adjunto General) era tensa tras el Congreso de Berlín.

50. "Minutes of the Meeting of the Executive Committee" (1972), 15. Para un relato más detallado de la controversia interna en IFES sobre la participación de los trabajadores de IFES en el congreso – en particular los intentos de Woods de impedir que Escobar y Padilla pronunciaran discursos plenarios – véase Kirkpatrick, *Gospel for the Poor*, cap. 1. Cuando se celebró el congreso, Woods ya no era SG.

51. "Minutes of the Meeting of the Executive Committee" (1972), 16.

52. La retirada del presidente de la junta podría haber ejercido una presión significativa sobre el SG designado y su personal. Las cruzadas de Graham en Filipinas en 1962 habían provocado importantes tensiones con la IVFC local de IFES; el riesgo que se sentía era que la colaboración podría "comprometer el testimonio evangélico de la IVFC de Filipinas". "Minutes of the Meeting of the Executive Committee of the IFES" (Lunteren, Países Bajos; Wuppertal-Barmen, Alemania, 27.8–1.9 1962), 21, IFES e-archives.

escrito".⁵³ Los sagaces análisis de Zald sobre los conflictos eclesiásticos ponen de relieve los factores personales y contextuales que entran en juego en discusiones similares. El sociólogo señala que

> En primer lugar, los conflictos en la sociedad en general y la preocupación por diversos aspectos del cambio social se importan a la organización a través de los intereses o las preferencias de valores de los miembros laicos y del personal profesional. En la medida en que la organización religiosa no se aísle de la sociedad en general mediante estructuras étnicas y comunales aislantes, es difícil que la iglesia evite verse involucrada.⁵⁴

En este caso, el "conflicto" latente era la conexión del evangelismo con la implicación social. Como señala Clawson con el beneficio de la retrospectiva de la que no disponía la junta de IFES en aquel momento,

> Aunque concebido originalmente como un desafío al énfasis del Consejo Mundial de Iglesias en las preocupaciones sociales más que en la conversión personal, la relación entre la evangelización y los problemas sociales se convirtió rápidamente en un tema recurrente y destacado en Lausana, debido en gran parte a las provocadoras y ampliamente discutidas ponencias plenarias de Samuel Escobar y René Padilla.⁵⁵

Como se ha analizado anteriormente, el contexto ministerial de América Latina era significativamente diferente del de las universidades británicas y estadounidenses, esencialmente de clase media, y el compromiso con las cuestiones sociales no era un extra opcional para la mayoría del personal del IFES del Mundo Mayoritario. Zald relaciona además esta implicación con el carácter esencialmente "ideológico" de una organización como IFES. Así,

> Los miembros y el personal pueden justificar fácilmente la implicación de la organización en los asuntos del día a día (a diferencia de los miembros de un club de bolos o el personal de una tintorería, por ejemplo) . . . Los motivos para afiliarse pueden

---

53. "Minutes of the Meeting of the Seventh General Committee of the IFES" (Wuppertal-Barmen, Alemania, 1967), 14, IFES e-archives.

54. Mayer N. Zald, "Theological Crucibles: Social Movements in and of Religion," *Review of Religious Research* 23, no. 4 (1982): 328.

55. Clawson, "Misión Integral", 795. El mero hecho de desafiar al CMI habría sido difícil, dado que alrededor del 40% de los participantes en el congreso eran miembros de iglesias implicadas a su vez en el CMI; véase Chapman, "Evangelical International Relations", 361.

ser teológicos, ecuménicos o más puramente prácticos... Pero una vez unida, las acciones del socio de la coalición, la organización interdenominacional, se filtran y comprometen a la confesión en actividades que quizá no hubiera deseado, lo que a su vez crea conflictos internos.[56]

Al final, "más del 80% de los ponentes eran miembros del personal, ex miembros del personal y líderes de IFES y de nuestros movimientos nacionales".[57] Dadas las preocupaciones expresadas anteriormente, resulta sorprendente la influencia que llegó a tener IFES en la escena misionera evangélica. Para el SG, se trataba de la coronación de un año de esfuerzos en la enseñanza, la publicación y la relación con las iglesias. *El quid* de la cuestión era primero teológico, pero también metodológico, como señala Chua:

> Era evidente que nuestro énfasis en enseñar a los estudiantes y a los graduados todo el consejo de Dios y en relacionar el evangelio con todas las dimensiones de la vida había recogido una cosecha abundante. Nos asombraba pensar que Dios había utilizado a nuestros hombres para ser la vanguardia de la teología y la práctica evangélicas. Así, de una forma sin precedentes, IFES se ha visto catapultado a una posición de prominencia no buscada.[58]

Dada la insistencia común en los escritos de IFES sobre la importancia de formar a los líderes eclesiásticos y sociales del mañana, es discutible que este protagonismo no fuera realmente buscado. Dicho esto, el pasaje citado más arriba es una rara prueba de archivo que demuestra que los líderes de IFES también se veían a sí mismos como una vanguardia teológica.[59] Si bien abundan las advertencias contra la teología liberal contemporánea y las tendencias preocupantes en las iglesias, llama la atención que IFES no parece haber sido muy deliberada a la hora de fomentar la reflexión teológica "pura" junto a las cuestiones relacionadas con la evangelización en sentido amplio. Esto puede entenderse como un enfoque decididamente de "teología práctica", en el que

---

56. Zald, "Theological Crucibles", 328.
57. Chua Wee Hian, "Staff Letter 15" (octubre de 1974), 1, BGC Box nº 5.
58. Chua Wee Hian, "Staff Letter 15", 1.

59. Una de las razones por las que las personas relacionadas con IFES pudieron sentirse especialmente a gusto en el congreso fue su carácter serio. Chua señala con orgullo que "mucho antes de que comenzara el congreso, presionamos al Comité para que insistiera en que todos los participantes hicieran sus deberes a conciencia para que en Lausana se produjera un debate inteligente". Más del 70% de los participantes presentaron respuestas, críticas y preguntas sobre las ponencias plenarias. Esto supuso un récord histórico para cualquier Congreso internacional". Chua Wee Hian, 1.

la teología surge del encuentro misionero de los obreros del personal con los estudiantes. De ahí la insistencia en que los enfoques contextuales y el liderazgo autoreferencial y estudiantil son misiológicamente relevantes. El Congreso de Lausana es uno de los pocos acontecimientos en los que los estudiosos han señalado expresamente la influencia de IFES:

> A largo plazo, la importancia del Movimiento de Lausana – y de organizaciones afiliadas como la Alianza Evangélica Mundial y la Comunidad Internacional de Estudiantes Evangélicos – no fue solo que volvió a comprometer a los evangélicos norteamericanos en las misiones transculturales, sino que dio impulso a la proliferación de movimientos misioneros no occidentales en las décadas de 1980 y 1990.[60]

En la vena de la reflexión misiológica articulada, las dos ponencias plenarias que causaron más entusiasmo e indignación fueron efectivamente presentadas por dos obreros del IFES: René Padilla sobre "La evangelización y el mundo" y Samuel Escobar sobre "La evangelización y la búsqueda del hombre de libertad, justicia y plenitud".[61] Stanley también llega a decir que "al igual que debe juzgarse que el Vaticano II marcó una diferencia irreversible en el culto, la teología y la postura cultural de la Iglesia católica romana, también puede concluirse con justicia que después de Lausana el evangelicalismo mundial nunca volvería a ser el mismo".[62] Para Stott, el principal aporte misiológico fue que "ahora existe la voluntad entre los evangélicos de aceptar que si la misión (que es lo primero de Dios y lo segundo de la Iglesia) es aquello para lo que Dios envía a su pueblo al mundo, entonces incluye tanto la actividad social como la evangelizadora".[63]

La dirección de IFES era consciente de los cambios que se estaban produciendo en el mundo teológico y los estaba correlacionando con el mundo de los estudiantes universitarios. Como señaló Chua en 1975

> Desde mediados de los sesenta hasta 1970 fuimos testigos de un periodo de agitación y revolución estudiantil. Hoy encontramos

---

60. Robert, *Christian Mission*, 72.

61. Kirkpatrick supone que una de las razones por las que Padilla fue invitado a pronunciar un discurso del que se sabía que tenía potencial polémico fue el hecho de que era licenciado por el Wheaton College. Kirkpatrick, *Gospel for the Poor*, 20. Para un análisis más detallado de los dos discursos, véase el apéndice 1.

62. Stanley, "Lausanne 1974", 550.

63. John Stott, "The Significance of Lausanne", *International Review of Mission* 64, n° 255 (julio de 1975): 289.

a los estudiantes de nuestros campus en un estado de ánimo más sobrio y reflexivo y, por consiguiente, más abiertos al evangelio. Sin duda, este es un momento tanto para sembrar como para cosechar. Durante los últimos 4 años, varios de nuestros movimientos han desarrollado enfoques sanos y saludables en la evangelización total o integral. El evangelio se relaciona con la "persona en su totalidad" y el joven discípulo es instruido e incorporado a un compañerismo de vida. Sin embargo, necesitamos orar para que Dios levante más estudiantes y personal con el don de "evangelistas" que puedan ser utilizados en asociación con otros para llevar a los estudiantes de una posición de no fe a la fe en Jesucristo.[64]

Esto no significa que se alcanzara un consenso total en el seno de la comunidad, y las tensiones en torno a la idea de misión holística saldrían a la superficie una y otra vez. Uno de los temas polémicos debatidos por el Ejecutivo fue especialmente la cuestión del "personal de IFES y sus opiniones públicas sobre asuntos controvertidos".[65] Se puede leer entre líneas la implicación de ciertos individuos en discusiones y mandatos políticos, que fue uno de los temas "explosivos"[66] del Ejecutivo de finales de los 70.[67]

Cambios duraderos

Los debates arreciaban tanto en el mundo exterior a IFES como dentro de la organización. Institucionalmente, IFES se mantuvo firme, pero sus líderes se dieron cuenta de que era necesario introducir cambios. Poco después de dimitir, Woods escribió un relato anecdótico de los primeros años de IFES, algunos de cuyos comentarios pueden leerse como el testamento de un hombre extrañamente decepcionado. Al recordar sus frenéticos años de ministerio, advirtió a sus lectores y, sin duda, a su sucesor:

> Temo que hayamos crecido como Topsy. Con tanta frecuencia Dios iba por delante de nosotros, abriendo puertas, estableciendo el testimonio estudiantil, y hemos tenido que apresurarnos para alcanzarle. Normalmente estábamos tan ocupados con el trabajo

---

64. Chua Wee Hian, "Report of the General Secretary" (Schloss Mittersill, Austria, 1975), 2, IFES e-archives, Actas del CG 1975, Apéndice.
65. Chua Wee Hian, "Staff Letter 31" (Nov. 1978), 2, BGC Box #5.
66. Chua Wee Hian, "Staff Letter 31", 2.
67. Uno de ellos fue el creciente número de estudiantes católicos romanos que participaban en grupos IFES en América Latina, lo que provocó muchos debates en el CE.

que teníamos entre manos que teníamos poco tiempo para planificar la expansión a otros países.⁶⁸

Dada la rápida expansión de la organización, y dadas sus limitaciones estructurales en parte autoimpuestas y su énfasis en la iniciativa local, no es de extrañar que la administración no pudiera hacer un seguimiento de todos los acontecimientos. A medida que el sucesor de Woods, Chua, se acercaba a su primera década como SG, se dio cuenta de que la forma en que se presentaba el evangelio necesitaba una seria reflexión: "Creo que debemos proporcionar más información a nuestra generación pensante. Nuestros contemporáneos están asediados por opiniones rivales. Tratarán los textos bíblicos que se les lancen de la misma manera que considerarían los eslóganes comerciales. Es decir, con recelo y a veces con oposición".⁶⁹

Algunos efectos de los disturbios estudiantiles de finales de los 60 empezaban a extenderse a una nueva generación universitaria, y la perdurable Guerra Fría significaba que para los líderes de IFES era el momento de recuperar una visión misionera, especialmente aplicable también a Europa Occidental. Citando una última vez a Woods, "Hoy en día la mayoría de los estudiantes universitarios son casi tan ignorantes de la verdad del evangelio como algunos aborígenes primitivos. Muchos están en peores condiciones en el sentido de que, rechazando el poco conocimiento que tienen, han renunciado rotundamente a la fe cristiana."⁷⁰ De ahí que los países "más antiguos" necesiten una seria atención. En palabras del secretario regional europeo (SR) Kristensen: "Europa debería considerarse como un campo de misión. Las iglesias establecidas de Europa no estaban interesadas en la evangelización, mientras que las iglesias evangélicas miraban hacia dentro y a menudo se enzarzaban en debates y controversias internas."⁷¹ Sería necesario poner en práctica la creciente conciencia misiológica desarrollada en las filas de IFES, introducir cambios significativos en la formación de los estudiantes y canalizar hacia las iglesias lo aprendido en el duro terreno del ministerio estudiantil. Prefigurando la nueva preocupación de IFES por la pastoral de graduados, ampliamente debatida en la década de 1980, Escobar previó en 1972 que

---

68. Woods, *Some Ways*, 51.

69. Chua Wee Hian, "Breakthrough in the Seventies", 9.

70. Woods, *Some Ways*, 102.

71. "Minutes of the Meeting of the Tenth General Committee of the IFES – 1979" (Hurdal Verk, Noruega, 27 de julio de 1979), 12, IFES e-archives.

La nueva generación de las iglesias debe ser desafiada a entregarse a una vida de servicio, a recordar que se les ha dado mucho y que se les exige mucho. Esto significa que una parte importante de la preparación y formación de todos los jóvenes para la vida cristiana consistirá en exponerlos a las necesidades de su propio país para que puedan ayudar mediante el respaldo de sus congregaciones, o mediante una selección informada de su lugar de trabajo.[72]

Chua, habiendo escuchado los consejos de su predecesor, se ocupó de mirar hacia delante,[73] pero sin prever que el final de la década venidera sería testigo de la caída del comunismo y de la apertura de un asombroso número de nuevos campos ministeriales:

> Pronto amanecerá la década de los 80. La puerta de la oportunidad está abierta para avances audaces. Necesitamos hombres de fe, dedicación y visión para intentar grandes hazañas para Dios. Hemos sido testigos de cambios sin precedentes en el mundo islámico. La riqueza petrolífera y la sed de tecnología occidental han arrancado a los estudiantes y a la clase profesional de sus conservadores cimientos islámicos. Esto significa que los hombres de negocios, profesores universitarios e ingenieros cristianos tienen oportunidades inigualables de ser portadores del Evangelio en estas tierras "duras". Existe otro fenómeno. Una gran proporción de estudiantes musulmanes estudian en Europa y Norteamérica. Éstos están relativamente más abiertos al evangelio y necesitamos gente que se haga amiga de ellos y les señale a Cristo.[74]

---

72. Escobar, "Social Impact", 97.

73. Chua Wee Hian, "Priorities 1" (abr. 1988), 1, BGC Box n° 5.

74. Chua Wee Hian, "The General Secretary's Perspective" (Hurdal Verk, Noruega, 27 de julio de 1979), 3, IFES e-archives, GC 1979 minutes, Appendix D.

7

Asociaciones crecientes: La década de 1980

A lo largo de la década de 1980, IFES reflexionó profundamente sobre su estructura, su identidad y sus prioridades ministeriales. La comunidad creció significativamente en Europa del Este. Las antiguas colonias del mundo mayoritario estaban alcanzando la mayoría de edad y afirmando sus prioridades. Fue históricamente significativo el desplazamiento, en aquel momento aún no del todo comprendido, del centro de gravedad del cristianismo hacia el sur.[1] Como dicen sin rodeos los analistas: "En el Día de la Expiación de 1973, solo había 17 millones de africanos que se describían a sí mismos como 'cristianos renacidos'. En las tres décadas siguientes, esa cifra aumentaría a más de 400 millones".[2] IFES crecía rápidamente, ya que, en 1983, "el trabajo terciario realizado por IFES sumaba 3.000 grupos y 150.000 estudiantes, mientras que el trabajo de secundaria contaba con 5.000 grupos y 200.000 jóvenes".[3]

IFES parecía bien posicionada; su compromiso fundamental con el liderazgo nacional y una amplia representación garantizaban que los cambios en las cifras no amenazaran sus convicciones fundamentales. Sin embargo, Hutchinson y Wolffe sostienen que, en la década de 1980,

> El colapso mundial del voluntariado – tanto secular como religioso – planteó a los evangélicos tanto un reto (la sociedad voluntaria había sido su forma tradicional) como una oportunidad

---

1. Dana L. Robert, "Shifting Southward: Global Christianity since 1945", *International Bulletin of Missionary Research* 24, nº 2 (2000): 50–54.
2. Hutchinson y Wolffe, *Short History*, 244.
3. "Minutes of the Meeting of the Eleventh General Committee of the IFES" (Ashburnham Place, Battle, Inglaterra, 27 de julio de 1983), 15, IFES e-archives.

para pasar de la reacción interconfesional (en particular, la reacción a la revolución moral de los años 60) a la proacción transconfesional mediante la acción cooperativa sin tener en cuenta las barreras tradicionales de raza, clase, género o religión.[4]

Algunas de las palancas esenciales de la asociación ya estaban en marcha, puesto que el espíritu de cooperación interconfesional y transnacional había estado en el centro del funcionamiento de IFES desde su creación. Las cuestiones relativas al equilibrio de poder y a la supervisión financiera se debatieron largo y tendido durante las reuniones de dirección. Ilustrativo del desequilibrio que seguía existiendo era el hecho de que, en 1983, solo cinco de los setenta y cinco movimientos miembros aportaban el 76% del dinero del presupuesto de IFES.[5] Además, a diferencia del Consejo de Seguridad de las Naciones Unidas, constitucionalmente no estaban previstos los "escaños permanentes" en el CE y, sin embargo, los nuevos delegados del CG de 1983 procedían sistemáticamente de los países cuyos delegados se habían retirado.[6] Esto es importante en la medida en que la extensión geográfica de la comunidad había aumentado considerablemente desde su fundación. Sin embargo, la lista de representantes muestra que algunos países – sobre todo los más ricos – parecen haber sido considerados, implícita o explícitamente, demasiado esenciales como para dejarlos fuera de las deliberaciones.[7]

En el Mundo Mayoritario, también existieron tensiones en torno a la conexión entre IFES y las organizaciones misioneras. Por ejemplo, "en Gabón, IFES trabajó a través de un movimiento estudiantil confesional a principios de los ochenta. Aunque a sus misioneros no les gustaba el interconfesionalismo de IFES, los estudiantes captaron la visión".[8] Sin embargo, los debates sobre el papel de los misioneros extranjeros no se limitaron al famoso/infame debate sobre la "moratoria" comentado anteriormente. Tal y como debatió el CE en 1983, IFES sabía que la historia de las misiones no era la de un éxito ininterrumpido:

> Los misioneros han cometido a menudo graves errores. La mayoría de nuestros países escucharon por primera vez el Evangelio de una forma que tenía matices chocantes de imperialismo cultural o

---

4. Hutchinson y Wolffe, *Short History*, 257.
5. "Minutes of the Meeting of the Eleventh General Committee" (1983), 14.
6. En este caso, Canadá, Alemania y el Reino Unido.
7. Algunos requisitos legales, sobre todo en relación con los flujos financieros, también podrían haber influido en la elección de los delegados.
8. Peter J. Lineham, "Students Reaching Students: A History of the International Fellowship of Evangelical Students" (manuscrito inédito, 1997), 126.

militar. Pero a pesar de ello se fundó una iglesia . . . Del mismo modo, los obreros nacionales a veces han estado ciegos ante los elementos paganos o anticristianos de su propia cultura . . . Todos necesitamos que nos ayuden a ser más bíblicos en nuestro pensamiento y en nuestra vida, y los obreros extranjeros son a menudo una gran ayuda en este sentido, incluso cuando su influencia se mezcla con sesgos culturales y necesitan ser corregidos por los líderes nacionales.[9]

La distinción de Sanneh entre "cristianismo global" y "cristianismo mundial" parece captar tanto el potencial como las tensiones de este nuevo desarrollo y es pertinente para un análisis de IFES.[10] El "cristianismo global" haría referencia a una extensión del evangelicalismo transatlántico y anglosajón, mientras que el "cristianismo mundial" describe más bien la apropiación autóctona de la fe cristiana, allí donde se encuentre. Los documentos y discursos oficiales de IFES insisten siempre en la autorreferencialidad y la contextualidad; sin embargo, la base doctrinal y otros requisitos constitucionales limitan el nivel aceptado de flexibilidad local y, por tanto, podría entenderse que promueven más una réplica de las formas occidentales que una auténtica autoreferencialidad del ministerio estudiantil. Esta tensión tardaría algún tiempo en discutirse adecuadamente, pero fue objeto de importantes reflexiones a finales de siglo. Volveremos a ello más adelante.

No puedo pretender ofrecer un amplio relato histórico de todos los acontecimientos y personas que dieron forma a IFES en la década de 1980, pero la siguiente exploración de importantes debates teológicos debería ayudar al lector a hacerse una idea de lo que estaba en juego en aquella época.

1982–83: ¿Qué es IFES?

Un breve documento titulado "La Comunidad Internacional de Estudiantes Evangélicos: ¿Quiénes somos? ¿Por qué existimos? ¿Cómo funcionamos?",[11]

---

9. Joe Caterson, "Proposals for Effective Partnerships in Worldwide Student Evangelisation", documento de debate plenario (Ashburnham Place, Battle, East Sussex, Inglaterra, 27 de julio de 1983), 3, IFES e-archives, Actas del CG 1983, Apéndice R.

10. Lamin O. Sanneh, *Whose Religion is Christianity? The Gospel Beyond the West* (Grand Rapids: Eerdmans, 2003).

11. IFES, "The International Fellowship of Evangelical Students: Who are We? Why Do We Exist? How Do We Function?" (Discipleship Training Center, Singapur, 17 de agosto de 1982), IFES e-archives, Actas de la CE 1982, Apéndice A. Las citas de la sección siguiente proceden todas de este breve documento.

publicado en 1982, presenta a una organización que está alcanzando la mayoría de edad y tratando de reevaluarse a sí misma. Una de las primeras afirmaciones es la de la identidad evangélica de la comunidad, definida como el profundo compromiso de IFES con "la defensa, el mantenimiento y la propagación de las verdades bíblicas", verdades que se encuentran en la Biblia, cuya entera fiabilidad se reafirma. Además del biblicismo tradicional, el documento también afirma la centralidad de la base doctrinal.[12] La presentación pasa a detallar el campo de misión y la estrategia desplegada, insistiendo especialmente en el liderazgo estudiantil:

> Los estudiantes constituyen el punto central de IFES y, de hecho, de todos los movimientos nacionales evangélicos. Las universidades, colegios y liceos representan vastos campos de misión en los que es necesario presentar a los estudiantes las afirmaciones de Cristo como único Salvador y Señor de la humanidad. *Los portadores más eficaces del Evangelio son los estudiantes cristianos comprometidos.* Sabemos que siendo guiados por Dios los estudiantes cristianos pueden ser grandemente utilizados por Él para dar testimonio de Su amor en Cristo Jesús, para dirigir sus propios grupos cristianos y para ayudar a sus compañeros a crecer en Él. Los grupos cristianos *relacionados con IFES son, en efecto, una misión de estudiantes a estudiantes*; desde la base, las agrupaciones locales manifiestan una fuerte responsabilidad e iniciativa estudiantil.[13]

Este extracto puede leerse como una reafirmación de autopresentaciones anteriores. Sin embargo, es probable que la influencia de los debates misiológicos en el mundo cristiano en general sobre el papel de los misioneros, la importancia del liderazgo local, etc., también esté en el trasfondo. Esto no es ninguna novedad, ya que la presentación se apresura a añadir que los padres fundadores de IFES "reconocieron la necesidad de la asociación y la cooperación internacionales". Además de ser un foro de nuevas ideas, IFES es la agencia para el fortalecimiento mutuo y el vehículo único para que los movimientos miembros se comprometan en un trabajo pionero con los estudiantes."[14]

Este espíritu de cooperación estaba en consonancia con el contexto de los años ochenta. El documento insiste también en los aspectos eclesiológicos

---

12. Véase el capítulo 11.
13. Énfasis añadido.
14. IFES, "Who are We?", 2.

del trabajo de IFES. Si algunos líderes eclesiásticos tuvieron dificultades para ponerse de acuerdo sobre la legitimidad de IFES, la comunidad afirma con valentía que

> Otra razón importante de nuestra existencia es el compromiso de todos los movimientos nacionales evangélicos de equipar a sus miembros estudiantiles para el servicio en la Iglesia de Dios. La exposición y enseñanza sistemáticas de la Biblia, la participación en estudios bíblicos en grupo, la implicación personal y corporativa en la evangelización y el seguimiento, las responsabilidades de liderazgo . . . todo ello proporciona a los estudiantes unos cimientos firmes y una experiencia útil para servir a la causa de Cristo tanto durante sus estudios universitarios como al graduarse.[15]

Lo que puede leerse aquí entre líneas es que la formación impartida por los grupos de IFES resultaría tener una influencia positiva en las iglesias *debido a la teología* enseñada en los grupos. También llama la atención el énfasis en la "*exposición* sistemática de la Biblia", ya que nunca formó parte del currículo estándar de formación de estudiantes de IFES "exponer" la Biblia, entendiéndose este término como "predicar".

El examen de conciencia teológico dentro de IFES fue más allá, sobre todo porque un número creciente de estudiantes católicos romanos se estaban uniendo a los grupos de IFES. Las discusiones llevadas a cabo en el seno de la cúpula directiva y en consulta con los movimientos nacionales dieron como resultado un importante documento presentado por Escobar en el CG de 1983 y titulado "Nuestra herencia evangélica".[16]

El peruano experto en misiones enmarca primero la historia de IFES dentro de corrientes más amplias de la Iglesia, afirmando que el "desarrollo de IFES hasta convertirse en una comunidad mundial formada por fuertes movimientos autóctonos es un proceso que no puede separarse de la vida de la Iglesia en general. Forma parte de uno de los avances misioneros más notables de la historia". Esto es notable en la medida en que muchos relatos sobre la existencia de IFES tendían hasta ahora a centrarse en la "resistencia" y los "cimientos" más que en lo positivo. Escobar no es ciego a estos aspectos, pues continúa diciendo que la expansión de la iglesia en el mundo "ha tenido lugar,

---

15. IFES, 2.
16. Samuel Escobar, "Our Evangelical Heritage: Major Paper Presented at the 1983 General Committee", *IFES Review* 14 (1983): 2–20. Las citas posteriores proceden de este documento.

contra viento y marea, en un siglo en el que las fuerzas espirituales y sociales parecían presentar obstáculos insuperables" – pero su marco es decididamente positivo. Sin embargo, como Escobar señala perspicazmente,

> nuestro patrimonio no es una pesada carga que las generaciones anteriores nos han impuesto para mantenernos bajo control. A veces la propia palabra "herencia" resulta desagradable para los jóvenes porque comunica esa imagen. Pero lo que vemos en nuestra propia historia y en la historia de la Iglesia es que estos principios básicos de la verdad y la vida evangélicas han sido verdades liberadoras, elementos dinámicos dentro de movimientos de renovación que Dios ha utilizado para mantener viva a su Iglesia en tiempos de crisis o de avance. Así es como los entendemos en IFES.

Escobar destaca tres contribuciones realizadas por IFES en su historia que atribuye a la fidelidad de la comunidad a su herencia evangélica:

> En los países anglófonos, ha supuesto para los evangélicos la recuperación de la iniciativa en la erudición teológica y bíblica, y en la vida universitaria. En algunos países del Tercer Mundo, ha abierto el mundo universitario a la evangelización permanente a través de los movimientos autóctonos. Ha producido una generación de líderes capaces en el renacimiento evangélico mundial que combinan el fuego misionero con la erudición bíblica y la devoción a la verdad.

El análisis de Escobar demuestra profundos intereses eclesiológicos. Prevé que la fidelidad a la herencia evangélica permitirá que IFES siga siendo una "fuerza misionera en avance y un cuerpo de personas seriamente preocupadas por la integridad del evangelio, con un ministerio definido dentro de la Iglesia universal". Esta preocupación es intensamente misiológica y, como señala otra ponencia de la misma conferencia, justifica así el establecimiento de prioridades en el reclutamiento de estudiantes para el compromiso misionero:

> Afirmamos que los estudiantes, los obreros, los graduados y los simpatizantes deben esforzarse por cumplir los objetivos nacionales en la difusión del evangelio en sus universidades y escuelas, en la formación de cristianos fuertes y en equiparlos para el servicio en la Iglesia. Al mismo tiempo, también deben ser sensibles al

llamado de Dios a preocuparse por el trabajo estudiantil en otros países, especialmente en aquellos que necesitan ayuda.[17]

Escobar desarrolla un marco positivo de IFES al considerar que "no es solo un movimiento reaccionario, desarrollado para contrarrestar otros movimientos estudiantiles en nombre de la ortodoxia. Más bien, es el resultado de una preocupación teológica y de un sentido práctico de la misión que brota de la verdad. Expresa un movimiento recurrente del Espíritu de Dios en su Iglesia". Escobar se enfrenta a las narrativas históricas, rebatiendo las acusaciones de que IFES es reaccionaria *ad extra* y afirmando la reflexión teológica frente al pragmatismo misionero *ad intra*. Escobar aprovecha la oportunidad para cuestionar la idea de que una "herencia" pueda ser necesariamente uniforme:

> IFES se ha convertido en una verdadera "comunidad internacional" y está creciendo hacia la realización de todo lo que significan esas dos primeras palabras de su nombre. Cada movimiento tiene un trasfondo histórico diferente y tiene que vivir en condiciones sociales, políticas y eclesiásticas muy distintas. Nos alegramos juntos de nuestra herencia común, pero nos está llevando tiempo y experiencia expresarla en las diferentes circunstancias en las que vivimos.

De ahí el paso de un enfoque doctrinal tradicional a otro más socio – misiológico: Escobar insiste en que "el elemento estudiantil de nuestro nombre" justifica las posibles similitudes, pero "cuando llegamos a otros aspectos de nuestra vida, tenemos que aprender a reconocer las diferencias". Escobar va más allá del mero reconocimiento de las discrepancias regionales y, para remachar su argumento, subraya las implicaciones eclesiológicas de sus observaciones:

> Una persona que se considera evangélica en cualquiera de estos países proviene de una experiencia muy diferente. Por ejemplo, una historia diferente y, en consecuencia, formas distintas de vivir su fe. Un evangélico británico puede ser anglicano o de Plymouth. Las consecuencias de su posición evangélica para su vida eclesiástica, su ministerio e incluso su carrera, pueden ser muy diferentes debido a la historia particular del cristianismo en Gran Bretaña. Pero tomemos al evangélico peruano, miembro de una pequeña minoría religiosa en una cultura católica romana. Para él, ser evangélico significa rebautizarse en el 95% de los casos.

---

17. Caterson, "Proposal for Effective Partnership ", 1.

> Compárelo con el evangélico noruego que casi con toda seguridad sería luterano y que nunca pediría a una persona que tiene una experiencia de conversión que se rebautizara. Piense luego en los retos especiales que se plantean al singapurense o al senegalés que viven en el seno de una sociedad dominada por una mayoría religiosa no cristiana. Para ellos, ser evangélico no es tanto separarse y distinguirse de una mayoría nominalmente cristiana como estar presente y dar testimonio en un entorno pagano.

Para Escobar, un ministerio estudiantil sólido sirve a la Iglesia, ya que "allí donde la Iglesia está inactiva o no tiene un buen ministerio, nuestros movimientos estudiantiles tienen que proporcionar nutrición y orientación sobre la aplicación de la verdad a la vida diaria." A lo largo de su historia, IFES se ha enfrentado al reto de competir con las iglesias locales. Resolviendo la cuestión en términos inequívocos, Escobar concluye que

> IFES es un movimiento paraeclesiástico. Los evangélicos están convencidos de que la Iglesia es importante y central en el plan de Dios revelado en Su Palabra. Como movimiento evangélico, IFES subraya que no es una Iglesia. A veces expresamos nuestro papel como "un brazo de la Iglesia" en la universidad. Hemos insistido en que nuestra tarea evangelizadora se completa cuando una persona que llega a conocer a Cristo en un grupo estudiantil se convierte en miembro activo de una iglesia local.

Sin embargo, Escobar es igualmente categórico al afirmar que la Iglesia no posee el monopolio de la verdad. No solo pueden surgir organizaciones paraeclesiásticas de las deficiencias misioneras y teológicas de la Iglesia, sino que "no es la Iglesia la que produce la verdad cristiana, sino al revés: La verdad cristiana produce la Iglesia. Del mismo modo, no es IFES que ha producido la verdad evangélica, sino que IFES es el resultado de la verdad evangélica, el Espíritu de Dios a través de su Palabra, en acción". Esta independencia de la verdad respecto a la iglesia institucional legitima por tanto la existencia de IFES y especialmente su expansión mundial, ya que "existimos para un fin determinado; tenemos una misión". Equilibrando su valoración de la adaptación contextual y su reprobación de cualquier forma de imperialismo teológico, Escobar sostiene que

> A medida que IFES avanza hacia los lugares más remotos de la tierra, los movimientos nacionales se enfrentan a la tarea de tomar nuestra herencia evangélica y ponerla en práctica en su

propia situación. No se trata solo de vender. No tenemos un producto final envasado llamado "herencia evangélica" fabricado en Perú, Inglaterra, EE.UU. o Noruega, que deba venderse a los consumidores de los campus del mundo. Se trata más bien de que tengamos una verdad viva que la gente viva capte y luego aplique en sus muy variadas circunstancias. Esto solo ocurrirá si IFES es una verdadera Comunidad; si hay respeto mutuo de cada movimiento nacional hacia todos los demás, [y] confianza en la obra del Espíritu Santo en cada situación nacional. Lo que debemos evitar es cualquier forma de imperialismo cultural que se esconda bajo el manto de la "preocupación por nuestra herencia evangélica".

La figura 1 resume el desarrollo de Escobar.

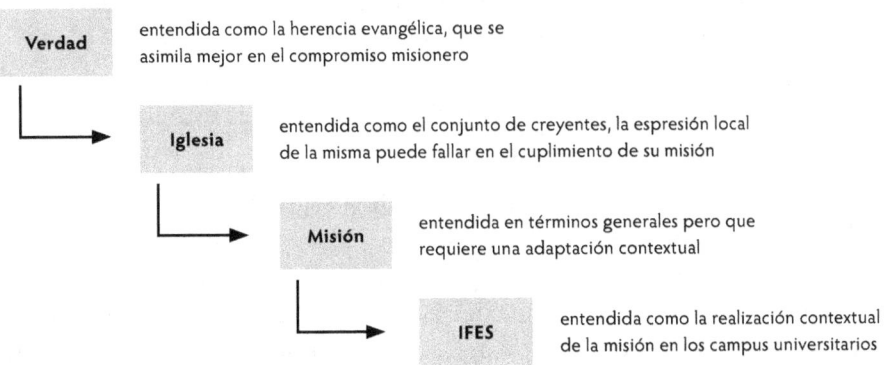

Figura 1

Los principales documentos y debates llevados a cabo durante el CG de 1983 muestran una preocupación demostrable por el vínculo entre el ministerio de IFES y el de las iglesias. Se mantiene la idea de que IFES existe debido a algunas deficiencias de las iglesias locales. Sin embargo, IFES está anclada dentro del panorama más amplio del "servicio a la Iglesia". IFES no pensaba en el vacío, ya que varios de sus líderes habían participado en la Comisión de Cooperación de Lausana, que publicó un importante documento cuya lectura fue recomendada por Chua a sus líderes.[18] Además, se señaló la necesidad de

---

18. El informe se publicó ese mismo año; véase Movimiento de Lausana, "Cooperating in World Evangelization".

dedicar tiempo a considerar la relación de IFES con las iglesias locales como una de las prioridades del CE entrante.[19]

La cuestión de la integración eclesial de los estudiantes que participaban en los grupos de IFES fue siempre candente. La dirección de IFES debatió la cuestión con mayor detenimiento en la década de 1980, cuando se hizo evidente la necesidad de realizar algún tipo de trabajo más deliberado con los graduados para no "perder" a los estudiantes en los que se había invertido tanta energía. Esta sería una preocupación recurrente para los líderes de IFES, que se hizo aún más patente dada la necesidad de discipular a los jóvenes profesionales que tendrían que navegar por el intrincado mundo de la Europa del Este poscomunista. El CG de 1987 señaló en términos muy autoconscientes que

> Una prueba de la eficacia del trabajo de nuestros estudiantes es un grupo creciente de graduados que están sirviendo a Cristo en el mundo. *Sin embargo, es evidente que existe una alta tasa de deserción entre nuestros graduados en muchos países, lo que indica que nuestros graduados necesitan ayuda continua.* Al mismo tiempo, muchos movimientos consideran que una obra de graduados eficaz es necesaria para la supervivencia y el crecimiento de la obra de los estudiantes.[20]

Si la estrategia de la organización, medida según sus propios criterios, resulta deficiente, lo anterior es un toque de clarín para una reevaluación a fondo. Tal observación provocaría largos debates en las décadas de 1980 y 1990. También se observó que IFES había tendido a descuidar a los conferenciantes y profesores cristianos en su ministerio.[21] Aunque se reconoció esa falta de "inversión", la importancia de la palabra "estudiante" en toda la retórica de IFES es prueba suficiente de que ese ministerio nunca se concibió como parte de la "actividad principal" de la organización. No obstante, la década de 1980 fue una época de intenso "examen de conciencia estratégico", ya que los líderes de IFES trataron de dar sentido a los desarrollos contextuales que estaban observando. Como señaló el presidente Skaaheim, el ministerio a los estudiantes seguía siendo muy relevante, dada la creciente urbanización que se estaba produciendo:

---

19. "Minutes of the Newly-Elected Executive Committee Meeting of the IFES" (Ashburnham Place, Battle, Inglaterra, 27 de julio de 1983), 3, IFES e-archives.

20. "Minutes of the Meeting of the Twelfth General Committee" (El albergue Duruelo, Boyacá, Colombia, 30.8–8.9 1987), 27, IFES e-archives; el subrayado es nuestro.

21. "Minutes of the Meeting of the Eleventh General Committee" (1983), 18.

Las sociedades misioneras de todo el mundo ven el reto que representa esta situación y ya están debatiendo cómo reforzar la labor misionera en las ciudades y, en particular, entre los estudiantes. Personalmente, creo que asistiremos a un cambio drástico en la estrategia misionera. Se dará cada vez más prioridad al trabajo con los estudiantes y a la labor misionera general en las zonas urbanas. Esto significa también un cambio de métodos. Los métodos tradicionales no serán adecuados para llegar a los estudiantes con el evangelio. Las sociedades misioneras se encuentran en una posición muy exigente, ya que tienen que replantearse toda la estrategia para encontrar el camino correcto hacia el progreso y el crecimiento.[22]

Asociaciones a escala mundial

Continuando con el "examen de conciencia" metodológico de la década, el presidente del IFES señaló que "no podemos esperar seguir los patrones y métodos de principios del siglo XX, pero sí creemos que existe una comisión inmutable".[23] La primera vez que el CG se reunió en América Latina, la cuestión de cómo debían relacionarse los misioneros "extranjeros" con su campo se planteó repetidamente en Bogotá, una secuela de la discusión de la reunión anterior del CG sobre la tensión entre "nacional" y "extranjero". En palabras del informe de un grupo de discusión de 1983,

> Puede que los obreros extranjeros no sean, desde un punto de vista humano, ideales, pero entonces los obreros nacionales tampoco lo son, ¡nadie lo es! El mejor hombre para hacer la obra de Dios será siempre el hombre llamado por Dios, con un carácter semejante al de Cristo y la capacidad de comunicar el evangelio y enseñar la Palabra. Este mensajero puede ser "extranjero" por su raza, color o cultura, pero sus cualidades básicas como obrero estudiantil deberían ayudarle a superar las dificultades culturales.[24]

---

22. Anfin Skaaheim, "IFES and a Global Strategy for Mission Work among Students", documento de debate (Centro Yahara, Madison, EE.UU., 21 de abril de 1985), 1, archivos electrónicos de IFES, actas del CE 1985, Apéndice.

23. David H. Adeney, "Light to the Nations: 1987 IFES Presidential Address," *IFES Review* 23 (1987): 4.

24. Caterson, "Proposals for Effective Partnerships ", 3.

Unos años más tarde, Adeney subrayó los importantes cambios geopolíticos que se habían producido en la historia de IFES, en particular que "en 1934, el 99% de los países de Asia estaban bajo dominio colonial. Los misioneros eran casi todos occidentales y las iglesias asiáticas tenían relativamente pocos líderes nacionales fuertes. Muchos de mis contemporáneos se encontraban en situaciones similares en África, India y América Latina".[25] Esto había cambiado en 1987, pero el antiguo personal directivo de IFES en Asia seguía concluyendo que "quizá inconscientemente estábamos influidos por una forma insidiosa de orgullo nacional relacionado con nuestros antecedentes en el imperio británico."[26]

Esta nueva constelación política supondría para IFES tanto un reto como una oportunidad. Chua destacó astutamente que "los misiólogos nos dicen que 83 naciones ya no permiten que los misioneros tradicionales trabajen en sus países. La construcción de tiendas es y será la alternativa más eficaz al trabajo misionero".[27] IFES tendría que recurrir más deliberadamente a los graduados para apoyar su labor. Como comentó además Adeney,

> La mayoría de estos países abren sus puertas a profesores, científicos y empresarios de otros países. Los cristianos con habilidades profesionales encuentran oportunidades ilimitadas en todo el mundo para servir en una institución secular. La Biblia está llena de ejemplos de diferentes tipos de personas que se convierten en testigos del Dios vivo. No solo los profetas y las profetisas, sino también generales y estadistas, agricultores y pastores, comadronas y reinas, apóstoles y fabricantes de tiendas, todos fueron usados para proclamar el mensaje del reino de Dios. IFES se encuentra en una posición única para desempeñar un papel importante en el llamado y la formación tanto del misionero tradicional como de los que se describen en el reciente libro de Tetsunao Yamamori como "Los nuevos enviados de Dios".[28]

La cuestión de la representatividad interna estaba correlacionada con el nuevo panorama político, que se hizo acuciante poco después del CG de 1987. La cuestión era el nombramiento del sucesor de Chua. En la reunión del CE

---

25. Adeney, "Light to the Nations", 6.

26. Adeney, 6.

27. Chua Wee Hian, "Major Trends and Developments in IFES" (Comité Ejecutivo de IFES, 5 de mayo de 1988), 2, IFES e-archives.

28. Adeney, "Light to the Nations", 7.

de 1989 se produjo una acalorada discusión, durante la cual se planteó la cuestión de por qué no se había considerado con más detenimiento a los candidatos del Mundo Mayoritario, sobre todo teniendo en cuenta que el CG de 1987 había pedido explícitamente que se nombrara a más candidatos no occidentales como personal del IFES. Se señaló que los procedimientos se habían diseñado siguiendo los procedimientos habituales de Occidente, y "se señaló que la mayoría de los candidatos del Mundo de los Dos Tercios tenderían a declinar inicialmente y que era necesario persuadirles para que fueran tenidos en cuenta".[29] Toda esta cuestión causó un considerable revuelo en el seno del comité, ya que ningún representante no occidental formaba parte del comité de búsqueda. "Se expresó preocupación por la imagen internacional de IFES, por lo que pensarían los movimientos miembros y también por cómo reaccionaría el público cristiano, teniendo en cuenta que la representación internacional de IFES siempre había sido admirada".[30] Al final, el galés Lindsay Brown fue nombrado y asumió el cargo hasta 2007.[31]

Labor de los graduados

Parte de la "auditoría estratégica" que IFES llevó a cabo en la década de 1980 fue un nuevo examen de la situación de los graduados. En 1987, significativo de una creciente toma de conciencia eclesiológica, Adeney se regocijaba:

> El IFES está vitalmente preocupado por levantar líderes para el futuro ministerio de la iglesia. Después de 40 años estamos ahora en condiciones de ver cómo se está cumpliendo este propósito. En efecto, hay mucho por lo que alabar a Dios. Me siento alentado cuando miro hacia atrás y pienso en algunos de los que conocí

---

29. "Minutes of the Meeting of the Executive Committee of the IFES" (Centro cristiano Tao Fong Shan, Hong Kong, 25 de julio de 1989), 2, archivos electrónicos de la IFES.

30. "Minutes of the Meeting of the Executive Committee" (1989), 3.

31. Es interesante observar los criterios utilizados para elegir a un SG tal y como los define el CEI: "Carácter: Debe ser piadoso. Debe tener estabilidad teológica, perspicacia, firmeza, sabiduría, madurez de carácter, integridad, aptitud para la reconciliación. Debe tener aptitudes interculturales probadas... Actitud ante las Escrituras: Debe aceptar plenamente la posición de la Comunidad sobre las Escrituras. Debe ser capaz de enseñar las Escrituras y debe ejemplificar la práctica de su autoridad en su vida. Debe mostrar un enfoque bíblico (no principalmente pragmático) de las cuestiones, trabajando a partir de principios y siendo capaz de hacer una aplicación radical de las Escrituras a las cuestiones del momento. Comprensión de la IFES: Debe tener una buena comprensión de la ética y la historia de IFES. Debe tener un compromiso firme con su base doctrinal y sus objetivos, y un compromiso apasionado con nuestra herencia evangélica, con la evangelización y con la misión mundial". Apéndice F de las "Minutes of the Meeting of the Executive Committee" (1988)," 1.

como estudiantes que ahora ocupan puestos de liderazgo en el mundo cristiano. Algunos son pastores y líderes en la iglesia, otros están sirviendo a su generación como profesores o investigadores.[32]

Como ya se ha señalado anteriormente, la transición de la vida estudiantil y la participación en grupos de IFES a la "vida real" y el compromiso eclesiástico siempre había sido una preocupación de los líderes de IFES. En 1988, el CEI consideró la situación lo suficientemente grave como para encargar dos informes separados sobre la cuestión de si IFES debía iniciar un ministerio dedicado a los estudiantes graduados. A continuación, nos centraremos en los aspectos eclesiológicos de las consideraciones debatidas por la dirección.

Es interesante observar las perspectivas divergentes presentadas en los dos informes. El primero, escrito por Moïse Napon, delegado para el África francófona, defiende firmemente el ministerio de graduados en IFES, mientras que el segundo, redactado por Robin Wells, SG de la UCCF, descarta esencialmente la idea debido a la prioridad del trabajo estudiantil en el que debería centrarse IFES. Ambos trabajos se publicaron posteriormente en *In Touch*, con un epílogo en forma de respuesta del SG.[33]

Esencialmente, Napon afirma que, si IFES se implica demasiado en el trabajo entre los graduados, corre el riesgo de suplantar a las iglesias. Por el contrario, no hacer lo suficiente significa correr el riesgo de dejar que los graduados pasen hambre y pierdan el celo misionero característico de su época de estudiantes. Su conclusión es que los beneficios superan con creces los riesgos. Napon observa tres actitudes principales entre las iglesias hacia los graduados del GBU. La primera, históricamente fundamentada, es la hostilidad: "Algunas iglesias dudan o incluso son hostiles a la inclusión de intelectuales en su liderazgo. En la época colonial, el intelectualismo equivalía a una incapacidad para la fe. Por eso, incluso ahora hay recelos sobre los licenciados e incluso oposición hacia su liderazgo".[34] La segunda es especialmente relevante para nuestro estudio, ya que pone de relieve la cuestión de los roles del laicado y de los clérigos. En palabras de Napon, algunas iglesias

> no son conscientes de la presencia de graduados porque son muchos o por la distinción que hacen entre laicos y clero, y los laicos no tienen ningún papel que desempeñar en la iglesia, o en

---

32. Adeney, "Light to the Nations", 4–5.

33. Chua Wee Hian, "Graduate Ministry: A Postscript from the General Secretary," *IFES Review* 26 (1989): 45–48.

34. Moïse Napon, "Ministry amongst Past Members of the GBU" (London Bible College, Northwood, Inglaterra, agosto de 1988), 4, IFES e-archives.

> última instancia porque los graduados no destacan espiritualmente y por lo tanto se han convertido en miembros nominales de una iglesia, a la que solo asisten los domingos.[35]

O bien el grupo local de IFES no había discipulado lo suficientemente bien a sus graduados para que destacaran lo suficiente, o bien las iglesias eran responsables por su falta de disposición a dejar que los graduados asumieran responsabilidades. Aunque la impaciencia de Napon con el liderazgo eclesiástico es evidente, también cuestiona con bastante claridad la eficacia del ministerio de IFES. El último escenario que observa Napon es el caso en el que las iglesias locales acogen a los graduados del IFES y confían en ellos. Pero, aun así, el riesgo es alto de que los jóvenes licenciados se vean empujados a asumir responsabilidades ajenas a la formación que han recibido en los grupos de IFES y, por tanto, no estén a la altura.

Además de estos tres posibles casos, Napon destaca los retos éticos muy específicos a los que se enfrentan los jóvenes licenciados, que quizá no se debatan habitualmente en los contextos eclesiales. Las reflexiones del líder africano se apoyan en el argumento de que el continente carece de buenos líderes laicos y de que una buena doctrina de la Iglesia exige que se preste atención a todos sus miembros.

> En África, donde carecemos de líderes bien formados para dirigir la iglesia creyente y donde se anima a los laicos a predicar, se hace indispensable que proporcionemos una buena formación en este ámbito. Debido a ello es posible que la decisión de un laico afecte a toda la vida de la iglesia. Así que los graduados de GBU necesitan una formación completa para que puedan ofrecer una contribución mucho más eficaz a una iglesia en desarrollo (o a una iglesia dormida).[36]

Mientras que para Napon la falta de buenos líderes eclesiásticos en la sociedad justifica un compromiso más profundo de IFES para formar y cuidar a los licenciados, Wells sostiene que IFES debería centrarse en su actividad principal tradicional: los estudiantes. El SG británico sostiene que el ministerio a los graduados podría apoyarse en la necesidad de "hacer frente a las dificultades particulares y temporales de los graduados para adaptarse al mundo laboral y a la vida de la iglesia, . . . estimular el pensamiento de los graduados que se enfrentan a cuestiones particulares en sus trabajos o

---

35. Napon, "Past Members of the GBU", 4.
36. Napón, 5.

disciplinas académicas, [y por último] proporcionar una nutrición espiritual general a los graduados."³⁷ Wells pasa a especificar que la UCCF decidió que los dos primeros puntos entraban en el ámbito de sus responsabilidades, abordados a través de la enseñanza durante la época universitaria y la creación de redes de grupos profesionales tras la graduación, mientras que el tercero no, por ser competencia de las iglesias locales. A continuación, Wells avanza en su argumento apelando a otras consideraciones eclesiológicas:

> La principal cuestión que se ha planteado al respecto se refiere a la doctrina de la iglesia. Siempre se ha insistido cuidadosamente, en los movimientos IFES, en que la obra estudiantil no es una iglesia ni compite con la iglesia. Por supuesto, en ningún país la iglesia es perfecta, y en muchos países las iglesias fracasan particularmente en su ministerio con las personas que han tenido el privilegio de estudiar. Pero también se argumenta que eso no nos da derecho a establecer algo que haga el trabajo de las iglesias. La educación cristiana general hasta la madurez es la labor de la iglesia. Y parte de la gloria de la iglesia es la variedad de edades, capacidades intelectuales, etc. que se encuentran en ella. Un ministerio de graduados puede socavar todo eso.³⁸

Desde el punto de vista del análisis del discurso, resulta llamativo el recurso a instancias externas innominadas: queda al lector adivinar quién "siempre insistió cuidadosamente" y dónde "también se argumenta". Wells supone diferentes concepciones de la doctrina eclesiástica entre Napon y él, mientras habla de otra realidad. Wells no aporta más argumentos en cuanto a por qué un ministerio graduado socavaría la labor eclesiástica. Se trata, por tanto, de un caso, que no se encuentra muy a menudo en los materiales de archivo, donde altos líderes de IFES hablaban cada uno de lo suyo sin llegar a un acuerdo. Sin embargo, está muy en consonancia con el énfasis recurrente de los líderes occidentales en "establecer prioridades" en una lógica de escasez de energías y recursos humanos. Así es como debe entenderse la siguiente línea argumental con la que continúa Wells:

> IFES está creado para el ministerio entre los estudiantes. Sugiero que mantengamos eso como una restricción clara, que nos permita concentrarnos en ello sin distracciones. Dejemos que otros

---

37. Robin Wells, "A Work amongst Graduates for a Student Movement?" (London Bible College, Northwood, Middlesex, Inglaterra, agosto de 1988), 2, IFES e-archives.

38. Wells, "A Work amongst Graduates", 2.

organismos hagan otras cosas, por muy importantes que sean, e incluso por muy útiles que nos resulten, a menos que entren explícitamente dentro de nuestro objetivo principal. Necesitamos literatura para nuestro trabajo, y a menudo literatura que nadie más puede producir. Pues bien, hagámosla. Pero no hagamos el trabajo de las iglesias.[39]

En resumen, aunque las dos visiones parecen chocar entre sí, ya que una aboga por un enfoque institucional del ministerio de graduados mientras que la otra quiere dejar que las iglesias locales asuman sus responsabilidades, coinciden sin embargo en la necesidad de cuidar a los estudiantes de posgrado para su posterior implicación en la iglesia y la sociedad. El aparente choque deriva de las realidades contextuales tan diferentes: Wells habla desde un contexto británico con iglesias evangélicas establecidas y fuertes; Napon habla desde el contexto francófono de África, donde las iglesias evangélicas existen sobre todo en países de mayoría musulmana y donde la debilidad eclesiológica es más la norma que la excepción. Intrigantemente, la historia del contexto británico podría haber apoyado exactamente la misma estrategia que defiende Napon: en un contexto en el que el evangelicalismo es débil, IFES necesita apoyar a los graduados para que ellos a su vez puedan apoyar a sus iglesias. Esto es, de hecho, lo que Wells reconoce que fue la estrategia británica de los años 30 y 40.[40]

La conclusión de la discusión del CE fue encargar una respuesta oficial por parte del SG, publicada posteriormente y que esencialmente subrayaba el hecho de que, aunque el ministerio de graduados se consideraba muy importante, la variedad de contextos significaba que "un obrero nombrado a nivel central no podría llevar a cabo este mandato de forma significativa y que se debería animar encarecidamente a las regiones, a través de los grupos de apoyo regionales, a que consideren la posibilidad de nombrar secretarios de graduados a tiempo parcial".[41]

La conclusión lógica para la dirección de IFES podría haber sido descentralizar el enfoque y dejar simple y llanamente que las regiones se ocuparan del asunto. Algunas regiones acabaron haciéndolo, y el plan a largo plazo de 1993 enumeraba el objetivo de "fomentar el compromiso de los graduados con un testimonio estudiantil continuado en su país y más allá, y

---

39. Wells, 3.
40. Wells, 3.
41. Chua Wee Hian, "Graduates Ministry", 4.

con el servicio a la iglesia y a la sociedad.[42] Este apoyo se reafirmó en 1998, y el plan estratégico afirmaba que "animaremos a los movimientos nacionales, cuando proceda, a nombrar personal para este fin."[43]

Sin embargo, la cuestión del ministerio de los graduados no fue la única que ocupó a la cúpula directiva IFES a finales de los años ochenta. Si había preguntas sobre los graduados de IFES, el ambiente también estaba cambiando rápidamente en los grupos estudiantiles. Aunque la dirección de IFES siempre insistió en la importancia del liderazgo estudiantil, observó sin embargo un cambio en la actitud general de los líderes estudiantiles hacia las responsabilidades. Ciertamente, el secretario general se mostró optimista en 1987, señalando que IFES había "invertido casi un cuarto de millón de dólares en conferencias de formación durante los últimos cuatro años. Se trata de una sabia inversión".[44] Sin embargo, deploró que "rara vez encontramos líderes 'carismáticos' dispuestos a abrir nuevos caminos y que motiven a otros a intentar grandes cosas para Dios. Nuestras comunidades cristianas dependen cada vez más de estudiantes que proceden de hogares cristianos estables para servir como líderes."[45] Este es un ejemplo relativamente raro de la creciente sensación de inadecuación de ciertos enfoques tradicionales utilizados por IFES entre la generación de los años 80, tanto entre los estudiantes como entre el personal más joven. Este malestar también fue desarrollado en mayor profundidad dos años más tarde por la secretaria de formación de IFES. Al informar a los ponentes del primer campamento europeo de formación, esta se expresó intrigantemente:

> Efectivamente, nos enfrentamos ahora a una generación de obreros jóvenes (y aún más de estudiantes) que son en muchos aspectos el producto de nuestras sociedades contemporáneas. En muchos casos, los obreros no son "emprendedores" como solían ser en el pasado. Las razones de ello pueden residir en los cambios en la educación, en la fragmentación de la vida familiar, en los antecedentes eclesiásticos, etc. Veo indicios de ello en el hecho de que la dimensión pastoral de la conferencia fue especialmente apreciada junto con las sesiones más "prácticas" del personal y de

---

42. Lindsay Brown, "Draft Global IFES Long Range Plan" (Oak Hill College, Londres, Inglaterra, 25–31.7 1993), 3, IFES e-archives, EC 1993 minutes, Appendix H.

43. "Secod Draft of Global IFES Plan July 1999 – July 2003" (Bischofsheim, Alemania, 28.6–3.7 1998), 9, IFES e-archives, Actas CE 1998, Apéndice I.

44. Chua Wee Hian, "IFES: The Big Picture", *In Touch* 3 (1987): 5.

45. Chua, "Major Trends", 1.

formadores/facilitadores. En cierto sentido, esto es lo que cabría esperar y no tiene nada de malo. Sin embargo, tengo la sensación de que va de la mano de un pensamiento menos riguroso, de un menor compromiso con el desarrollo de una mente cristiana, de una menor preocupación por los fundamentos doctrinales de nuestra fe. De nuevo, esto no debería sorprendernos, ya que también es una característica de la sociedad moderna y de la vida eclesiástica (al menos, desde mi punto de vista).[46]

Las cuestiones metodológicas estaban en el aire. ¿Seguía siendo pertinente el liderazgo estudiantil? ¿Seguían siendo aplicables los supuestos de los padres fundadores? ¿Cómo podía IFES afrontar los retos de una nueva generación? Cuando la década de los 80 tocaba a su fin, la primera preocupación de la reunión del CG de 1987 en Bogotá, Colombia, fue la de la puesta en marcha de la colaboración en el seno de la comunidad.

El ministerio de los estudiantes para los estudiantes

Como en prácticamente todas las reuniones importantes, los líderes de IFES reafirmaron su confianza en el liderazgo de los estudiantes; más aún en un jubileo por el cuadragésimo aniversario. En una cita ejemplar que merece la pena citar extensamente, Chua afirma,

> Desde nuestra fundación, nuestro principal objetivo han sido los estudiantes. Creemos que, bajo la dirección de Dios, los estudiantes evangélicos pueden ser testigos de primera línea de Cristo en sus campus. *Los estudiantes poseen dones y capacidades espirituales para dirigir sus comunidades y edificarse mutuamente en la fe.* Nuestro objetivo expreso es que, a través de esta formación e implicación en el trabajo, estos estudiantes se formen como líderes. Por supuesto, necesitan el aliento y la aportación de los obreros. Pero, según la tradición de IFES, los obreros no dominan ni dirigen la comunidad estudiantil. Actúan como formadores o entrenadores.[47]

Aunque la metáfora del "coaching" es recurrente e intenta captar la relación de los miembros del personal con los líderes estudiantiles, la afirmación explícita de que los estudiantes "se edifican mutuamente" es poco frecuente.

---

46. Dra. Sue Brown a colaboradores de Formación 1989, 27 sep. 1989, 1, BGC Box #5.
47. Chua, "Big Picture", 5; énfasis añadido.

Indica una puesta a punto de la reflexión teológica de la dirección del IFES y un reconocimiento explícito de la madurez de los estudiantes. Emblemática es la publicación, un año más tarde en la *Revista IFES*, de un artículo titulado "The One-Another Ministry [El ministerio unos a otros de los estudiantes a los estudiantes]",[48] escrito por dos jóvenes que habían servido como miembros del equipo IFES en París.

El documento pretende "considerar las formas en que los estudiantes pueden ejercer el cuidado pastoral entre ellos dentro del grupo estudiantil. Este mandamiento de Jesús [amarse los unos a los otros, Juan 13:34-35] nos parece el fundamento de tal cuidado". En contraste con las presentaciones más tradicionales de artículos anteriores sobre la importancia de la piedad individual para un testimonio eficaz, este artículo insiste en la dimensión reveladora y el potencial de aliento de la comunión cristiana. En efecto, "Dios nos da a conocer su amor personalmente a través de las relaciones dentro del cuerpo de Cristo por medio de su Espíritu Santo. Nuestra fe se elabora en el contexto de las relaciones, y el grupo de estudiantes puede ofrecer una valiosa oportunidad para elaborar este aspecto relacional de nuestra fe." Si bien en este pasaje no se alude directamente a ninguna deficiencia de la iglesia, llama la atención el solapamiento significativo, aunque implícito, entre la iglesia local como "cuerpo de Cristo" y las funciones que aquí se atribuyen al grupo estudiantil. El grupo local puede proporcionar el apoyo que se hace necesario por "la creciente desintegración de la vida familiar, [que conduce a] obstáculos psicológicos y emocionales . . . que impiden [a los estudiantes] entrar plenamente en la curación y la restauración que aporta la salvación de Cristo". El artículo reconoce los retos que se plantean en el campus, pero también "la tentación dentro de los grupos de estudiantes . . . de ver el cristianismo únicamente como un conjunto de proposiciones intelectuales, en lugar de como una forma de vida basada en el conocimiento personal del amor de Dios por nosotros en Cristo" Anteriormente en la historia de IFES, los lectores han encontrado tales advertencias en los escritos de Woods, sin embargo, el antídoto allí habría sido más probablemente la lectura personal de la Biblia y la oración. Esto último no se olvida: "No puede haber nada más alentador, edificador de la fe y sanador que compartir juntos al ver cómo Dios actúa en nuestras vidas en respuesta a la oración"; sin embargo, el enfoque que aquí se presenta subraya que "es importante que el potencial del grupo de

---

48. Julie Dransfield y Cindy Merritt, "The 'One-Another' Ministry of Students to Students," *IFES Review* 24 (1988): 37-42. Salvo que se indique lo contrario, las citas que siguen proceden de este breve artículo.

estudiantes se maximice, no solo proporcionando un enfoque intelectual de la fe, sino permitiendo que la comprensión de la verdad encuentre su expresión de forma tangible en las amistades cristianas". Al contextualizar las realidades de la vida estudiantil, los autores pasan a destacar la importancia de dedicar tiempo y escucharse unos a otros: "Todos podemos pensar en alguien que nos ha ayudado en nuestro crecimiento espiritual porque estaba dispuesto a dedicarnos tiempo".

Solo se hace referencia a la iglesia de forma subsidiaria, especialmente relevante cuando el potencial pastoral de un grupo de estudiantes llega a su límite, sobre todo cuando los estudiantes se enfrentan a crisis emocionales especialmente agudas, en cuyo caso "debería buscarse la ayuda de un cristiano maduro de más edad dentro de la iglesia". Intrigantemente, los autores continúan sugiriendo una actitud de escucha que suena muy afín a los actos "similares a la confesión": "Puede ser una gran fuente de sanación simplemente permitir que alguien vierta todo lo que hay en su corazón y en su mente, escuchando atenta y compasivamente. Esto puede ayudarles a aclarar sus pensamientos y a ponerlos en perspectiva".

No se menciona el "sacerdocio" de los estudiantes. Por el contrario, algunas de las actitudes descritas y fomentadas en el artículo pertenecen a categorías como la atención pastoral mutua, las peticiones a Dios en la oración, etc. Al final, se ofrecen directrices para estudios bíblicos posteriores, enumerando diferentes usos de la palabra *parakalein/paraklesis*, especialmente en los escritos paulinos. La definición de "ánimo" es particularmente fascinante: "un ministerio mutuo informal entre cristianos, relacionado con la profecía". El artículo evidencia el argumento de este estudio de que se considera a los estudiantes lo suficientemente maduros como para ejercer alguna forma de *mediación* entre Dios y los demás, es decir, alguna forma de *mediación sacerdotal*. Volveremos sobre este tema más adelante para una investigación teológica más profunda.

Además de los debates sobre la representatividad y la mejor manera de concebir un ministerio fiel a su herencia, pero lo suficientemente flexible como para adaptarse a las nuevas realidades contextuales, la década de 1980 fue sin duda una época de crecimiento. El SG informó en 1988 de que no menos de 270.000 estudiantes de secundaria y universitarios participaban en IFES.[49] Del mismo modo, el ambiente de la época se inclinaba hacia los grandes eventos. Ese mismo año se celebró en Würzburg, Alemania, la primera Conferencia Europea de Evangelización cuatrienal: "Los organizadores europeos esperaban

---

49. Chua Wee Hian, "Evangelical Students".

700 estudiantes, y se presentaron casi 1300. Jürgen Spiess, secretario general de SMD-Alemania Occidental, habló de la 'mentalidad de festival' que invade a los jóvenes de hoy".[50]

Otra de las grandes tendencias que caracterizaría gran parte del futuro del ministerio de IFES fue el desarrollo de las "semanas de misión" en forma de series de conferencias. Esto coincidió también con la aparición de la "apologética" en la jerga de IFES. Como resume Lineham

> La proclamación pública del Evangelio era difícil en la Europa secular, y las conferencias que presentaban una apologética del cristianismo se consideraban a menudo más apropiadas. A mediados de los ochenta se desarrolló una nueva pasión por el trabajo evangelístico. Comenzó cuando los obreros del personal europeo asistieron a la Misión de Oxford de 1984. Jürgen Spiess, el nuevo secretario general alemán, asistió y posteriormente dijo a su personal que celebraran misiones en sus campus.[51]

En realidad, este tipo de conferencias ya se venían celebrando en Alemania desde hacía mucho tiempo.[52] No era un fenómeno nuevo, ya que las semanas de misión habían tenido lugar en muchos campus universitarios desde el comienzo de los movimientos estudiantiles en Europa y en otros lugares.

El final de la década había estado marcado por intensos debates sobre la naturaleza y la orientación del ministerio de IFES, dedicándose numerosas horas y reuniones a un examen de conciencia estratégico. Además de las reafirmaciones periódicas del carácter y la herencia evangélicos de la comunidad, su eclesiología estaba alcanzando la mayoría de edad y poco a poco se hacía más asertiva desde el punto de vista misiológico. Sobre el terreno, se estaban desarrollando muchos movimientos nacionales. Otros estaban fomentando el surgimiento de movimientos en tierras que se abrieron gradualmente en la década de 1990. Se seguía insistiendo en la importancia del liderazgo estudiantil como en las décadas anteriores, aunque se estaban afinando sus fundamentos teológicos.

---

50. Chua, "Major Trends", 1.

51. Lineham, "Students Reaching Students", 57.

52. Para la historia del movimiento IFES alemán, véase SMD, *Rechenschaft geben von unserer Hoffnung: Festschrift zum 50jährigen Bestehen der Studentenmission in Deutschland* (Marburgo: SMD, 1999).

8

Un nuevo mapamundi para terminar un siglo: La década de 1990

La última década del siglo XX fue agitada para IFES, con un número inesperado de nuevos países que se abrían oficialmente a su ministerio. Las nuevas naciones trajeron consigo nuevos intereses teológicos, una nueva ponderación de prioridades y nuevas relaciones, la necesidad de reconsiderar la apropiación a mayor escala y la necesidad de adaptar la estructura de liderazgo a una generación estudiantil que estaba cambiando significativamente. ¿Cómo debían adaptarse y asumirse los fundamentos teológicos de IFES en una nueva era, especialmente en el encuentro con la ortodoxia oriental y el pentecostalismo? Además, la eterna cuestión de cómo definir el estatus eclesiológico de IFES volvió a pasar a primer plano. IFES también empezó a preguntarse cómo aprehender la universidad como institución, como consecuencia lógica de un interés cada vez mayor por la misión holística. Muchas discusiones tuvieron lugar durante y entre las tres reuniones del CG, integradas de nuevo en eventos más amplios y representativos llamados "Asambleas Mundiales".

Nuevas naciones, nuevo pensamiento

Nueve de los diez países fundadores eran occidentales. Al haber crecido la comunidad hasta catorce veces su tamaño original, aflorarían nuevos equilibrios de interés, y la década de 1990 dio testimonio de un intenso periodo de examen de conciencia. ¿Qué significaba "propiedad" en una organización tan grande? ¿Cuáles serían las prioridades y quién las clasificaría? ¿Qué estrategias funcionarían mejor con una nueva generación de estudiantes? ¿Cómo jugarían las lealtades nacionales y confesionales frente a las certidumbres teológicas?

Europa del Este

Cuando Europa del Este se abrió oficialmente a principios de la década de 1990, IFES había sido "pionera" en el trabajo estudiantil encubierto durante muchos años, siendo el centro de este ministerio Schloss Mittersill, en el Tirol austriaco. Ya en 1973, los líderes senior se jactaban de que

> Durante los últimos cuatro años hemos podido ser pioneros en unos veinte o treinta grupos de estudio bíblico. Estos no tienen etiquetas, pero Dios ha utilizado a obreros y enviados especiales de IFES para visitar y animar a estos estudiantes. Nuestros trabajadores no son espías, involucrados en intrigas internacionales y espionaje político. Por el contrario, son Barnabases que animan a los estudiantes de Europa del Este a amar y servir al Cristo resucitado.[1]

Para un ministerio que siempre insistió en su ethos de "liderazgo autóctono", puede parecer extraño leer tanto de "pioneros", como si los países del Este hubieran sido *terra incognita*, necesitados de exploración. Los líderes de IFES sabían que el cristianismo ya existía en Europa del Este, pero parecían insatisfechos con su estado. Williams ofrece una descripción que ilustra bien cómo veía IFES su trabajo:

> En algunos de estos países había habido trabajo estudiantil relacionado con IFES antes de la Segunda Guerra Mundial, pero los comunistas lo habían clausurado y muchos líderes eclesiásticos pensaban que ahora no había necesidad de nada más que su propio trabajo juvenil, a menudo anémico, relacionado con la iglesia. Tuvimos que ganarnos a los pastores para que aceptaran las nuevas ideas de que los estudiantes llegaran a los estudiantes; eran mucho más recelosos que cualquiera de los estudiantes.[2]

De este vívido relato se desprenden dos áreas principales de dificultad: el desafío de las autoridades políticas, reacias a la influencia eclesial y oficialmente

---

1. Chua Wee Hian y Padilla, "God's Work in the World Today", 173–74.
2. Williams, *Holy Spy*, 13.

al servicio de una doctrina estatal de ateísmo; pero también el desafío de unas iglesias asediadas, divididas sobre la forma en que querían relacionarse, o no, con el Estado. La cuestión de la influencia extranjera preocupaba no solo al Estado, sino también a la iglesia local. Al primero le preocupaba la influencia política, a la segunda la posibilidad de un declive de la moralidad.[3] Además, ¿qué legitimidad poseía un ministerio de estudiantes a estudiantes, sin supervisión clerical? Como Williams recuerda además vívidamente, los frentes diplomáticos no siempre estaban nítidamente separados entre "hermanos cristianos" y "tontos políticos":

> ¿Y quiénes éramos? ¿Quién nos empleaba? ¿Por qué viajábamos en busca de estudiantes cristianos? Casi nadie conocía IFES y no nos gustaba explicarlo por si sonaba a tapadera de la organización extranjera proscrita que, de hecho, era. Sin embargo, no era anticomunista, sino que trataba de establecer movimientos de miembros en los países comunistas, y se preocupaba principalmente de engendrar redes locales autóctonas de estudiantes, que estas redes fueran eficaces y que dieran testimonio a sus compañeros sobre su fe cristiana. En aquella época todas las organizaciones ajenas a la estructura real de las iglesias estaban prohibidas, en particular las organizaciones internacionales.[4]

En estos tiempos de incertidumbre, es comprensible que los líderes eclesiásticos teman que unos estudiantes potencialmente más entusiastas y menos maduros puedan poner en peligro unas relaciones cuidadosamente elaboradas entre el clero y el Estado. Sin embargo, este trabajo entre los estudiantes se realizó en su mayor parte *en colaboración* con los líderes eclesiásticos. No existía una estrategia de plantación de iglesias, sino la idea implícita de que animar a los estudiantes a dar testimonio a sus compañeros fortalecería a la iglesia. De ahí el tono cándido de Williams al describir cómo

> visitamos a pastores de todo tipo de iglesias en todas las ciudades de todos los países que entraron en nuestra órbita. A veces nos hacían preguntas inquisitivas. A menudo debían de preguntarse de quién éramos agentes. Pero fueron indefectiblemente corteses y a menudo nos recibieron con una hospitalidad abrumadoramente generosa. Los pastores conocían a los alumnos clave de sus congregaciones, los entusiastas, a los que queríamos formar y

---

3. Williams, 13.
4. Williams, 13.

equipar para que fueran aún más entusiastas y se implicaran más en ser testigos cristianos ante sus iguales.[5]

Las restricciones de espacio no permiten relatar las fascinantes historias de personas que se encuentran por primera vez y quedan unidas por una visión compartida tras una taza de té y el intercambio de noticias sobre un conocido común. Se subrayó con regularidad la importancia de la colaboración entre las organizaciones misioneras, pero también entre las iglesias locales. Es discutible que, al menos durante la época comunista, un ministerio de este tipo fomentara un cierto tipo de "ecumenismo evangélico", proporcionando lugares de encuentro para los cristianos, saltándose las divisiones tradicionales, ya fueran confesionales – .

> Como compañeros cristianos trabajábamos juntos en una armonía casi sin fisuras, ya fuéramos de las iglesias de los Hermanos, bautistas, metodistas, luteranos, reformados o anglicanos. Las divisiones que normalmente separan a los cristianos en sus denominaciones apenas nos preocupaban y nunca parecían manifestarse. Aceptábamos la sinceridad de cada uno para hundir nuestras triviales diferencias y trabajar juntos por nuestro gran objetivo, por nuestro gran Dios[6]

– o incluso étnico:

> Los yugoslavos, con sus 12 lenguas, eran étnicamente mixtos y diversos. No habrían acudido en masa a escuchar a un orador bautista o pentecostal, pero sí a un anglicano [John Stott], un extranjero para todos ellos sin hacha que afilar, ni enemigos, solo amigos. Todos podíamos ser hermanos porque todos somos uno en Cristo.[7]

Los críticos podrían preguntarse si todo esto era genuinamente teológico o solo sociológico y oportunista. Los estudiantes con contactos en Occidente podrían aumentar sus posibilidades de viajar o de acceder a medios financieros. Sin embargo, abundan las historias de cristianos que vivieron bajo los regímenes comunistas de Europa del Este y que cuentan cómo comprometerse con la fe cristiana tuvo a menudo consecuencias adversas para su empleabilidad o sus estudios, por ejemplo.

---

5. Williams, 132–33.
6. Williams, 50.
7. Williams, 96.

Finalmente, los movimientos estudiantiles antes clandestinos fueron registrados oficialmente y la pionera ChSa polaca acogió una Conferencia Europea de Evangelización de 2.000 personas en 1994.[8]

Una tradición desconocida hasta ahora desafía desde la derecha: La ortodoxia oriental

Dada la expansión hacia Europa del Este que marcó la década de 1990, sería solo cuestión de tiempo que IFES tuviera que lidiar con otra tradición teológica con la que hasta entonces casi nunca se había comprometido: La ortodoxia.[9] Al igual que ocurrió en la década anterior con los estudiantes miembros de la ICR, la dirección de IFES estaba ligeramente en desacuerdo sobre la cuestión. Por un lado, deseaba dar la bienvenida a los recién llegados a la comunidad; por otro, se consideraba que el trasfondo tradicional de la ortodoxia oriental reñía con las convicciones doctrinales recibidas de la organización. El asistente del SG para Europa había señalado en 1978 que había "un número considerable de estudiantes evangélicos que siguen perteneciendo a la Iglesia ortodoxa griega. Han venido a Cristo a través de uno de los muchos avivamientos de esa iglesia. Si nos unimos a ellos, esto molestará inevitablemente a los pastores evangélicos".[10] IFES se encontró así con la tensión de mediar entre los estudiantes de convicciones evangélicas aspirantes que permanecían en sus iglesias y los pastores evangélicos, con los que la afinidad habría sido más probable. Esta fue una de las situaciones en las que la aplicación práctica de las convicciones misiológicas tiende a desdibujar las líneas tradicionales de lealtad.

Otro desafío para IFES fue el hecho de que la teología ortodoxa se articula en torno a principios básicos distintos de las declaraciones doctrinales evangélicas tradicionales, que son más fáciles de comparar con las claras declaraciones católicas romanas, por ejemplo. Esto engendró cierto desconcierto en la dirección de IFES, como expresó el SG en 1992:

> La ortodoxia no es lo mismo que el catolicismo romano y, aunque las declaraciones oficiales de los ortodoxos insisten mucho en las diferencias con el protestantismo, *debemos entender con precisión*

---

8. Lineham, "Students Reaching Students", 57.

9. En sentido estricto, las tradiciones en cuestión deberían etiquetarse como "ortodoxa oriental" u "ortodoxa griega". En aras de la legibilidad, en este capítulo se utilizará "ortodoxia" como término general.

10. Brede Kristensen, "Reporto f the Assistant to the IFES General Secretary (Europa)" (Raglan, Nueva Zelanda, 18 de agosto de 1978), 1, IFES e-archives, actas del CE 1978, Apéndice F.

lo que esto significa. Esto no es fácil. Las cosas se complican aún más por el hecho de que la propia teología ortodoxa se encuentra en un cambio constante.¹¹

Con el fin de comprender exactamente las cuestiones en juego, el CE encargó al secretario regional europeo, Jonathan Lamb, la redacción de un memorándum, confidencial en su momento. El memorándum ofrece una introducción contextual, seguida de un breve análisis de la teología de la ortodoxia estructurado en torno a la BD IFES y, por último, sugiere puntos de acción. A continuación, se exponen las conclusiones esenciales del informe en lo que respecta a la teología y, especialmente, a la eclesiología.

Como ocurre a menudo con IFES, la cuestión del estatus de las Escrituras fue un primer escollo, estrechamente entrelazado con la cuestión de la autoridad eclesial:

> La ortodoxia sostendría que las escrituras son inspiradas y dignas de confianza, y de gran autoridad . . . pero no la autoridad suprema. Representa parte de la autoridad de la iglesia/tradición. Además, como evangélicos entendemos las Escrituras como 66 libros, no los apócrifos como algunos ortodoxos; "tal como fueron dadas originalmente", es decir, su forma hebrea/aramea en el caso del AT, no la LXX que se desarrolló en la tradición posterior; y también querríamos subrayar que esta cláusula debe entenderse en el sentido de que el criterio final para la interpretación es la propia Escritura (frente a la promesa hecha por los conversos recibidos en la iglesia ortodoxa).¹²

Llama especialmente la atención la apelación a los límites del canon protestante, un detalle que es una tradición interna que ningún documento oficial formaliza; lo mismo ocurre con la negativa a considerar la Septuaginta al mismo nivel que otros "originales". Por último, los métodos hermenéuticos se abren camino al trazar líneas de distinción. Estos tres puntos principales ya demuestran ampliamente la dificultad de considerar la BD como un documento suficiente para IFES: la base necesita una reinterpretación constante, sobre todo

---

11. Lindsay Brown, "IFES and the Orthodox Church" (Centro de Formación Hald, Mandal, Noruega, 28.7–1.8 1992), 1, IFES e-archives, actas de la CE 1992, Apéndice I, la cursiva es mía.

12. Jonathan Lamb, "IFES Movements in Orthodox Countries", memorándum confidencial solo para los jefes de equipo IFES (Centro de retiros Dimesse Sisteres, Nairobi, Kenia, 31 de julio de 1993), 3, archivos electrónicos IFES, actas CE 1995, apéndice A.

en forma de ampliación de cómo debe entenderse, ya que tomado "al pie de la letra", nada en la BD habría contradicho propiamente la fe ortodoxa.[13]

Otro escollo para Lamb se refiere a la redención. En su análisis, los creyentes ortodoxos bien pueden creer en la redención a través de la muerte sacrificial de Cristo, pero "se vería que está mediada a través de la vida sacramental de la iglesia, concretamente a través del bautismo, la eucaristía y el misterio de la confesión."[14] En línea con muchas declaraciones anteriores, Lamb continúa afirmando que "la obra expiatoria de Cristo en la cruz es central para nuestra comprensión del evangelio y del discipulado, [mientras que] para algunos ortodoxos, los puntos centrales podrían ser la encarnación/transfiguración/ resurrección".[15] Aquí hay una sensación de malestar. Aunque no afirma directamente que la iglesia no sea necesaria para la salvación, el memorándum resta efectivamente importancia a la implicación eclesial, lo que parece ser algo perjudicial para la fe evangélica: "De hecho, institucionalmente, en el edificio de la iglesia el creyente ordinario está excluido de la zona situada detrás del iconostasio. Esto tiene importantes implicaciones teológicas, pastorales y psicológicas".[16] Sin embargo, no profundiza en ninguna de estas implicaciones; pero el hecho de que Lamb lamente la falta de acceso al altar es una pista interesante sobre la suposición subyacente de que cualquier creyente tiene privilegios sacerdotales a este respecto. Vuelve sobre ello más adelante, añadiendo a su comentario que "también querríamos plantear la cuestión de la oración a los santos, el papel de María, el sacerdocio especial frente al sacerdocio de todos los creyentes, etc. A veces los ortodoxos pueden malinterpretar el papel mediador único de Cristo."[17]

La conexión entre laicos y clero está al acecho, al igual que la tensión por situar una organización evangélica paraeclesiástica en un paisaje eclesial mayoritariamente homogéneo. Lamb señala que la creencia en "una santa Iglesia universal" (BD cláusula J) "se afirmaría, pero se entendería que es la Iglesia ortodoxa. No existe un "Vaticano 2" en la ortodoxia y, por tanto, no hay una forma clara de que los ortodoxos articulen cómo ven a los cristianos, por ejemplo, que son protestantes, evangélicos, etc. También está relacionado con

---

13. La misma dificultad surge al hablar de la "justificación", donde – notablemente sin nombrarla – Lamb polemiza con la doctrina ortodoxa de *la theosis*, que entiende como una marca de sinergismo que incluye "obras de fe" en la justificación, frente a "solo por la fe" (DB cláusula H). Lamb, "Movimientos IFES en países ortodoxos", 4.

14. Lamb, 4.
15. Lamb, 4.
16. Lamb, 4.
17. Lamb, 4.

la cuestión nacional."[18] Así pues, aunque la línea argumental de Lamb parece restar importancia a la iglesia local por sus aparentes carencias teológicas, admite que IFES debe tener en cuenta el contexto eclesial general en el que sirven sus movimientos. Como había ocurrido en décadas anteriores, la cuestión de que el evangelicalismo fuera una importación extranjera acechaba en muchas discusiones con dignatarios eclesiásticos preocupados por "la afluencia de tantas sectas y misiones occidentales ricas. [Ésta] es en muchos sentidos una reacción comprensible, pero los evangélicos (y también los misioneros extranjeros como los equipos de IFES) pueden verse a veces sometidos a presiones como consecuencia de esta actitud."[19]

Esta tensión entre la insistencia en los principios doctrinales y las necesidades misiológicas contextuales se ilustra mejor en las conclusiones de Lamb:

> Es fácil parecer negativo o estar a la defensiva. Más bien, queremos estar deseosos de llevar el evangelio a todos los estudiantes, sea cual sea su origen, y deseamos disfrutar de la comunión con todos los cristianos, incluidos los creyentes de la comunidad ortodoxa . . . Consideraríamos una expresión de amor ser sinceros sobre las graves dificultades que tenemos con varios aspectos de la posición doctrinal de la Iglesia Ortodoxa, tal y como se ha expresado anteriormente. Concluiríamos que en la actualidad existe suficiente confusión sobre las principales cuestiones evangélicas en la corriente principal de la enseñanza de los ortodoxos como para que nos resulte problemático utilizar a personas activas dentro de ella en nuestras principales funciones de liderazgo . . . Dado que nos encontramos en la fase pionera, y dado que la necesidad es de un liderazgo bíblico sabio en todos los puntos, desaconsejamos firmemente colocar a miembros practicantes de la Iglesia Ortodoxa en puestos de mayor influencia, en los que la comprensión de la doctrina y el discipulado por parte de dicha persona podría dar forma al enfoque del movimiento sobre las principales cuestiones políticas.[20]

---

18. Lamb, 4.

19. Jonathan Lamb, "Orthodox Progress Report" (Centre des métiers de l'électricité, Bingerville, Costa de Marfil, 9 de junio de 1994), 1, IFES e-archives, actas de la CE 1994, apéndice K.

20. Lamb, "IFES Movements in Orthodox Countries", 5.

Con estos dos importantes desafíos procedentes no tanto del "mundo" o de otras organizaciones activas en el mismo campo del ministerio, sino de sus propias filas – estudiantes pertenecientes a tradiciones eclesiásticas divergentes – IFES necesitaba replantearse esta cuestión al igual que su estatus eclesiológico, y eso es lo que ocupó muchos debates.

África y el mundo mayoritario

Europa del Este no fue la única zona de desarrollo para IFES. La década de 1990 fue una especie de "década africana". África experimentó un crecimiento significativo en la década de 1980, hasta el punto de que "en 1991 había estimaciones conservadoras de que el 10% de todos los estudiantes de enseñanza superior del África anglófona eran miembros de movimientos cristianos".[21] El centro de gravedad del cristianismo se había desplazado hacia el sur, lo que no significaba que los centros de poder hicieran lo mismo.

No se pudieron evitar importantes debates sobre la nación y sus correlatos en la autoreferencialidad y la autonomía. A principios de la década de 1990, se inició un largo debate sobre si era prudente afiliar varios movimientos a un Estado nación determinado. Algunos países ya contaban con varios movimientos (Canadá y Suiza), Bélgica solicitaba la afiliación y estaba separada por líneas lingüísticas, y en algunos países como Corea del Sur, la divergencia de opiniones había llevado a la fundación de un "ministerio estudiantil alternativo". En otros contextos, las cuestiones eran más bien étnicas y políticas, como en la compleja situación de la Sudáfrica del apartheid o de Israel-Palestina.

La cuestión era la unidad y la diversidad. Aunque la limitación de espacio no permite profundizar en los debates, el siguiente extracto de una discusión de 1998 resume bien las cuestiones. Sng, miembro del CE y antiguo SG de FES Singapur, defendió la unidad sobre bases bíblicas y misiológicas. Tras pasar revista a pasajes bíblicos como Efesios 4 y Juan 17, subraya que estos pasajes tienen una clara "dimensión misiológica. El reconocimiento de que todos los creyentes están unidos en una unión mística en Cristo no es suficiente. Esta unidad tiene que ser vista por los demás. Debe vivirse como un testimonio para el mundo. Solo entonces, el mundo podrá 'conocerla.'"[22] Para Sng, la unidad debe mantenerse, ya que no puede darse por sentada en un mundo caído. Se

---

21. Lineham, "Students Reaching Students", 126.
22. Bobby Sng, "Unity and Diversity in IFES" (Consulta al personal directivo, mayo de 1998), 3, Archivo IFES, Oxford, documentos SSC 98.

menciona de nuevo la tensión perenne entre la unidad *visible* y la *invisible*. Esta unidad que debe mantenerse permite una diversidad de funciones y enfoques, que son contextualmente relevantes, intensamente proféticos y culturalmente conformados. Si en el Occidente (post)cristiano no se hizo hincapié en la unidad visible, el líder singapurense destaca la necesidad de un enfoque diferente en los países donde los cristianos son minoría (Israel) o donde las dimensiones políticas de la unidad influyen en la propia comprensión de la unidad fundamental de los seres humanos (Sudáfrica). De ahí la articulación de un ethos de trabajo que tome en serio el contexto y la cultura:

> IFES pretende animar a los estudiantes a asumir la responsabilidad de llegar a su propio campus. Al hacerlo, los estudiantes deben ejercitar sus dones, comprender su propia cultura estudiantil y aplicar el pensamiento cristiano para afrontar los retos. Tal enfoque puede conducir a una diversidad de funcionamiento en el campus. Pero dentro de esta diversidad, deben buscarse constantemente expresiones prácticas de unidad entre todos los creyentes.[23]

IFES había crecido, muchos más movimientos estaban alcanzando la mayoría de edad y los vínculos entre poder, representación, metodologías y estrategias no podían debatirse plenamente al margen de las sensibilidades contextuales. Durante muchos años, el trabajo en muchos países de África se había realizado bajo los auspicios de la PAFES, considerada como un miembro más de IFES. En la década de 1990, los movimientos nacionales autónomos se afiliaron por separado como parte de la recién formada región de África de habla inglesa y portuguesa (EPSA). En 1998, en el punto álgido de los debates, los altos líderes reconocieron que "IFES puede estar demasiado influida por los miembros fundadores de Europa Occidental y Norteamérica en los modelos que adopta para las estructuras".[24] En la región del Pacífico Sur se oyeron voces que decían que la palabra "evangélica" era preocupante y no lo suficientemente acogedora, mientras que en África se expresaron opiniones similares, y los delegados de la EPSA afirmaron que la base doctrinal no era lo suficientemente inclusiva. No hay indicios en los archivos de que la comunidad corriera el riesgo de implosión durante la década de 1990, pero sí llama la atención la creciente solidez de los debates llevados a cabo y, sobre todo, la aparición de

---

23. Sng, "Unity and Diversity", 3.

24. "Minutes of the Meeting of the Executive Committee" (Bischofsheim, Alemania, 28.6–3.7 1998), 11, IFES e-archives.

voces fuertes procedentes del Mundo Mayoritario. Después de todo, IFES se había jactado de cuidar a los líderes nacionales y dejarles desarrollar una mentalidad cristiana adaptada a sus realidades contextuales.

Los debates sobre las realidades africanas no se basaron en tratados teológicos sino en la experiencia sobre el terreno. Así, en 1994, la junta escuchó dos informes sobre el pentecostalismo y el movimiento carismático, redactados por delegados africanos francófonos y anglófonos.

Olofin argumenta sobre bases eclesiológicas que los grupos de IFES deben ser capaces de acoger a creyentes de todos los puntos de vista sobre la cuestión carismática, precisamente porque IFES no es una Iglesia: "La IFES y sus movimientos miembros, *como siervos de la Iglesia*, deben esforzarse por proporcionar ese terreno común, donde carismáticos y no carismáticos por igual se sientan bienvenidos, independientemente del apelativo – evangélico".[25] Sin embargo, aunque los grupos IFES no sean iglesias sino prolongaciones de las congregaciones locales, "nuestros grupos de comunidad deben ser lugares donde se reconozca a Cristo como la verdadera cabeza de la Iglesia, lejos de nuestros maestros, autores, supervisores y pastores preferidos, entre otros".[26]

La metáfora del "siervo" es un hapax legomenon en las pruebas archivísticas que indican la gran importancia que Olofin concede a la iglesia, y contrasta con los días anteriores a la IFES, especialmente en Europa Occidental, que se caracterizaban por un ambiente más bien anticlerical. Se castigaba a los miembros del clero por sofocar el piadoso entusiasmo de los jóvenes estudiantes en aras de las jerarquías eclesiásticas.

Los primeros líderes de IFES habían insistido en un amplio grado de libertad formal una vez que se había acordado una lista restringida de aspectos doctrinales esenciales. Como cualquier grupo de individuos que se reúnen en torno a una causa común, también habían construido sus tradiciones y estructuras, que a su vez fueron cuestionadas, implícitamente sobre el mismo terreno: el derecho de un creyente a tener acceso *inmediato* a Dios. Los padres fundadores basaban su creencia en la capacidad de los estudiantes para conocer por sí mismos la voluntad de Dios en el hecho de que *Dios se había revelado en las Escrituras*. Esto podía entenderse *de forma individualista*, como que cada creyente era su propio sacerdote. Sin embargo, un número creciente de estudiantes pentecostales argumentaban ahora que la Biblia podía

---

25. Samuel Olofin, "Pentecostals, Evangelicals and Charismatics" (Centre des métiers de l'électricité, Bingerville, Costa de Marfil, mayo de 1994), 4, IFES e-archives, actas de la CE 1994, apéndice L2; cursiva añadida.

26. Olofin, "Pentecostals, Evangelicals and Charismatics", 4.

obstaculizar la inmediatez. La piedad pentecostal abogaba por un acceso aún más directo a Dios: a través de la acción *no mediada*, y hablando del Espíritu Santo *desde el interior* del creyente. Andria, RS para el África francófona, apeló a la autodefinición de IFES como movimiento reformista para recordar a sus colegas que

> Los líderes pentecostales están de acuerdo con Martín Lutero y otros reformadores que restauraron la doctrina de la justificación por la fe, y con los Wesley que restauraron la doctrina de la santificación. Sin embargo, afirman que ahora el Señor está utilizando el movimiento pentecostal para restaurar la doctrina del bautismo del Espíritu Santo y del fuego. Podemos decir que el pentecostalismo se preocupa por cómo deben creer los cristianos.[27]

Una nueva tradición desafía desde la izquierda: el pentecostalismo

El pentecostalismo no era un fenómeno nuevo para IFES en la década de 1990, ya que los dones carismáticos se habían ejercido en grupos locales desde hacía algún tiempo. Ya en 1970, Woods había informado en un tono característicamente crítico de que "en los movimientos estudiantiles evangélicas interdenominacionales en las que se ha practicado públicamente el hablar en lenguas dentro del grupo, normalmente ha provocado división".[28] Esto debía atribuirse, según Woods, al "orgullo espiritual pecaminoso"[29] de confundir el ejercicio de hablar en lenguas con la espiritualidad. Por lo tanto, la conclusión lógica de la mentalidad prioritaria del primer líde de IFES era asegurarse de que esa "parafernalia" de la vida espiritual no perturbara las actividades centrales ni suscitara disputas intereclesiales. En términos de Woods

> Debido al carácter interdenominacional de nuestras sociedades y al hecho de que este don, según las Escrituras, es de menor importancia (no consta que nuestro Salvador lleno del Espíritu, el Señor Jesús, hablara nunca en lenguas), se recomienda, por tanto, que esta cuestión no sea objeto de enseñanza en el seno de un

---

27. Salomón Andria, "Pentecostals, Charismatics, Evangelical: Differences and Distinctives" (Centre des métiers de l'électricité, Bingerville, Costa de Marfil, mayo de 1994), 1, IFES e-archives, actas de la CE 1994, apéndice L1.

28. C. Stacey Woods, "Memorandum on Charismatic Gifts" (Sep. 1970), IFES e-archivos.

29. Woods, "Charismatic Gifts".

grupo ni de práctica pública; más bien, que aquellos que afirman poseer este don lo practiquen para la gloria de Dios en privado.[30]

Sin embargo, a pesar de que los líderes de IFES no consideraban *los dones carismáticos*[31] como esenciales para la piedad cristiana, muchos estudiantes estaban probando la esencialidad de dicha práctica en sus vidas cristianas. En consonancia con las cautelosas palabras de Woods, al parecer no siempre eran bienvenidos, ya que unos años más tarde, en 1978, la junta de IFES deploró que los estudiantes pentecostales no se unieran necesariamente a los grupos de IFES en América Latina, pero debían ser animados a hacerlo, ya que "su celo y audacia en el testimonio serían una ventaja para los movimientos. Al mismo tiempo, estos estudiantes pentecostales se beneficiarían de una exposición sistemática de la Biblia y de los estudios bíblicos en grupo proporcionados por los grupos IFES."[32] En este punto es palpable una tensión misiológica: por un lado, estos "entusiastas" podrían encender una nueva energía en los grupos locales y es notable que no se les descarta como no cristianos; pero, por otro lado, necesitarían, según la dirección de IFES, una "orientación teológica adecuada".

La historia del primer encuentro de IFES con el pentecostalismo es esclarecedora porque puso en tela de juicio de forma efectiva la suposición central de los líderes de IFES de que la base doctrinal sería suficiente para proporcionar orientación teológica a la organización y zanjar los debates doctrinales. Sin embargo, la BD está condicionada histórica y culturalmente. A pesar de su etiquetado oficial como resumen de las "verdades fundamentales del cristianismo", no se podía recurrir a él para mitigar las tensiones prácticas resultantes del énfasis puesto en los diferentes aspectos de la doctrina cristiana. Como se demostró repetidamente, no bastaba con afirmar que "IFES acoge a todos los evangélicos – pentecostales y carismáticos incluidos – siempre que confiesen incondicionalmente la base de la fe".[33] Anclando sus observaciones en la historia cultural, Warner ofrece un comentario perspicaz de las cuestiones en juego:

---

30. Woods.

31. La expresión se utiliza aquí como abreviatura de prácticas carismático-pentecostales que no suelen practicarse en los grupos evangélicos más conservadores, como hablar en lenguas, profetizar, pronunciar palabras de conocimiento, etc.

32. "Minutes of the Meeting of the Executive Committee of the IFES" (Raglan, Nueva Zelanda, 18 de agosto de 1978), 4, IFES e-archives. El inusual plural "Fellowships" indica la posibilidad de animar a estos estudiantes a unirse también a otros grupos cristianos.

33. Andria, "Pentecostal, Charismatic, Evangelical", 2.

Harvey Cox describió memorablemente a los pentecostales como "destrozadores de los límites cognitivos" del evangelicalismo conservador, al privilegiar el significado revelador de la experiencia personal.³⁴ Esto se refleja en las destempladas denuncias de los pentecostales por parte de algunos conservadores, que reconocían en ellos una forma disruptiva y disonante de piedad conservadora, moldeada más por el Romanticismo que por la Ilustración.³⁵

Esta "ruptura [de] las fronteras cognitivas" fue, de hecho, un fenómeno inesperado, ya que, a diferencia de los primeros días de IFES, los desafiantes no podían ser etiquetados simplemente como "liberales". Sin embargo, la resistencia al pentecostalismo no era nueva en los círculos evangélicos.³⁶ En años anteriores, IFES había desafiado a otras organizaciones e iglesias por motivos doctrinales, pero ahora se veía obligada a reconsiderar sus propias premisas a la luz de los nuevos desarrollos contextuales. Estas premisas fueron reelaboradas con frecuencia, como muestra la siguiente sesión.

Definición del carácter eclesiológico de IFES

En la década de 1990 se hizo un esfuerzo deliberado por llegar a una comunicación de base común sobre cómo debía definirse el carácter eclesial de la IFES.

Apelando a los Hechos de los Apóstoles

En 1991, inaugurando su mandato, el SG entrante Lindsay Brown ofreció a la comunidad un discurso programático titulado "El crecimiento de una obra de Dios: El Modelo de Antioquía".³⁷ Comenzó con una presentación tradicional de los distintivos de IFES, siendo el primero que IFES es una "Comunidad de amistades internacionales . . . [donde] las decisiones se toman sobre la base de las Escrituras, en el contexto de la amistad, mediante la persuasión, la argumentación, el debate y la interacción. Es una forma arriesgada de vivir, pero

---

34. Harvey Gallagher Cox, *Fire from Heaven: Pentecostalism, Spirituality, and the Reshaping of Religion in the Twenty-First Century* (Reading: Addison-Wesley, 1994).
35. Warner, "Evangelical Bases of Faith", 344.
36. Hutchinson y Wolffe, *Short History*, 202.
37. Publicado posteriormente como Lindsay Brown, "The Growth of a Work of God: The Antioch Model; Address to World Assembly 1991", *IFES Review* 31 (1991): 3–10. Todas las citas que siguen proceden de este artículo.

creemos que es la correcta para que se mantenga la fuerza de la comunidad". Establecido este trasfondo relacional, afirma que IFES es esencialmente "de a pie", lo que significa que "somos un movimiento estudiantil en el que los estudiantes ejercen la iniciativa y asumen la responsabilidad"; y, por último, que "los movimientos nacionales siguen siendo independientes", ya que "tenemos una creencia y un propósito comunes, pero empleamos distintas metodologías para cumplir ese propósito. No hablamos en términos de imponer un plan centralizado al resto de la Comunidad".

El discurso de Brown representa un desarrollo significativo de la reflexión eclesiológica expresada en IFES. Es poco común leer unos alegatos tan articulados afirmando que "necesitamos tener una eclesiología fuerte, una doctrina fuerte de la Iglesia". Aunque el término "paraeclesiástico" se utiliza vagamente en las consideraciones sobre el carácter eclesiológico, Brown insiste en que está "muy descontento con el término 'paraeclesiástico' para describir a IFES, porque el término 'para' significa 'al lado' de la iglesia, y teológicamente nunca nos he visto como tal movimiento". En lugar de considerar que IFES trabaja junto a la iglesia, Brown ve a IFES como "*enviada desde dentro de la iglesia . . . Somos una parte de la iglesia*, obedeciendo la Gran Comisión de Cristo, saliendo en misión a una parte del mundo, el campus, y de ahí devolviendo a la gente a la vida de la iglesia".[38]

Brown es consciente de las tensiones que surgen sobre el terreno: "Algunos de nuestros movimientos pueden haberse vuelto muy críticos y estar desilusionados por la frustración ante la debilidad de la iglesia. Sé, que en algunas partes del mundo, la iglesia se encuentra en un estado desesperado. Pero es todo lo que tenemos. Cristo dijo: 'Yo edificaré mi iglesia'. No dijo: 'Construiré IFES'". En consecuencia, lo que el nuevo SG anima a su circunscripción es a verse a sí misma como un elemento integrante de un cuadro más amplio:

> Debemos participar en el fortalecimiento del reino de Dios tal y como se expresa en la vida de la iglesia a nivel mundial. Podemos lamentar su debilidad, pero hay una diferencia entre la crítica destructiva y la constructiva. Si una iglesia es débil, tenemos la responsabilidad de ayudar a fortalecerla y de garantizar que nuestros estudiantes y nuestro personal se comprometan con una vida eclesiástica vigorosa y evangélica y con la construcción de la iglesia de Cristo.

---

38. Énfasis añadido.

Especialmente en los lugares donde los cristianos eran una pequeña minoría, IFES necesitaba entablar relaciones con los líderes de la Iglesia y no podía pensar en operar de forma puramente independiente. Examinando la situación en Oriente Medio, el CE observó en 1993 que "donde la Iglesia es débil, generalmente el trabajo estudiantil también lo es".[39] En otros lugares, las visiones divergentes y los malentendidos amenazaban con socavar parte del ministerio de IFES. El "Grupo de trabajo IFES y la Iglesia" del CE observó en 1996 que

> Las iglesias pueden sentirse incómodas ante grupos paraeclesiásticos como IFES, movimientos nacionales que se perciben como "en competencia". Existe un compromiso cada vez menor de los movimientos nacionales con las expresiones eclesiásticas locales; una separación cada vez mayor entre la Iglesia y el movimiento nacional. En algunos países, los grupos funcionan cada vez más como iglesias. Esto demuestra una eclesiología débil.[40]

Resulta un tanto irónico que un movimiento que suele rehuir hablar de la Iglesia deplore una eclesiología débil. Como Chua había señalado en 1989, recordando sus primeros años como miembro del personal en Singapur y Malasia,

> Hace veinte años, la mayoría de los movimientos nacionales no abordaban el tema de la iglesia. Era... casi como un tema tabú... Cuando llegamos a la Iglesia, nos pidieron que no lo tocáramos. Era demasiado controvertido, la gente tenía una comprensión y unas afiliaciones diferentes a las iglesias locales, así que [si] quieres evitar la controversia, no hablas de la Iglesia, la dejas en paz.[41]

El CG de 1995 sugirió publicar un folleto sobre la posición de IFES respecto a la iglesia. Se plantearon preguntas no solo sobre la relación de los movimientos de IFES con las iglesias locales, sino también sobre si IFES participaba en la plantación de iglesias. En países tan diferentes como Costa de Marfil y Australia, algunos líderes de IFES empezaron a plantar iglesias

---

39. "Minutes of the Meeting of the Executive Committee of the IFES" (Oak Hill College, Londres, Inglaterra, 25–31.7 1993), 6, IFES e-archives.

40. "IFES and the Church: Notes Produced by the Task Force Group" (Redcliffe College, Gloucester, Inglaterra, 30 de junio de 1996), 1, IFES e-archives, actas de la CE 1996, apéndice F3.

41. Chua Wee Hian, "The CU and the Church", cinta de audio, Formación 89 (1989), Archivo IFES, Oxford.

más acordes con sus aspiraciones que las expresiones locales ya presentes. Brown insistió firmemente en una lógica de asociación, argumentando que "mientras que otros grupos se han dedicado a la plantación de iglesias, IFES anima a los estudiantes a integrarse en iglesias evangélicas nacionales después de su graduación". IFES es el brazo de la iglesia local que se extiende en el campus, devolviendo a los estudiantes cristianos a las iglesias para toda una vida de servicio".[42] Mientras que algunos en IFES se dedicaban a la plantación de iglesias, otras iglesias, a la inversa, se dedicaban a la plantación de iglesias en el campus, dividiendo así "a los estudiantes en diferentes grupos estudiantiles."[43] Esta segunda cuestión ocupó a los movimientos de IFES en los años siguientes, especialmente en África. De ahí que resulte un tanto irónico que IFES se viera confrontada cada vez más con las posibles divisiones del testimonio cristiano en el campus que la anterior FUMEC les había acusado de promover.

Más preocupante internamente era un fenómeno añadido, percibido como el peligro de que "parte de los obreros de algunos de los movimientos IFES vea al movimiento como su iglesia".[44] La combinación de tantas cuestiones eclesiológicas exigía una solución más deliberada, ya que, solo unos años más tarde, Brown lamentaba que algunos movimientos siguieran teniendo "vínculos débiles con las iglesias. Puede que haya llegado el momento de que reflexionemos de una nueva manera sobre cómo se vincula IFES con las iglesias".[45]

En materia de acuerdos

En lugar de publicar un folleto sobre la relación de IFES con la Iglesia, la cúpula directiva optó por una declaración más breve que resumía las posiciones clave y que se hizo pública en 1998. Al tratarse de la declaración eclesiológica más

---

42. "Minutes of the Meeting of the Executive Committee of the IFES" (Urbana, Illinois, EE.UU., 6 de enero de 1997), 7, IFES e-archives. Willmer et al. ofrecen una palabra de advertencia sobre esa "palabrería de asociación", argumentando que "muchos líderes paraeclesiásticos utilizan el lenguaje de la asociación, especialmente cuando necesitan ayuda de la Iglesia. Pero con demasiada frecuencia estos sentimientos son solo retórica, y las acciones de los líderes dan un mensaje drásticamente diferente". Willmer, Schmidt y Smith, *Prospering Parachurch*, 179.
43. "Minutes of the Meeting of the Executive Committee" (1998), 26.
44. "Minutes of the Meeting of the Executive Committee" (1998), 26.
45. Lindsay Brown, "Report of the General Secretary to the General Committee of IFES" (Kenya Commercial Bank Center, Nairobi, Kenia, 26 de junio de 1995), 6, IFES e-archives, GC 1995 minutes, Appendix D. Intrigantemente, en una década en la que abundaban los debates y desafíos teológicos y en la que las reflexiones académicas y estratégicas compartidas por toda la confraternidad podrían haber aportado perspectiva, el mismo informe señala que la *IFES Reviewl* se interrumpió "debido a la insuficiencia de recursos".

tajante hasta la fecha, merece la pena citarla por extenso. En ella, IFES afirma lo siguiente:

1. La Iglesia es el método de Dios para llegar al mundo.
2. Todos los creyentes son miembros de la Iglesia universal.
3. Existen muchas y variadas expresiones de la iglesia local.
4. IFES tiene posturas distintas respecto a la Iglesia:

    No somos, y nos abstenemos de llegar a ser, una iglesia local.

    Animamos a nuestros obreros y a nuestros estudiantes a involucrarse con una iglesia local de acuerdo con lo que creemos que son convicciones bíblicas sobre la doctrina.

    IFES es un movimiento de misión para los estudiantes universitarios.

    Observe el Distintivo nº 10 de los Distintivos de IFES: "No somos una iglesia local porque decimos que no somos una iglesia local".

    Valor de la iglesia global expresado en la dinámica de las iglesias locales.[46]

Aunque concebido como una especie de declaración definitiva sobre la cuestión eclesiológica, el documento no zanjaba todas las cuestiones. IFES afirmó su "deseo de tener sensibilidad hacia las naciones que podrían tener ya un trabajo estudiantil fuera de los 26 en los que buscamos ser pioneros", señalando que "IFES busca tender puentes en lugar de usurpar lo que ya está en marcha".[47] Si la convicción fundamentalmente teológica de que los estudiantes pueden ser emisarios del evangelio en el campus y dar testimonio a sus compañeros resultó ser un fuerte factor de movilización para los aspirantes a líderes, la desventaja de tal empoderamiento podría traducirse en problemas relacionales con el liderazgo de la iglesia y, en algunos casos, comportamientos inmaduros:

> IFES debe profundizar en el concepto de modelado. Los estudiantes tienden a no conseguir un espacio en las iglesias. Cuando los

---

46. "Minutes of the Meeting of the Executive Committee" (1998), 26.

47. "Minutes of the Meeting of the Executive Committee saliente del IFES" (Hyundai Learning Center, Seúl, Corea del Sur, 14 de julio de 1999), 9, IFES e-archives, actas del CE 1999.

estudiantes acuden a los movimientos, les parece que es el lugar donde pueden venir a ocupar un sitio. A menudo intentan ser el pastor y predican para expresar en lugar de practicar la humildad necesaria en los estudios bíblicos. Modelar la pasión. Necesitamos más modelos y más esfuerzo creativo.[48]

Al final de la década, las declaraciones resumidas serían directas y claras:

> Estamos comprometidos con el fortalecimiento de las iglesias locales en países de todo el mundo. *No nos vemos a nosotros mismos como un movimiento paraeclesiástico que existe junto a la iglesia, sino como un movimiento que sale de la iglesia y que, posteriormente, envía a los graduados y estudiantes de vuelta a las iglesias locales para que presten un servicio de por vida. Nos vemos como un movimiento intereclesiástico, que actúa como una extensión del ministerio de las iglesias.* No somos un movimiento de una sola iglesia, somos un movimiento interdenominacional. No elevamos a ninguna denominación por encima de las demás. Nuestro objetivo es que ninguna denominación sea dominante dentro del movimiento.[49]

¿Ministrar de forma holística a la universidad?

El último debate significativo de la década de 1990 fue la aspiración recurrente, expresada en varios CG, de que IFES adoptara una visión más holística de su ministerio. Como muestran las siguientes exploraciones, los defensores de tal enfoque se enfrentaron a menudo a una ardua batalla.

En los debates se pueden encontrar dos dimensiones principales del "ministerio holístico". La primera, más "social", se debatió durante el CG de 1987 en Colombia, donde los delegados abogaron por una mayor implicación en la justicia social con las poblaciones estudiantiles desfavorecidas. Especialmente en América Latina, la necesidad de que los grupos IFES ayudaran a sus compañeros con dificultades era evidente.

La segunda dimensión – conectar el ministerio de IFES con el carácter académico-intelectual de la universidad – resultó intrincada de abordar. El presidente del consejo, Ford, comentando un borrador del plan a largo plazo

---

48. "Minutes of the Meeting of the Executive Committee entrante del IFES" (Kwang Lim, Corea del Sur, 26 de julio de 1999), 13, IFES e-archives, New EC 1999 minutes.
49. "Second Draft of Global IFES Plan" (1998), 5; énfasis añadido.

en 1992, había señalado con agudeza que "estamos llamados a 'comprometer al campus con el Evangelio' y debemos afirmar el valor de la universidad."[50] El fundamento tardaría en articularse plenamente. Brown, el secretario en formación que se había quejado de la falta de nivel intelectual de los participantes de Formación 89 en una carta citada anteriormente, se mostró inflexible en su informe de 1993 al afirmar que "necesitamos recuperar el terreno perdido en la universidad, producir pensadores y apologistas cristianos, y discípulos cristianos radicales que piensen como personas de acción cristiana y actúen como personas de pensamiento cristiano."[51] Brown no detalla por qué consideraba que la universidad era "terreno perdido". Sin embargo, el lector puede asumir como hipótesis de trabajo que se estaba expresando una crítica embrionaria a la falta de fundamentos teológicos de la educación universitaria. La segunda dimensión, más social, se mencionaba en el mismo informe, en el que Brown sostenía que "nuestra tarea es dar testimonio del Evangelio en el mundo estudiantil. Esto significará no solo proclamarlo mediante la evangelización personal y pública, sino ser modelos de su poder transformador en la vida y de su relevancia para las cuestiones de justicia social, pobreza, etc.".[52]

Ver la universidad como algo más que una "reserva de personas a las que alcanzar con el Evangelio" exigía una apertura a algo más que las dimensiones espirituales del alumnado. Así se planteaba en un memorándum de debate de 1994 redactado por Napon, cuyo objetivo era establecer las bases para una plena adopción del ministerio holístico en IFES.[53] Teológica e históricamente articulado, a pesar de su brevedad, el argumento de Napon comienza con un lamento:

> La gran tragedia es que los evangélicos consideran que su prioridad es salvar almas, cuando en realidad, la acción social y el ministerio espiritual están destinados a complementarse, no a competir entre sí. Ahora es el momento de que la Iglesia Evangélica integre el ministerio espiritual con la acción social para avanzar hacia un "ministerio más holístico".[54]

---

50. "Minutes of the Meeting of the Executive Committee of the IFES" (Centro de Formación Hald, Mandal, Noruega, 28.7–1.8 1992), 4, IFES e-archives.

51. Dra. Sue Brown, "The Future of Training in IFES" (Oak Hill College, Southgate, Londres, Inglaterra, mayo de 1993), 2, IFES e-archives, actas de la CE 1993, apéndice B1.

52. Dra. Sue Brown, "Future of Training", 2.

53. El CE tomó por costumbre mantener regularmente debates sobre cuestiones significativas para la pastoral estudiantil, sin elaborar necesariamente políticas sobre esa base.

54. Moïse Napon, "Holistic Ministry" (Centre des métiers de l'électricité, Bingerville, Costa de Marfil, mayo de 1994), 1, IFES e-archives, actas de la CE 1994, apéndice LM.

Esta teoría de una "Gran Reversión" – que la mayoría de los evangélicos habían abandonado el compromiso social para concentrarse únicamente en la piedad y la misión – formulada por numerosos estudiosos[55] es, en la mayoría de los casos, solo parcialmente correcta.[56] La narrativa de un cambio de énfasis teológico forma parte integral del argumento de Napon y, de hecho, todo el marco del énfasis en la misión holística en IFES podría reducirse a una contienda de narrativas históricas. Napon comienza ofreciendo una compleja definición de cómo entiende él el ministerio holístico. Para él, es

> todo lo que hacemos para responder a las necesidades físicas, espirituales, emocionales y sociales de las personas, aquí y ahora, a fin de facilitar el progreso de las personas hacia la libertad y la plenitud, que se consumarán cuando regrese nuestro Señor. Por lo tanto, el hombre no puede establecer la utopía en la tierra con su propio esfuerzo. La plenitud del hombre solo podrá completarse en el Reino venidero. Por eso hay que hacer hincapié en la dimensión espiritual. La Biblia afirma: "¿Qué valor tiene si un hombre gana el mundo entero y pierde su alma, y qué puede dar un hombre a cambio de su alma?". (Mateo 16:26). Por lo tanto, nuestro ministerio debe ocuparse tanto de lo físico (cuerpo) como de lo espiritual (alma).[57]

Este desarrollo rechaza cualquier acusación de que su punto de vista está más informado por el marxismo que por la teología: ningún marxista apelaría a la ruptura escatológica y cristológica para hacer valer su punto de vista. La orientación de Napon es misiológica. Además, ofrece un alegato:

> La gran tarea del ministerio de IFES será actuar como catalizador del cambio hacia un ministerio holístico. Si tan solo nuestro intelecto consiguiese fabricar programas bien equilibrados que aborden adecuadamente la mente, el cuerpo y el alma, el ministerio de IFES llegará a ser relevante para el mundo sufriente de nuestros días.[58]

---

55. Véase el clásico de David O. Moberg, *The Great Reversal: Evangelism versus Social Concern* (Londres: Scripture Union, 1973). Para una discusión informada especialmente del contexto estadounidense, véase George M. Marsden, *Fundamentalism and American Culture*, 2ª ed. (Nueva York: Oxford University Press, 2006), 85–93.

56. Véase, por ejemplo, Trelor, *Disruption of Evangelicalism*, 252; Kirkpatrick, *Gospel for the Poor*, 7.

57. Napon, "Holistic Ministry", 1.

58. Napón, 3.

Hablando desde el contexto desfavorecido de Burkina Faso, la defensa que Napon hizo del ministerio holístico fue el resultado de una preocupación estratégica por la pertinencia del ministerio IFES en un continente marcado por el sufrimiento. De ahí su conclusión de que

> nuestro ministerio será eficaz y relevante si rompemos la dicotomía entre lo físico y lo espiritual, lo temporal y lo sagrado, y vemos más bien al hombre como Dios lo creó . . . cuerpo y alma, carne y espíritu, dos partes inseparables de una misma realidad. IFES cuenta con la experiencia internacional, los jóvenes enérgicos y los graduados internacionales experimentados para estar a la vanguardia del Ministerio Holístico. Tome lo que se le ha dado y responda con compasión a las necesidades humanas que hay en el mundo de Dios.[59]

Como es habitual, las actas no registran los detalles de la discusión, pero sí que "hubo alguna discusión relativa al trasfondo histórico de la cuestión que no se trató en profundidad en el documento".[60] Dado que la historia bíblica, así como la historia de la Iglesia primitiva y la época de la Reforma, se tratan en el breve memorándum, el lector informado de las historias que se cuentan habitualmente en los escritos históricos de IFES entiende que a lo que aquí se hace referencia es a la historia temprana de IFES y especialmente a sus precursores británicos en su confrontación con el "evangelio social" a principios de siglo.[61] Respondiendo así al desafío,

> El Sr. Niringiye explicó que en el contexto africano las "dosis de discipulado" se han limitado a veces a "leer la Biblia, orar y evangelizar" con una falta de énfasis en temas como la familia, la sexualidad, etc. Se señaló que el ministerio holístico no es solo una cuestión para los estudiantes del mundo en desarrollo, sino que también es relevante para los estudiantes occidentales. La cuestión crítica es cómo entendemos el discipulado y la mayordomía.[62]

En consecuencia, se lee en el discurso de los miembros de la junta africana un intento de utilizar el "ministerio holístico" como puente para ampliar el

---

59. Napón, 4.
60. "Minutes of the Meeting of the Executive Committee of the International Fellowship of Evangelical Students" (Centre des métiers de l'électricité, Bingerville, Côte d'Ivoire, 29 de julio de 1994), 22, IFES e-archives, EC 1994 minutes.
61. Véase más arriba, capítulo XX.
62. "Minutes of the Meeting of the Executive Committee" (1994), 22.

espectro de lo que entraba dentro de la esfera de responsabilidad del ministerio estudiantil, allí donde términos más antiguos como "discipulado" habían errado el blanco. Sin embargo, cerrando el debate, Brown

> dio una definición del discipulado como ser toda la verdad de Dios para todo el mundo de Dios. La mayordomía es el uso de todos los dones de Dios en todo el mundo de Dios. La aplicación de la teología holística es la aplicación de toda la Biblia a todo el hombre y a toda la sociedad. *Debemos tener cuidado de no ser selectivos en nuestra lectura de la Palabra de Dios. A él le preocupa que cuando los cristianos descubren la necesidad de ayuda social, a menudo tienden a perder gradualmente su celo por la evangelización.* Una buena pregunta que plantearse es: "¿Cómo podemos promover la comprensión y el modo de vida cristianos?".[63]

De ahí que el llamado al ministerio holístico quedara subsumido en un debate sobre el discipulado. Esto volvería a ocurrir durante un tenso debate que tuvo lugar en el primer CG celebrado en suelo africano en 1995. Discutiendo el plan estratégico presentado por el SG, los delegados colombianos y bolivianos expresaron su preocupación "por la falta de énfasis en las cuestiones sociales".[64] En consonancia con su mencionada conclusión del debate de la junta del año anterior, Brown respondió señalando que "la frase 'servicio en la familia, la iglesia y la sociedad' (que figura en los objetivos de la IFES) incluía la implicación personal en el cambio social",[65] relegando así la implicación social a la esfera individual.

Haciendo una observación similar, UCCF Reino Unido e Irlanda respondió lo siguiente:

> Incluir en el Plan o en los objetivos una referencia explícita a la acción social (integrada en el evangelio) es a) una cuestión de aplicación del discipulado que puede variar de una región a otra y que debería decidirse a nivel regional; b) una cuestión de fuertes diferencias en cuanto a lo que la Biblia dice sobre el tema y, por lo tanto, no es una cuestión de acuerdo universal de IFES; c) está adecuadamente cubierta en la formulación actual de los objetivos; d) no es necesariamente competencia de IFES: IFES tiene objetivos

---

63. "Minutes of the Meeting of the Executive Committee" (1994), 22.
64. "Minutes of the Meeting of the Fourteenth General Committee of IFES" (Kenya Commercial Bank Center, Nairobi, Kenia, 22.6–2.7 1995), 4, IFES e-archives.
65. "Minutes of the Meeting of the Fourteenth General Committee" (1995), 4.

específicos y no tiene que asumir la responsabilidad total de la Iglesia o de los cristianos en general.[66]

Algunos movimientos de miembros más jóvenes argumentaban por motivos misiológicos que la implicación social era parte integrante del evangelio. Ser relevante en su contexto universitario significaba que las cuestiones sociales no podían considerarse separadas del "evangelismo". Otros movimientos más establecidos decidieron que tal implicación resultaría perjudicial para la unidad de la comunidad.[67] Si la respuesta escrita citada anteriormente selló el debate en la reunión de Nairobi, no lo seguiría siendo durante mucho tiempo.

En cuanto a la dimensión más *intelectual* del ministerio holístico, y significativamente más corta, no se perdió de vista la idea de que la universidad necesitaba más atención, aunque no se emprendiera mucha. En un artículo que celebraba el jubileo del cuadragésimo aniversario de IFES, Brown citaba a Ramachandra sugiriendo que "IFES ha ayudado a la iglesia a recuperar su credibilidad intelectual, subrayando la importancia de presentar el evangelio para enfrentarse a las ideologías del mundo universitario contemporáneo."[68]

De ahí que una década de debates desembocara en un claro compromiso con una visión amplia de la universidad y con la consideración de las dimensiones intelectuales del mundo estudiantil como institución estratégica:

> Somos plenamente conscientes de la importancia estratégica de la universidad. Pretendemos tomarnos en serio la universidad y verla como el principal teatro de servicio al que Dios nos ha llamado.[69]

> Estamos comprometidos con la promoción del testimonio cristiano entre los estudiantes del mundo, y haremos un serio intento de relacionarnos con la universidad y los retos del panorama estudiantil contemporáneo, desarrollando siempre que sea posible nuevas estrategias creativas para el testimonio estudiantil... apuntando a las universidades más influyentes como centros de importancia estratégica para el testimonio estudiantil

---

66. "Minutes of the Meeting of the Fourteenth General Committee" (1995), 5.

67. Sin embargo, el malestar parecía generalizado. El SG de FES Hong Kong también había expresado en una respuesta escrita al plan – incluida no en las actas sino en los anexos – que "para expresar la diversidad y la riqueza de esta asociación de iguales, propongo que se permita a las distintas regiones la libertad de tener diferentes énfasis o expresión de nuestros valores fundamentales. De hecho, esta tendencia debería fomentarse para que cada región intente contextualizar los objetivos de forma pertinente." "Propuestas presentadas al Comité General" (Centro del Banco Comercial de Kenia, Nairobi, Kenia, 22.6–2.7 1995), 1, IFES e-archives.

68. Lindsay Brown, "IFES Jubilee".

69. "Second Draft of Global IFES Plan" (1998), 4.

cristiano, y procurando hacer un esfuerzo especial para desarrollar el trabajo en esos lugares.[70]

Como demostraron los debates durante la Asamblea Mundial de 1999 y en los años posteriores, pasaría al menos otra década antes de que el compromiso de palabra fuera seguido de compromisos reales en términos de personal, publicaciones y eventos. No obstante, esta historia deberá contarse posteriormente.

Pionerismo, imperio y autorreferencialidad

> Nuestros predecesores han sido pioneros en el trabajo haciendo hincapié en el liderazgo autorreferencial para que IFES no sea propiedad ni esté gestionada exclusivamente desde un país o una cultura.[71]

Otro tema ocupó a los líderes senior durante toda la década de 1990: la conexión entre "imperio", "pionerismo" y "autorreferencialidad". En los documentos de debate internos y en las reuniones públicas, se planteaba regularmente la pregunta de cómo IFES entendía que debía aplicarse la garantía constitucional de "autonomía" de todos sus movimientos miembros a la hora de realizar su propia reflexión teológica.

El espíritu pionero era esencial en la autocomprensión de IFES. Sus líderes solían insistir en la necesidad de establecer movimientos en países en los que no existían ya movimientos nacionales vinculados a IFES. De forma un tanto irónica, el objetivo principal de esta empresa pionera pretendía "establecer movimientos autóctonos". La propia paradoja de ser pionero desde fuera de algo que se pretende que sea autóctono pone de relieve la tensión subyacente a toda la expansión de la organización. En muchos contextos, la idea de ser pioneros "desde cero" ni siquiera podía contemplarse, puesto que ya existían algunos movimientos estudiantiles cristianos. El CE expresó el "deseo de tener sensibilidad hacia las naciones que pudieran tener ya trabajo estudiantil... [señalando] que IFES busca tender puentes en lugar de usurpar lo que ya está en marcha".[72] Lo que IFES pretendía era que existieran movimientos que entendieran su misión de forma congenial con otros movimientos miembros,

---

70. "Second Draft of Global IFES Plan" (1998), 7.
71. Barney Ford, "A Shift of Strategy: From Expansion towards Greater Maturity" (Bischofsheim, Alemania, mayo de 1998), 2, IFES e-archives, actas de la CE 1998, apéndice E.
72. "Minutes of the Meeting of the Out-Going Executive Committee" (1999), 9.

pero adaptada al contexto. Como afirma Andria, uno de los distintivos de IFES es "el respeto por las diferencias culturales, históricas e incluso teológicas entre los movimientos nacionales. Nuestra teología sigue siendo esencialmente evangélica, pero puede contextualizarse".[73] La idea subyacente es la de un núcleo consensuado de convicciones y prácticas distintivamente "evangélicas" que necesitan una reafirmación frecuente:

> Hemos procurado en nuestros movimientos y en nuestras zonas pioneras hacer hincapié en la autoridad de la Palabra de Dios y aplicar su verdad inmutable a nuestro servicio, testimonio y relaciones... Nuestros padres fundadores lucharon por mantener su fe evangélica; la nueva generación de estudiantes simplemente hereda esta fe.[74]

Además de la dificultad de mantener el acuerdo a una escala cada vez más global, una organización internacional como IFES, al insistir en el "terreno común", siempre corría el riesgo de fomentar un alto grado de conformismo teológico y práctico. La diversidad cultural y la apropiación local de la fe, y no solo la adhesión fiel a las fórmulas teológicas, son dimensiones esenciales de la apostolicidad. La teología no se desarrolla en el vacío: como movimiento que reacciona a las circunstancias y a la evolución del mundo eclesial y teológico más amplio, la idea de la "historia" como elemento constitutivo de la identidad de IFES no está ausente del pensamiento de los líderes. Como afirmó Woods en 1971

> Cada uno de los movimientos evangélicos nacionales promovidos y establecidos desde 1947 tiene su propia historia particular de la obra de Dios. Cada uno es diferente. No existe un estereotipo, pero todos tienen en común su lealtad a Cristo y a su Palabra. Dios nos ha ayudado a no convertirnos en un movimiento centralizado, en una organización rígida; seguimos siendo una comunidad abierta y libre.[75]

---

73. Salomón Andria, "Autonomy and Indigeneity" (Centro de Aprendizaje Hyundai, Seúl, Corea del Sur, junio de 1999), 1, IFES e-archives, Actas antiguas CE 1999, Apéndice K.

74. Chua Wee Hian, "General Secretary's Report" (El albergue Duruelo, Boyacá, Colombia, 30-8-8.9 1987), 2, IFES e-archives, Actas del CG 1987, Apéndice B.

75. C. Stacey Woods, "Report of the General Secretary" (Schloss Mittersill, Austria, 1971), 4, IFES e-archives, Actas del CG 1971, Apéndice A.

La descripción de Woods se asemeja a los principios básicos cuadriláteros de Bebbington para el evangelicalismo.[76] Sin embargo, la historia de IFES ha evolucionado con la incorporación de nuevos movimientos nacionales, todos ellos con sus propias historias. Niringiye sostiene que IFES debe reflexionar más allá de la fecha de su fundación en 1947 "sobre las historias separadas que cada uno aportó en ese momento. Es esta convergencia de narrativas separadas que forma la narrativa única de IFES, lo que está en el corazón del ethos de IFES, porque desde 1947, muchas más narrativas han convergido, transformando IFES para convertirse así en lo que es hoy".[77]

Algunas partes del ministerio inicial de IFES – o de sus movimientos miembros – se desarrollaron en el mundo de la colonización. Escobar señaló en 1999 que "los imperios siempre han sido el marco sociohistórico para el desarrollo de la misión cristiana, como lo fue la Pax Romana en el siglo I o la Pax Britannica en el siglo XIX".[78] Conectar de forma autocrítica la historia de IFES con la historia del "imperio" no significa, sin embargo, descartar todas las ventajas de dicha asociación y, paradójicamente, el hecho de que el imperio ayude a proclamar la noticia de que los individuos pueden tener una relación *inmediata* con Dios *participando* en una comunidad universal. Al contrario, Escobar destaca los aspectos beneficiosos de estos desarrollos, insistiendo en que

> Las misiones protestantes tenían un componente modernizador en su insistencia en la traducción de la Biblia, la alfabetización, la formación de líderes para el laicado y también en su uso de la medicina moderna y la comunicación de tecnología básica. Aspectos de la globalización como la comunicación eficaz a nivel mundial o las facilidades para el intercambio . . . podrían ser factores neutrales de los que la misión cristiana podría beneficiarse.[79]

---

76. El historiador británico David Bebbington ha descrito célebremente el Evangelicalismo como la combinación de un cuadrilátero de Biblicismo, Crucicentrismo, Conversionismo y Activismo. Véase . David W. Bebbington, *Evangelicalism in Modern Britain: A History from the 1730s to the 1980s* (Londres: Unwin Hyman, 1989), 1-18. "Activismo" está implícito en la identidad de IFES como organización misionera y crucicentrismo en su hermenéutica evangélica tradicional.

77. David Zac Niringiye, "Towards an Understanding of Our Ethos: Some Reflections" (Consulta al personal directivo, 2000), 1, Archivo IFES, Oxford.

78. Escobar, 'A New Time for Mission', 4. Véase también Consejo Mundial de Iglesias, Comisión de Misión Mundial y Evangelización, "Mission in the Context of Empire: Putting Justice at the Heart of Faith", *International Review of Mission* 101, nº 1 (abr. 2012): 195-211.

79. Escobar, "A New Time for Mission", 5.

Al igual que Pablo utilizó el sistema de la calzada imperial romana para difundir su mensaje, IFES utiliza el sistema universitario. Ramachandra señala que

> Una de las muchas paradojas con las que luchamos en el ministerio estudiantil es que la propia universidad no es una institución autóctona en muchos de nuestros países. A menudo crea graduados ajenos a los modos de vida de la mayoría de sus conciudadanos. Las materias que se estudian, y la forma en que se enseñan estas materias, a menudo guardan poca relación con las preguntas que se hace la gente, las necesidades de la nación y las formas en que han aprendido tradicionalmente… La educación universitaria ha tendido a crear una fuga de cerebros de las zonas rurales a las urbanas, y del Sur global al Norte.[80]

A menudo, los estudiantes deben ajustarse a las expectativas de la universidad – determinadas principalmente por los cánones occidentales – para tener éxito académico, y esto a su vez puede socavar su capacidad para encarnar el Evangelio en sus contextos. Ramachandra observa entonces que, "incapaces de resolver estas disonancias, algunos estudiantes se rebelan contra todo el sistema que produce tales instituciones, la mayoría divide su vida en compartimentos estancos, [y] los mejor situados planean escapar."[81]

Sin embargo, cuando se destacan las tensiones inherentes de esta asociación de IFES con el contexto del "imperio" no se defiende una refutación directa de sus prácticas y discursos. El compromiso teológicamente motivado y regularmente reafirmado de IFES con la necesaria apropiación autorreferencial de la fe cristiana – congruente con la idea de *inmediatez* – socava la idea de que la misión cristiana fue únicamente un proceso de colonización que no dejó ningún margen de acción a los actores locales.[82] La propia naturaleza del público de IFES – los estudiantes – implica iniciativa por su parte. Esta "apropiación local del evangelio" – en vez de la apropiación de las estructuras cristianas – es el núcleo del discurso de IFES que insiste en que "los obreros que prestan sus servicios en zonas pioneras o con movimientos más jóvenes

---

80. Vinoth Ramachandra, "Some Reflections on 'Indigeneity' and 'Autonomy' in IFES" (Hyundai Learning Center, Seúl, Corea del Sur, junio de 1999), 4–5, IFES e-archives, Old EC 1999 minutes, Appendix.

81. Ramachandra, "Some Reflections", 5.

82. Flett refuta estos relatos frecuentes por considerarlos demasiado estrechos; véase John G. Flett, *Apostolicity: The Ecumenical Question in World Christian Perspective*, Missiological Engagements (Downers Grove: IVP, 2016), 182–83.

deben hacer todo lo posible para ceder toda la responsabilidad y el liderazgo a los líderes nacionales".[83] Merece la pena citar extensamente el resumen de Niringiye sobre la relación entre la misión de IFES y la autorreferencialidad:

> La misión de IFES, y por tanto de cualquier movimiento en IFES, es alcanzar a los estudiantes con el evangelio de Cristo. Un movimiento nacional se funda cuando esta misión se convierte en autóctona y nacional en propiedad, alcance, transmisión y expresión. Deben existir estructuras autóctonas y nacionales y una infraestructura que encarne esta misión y garantice la continuidad de la expresión. Puesto que ser estudiante sea transitorio, no basta con hablar de la presencia de estudiantes cristianos en una época como prueba del testimonio estudiantil en un campus. Debe haber una forma de que esta presencia cristiana continúe incluso después de que el estudiante cristiano en cuestión se gradúe. Y no se trata de una presencia pasiva, sino de una presencia activa, creciente, penetrante, transformadora y misionera. En palabras de Jesús, es ser "sal" y "luz".[84]

Aunque IFES fomente el liderazgo y la apropiación locales, es probable que en "situaciones pioneras", IFES pueda apoyar a los líderes que mejor se ajusten a lo que consideran que se espera de ellos, ya sea en términos de fórmulas teológicas o de prácticas que caracterizan a un "buen grupo IFES", por no hablar de aspectos más pragmáticos como su dominio del inglés o de otra lengua franca. Además, los requisitos para las afiliaciones, en particular la existencia de una constitución y de varios elementos específicos de gobierno, contradicen la plena aceptación de que los movimientos locales puedan desear organizarse de forma diferente. Por lo tanto, si el "sacerdocio de todos los creyentes" pretende permitir que cada individuo se relacione inmediatamente con Dios, algunas áreas del ministerio parecen implícitamente mejor servidas replicando un "paquete básico" de estructuras. Esta observación también pone de relieve un punto ciego crítico en la retórica de la IFES: se cree implícitamente que el "evangelio" consiste en un "paquete central" que puede adoptarse libremente en todas las culturas.[85]

---

83. Chua Wee Hian, "Staff Letter 9" (Sep. 1973), 1, BGC Box #5.

84. David Zac Niringiye, "Beyong Pioneering", Documento de debate (mayo de 1996), 1, Archivo IFES, Oxford.

85. Véase el notable tratamiento de la cuestión por parte de un misiólogo cercano a IFES, Benno Van den Toren, "Can We See the Naked Theological Truth?", en *Local Theology for the Global Church: Principles for an Evangelical Approach to Contextualization*, eds. Matthew Cook

A pesar de que IFES insistía mucho en que lo que fomentaba era "mero evangelicalismo", su teología no siempre se percibió así, como señala Olofin para el contexto africano:

> En gran medida, por tanto, la palabra "evangélico" era vista (y sigue siendo vista) por algunos, como una descripción de los cristianos creyentes en la Biblia, que no sancionan ni el conservadurismo inhibidor de las tradiciones de las iglesias principales, por un lado, ni el liberalismo del ecumenismo, por otro. También ser verdaderamente evangélico era tener muy poco o nada que ver con las iglesias autorreferenciales independientes que están arraigadas en las culturas autóctonas, y de las que a veces se sospecha que tienen vínculos con el culto y las prácticas paganas indígenas.[86]

Las dificultades culturales a las que alude Olofin no son superficiales, sino que representan un conflicto de lealtad entre una etiqueta extranjera y una realidad local. Incluso un defensor tan firme de la teología contextual africana como Andria escribiría que IFES debía "dar recomendaciones firmes a los movimientos nacionales sobre la esencia de IFES. Háganlo en el contexto del diálogo y la reflexión, con amor fraternal".[87] Las conclusiones de Andria que pretendían vincular la contextualidad y lo común, muy apreciadas por el CE,[88] proponían una distinción entre la *esencia* de IFES y sus múltiples *caras*. En palabras de Andria, "IFES es un movimiento único con varias caras, que al igual que una familia, está unida por su esencia (su sangre), pero donde cada miembro tiene su propia cara. Existe, por tanto, una semejanza sobre la base de la esencia, pero las distintas caras también aportan diferencias."[89] No hay más pruebas de que este enfoque haya calado entre los líderes de IFES, pero podría haber sido una forma interesante de considerar el estatus eclesiológico de IFES: IFES siendo una de las "caras" de la iglesia universal.

El examen más exhaustivo de la autorreferencialidad dentro de IFES se encuentra en un documento de debate presentado al Ejecutivo en 1999 y en el que se debatía el plan cuatrienal de IFES que estaba a punto de lanzarse.[90] Ramachandra rebate lo que considera la ingenua idea subyacente de que

---

et al. (Pasadena: Biblioteca William Carey, 2010), 91–108.

86. Olofin, "Pentecostals, Evangelicals and Charismatics", 2.
87. Andria, "Autonomy and Indigeneity", 2.
88. "Minutes of the Meeting of the Out-Going Executive Committee" (1999), 12.
89. Andria, "Autonomy and Indigeneity", 2.
90. Ramachandra, "Some Reflections", 1. Las siguientes citas proceden de este breve documento de debate.

"autorreferencial" equivale a "nacional". La autorreferencialidad "abarca aquellas prácticas, normas y valores culturales que se consideran 'autóctonos' y no prestados de otros lugares". Por su propia naturaleza, dichas prácticas y normas son difíciles de evaluar por personas ajenas a la cultura. Además, "las pretensiones de ser 'autóctonos' suelen ser escenario de despiadadas disputas políticas" en las que las facciones compiten por la superioridad moral que pretenden alcanzar defendiendo "un trasfondo mítico anterior al advenimiento de la opresión extranjera". Hay que tener en cuenta, como hace Ramachandra, que la cuestión de la "cultura" es mucho más compleja que las simples costumbres locales y el folclore, sino que es el resultado intrincado y en constante evolución de flujos de influencia a escala mundial, posibilitados en su mayor parte por la tecnología y los medios de comunicación. Al convertir las culturas en un aspecto esencial se corre el riesgo de preservar el anticuado mito de la "pureza cultural". Esto, a su vez, pasaría por alto el hecho de que "existe el peligro de que el énfasis en la "autorreferencialidad" (en algunos círculos misiológicos y políticos) privilegie invariablemente la voz de los elementos conservadores dentro de la comunidad". Estos "elementos conservadores", cuyos puntos de vista son potencialmente más fáciles de captar por los académicos formados en métodos analíticos occidentales (como la mayoría de los líderes de IFES), "no representan el alcance total de las experiencias en un contexto dado, y tratar a la comunidad como una unidad homogénea . . . descuida importantes diferencias dentro de la comunidad e ignora casi por completo las voces de la disidencia en su interior."

Ramachandra cuestiona la idea de que la dimensión "autorreferencial" de la labor de IFES se limite a cuestiones de gobernanza y metodologías. Sostiene que "a medida que el Evangelio entra en nuevas culturas y subculturas, surgen nuevas cuestiones a las que tienen que responder los que se encuentran en esa situación particular". Esto significa que

> El respeto a la igualdad cristiana, consagrado en la Constitución de IFES, exige que creemos un espacio en el que todos tengamos la libertad de explorar la Palabra de Dios en nuestros contextos históricamente particulares. Podemos dejar la vía libre para las preguntas, los consejos, las reprimendas o correcciones de la comunidad global. Se trata de un ejercicio mutuo, no de que una parte de la comunidad se erija en árbitro doctrinal del resto.[91]

---

91. Ramachandra, 6.

Tales "consejos y reprimendas" se han producido con regularidad en IFES, aunque rara vez se han fomentado, pues van en contra del discurso del "depósito de la fe".[92] Sin embargo, a finales de siglo surgieron nuevos retos.

Un nuevo tiempo para la misión: CG 1999

Pensar y reflexionar sobre lo esencial estuvo muy presente en los discursos plenarios pronunciados en Corea del Sur.[93] "Esenciales evangélicos", una especie de "testamento teológico" de John Stott, preparó el terreno, mientras que el discurso de Samuel Escobar sobre "Un nuevo tiempo para la misión", ofreció un amplio estudio de los retos pasados y presentes a los que se enfrenta IFES junto con un llamado vívido a un compromiso misionero renovado.[94]

Preocupado por preparar a su audiencia para el amplio alcance de sus observaciones y por desafiarles desde el principio, Escobar comenzó planteando que su "perspectiva evangélica empieza con el compromiso con la autoridad de la Palabra de Dios, y mi comprensión de la Palabra de Dios requiere conciencia cultural".[95] A los ojos de Escobar, IFES podía aceptar nuevos retos porque ya había avanzado en aguas turbulentas, a la vanguardia del compromiso misionero, sirviendo a cada generación naciente. En la visión que Escobar tiene de la historia de IFES,

> Los movimientos estudiantiles que se unieron para formar IFES hace 52 años tenían una fuerte tradición de apasionada preocupación por la verdad evangélica y un profundo compromiso con la misión mundial. Esos orígenes nos ayudan a comprender por qué IFES ha estado a la vanguardia de la misión cristiana en este siglo.

---

92. Véase el capítulo 11.

93. A partir de 1998, el plan a largo plazo recién revisado hizo hincapié en los fundamentos esenciales de la BD de IFES, insistiendo en que "enseñamos la lealtad a los fundamentos doctrinales, que están claramente revelados en las Escrituras, y acordamos permanecer en armonía y permitir diferencias en cuestiones secundarias. Las doctrinas consideradas esenciales para la fe salvadora están incluidas en nuestra Base Doctrinal". "Minutes of the Meeting of the Fifteenth General Committee of IFES" (Hyundai Learning Center, Yong-In, Corea del Sur, 23 de julio de 1999), 8, IFES e-archives.

94. Ambos discursos fueron ampliados y publicados posteriormente: John Stott, *Evangelical Truth: A Personal Plea for Unity, Integrity and Faithfulness* (Downers Grove: InterVarsity Press, 2003); Samuel Escobar, *A Time for Mission: The Challenge for the Global Christianity* (Leicester: IVP, 2003).

95. Escobar, "A New Time for Mission", 2.. Las citas que siguen proceden del mismo documento.

Este fue un terreno teológicamente fértil y un trampolín misiológicamente relevante, ya que Escobar llegó a argumentar que "el testimonio fiel por Cristo en la atmósfera hostil de los campus secularizados preparó a estos estudiantes para ser misioneros más sensibles en el extranjero. Tenían mejor formación que los que habían vivido dentro de los estrechos confines intelectuales y la atmósfera protegida de las escuelas cristianas y los institutos bíblicos." Estas experiencias recogidas en el campo del ministerio estudiantil no se habían ocultado, sino que, a su vez, se habían ofrecido a la iglesia en general. Como Escobar señaló además

> No es pues sorprendente observar cómo misioneros y estudiosos de la teología que publicaron sus primeros escritos en publicaciones periódicas de movimientos estudiantiles a mediados de este siglo, se convirtieron más tarde en influyentes misiólogos, abriendo nuevos caminos para una comprensión más bíblica de lo que debe ser la misión. Este tipo de capacidad evangélica para tratar con la secularidad es indispensable para una verdadera postura misionera en una era postcristiana.

A ojos de Escobar, la globalización era el principal reto para una organización misionera de alcance mundial, sobre todo por el uso que el capitalismo hace de los canales de comunicación para llevar "los últimos aspectos de la cultura occidental como mercancía a los rincones más remotos del mundo". Sin embargo, Escobar no era un defensor del atraso técnico, ya que además destacaba los beneficios de las nuevas tecnologías y de una comunicación más fácil. IFES simplemente seguía los pasos de "Las misiones protestantes [que] tenían un componente modernizador en su insistencia en la traducción de la Biblia, la alfabetización, la *formación de líderes para los laicos*, y también en su uso de la medicina moderna y la comunicación de la tecnología básica."

El ponente era consciente del potencial de las fuerzas atomizadoras para fragmentar una organización tan diversa como IFES. De ahí su advertencia de que "los misioneros se verán atrapados en la tensión entre globalización y contextualización, y también tienen que evitar una actitud provincialista que exagere la contextualización en detrimento de una conciencia global bíblica". Los cambiantes paisajes políticos y las reivindicaciones nacionalistas significaban que los misioneros necesitaban "volver a los fundamentos del Evangelio y desvincularse de los adornos culturales occidentales que, consciente o inconscientemente, caracterizaron las misiones durante la era imperial en el siglo XIX y principios del XX".[96]

Escobar no se desvió de su compromiso misiológicamente informado de implicarse en cuestiones de justicia social:

> Los proyectos misioneros de este tipo no son solo el resultado de una nueva conciencia entre los cristianos sobre una responsabilidad social basada en la Biblia. Son también la respuesta inevitable al empeoramiento de las condiciones sociales que han creado muchas víctimas, convirtiéndose en un nuevo reto para la compasión cristiana. Los movimientos IFES han contribuido al discipulado y a la formación de líderes en muchos de estos proyectos en los que se requiere un enfoque interdisciplinar.

Escobar demostró una sorprendente capacidad para prever los acontecimientos que pronto se apoderarían del mundo, hizo un llamado estridente a la reconsideración de las estructuras eclesiales y paraeclesiales teniendo en cuenta las tendencias que observaba en el mundo estudiantil:

> En el nuevo siglo que pronto comenzará, las nuevas generaciones de estudiantes necesitan ver una presencia cristiana y escuchar el Evangelio de Jesucristo en sus campus de todo el mundo. Estarán menos interesados en conceptos y más abiertos a historias, poemas y canciones. Tendrán acceso a Internet y a páginas web. Tendrán a su disposición experiencias religiosas virtuales con solo pulsar un teclado. Aun así, estarán hambrientos de compañerismo y de un auténtico toque personal de realidad. Los testigos cristianos necesitarán estar llenos del Espíritu que es el que impulsa a la gente a la misión. También tendrán que aprender el arte de contar historias, dominar las complejidades de la creación de páginas web, iniciar y alimentar comunidades de creyentes comprometidos, comprometerse en el servicio en nombre de Cristo, celebrar su

---

96. "Contextualización" es una palabra discutida entre misiólogos y teólogos en general. En este trabajo, la utilizo en el sentido indicado por Flemming: "el proceso dinámico y global por el que el evangelio se encarna dentro de una situación histórica o cultural concreta. Esto sucede de tal manera que el evangelio llega a expresarse auténticamente en el contexto local y al mismo tiempo transforma proféticamente el contexto. La contextualización busca capacitar al pueblo de Dios para vivir el evangelio en obediencia a Cristo dentro de sus propias culturas y circunstancias". Dean E. Flemming, *Contextualization in the New Testament: Patterns for Theology and Mission* (Westmont: InterVarsity Press, 2009), 19. Véase también Dean Gilliland, "Contextualization", en *Evangelical Dictionary of World Missions*, eds. A. Scott Moreau, Harold A. Netland y Charles Edward van Engen (Grand Rapids: Baker, 2000).

fe y averiguar cómo servir al Señor en sus profesiones allí donde les llame.

Instar a la comunidad a abrazar nuevos retos era coherente con el entusiasmo de Escobar por un ministerio al que había consagrado tantos años. Concluyó su apasionado alegato subrayando que IFES estaba bien posicionada para afrontar los retos que se avecinaban debido a la solidez de sus cimientos y a la versatilidad de sus enfoques, y que podía confiar en el hecho de que "hasta ahora IFES ha sido un instrumento útil para la misión".

Debates profundos para el fin del milenio

> El antiguo debate entre cristianos sobre la relación entre evangelización y acción social parece haber llegado a su fin. Entre nosotros se reconoce ampliamente que, al igual que en el ministerio de Jesús, en el nuestro, las palabras y las obras, la proclamación y la demostración del Reino, las buenas nuevas y las buenas acciones, van de la mano. El Evangelio debe difundirse tanto visual como verbalmente. Estas dos cosas son "como las dos hojas de unas tijeras o las dos alas de un pájaro".[97]

Encendidos por los discursos de Stott y Escobar, el Comité General debatió largamente cuestiones de justicia social, en términos más estridentes que los escuchados en 1995. Estaban ocurriendo cosas sobre el terreno: un delegado israelí señaló que "hay grupos que han proporcionado comidas a estudiantes y residencia a estudiantes. Es importante que reconozcamos estos ejemplos de misión estudiantil en nuestro trabajo. No es solo por este informe, sino por el bien de las misiones en el mundo".[98] Un delegado suizo se mostró "muy sorprendido y feliz al mismo tiempo de ver en esta conferencia el inicio de las cuestiones sociales", aunque también se preguntó por qué no se había dedicado más espacio a esta cuestión en el borrador del plan global. A esto, Brown respondió que "nos preocupaba poner demasiadas cuestiones sociales en el documento, ya que esto puede ser un asunto muy nacionalista. Somos cautelosos [para no] resaltar un enfoque sobre ninguna cuestión en particular. Podemos añadir algo más si lo desean". El delegado colombiano

---

97. John Stott, "Evangelical Essentials: Plenary Address to IFES WA 1999" (Hyundai Learning Center, Yong-In, Corea del Sur, 23 de julio de 1999), 1, IFES e-archives, GC 1999 papers.

98. "Minutes of the Meeting of the Fifteenth General Committee" (1999), 11. Las citas que siguen proceden del mismo documento.

fue más allá, "respetuosamente confies[o] mi angustia por la observación de que las cuestiones sociales solo conciernen a los movimientos nacionales. Esto podría ser una manera de ayudar a la Comunidad a comprender que las preocupaciones nacionales/locales sí nos afectan como Comunidad". Ante este nuevo comentario, Brown dijo que aceptaba la reprimenda y sugirió un grupo de trabajo para abordar la cuestión.

Al día siguiente, VBG Suiza presentó una moción para "crear un grupo de trabajo que investigue la base bíblica de la misión y la justicia social y sus implicaciones en el testimonio estudiantil global de la familia IFES". Algunos delegados respondieron apoyando la moción, pero advirtiendo de que muchos elementos doctrinales ya existían, puesto que la "base bíblica de la misión [ya estaba] bien articulada en los documentos oficiales de IFES" (Kenia), o que "todos estamos de acuerdo con la teología de que todo es misión" (Portugal). Otros se opusieron más o menos rotundamente, preguntándose cómo relacionar "la moción en cuestión y nuestros objetivos" (España), mientras que a otros les preocupaba que "sonáramos como la ONU o como un movimiento estudiantil liberal" (Finlandia).

El delegado de FES en Hong Kong expresó la impresión de que "IFES no puede barrerlo bajo la alfombra y acojo con satisfacción la delicadeza de esta moción para crear un grupo de trabajo que investigue". No veo nada que rechazar en esta moción. No hay nada malo en investigar una cuestión de misión bíblica". Al final, esta opinión se impuso y la moción fue aprobada.[99] El debate se reavivó en otra moción dedicada al ministerio de graduados, presentada por la delegación brasileña, en la que se sugería que

> fomentaremos el compromiso con la misión integral entre los graduados de la Comunidad. Deseamos seguir contribuyendo al discipulado y a la formación de líderes en proyectos misioneros. En la medida de lo posible, proporcionaremos formación en las áreas de servicio cristiano y animaremos a nuestros graduados a considerar puestos *en los que puedan servir a los demás para que realicen una contribución profética a la vida de sus naciones.*[100]

Especialmente la última frase provocó un importante debate, siendo el principal punto de controversia si dicho ministerio correspondía al ámbito

---

99. Con un voto en contra y siete abstenciones de un total de 105 votos.

100. "Minutes of the Meeting of the Fifteenth General Committee" (1999), 18; énfasis añadido.

de IFES o al de las iglesias locales. En una de las votaciones más ajustadas de cualquier CG en la historia de IFES, la moción fue aprobada.[101]

---

101. Cincuenta y siete votaron a favor, cuarenta y cinco en contra y tres se abstuvieron.

9

IFES en un nuevo milenio

Por razones metodológicas obvias, la sección histórica formal de esta obra finaliza en el año 2000. Examinar el trabajo de personas que, en su mayor parte, siguen muy vivas y gozan de buena salud llevaría al historiador a un territorio inexplorado y posiblemente impediría el aconsejable distanciamiento necesario para una investigación reflexiva y tentativamente objetiva. De ahí que este capítulo sea solo un somero esbozo de algunos de los acontecimientos y personas más destacados de los últimos años.

La década de 2000 fue una época de nuevos territorios: desde el punto de vista geográfico, la comunidad siguió acogiendo nuevos movimientos nacionales. Desde el punto de vista técnico, los correos electrónicos y las páginas web entraron en el mundo de la comunicación. En 2001, la oficina de IFES se trasladó a la antigua ciudad universitaria de Oxford. En 2007, se eligió al primer SG africano, Daniel Bourdanné, nacido en Chad. Al año siguiente, se lanzó un nuevo plan estratégico global resultante de un ejercicio de consulta con los movimientos nacionales, "Piedras Vivas". Destacando el texto de 1 Pedro al que volveremos, describe así la IFES:

> Somos una comunidad global de movimientos estudiantiles autorrefenciales, llamados a conectar a la Universidad con las buenas nuevas de Jesucristo.
>
> Nuestra visión: Estudiantes edificados en comunidades de discípulos, transformados por el evangelio e impactando la Universidad, la Iglesia y la sociedad para la gloria de Cristo.[1]

---

1. International Fellowship of Evangelical Students, ed., "Living Stones: IFES Vision to 2020" (2008), 2.

Nótese que lo "autorreferencial" se había abierto paso en la identidad oficial de IFES; también lo había hecho la noción de que había que conectar con la universidad.[2] Del mismo modo, se reconocía explícitamente a la iglesia como el horizonte del ministerio de la comunidad, lo que marcaba un cambio significativo y demostraba una creciente seguridad en sí misma en el terreno eclesiológico.

En lo que respecta a la participación de los estudiantes, dos movimientos importantes marcaron la reunión de la Asamblea Mundial (AM) de 2011 en Polonia. La primera fue un *encuentro estudiantil* que permitió al número deliberadamente creciente de estudiantes que asisten a las Asambleas Mundiales reunirse entre ellos y establecer conexiones internacionales. La segunda, tras años de largos debates, fue la inclusión de dos delegados estudiantiles en el Ejecutivo de IFES.[3] Ese mismo año, se formó un equipo global de "Compromiso con las Escrituras" para animar a los estudiantes y al personal de todo el mundo a renovar y mantener su compromiso con las Escrituras.

En 2011, el Centro Internacional de Servicios de IFES, como se llamaba ahora la oficina de Oxford, se trasladó a un edificio de propiedad conjunta con la UCCF. En 2013, se puso en marcha el programa "Desarrollo de la gobernanza", destinado a apoyar a los movimientos nacionales en el desarrollo de estructuras de gobernanza sólidas y éticas. En la misma línea, se formó un equipo de "Impacto del Ministerio", que ayuda a los movimientos miembros a evaluar sus áreas de crecimiento y desarrollo potencial, y comenzó un ministerio de "Indigenous Support Development [Desarrollo del Apoyo Autorreferencial]", que apoya a los movimientos nacionales en la recaudación de fondos a nivel local, reduciendo así su dependencia del apoyo internacional.

En 2015, otro movimiento institucional significativo fue añadir una *red de académicos* a la reunión de la Asamblea Mundial en México, lo que marcó un interés continuo por cuidar a los académicos estrechamente vinculados con los movimientos IFES. Aprovechando estos encuentros, el proyecto "Grandes preguntas en la universidad", fundado por la Fundación Templeton, dio formalmente un nuevo impulso a la implicación de las universidades. Ese mismo año, se inauguró en Kuala Lumpur una nueva oficina internacional que presta servicios de apoyo informático a toda la comunidad.

---

2. La universidad como institución para el horizonte de la IFES empezó a cobrar importancia con el simposio "Conectar con la universidad" organizado inmediatamente antes de la AM 2007 en Toronto.

3. En aras de la transparencia, debo añadir que yo fui uno de ellos.

En 2016, la "Iniciativa de Liderazgo Global" convocó a un selecto grupo de quince jóvenes líderes prometedores de todo el mundo para la primera cohorte de un programa de tutoría de tres años de duración.

En la última AM hasta la fecha fue en 2019. El año fue agitado, marcado por la nominación y luego retractación de Chris Clarke de Nueva Zelanda para suceder a Daniel Bourdanné como SG. Más unánime fue la acogida en IFES de los movimientos nacionales de Camboya, San Vicente y las Granadinas, Islas Salomón, Islas Caimán, Vanuatu, Myanmar, Islas Feroe, Montenegro, Guinea-Bissau, Granada y otros dos países de Eurasia y Europa que no se nombran por razones de sensibilidad política.

Más recientemente, en 2020 se lanzó la "Iniciativa Logos y Cosmos", destinada a fomentar un compromiso más profundo con la teología y las ciencias dentro de IFES, con las regiones de América Latina y África francófona como campos piloto. Ese mismo año, el inglés Tim Adams fue nombrado SG, y pronto anunció que se pondrían en marcha las nuevas prioridades estratégicas, sobre las que la dirección de la comunidad había estado consultando a toda la organización durante más de un año. El documento "Creciendo juntos: El ministerio de IFES hasta 2030" se hizo oficial a principios de 2022.

Conclusión provisional: La historia por escrito

Los capítulos precedentes han ofrecido un breve repaso de algunos de los hechos, desarrollos e ideas más destacados que han conformado la historia de IFES. De una reunión modesta y un tanto aventurera de algunos cristianos veteranos interesados en la labor misionera en las universidades surgió una organización internacional de amplio alcance geográfico. Esta sección histórica pretendía proporcionar al lector una buena idea de las tendencias teológicas y misiológicas que han conformado la identidad de IFES. En la siguiente parte, paso a examinar más de cerca las principales actividades de IFES, antes de examinar recursos teológicos y misiológicos más sustanciales, para mostrar cómo este ministerio para estudiantes laicos puede entenderse mejor enmarcándolo bajo la doctrina del "sacerdocio de todos los creyentes".

Parte 2

Actividades de IFES

10

El funcionamiento práctico del ministerio dirigido por estudiantes

Hasta ahora, la parte histórica de este trabajo ha supuesto el relativo conocimiento del lector sobre las actividades de un grupo de IFES. Sin embargo, ahora es necesario presentar estas actividades con más detalle para trazar las preguntas teológicas, eclesiológicas y misiológicas que pueden plantear las actividades – y las respuestas a las que ha llegado IFES.

Las actividades centrales de IFES de testimonio, oración, lectura de la Biblia y comunión presuponen convicciones teológicas sobre la *inmediatez*, la *mediación* y la *afiliación*. En 1959, Adeney – posterior presidente de IFES – esbozó los principios básicos de la visión de IFES: "Para ser eficaz, una comunidad cristiana en el campus debe tener un triple objetivo: (1) Fortalecer la fe de los que ya son cristianos (2) Presentar a Cristo a los no cristianos (3) Preparar a hombres y mujeres para el servicio del Reino de Dios".[1] Así pues, los estudiantes de IFES se reúnen en función de su fe personal *inmediata*, *participan* en una comunidad que la sostiene y profundiza, con el propósito de transmitirla a su entorno a través de un trabajo misionero de primera línea. Todas estas actividades cuentan con el apoyo de miembros del personal que *median en* la autoridad de la comunidad – aunque en diversos grados – y animan a los grupos locales a permanecer en comunión no solo con IFES sino con la tradición cristiana más amplia a través del compromiso teológico y la pertenencia a una iglesia local.

---

1. Adeney, "Student Work", 4.

Dar testimonio

Un marcador esencial de la identidad evangélica es su insistencia en compartir la fe. Esto explica la insistencia de la comunidad en la necesidad y la urgencia de *evangelizar* o *dar testimonio*. Como observa Zald, las organizaciones religiosas tienen una mentalidad misionera inherente: mantienen "creencias teológicas e ideológicas sobre la relación de los individuos y los grupos entre sí, con la sociedad y con la vida buena y justa".[2] Scheitle concluye que

> A menos que esas creencias exijan una retirada completa del mundo, el creyente suele sentirse inspirado y obligado a intentar moldear el mundo según la visión descrita por sus creencias. Este es el papel de la divulgación, que consta de cuatro temas u objetivos: conversión, comunidad, comunicación y caridad.[3]

Más que el término "divulgación", la idea de "testimonio" es fundamental para la autocomprensión de los grupos IFES. La palabra se utiliza para describir la *mediación de la propia fe* ante otra persona. Como insiste Jochemsen, "testimonio es una palabra que utilizamos con frecuencia en IFES y con razón. Es una de las palabras del Nuevo Testamento que describe un elemento importante de la misión de la iglesia y del cristiano en el mundo".[4] Los aspectos de "formación y equipamiento" de las actividades de un grupo IFES son esenciales. Como Escobar expone con contundencia

> Los grupos se forman no como un refugio donde proteger la fe de los estudiantes, ni como células donde proyectar el ambiente de la iglesia en el campus. Son más bien puntos donde los discípulos pueden crecer porque están comprometidos en la misión y en ese proceso su fe se fortalece y se comprende en un sentido más profundo.[5]

Las actividades de testimonio adoptan dos formas principales: la *evangelización personal* y la *misión universitaria*. Como su nombre indica, el evangelismo *personal* describe todos los encuentros en los que los estudiantes comparten deliberadamente actividades y debates con sus compañeros para

---

2. Zald, "Theological Crucibles", 317.

3. Christopher P. Scheitle, *Beyond the Congregation: The World of Christian Nonprofits* (Nueva York: Oxford University Press, 2010), 40.

4. Henk Jochemsen, "Authentic Christian Witness Demands Authentic Christian Service: Lecture Given at the International Student Conference Held at Schloss Mittersil in August 1989", *IFES Review* 29 (1990): 35.

5. Escobar, "Evangelical Heritage", 9.

animarlos a considerar el evangelio por sí mismos. Esto también puede ocurrir en el contexto de las reuniones semanales de grupo, a las que los estudiantes del IFES invitan a sus amigos. La idea principal de las *misiones universitarias* es que el Evangelio debe proclamarse en el campus como una *verdad pública* y no solo como una *creencia privada*. La explicación de Barclay sobre las "misiones universitarias", tal y como se entendía desde los primeros tiempos de la CICCU, ha prevalecido en su mayor parte hasta nuestros días en el seno de IFES, por lo que merece la pena citarla íntegramente:

> Las misiones brindan una oportunidad única de presentar todo el mensaje cristiano con la autoridad de Dios. En las universidades se tiende a considerar las opiniones religiosas como meras opiniones humanas abiertas al debate y a la discusión y que no tienen más autoridad que la autoridad pasajera de la moda académica del momento. Los sermones, y especialmente las misiones, daban la oportunidad de decir claramente que Dios ha hablado y de esbozar lo que ha dicho. Había un lugar para la discusión que conducía a una misión o para persuadir a la gente de que acudiera a escuchar la predicación. Había un lugar para ello como seguimiento posterior a una misión. Pero la CICCU creía que, a menos que hubiese una declaración autorizada del mensaje como palabra de Dios, fallamos a nuestros oyentes. Las Misiones centraron esta preocupación y dejaron claro que el CICCU tenía un mensaje que declarar.[6]

Aquí, el grupo de estudiantes se presenta como *mediador* entre la universidad y Dios. Sin embargo, esta mediación no es *inmediata*, en el sentido de que viene un orador. Los estudiantes no "predican" en las semanas de misión. Se espera de ellos que "den testimonio" personalmente. Sin embargo, si el objetivo de la "misión" es "transmitir un mensaje", el grupo de estudiantes proporciona estructuralmente la plataforma para que un orador invitado "declare el mensaje". Al menos desde el punto de vista organizativo, no existe aquí un "sacerdocio de todos los estudiantes". Los estudiantes que preparan el escenario son, como mucho, "sacerdotes" en un grado secundario, ya que podrían discutir la charla y, por tanto, el mensaje con sus amigos asistentes.

---

6. Barclay, *Jesus Lane Lot*, 128.

Oración

Como estudiantes cristianos testigos de una realidad fundamentalmente trascendente, la oración es de suma importancia y se acerca más a la idea de las actividades sacerdotales. Al presentar un retrato del "estudiante IFES ideal", Woods hace hincapié en la combinación de la oración y el estudio – notablemente personal – de las Escrituras:

> En nuestras universidades, ¿cuál es nuestro ideal de estudiante cristiano? Seguramente es el hombre o la mujer cristianos dirigidos interiormente, *que han aprendido a encontrar sus recursos en Dios y no en la actividad colectiva del grupo. Este estudiante está espiritualmente destetado y encuentra su alimento por sí mismo en la oración y el estudio de la Biblia ayudado por el Espíritu Santo*... Ha aceptado la ley de Dios como su regla de vida a cumplir en el poder del Espíritu Santo y sobre esta base puede emprender la tarea de la evangelización con seguridad y en dependencia solo de Dios.[7]

El trasfondo individualista es aquí más evidente que en la mayoría de los escritos de Woods. Lo que cuenta para el "estudiante ideal" es confiar en su relación *inmediata* con Dios. Aun así, la oración no se entiende únicamente como un instrumento para preparar a los estudiantes a dar testimonio. También se entiende como un acto de testimonio en sí mismo. Chua afirma este potencial, señalando que

> Los estudiantes no cristianos detectan rápidamente cualidades como el amor entre los cristianos y la relación íntima entre éstos y su Señor, especialmente a través de la oración espontánea. El segundo elemento apoya al primero y la unión del testimonio propositivo y el encarnacional constituye sin duda un impulso eficaz en la evangelización.[8]

Del mismo modo, escribiendo desde el contexto asiático, Adeney vincula la piedad personal con cuestiones de liderazgo, subrayando la importancia de la responsabilidad personal por la propia fe y el testimonio frente a la tentación de delegarla en líderes eclesiales experimentados:

---

7. C. Stacey Woods, "The Inner-Directed Christian", *IFES Journal* 1 (1966): 19; énfasis añadido.

8. Chua Wee Hian, "Staff Letter 8" (julio de 1973), 8, BGC Box nº 5.

> La enseñanza de cristianos más experimentados es bienvenida, pero esa ayuda nunca debe hacer que los estudiantes cristianos se vuelvan dependientes de profesores y asesores externos. A través de la comunión en la oración y de los grupos de estudio bíblico dirigidos por los estudiantes, los jóvenes cristianos experimentan el liderazgo del Espíritu Santo. Los estudiantes no cristianos pueden desconfiar de las actividades de los obreros y las organizaciones externas, pero seguro que quedan impresionados cuando ven a sus compañeros disfrutar del estudio de la Palabra de Dios y presentar a Cristo con sinceridad y seriedad a sus amigos.[9]

Resulta significativo que Adeney no vincule el atractivo de la fe cristiana a su anclaje tradicional o a su carácter veraz, sino a su relevancia existencial y personal para los de afuera. Su argumento presupone la conveniencia de relacionarse con Dios, pero dicha conveniencia se presupone a su vez de la *pertenencia* a una comunidad solidaria y afectuosa. Esto podría interpretarse como *un sacerdocio indirecto*, ya que aquí los estudiantes actúan como mediadores de Dios y la comunión que disfrutan con él a la que invitan a sus compañeros no ocurre necesariamente en términos propositivos, sino en la experiencia vivida. Los primeros líderes de IFES también lo interpretaron como una consecuencia directa del "sacerdocio de todos los creyentes". Ejemplo de ello es Wisløff:

> En cierto sentido, todos los creyentes son sacerdotes. Pedro llama a los creyentes "un sacerdocio santo" (1 Pedro 2:5). Los que creemos en Jesús tenemos en su nombre el derecho de acudir directamente ante el trono de Dios con nuestras oraciones; no necesitamos ningún sustituto ni intercesor del sacerdote. Todos los creyentes son iguales ante Dios. Por eso hablamos del "sacerdocio universal de los creyentes".[10]

Este sentido de *inmediatez* con Dios, aquí asumido para la oración, está implícito en gran parte de la hermenéutica que sustenta el trabajo de

---

9. Adeney, "Student Work", 8.

10. Carl F. Wisløff, *I Know in Whom I Believe: Studies in Bible Doctrine*, original noruego de 1946 (Minneapolis: AFLC Seminary Press, 1983), 126. El luterano Wisløff formó parte de la punta de lanza del movimiento pietista en Noruega. Además, "Wisløff también enfatizó enérgicamente el sacerdocio de todos los creyentes e instó a la libertad de las organizaciones y sociedades cristianas dentro de la Iglesia de Noruega". N. Yri, "Wisløff Carl Fredrik," en *New Dictionary of Theology*, eds. Sinclair B. Ferguson, David F. Wright y J. I. Packer (Downers Grove: IVP, 1988), 726.

IFES. Aunque la importancia de la oración no se debatía en el seno de IFES, existían opiniones divergentes sobre sus características exactas. Por ejemplo, Bentley-Taylor señaló de una de sus giras africanas que "se les había sugerido que un verdadero cristiano pasa cinco horas al día en oración, habla solo de Cristo y está totalmente libre de tentaciones. Me alegró la oportunidad de reconsiderar estas cuestiones con algunos de los líderes".[11] Del mismo modo, en América Latina, la oración personal no se consideraba una panacea: "Los evangélicos han descubierto el privilegio de la oración personal y de la lectura de la Biblia. Pero en términos de iniciativa estratégica en la evangelización, el 'pastor' a menudo ha sustituido simplemente al 'padre.'"[12] Esto demuestra que las diferencias regionales abundan en una comunidad muy diversa a pesar de un compromiso común con las prácticas espirituales básicas.

Lectura de la Biblia

> Hay muchas pruebas dentro de los movimientos miembros de la Comunidad Internacional de Estudiantes Evangélicos de que más estudiantes universitarios se han convertido realmente a través del estudio de la Biblia que a través de cualquier otro medio.[13]

La lectura de la Biblia siempre ha tenido un papel importante en la historia de quienes están relacionados con IFES. Su visión de la Biblia ha dado forma a prácticas, declaraciones de visión, enseñanzas, publicidad e incluso controversias. Es importante ver la conexión entre cómo IFES entiende el "sacerdocio de todos los creyentes" en IFES y su manejo de la Biblia. El enfoque de los pietistas moravos, Spener y Francke, configuró la forma en que los primeros líderes de IFES veían la importancia estratégica del estudio de la Biblia en el contexto universitario.[14]

La noción de que la Biblia puede leerse y comprenderse de forma *inmediata* es primordial para la idea de un "sacerdocio de todos los estudiantes" dentro de IFES. Según Adeney, ésta es una de las principales diferencias que aporta IFES a la constelación de organizaciones de pastoral estudiantil:

> En algunas organizaciones juveniles cristianas, los alumnos tienen pocas oportunidades de estudiar la Biblia por sí mismos.

---

11. Bentley-Taylor, "African Diary", 31.
12. Hanks, "Paternalistic", 2–3.
13. Woods, *Some Ways*, 102.
14. Johnson, *Brief History*, 29.

Escuchan un gran número de sermones, asisten a clases bíblicas donde pueden recibir una enseñanza excelente, y sin embargo nunca llegan al lugar donde puedan descubrir por sí mismos el privilegio de buscar verdades espirituales en su propio estudio bíblico personal, o guiar a un grupo de sus amigos hacia las alegrías de un estudio en grupo de la Palabra de Dios.[15]

Aunque critica ese enfoque por considerarlo potencialmente demasiado individualista, Greggs señala con astucia que la doctrina del "sacerdocio de todos los creyentes" no puede entenderse adecuadamente al margen de la doctrina de las Escrituras. De hecho, dado que el "biblicismo" es una característica central del evangelicalismo,[16] es esencial señalar que lo que se dice y se cree sobre la Biblia es también el resultado de la lectura de la Biblia y no únicamente de un principio hermenéutico superpuesto:

Decir que es una condición del principio de *sola scriptura* es decir que es una doctrina que sugiere que todos los lectores de las Escrituras pueden leer el texto sin mediación de otro y escucharlo como la Palabra directa de Dios; y – además – que el texto puede leerse como la Palabra directa de Dios sin estar gravado por la interpretación de un mediador o cuerpo de mediadores particular.[17]

Sin embargo, esto no se limita al evangelicalismo. Kraemer también vincula el empoderamiento de los laicos a un redescubrimiento profundo de la Biblia:

Para recuperar un "cristianismo adulto" es indispensable para la Iglesia en su conjunto una inmersión en la Biblia y en su forma directa y sin ambigüedades de hablar de Dios y de su centralidad. Especialmente indispensable para los laicos, si se les quiere capacitar para que lleguen a ser lo que a menudo se les llama hoy en día: la punta de lanza de la Iglesia, y no su retaguardia vacilante. El primer y gran mandamiento: "Amarás al Señor tu Dios con todo tu corazón, y con toda tu alma y con toda tu mente" (Mateo 22:37) es imperativo para todos los miembros de la Iglesia, no para una

---

15. Adeney, "Student Work", 5.
16. Bebbington, *Evangelicalism in Modern Britain*, 2–18.
17. Tom Greggs, "Priesthood of No Believer: On the Priesthood of Christ and His Church", *International Journal of Systematic Theology*, 17, no. 4 (1 oct. 2015): 378.

ínfima parte, y en consecuencia, todos los miembros deben ser abordados sobre esa base.[18]

En IFES, se supone que la Biblia es *inmediatamente accesible*. Sin embargo, la creciente producción de literatura sobre la Biblia procedente de las imprentas de los movimientos nacionales o directamente patrocinada por IFES desmiente la autonomía de los individuos o de los pequeños grupos de laicos para leer la Biblia por su cuenta y alcanzar una comprensión suficiente.[19] Toda una infraestructura apoya los bastidores del encuentro "directo" con la Biblia. Al "encuentro entre bastidores" contribuyen las prácticas devocionales, los comentarios, los diccionarios y las guías de estudio (devocionales diarias) publicadas por muchos movimientos IFES. Además, la *inmediatez* de las Escrituras no ha quedado sin respuesta, y aunque éste no sea el lugar para ofrecer un debate completo sobre las cuestiones epistemológicas en juego, conviene esbozar algunos de los aspectos más destacados de la crítica, especialmente en lo que se refiere al contexto del ministerio estudiantil.[20]

Al poner una tradición bajo la lupa, es interesante observar los puntos en común entre el enfoque de *estudio bíblico inductivo* que se defiende con más frecuencia en los círculos de la IFES y el método de estudio de Reuben Torrey.[21] Éste escribe en el prefacio de una de sus principales obras

> Esta obra es simplemente un intento de estudio y exposición inductivos, cuidadosos, imparciales, sistemáticos y exhaustivos de la verdad bíblica. El método del libro es rígidamente inductivo. Se reúne el material contenido en la Biblia, se escudriña cuidadosamente y luego se expone lo que se ve que contiene en los términos más exactos posibles. En primer lugar, se busca la exactitud de la exposición en cada caso, y después la claridad de la misma.[22]

---

18. Hendrik Kraemer, *A Theology of the Laity* (Filadelfia: Westminster, 1958), 118.

19. Lowman insiste en que "es lo que la Escritura realmente dice – no lo que malinterpretamos que dice – lo que Dios dice". Pete Lowman, "What Scripture Says, God Says", *In Touch* 3 (1982): 5.

20. Para un relato crítico, véase Brian Malley, *How the Bible Works: An Anthropological Study of Evangelical Biblicism* (Walnut Creek: AltaMira, 2004).

21. Véase Timothy Gloege, "A Gilded Age Modernist: Reuben A. Torrey and the Roots of Contemporary Conservative Evangelicalism", en *American Evangelicalism: George Marsden and the State of American Religious History*, eds. Darren Dochuk y Thomas S. Kidd (Notre Dame: University of Notre Dame Press, 2014), 199–229.

22. Reuben Archer Torrey, *What the Bible Teaches: A Thorough and Comprehensive Study of What the Bible Has to Say Concerning the Great Doctrines of Which It Treats* (Nueva York: Fleming H. Revell, 1898), 1..

Torrey especifica a continuación que, aunque no recurre directamente a las lenguas originales, su obra "se basa en un estudio minucioso del texto original tal como lo han decidido los mejores críticos textuales".[23] La premisa según la cual una lectura "inductiva" de la Biblia hace más probable el acceso a su sentido llano, frente a las lecturas de tipo confesional, es primordial para comprender cómo se concibe la lectura de la Biblia dentro de los círculos IFES.

El corolario de la atribución de un "sentido llano" a la Biblia es la ausencia de cualquier *mediador* entre el texto y el lector. Esto socava cualquier mediación clerical entre los estudiantes y los textos que se les anima a leer. Existen conexiones evidentes entre el enfoque de Torrey y las necesidades de cooperación interconfesional. Las consecuencias misiológicas también son evidentes: si las Escrituras tienen un significado llano accesible a cualquier lector de buena voluntad, significa que debería ser aún más evidente que los estudiantes, cuya ocupación diaria es trabajar por la comprensión, se enfrenten a la Biblia.

Sin embargo, todo el planteamiento también fue cuestionado desde dentro del IFES. Dos personalidades algo divergentes argumentaron contra el "estudio inductivo" desde dos ángulos diferentes. En primer lugar, Woods lanzó un ataque directo contra su dimensión populista. Mencionando lo que en su opinión fue una fase de baja ebullición en la vida de IV-USA, Woods deploró que,

> A pesar de los esfuerzos en sentido contrario, la exposición directa de la Biblia se fue en gran medida por la ventana, y reinó un débil estudio bíblico inductivo sin aplicación personal. Este drástico desequilibrio tuvo un pronunciado efecto negativo. Algunos parecían pensar que cualquier estudiante podía dirigir un estudio bíblico eficaz. Al parecer, se ignoró el don especial del Espíritu Santo, del maestro de la Biblia.[24]

De la cita anterior, el lector solo puede deducir el cambio que se ha producido a lo largo de la historia de IFES, y que se ha venido produciendo repetidamente: el movimiento de ida y vuelta entre la exposición y el estudio dirigido por los alumnos. El estudio bíblico *inmediato* no se considera la panacea, y en ocasiones los grupos han recurrido a expertos externos. A finales de la década de 1970, Chua observó que había "pocos grupos regulares de estudio bíblico en los campus [africanos], y los estudiantes africanos necesitan

---

23. Torrey, *What the Bible Teaches*, 1.
24. Woods, The Growth of a Work of God, 151.

que se les enseñe y entrene para manejar la Palabra de Dios por sí mismos".[25] De ahí que el SG acogiera con satisfacción los intercambios de obreros entre movimientos para que pudieran beneficiarse de la experiencia de los demás. Mientras que esto podría entenderse negativamente como una imposición extranjera de métodos – nótese la ironía de que la gente necesite que se le "enseñe" a "hacer las cosas por sí misma" – los movimientos africanos en este ejemplo no se vieron privados de margen de maniobra. Al contrario, IFES tenía un mandato claro para sus emisarios, que consistía en "trabajar por sí mismos".[26]

Desde un ángulo completamente diferente, Escobar se quejaba ya en 1970 de que "la observación de los hábitos y programas de estudio de la Biblia me ha llevado a la convicción de que un énfasis desequilibrado en el estudio inductivo, más la influencia de la Biblia de Scofield en la mayoría de nuestras escuelas bíblicas y seminarios, han dado a la gente una visión fragmentada de la Palabra de Dios".[27] Explicó la necesidad de desarrollar materiales didácticos para ayudar a los estudiantes a recuperar una visión más global de la Biblia. Esa visión global considera la Biblia como una lente formativa a través de la cual se puede ver la universidad y contextualizar la misión. El "pensamiento cristiano" siempre estuvo en la agenda de IFES. Johnston estaba convencido de que

> A medida que los estudiantes aprenden a llevar todo concepto cautivo a Cristo y a aplicar los principios bíblicos a las situaciones morales y sociales con las que se encuentran en la universidad, más tarde podrán proporcionar a sus compañeros cristianos una filosofía de vida adecuada reflexionando bíblicamente sobre cuestiones de su propia disciplina académica o de la esfera política, social o industrial en la que se encuentren.[28]

La noción llamativa de este argumento es que esta contribución cristiana se producirá probablemente *tras su paso por la universidad* y servirá de forma distintiva a *sus compañeros cristianos*. Aunque implícita, la idea subyacente es que los estudiantes de IFES *transmitirán al* resto de la comunidad académica su visión del mundo conformada bíblicamente.[29] La idea de un "sacerdocio

---

25. Chua Wee Hian y Padilla, "God's Work in the World Today", 170–71.
26. Chua Wee Hian y Padilla, 170–71.
27. Samuel Escobar, "Report of the Associate General Secretary at Large" (Raglan, Nueva Zelanda, 18 de agosto de 1978), 1, IFES e-archives, actas del CE 1978, apéndice E.
28. Johnston, "Student Witness", 10.
29. Esta mediación se apoya en una sólida infraestructura de libros publicados por los movimientos IFES.

de todos los lectores de la Biblia", nunca enunciada así en los documentos del IFES, descansa en una estrecha relación entre el reconocimiento de que la condición intelectual de los estudiantes no debe olvidarse cuando se habla del estudio de la Biblia. Algo sucede cuando un grupo de jóvenes estudiantes, cuyo principal trabajo es comprender ideas y procesos y desarrollar nuevas habilidades, se reúne en torno a un texto antiguo para entenderlo. El grupo suele ser interdisciplinar, con múltiples niveles de pericia hermenéutica, perspicacia teológica o socialización religiosa. Si asisten al estudio personas no cristianas, se añade otro nivel de complejidad: los estudiantes cristianos comparten su fe y forman una comunidad que da testimonio de las personas que asisten como "visitantes" o "buscadores", como se les llame. Pueden postularse capas adicionales de identidad, como, por ejemplo, una comunidad de un ingeniero no cristiano y un ingeniero cristiano, que en algunos casos podría resultar hermenéuticamente más fructífera que la de dos cristianos, uno de los cuales estudia literatura y el otro química. La *mediación* de las Escrituras se entrelaza así con la negociación simultánea de múltiples identidades en la intersección del mundo académico y la iglesia.

El respeto a la autoridad de la Biblia y el consenso sobre la necesidad de su estudio son marcas decisivas de la identidad de IFES. Cualquier individuo tiene derecho a leer el texto por y para sí mismo.[30] Sin embargo, como se ha mostrado anteriormente, existe una tensión entre el acercamiento del individuo al texto, su experiencia e interpretación de lo leído y lo que otros hacen del mismo texto. La comunidad es el lugar donde se producen esos intercambios multidireccionales en diálogo con la tradición cristiana.

Comunión

> Dios nos da a conocer su amor personalmente a través de las relaciones dentro del cuerpo de Cristo por medio de su Espíritu Santo. Nuestra fe se elabora en el contexto de las relaciones, y el grupo de estudiantes puede proporcionar una valiosa oportunidad para elaborar este aspecto relacional de nuestra fe.[31]

---

30. Curiosamente, los documentos del IFES rara vez aluden al hecho de que la lectura privada de la Biblia es, históricamente, un fenómeno reciente. Este punto ciego podría explicarse sociológicamente: como los miembros de IFES son académicos, se sitúan implícitamente entre la élite alfabetizada, olvidando así que muchas personas piadosas de la historia de la Iglesia no tenían acceso a una Biblia de propiedad privada ni a la alfabetización en general.

31. Dransfield y Merritt, "'One-Another' Ministry", 37.

Las raíces pietistas de la organización presuponen, en efecto, la relación del individuo con Dios a través de la oración y el compromiso bíblico. Sin embargo, las reuniones de los grupos de estudiantes crean el marco para la edificación mutua y el testimonio comunitario. En la medida en que los estudiantes se reúnen regularmente para leer la Biblia, orar y dar testimonio, ya sea formal o informalmente, la comunidad desempeña el papel de un mecanismo de control y equilibrio frente al individuo y su potencial para dejarse llevar por sus propios intereses.

Y lo que es más importante, la comunidad es una *comunidad mediadora*. El hecho de que se considere necesario reunirse en grupos implica que la vida espiritual de los estudiantes carecería de perspectiva sin el aliento y la exhortación de los demás. Así pues, esta comunidad tiene un carácter *mediador* a dos niveles: mediación en el pensamiento cristiano en sentido amplio – en el caso de los de fuera – y mediación en el pensamiento IFES, la "historia social y teológica compartida"[32] que explora este trabajo. La práctica del estudio bíblico en el entorno académico refuerza, por tanto, las creencias y la comunidad. Pero además de los aspectos edificantes y misioneros del estudio de la Biblia, también sirve como preparación *para el resto de la vida*.

Bielo subraya el valor de un compromiso dialógico regular y sostenido: "Hay algo que decir a favor de dedicar un tiempo prolongado cada semana explícitamente al acto de dialogar. Y hay algo que decir a favor de sostener comunidades que den prioridad a la conversación abierta, reflexiva y crítica". [33]Tal tradición dialógica amplía los horizontes de los individuos, ayudándoles a desarrollar las habilidades necesarias para una vida universitaria exitosa. Para que esta dimensión se fomente deliberadamente, el estudio de la Biblia debe incluir explícitamente el compromiso con los asuntos académicos en todas las instancias para introducir el hábito dialógico del razonamiento escritural en las cuestiones propias de la universidad. Aun así, estudiar la Biblia en grupo no es la panacea. Woods, constantemente preocupado por el populismo, advierte de que "el gran peligro del estudio en grupo es que se permita que degenere en una especulación infructuosa en la que la reacción personal – "Me parece" o "Creo" – se convierta en la autoridad en lugar de la propia Escritura."[34]

La comunidad no solo es importante desde el punto de vista sincrónico, sino también diacrónico y geográfico. Tal apertura aprovecha el potencial de

---

32. James S. Bielo, *Words upon the Word: An Ethnography of Evangelical Group Bible Study*, Qualitative Studies in Religion (Nueva York: New York University Press, 2009), 51–52.

33. Bielo, *Words upon the Word*, 167.

34. Woods, *Some Ways*, 104.

una comunidad mundial para edificar a todos los miembros de la "comunidad hermenéutica" en la que "nos enriquecemos juntos, porque integramos en nuestra propia comprensión las lecturas de aquellos entre nosotros con una historia diferente. Y como su historia pasa a formar parte de nuestro patrimonio, su perspectiva 'evangélica' con la 'nuestra' se funde en una evangélica 'más rica'".[35]

Esta breve exploración del carácter mediador de la comunidad estudiantil pone de relieve que considerar el "sacerdocio de todos los creyentes" como una clave teológica y misiológica esencial no obliga en modo alguno a un enfoque individualista de la fe cristiana. Más bien al contrario, ya que los líderes de IFES siempre han insistido en que el encuentro con otros cristianos y no cristianos es fundamental para la propia identidad y el crecimiento como discípulo de Cristo.

A pesar de la fuerte insistencia en la jerga de IFES en que los estudiantes sean los líderes, la experiencia común de sus movimientos nacionales es que se necesita cierto apoyo para que los grupos estudiantiles se mantengan en el tiempo. Por lo tanto, me referiré ahora a la función de los miembros del personal.

El complejo papel de los obreros

Los miembros del personal se sitúan en la intersección del ministerio eclesiástico y paraeclesiástico.[36] Son profesionales, aunque a menudo sin formación profesional, con cierta formación teológica, pero en su mayoría no ordenados. Apoyan a los estudiantes, les imparten enseñanza y les sirven de mentores mientras desarrollan su fe y su vida cristianas durante sus años universitarios. Al resumir décadas de filosofía ministerial hacia el final de su mandato, Chua señaló que

> Desde nuestra fundación, nuestro principal objetivo han sido los estudiantes. Creemos que, bajo la autoridad de Dios, los estudiantes evangélicos pueden ser testigos de primera línea de Cristo en sus campus. Los estudiantes poseen dones y capacidades espirituales para dirigir sus comunidades y edificarse mutuamente

---

35. Niringiye, "Understanding of Our Ethos", 2.

36. La mayor parte de esta sección se ha escrito pensando en los miembros del personal de los movimientos nacionales. La mayoría de las observaciones que siguen se aplican también al personal de IFES regionales e internacionales. Véase más adelante, capítulo 15, para reflexiones detalladas sobre la noción de "paraeclesiástica".

en la fe. Nuestro objetivo expreso es que, a través de esta formación e implicación en el trabajo, estos estudiantes se formen como líderes. Por supuesto, necesitan el aliento y la aportación del personal. Pero, según la tradición de IFES, el personal no domina ni dirige la comunidad estudiantil. Actúan como formadores o entrenadores.[37]

El esbozo de Chua de las diferentes funciones asignadas a los obreros del personal ilustra la lógica implícita del "sacerdocio de todos los creyentes" que funciona en IFES: dado que los estudiantes de IFES tienen una relación directa con Dios (*inmediatez*), pueden ser testigos de primera línea (*mediadores*) de Cristo en sus campus. Esto tiene lugar en el contexto de su *pertenencia* a la comunidad IFES, así como en la iglesia. Por razones notablemente teológicas, el papel de los obreros del personal es subsidiario. Además, a pesar de su trasfondo universalista, el enfoque de Chua es lo suficientemente flexible como para adaptarse a las variaciones regionales.[38] Lo que se observa aquí es una preocupación misiológica por el desarrollo de la dinámica de los estudiantes para los estudiantes. Esta preocupación implicó que se aconsejara al personal que se mantuviera en un segundo plano en las reuniones de estudiantes:

> Algunos grupos habían considerado que el exceso de participación de los miembros del personal había hecho que los alumnos tendieran a sentarse y dejar la discusión en manos de la persona mayor y más sabia. Los alumnos se animaron a pensar mucho más en discutir entre ellos, aunque apreciaron la presencia de los miembros del personal y el hecho de saber que, si tenían dificultades, siempre podían recurrir a ellos en busca de ayuda.[39]

Aunque motivada teológicamente, esta insistencia en el liderazgo estudiantil también ha resultado viable en muchos contextos en los que aún no se disponía de personal para coordinar el trabajo. Este debate sobre las funciones de los miembros del personal de IFES guarda un sorprendente parecido con las cuestiones sobre las funciones de los titulares de cargos en las iglesias. El análisis que Greggs hace de Efesios 4 le lleva a afirmar que "los oficios y funciones específicos de la iglesia son expresiones de ministrar al

---

37. Chua Wee Hian, "Big Picture", 5.

38. El espacio no permite explorar los debates en torno al liderazgo y la cultura que tuvieron lugar en el seno del IFES, pero en general se refieren a la puesta en práctica cotidiana del enfoque de liderazgo estudiantil y no cuestionan la validez del mismo.

39. "Minutes of the North Atlantic Zone Committee of the IFES" (Grundtvigs Höjskole, Frederiksborg, Hilleröd, Dinamarca: Actas CE 58, agosto de 1958), 4.

ministerio, de servir a los siervos. Es para el servicio del evangelio en el mundo para lo que existe la iglesia, y para equiparla para ese servicio y ministerio".[40] Tal argumento recuerda las líneas de pensamiento de Kraemer, articuladas muchas décadas antes:

> Es justo en el punto de permitir a los laicos dar cuenta de la esperanza y de la fe que hay en ellos donde los teólogos tienen que encontrarse y fortalecer a los laicos. Siempre y cuando se dejen enseñar también por los laicos. Porque los laicos no deben ser vistos en este asunto principalmente como los necesitados, ignorantes y desamparados, sino como la parte de la Iglesia que tiene que llevar el peso del encuentro con el mundo en sí mismos y a su alrededor, y expresar y encarnar la relevancia de la Iglesia, o mejor, de Cristo, en toda la gama de la vida humana.[41]

Por lo tanto, podría afirmarse que los obreros también desempeñan el papel de un sacerdote para el grupo local.[42] Se pueden establecer vínculos interesantes entre las tareas de los obreros contemporáneos y las de los sacerdotes del Antiguo Testamento, tal y como las resumen Anizor y Voss. Estas funciones sacerdotales son juzgar, enseñar, leer y bendecir:

> Los sacerdotes tienen el honor de acceder continuamente a la presencia del Señor en el santuario, pero también cargan con las responsabilidades de ofrecer sacrificios por el pueblo, ayudarles a discernir lo santo de lo profano y lo limpio de lo impuro, enseñar la ley, aplicar sus mandamientos a las diversas circunstancias de la vida de Israel y bendecir al pueblo en nombre del Señor.[43]

La parte del "discernimiento" es crucial en la universidad, ya que los estudiantes se enfrentan a numerosas ideas y conceptos nuevos que pueden contradecir o no la fe a la que se han aferrado hasta ahora. Los líderes de IFES han animado a menudo a examinar críticamente lo que enseña la universidad para "probarlo todo; retener lo bueno".[44] Además de la sostenibilidad organizativa, dos preocupaciones principales han preocupado a los líderes de

---

40. Tom Greggs, *Dogmatic Ecclesiology*, vol. 1, *The Priestly Catholicity of the Church*, Kindle (Grand Rapids: Baker Academic, 2019), 142.

41. Kraemer, *Theology of the Laity*, 113–14.

42. Por supuesto, solo de forma derivada. Podrían establecerse conexiones similares con otros ministerios descritos en el NT, especialmente en Efesios 4.

43. Uche Anizor y Hank Voss, *Representing Christ: A Vision for the Priesthood of All Believers* (Downers Grove: IVP, 2016), 32.

44. 1 Tes 5:21 RVR.

IFES: la fidelidad teológica y el liderazgo. A finales de los años 30, Clowney había "argumentado que el liderazgo del personal sería necesario para evitar que las secciones estudiantiles cayeran en el error teológico".[45] Más tarde dijo en una entrevista en 1986: "Estaba equivocado. Los estudiantes sí necesitan instrucción y consejo, pero el liderazgo se desarrolla allí donde los estudiantes tienen una responsabilidad real de testimonio."[46]

La función de enseñanza se produce a través del gran número de eventos de formación de todo tipo organizados en la red IFES, ya sea a nivel local, regional, nacional o internacional, y a través de las reuniones periódicas individuales de los miembros del personal con los líderes de los grupos. En cuanto a la aplicación contextual, ya hemos visto con qué fuerza insisten los líderes de IFES en la necesidad de reflexionar sobre la enseñanza bíblica y aplicarla a la vida de los estudiantes y al ministerio en los campus. Equipar a los laicos para un testimonio y una presencia fieles es, por tanto, un acto profundamente eclesial, que también implica que los laicos sirvan a los ministros confrontándolos con realidades hasta ahora no experimentadas adecuadamente. En el contexto del IFES, el aprendizaje previsto por Kraemer puede producirse en dos frentes simultáneamente. En primer lugar, los estudiantes se encuentran con nuevos retos en sus universidades, que el personal desconocía y no se planteaba. En segundo lugar, a través del encuentro mundial de la gente de IFES más allá de las fronteras, cruzadas en su mayoría por laicos, como hemos visto, se plantean nuevas cuestiones sobre la fe cristiana tal y como la entiende la comunidad. En palabras resumidas de Flett, "el cristianismo mundial abre el campo teológico porque separa ese discurso de una concentración singular en una historia constreñida y su consiguiente abanico de preguntas".[47]

Sin embargo, IFES había sido tradicionalmente escéptico respecto a la formación teológica formal, por razones históricas exploradas anteriormente en este trabajo. Estas reservas también se aplicaban al personal de IFES. La idea que a menudo prevalecía, resumida por Lowman, era que "el personal a tiempo completo de IFES suele ser gente que ya ha 'aprendido su oficio' como miembros activos y eficaces de un grupo estudiantil y luego como obreros de plantilla de su movimiento nacional".[48] A pesar de esta situación aparentemente satisfactoria, los movimientos nacionales y la dirección de IFES manifestaron

---

45. Keith Hunt y Gladys Hunt, *For Christ and the University: The Story of InterVarsity Christian Fellowship of the USA 1940–1990* (Downers Grove: IVP, 1991), 71.
46. Citado en Hunt y Hunt, *For Christ and the University*, 71.
47. Flett, *Apostolicity*, 245.
48. Lowman, Day of His Power, 366.

desde el principio su interés por la formación teológica de los miembros de su personal. SG Chua era consciente de que las necesidades teológicas – en particular no definidas con precisión – iban en aumento en IFES. Enmarcando estas necesidades en amplias líneas contextuales, sugirió que,

> En vista del confuso clima filosófico, eclesiástico y teológico de nuestra época, es casi una "obligación" que todos nuestros movimientos cuenten con sus propios teólogos. Se trata de hombres que podrían asesorar a los estudiantes, a los graduados y al personal sobre las tendencias actuales del pensamiento y ayudarles a verlas desde una perspectiva bíblica.[49]

El debate se enmarcó en la noción un tanto escurridiza de "elevar el calibre del personal",[50] una cuestión que se abordó ideando un humilde plan de becas para el personal del IFES que aspirara a cursar estudios teológicos o al menos de formación continua. Dicho programa recibió – al principio a regañadientes, luego con más entusiasmo – el visto bueno del CE. Coherente con sus orígenes de Iglesia Baja, IFES nunca consideró indispensable una formación teológica formal, ni siquiera para su más alto representante.

Por último, la parte de bendición del ministerio de un sacerdote se produce de dos maneras. En primer lugar, el obrero ora por el grupo local y sus líderes. En segundo lugar, cuando los estudiantes se reúnen para estar en comunión y consolarse mutuamente con su experiencia de fe, esto puede ocurrir cuando un miembro del personal está presente. Sin embargo, también sucede entre los estudiantes cuando son sacerdotes unos de otros: "Consideraremos las formas en que los estudiantes pueden ejercer la pastoral entre ellos dentro del grupo estudiantil". Este mandamiento de Jesús nos parece el fundamento de tal cuidado".[51]

Síntesis parcial

A través de este breve repaso de las principales actividades de los grupos de IFES, ciertamente sintético y sin tener plenamente en cuenta las variaciones regionales, he demostrado que el "sacerdocio de todos los creyentes" puede funcionar como un marco teórico útil para comprender la labor de IFES. Como

---

49. Chua Wee Hian, "The Next Four Years", *IFES Journal* 25, no. 3 (1971): 9.

50. "Minutes of the Meeting of the Executive Committee" (Charney Manor, Oxon, Inglaterra, 28.9–3.10 1977), 17, IFES e-archives.

51. Dransfield y Merritt, "'One-Another' Ministry", 37.

organización misionera, se centra en primer lugar en el testimonio, entendido como la *mediación* del evangelio a otras personas que aún no lo conocen. Compartir el evangelio es una actividad intensamente espiritual que descansa en la relación *inmediata del* individuo con Dios, sostenida en la oración regular individual y comunitaria. Otro punto central de los grupos IFES es la lectura de la Biblia. Estos grupos están dirigidos por estudiantes; la convicción subyacente es que el acceso inmediato a las Escrituras es posible para cualquier estudiante laico que desee leerlas. Se supone que esta lectura tiene lugar individualmente y en el contexto de la comunidad en la que *participa el estudiante IFES*, además de una iglesia local. Los grupos locales cuentan con el apoyo de miembros del personal de IFES que también, aunque de forma subsidiaria, desempeñan algún tipo de papel mediador entre la organización y el grupo local y la tradición eclesiástica. Ayudar a los estudiantes a desarrollar el discernimiento cristiano, impartirles enseñanza y bendecirlos son acciones estrechamente vinculadas a las funciones *sacerdotales*.

Este estudio deja abiertas algunas cuestiones importantes. Si una comunidad IFES funciona como una comunidad cristiana en el campus, debemos cuestionar el *carácter eclesial* de un grupo IFES: ¿qué debe hacerse de la *doble pertenencia* de los estudiantes al grupo local y a la iglesia local y, más ampliamente, a la iglesia universal? Además, a pesar de un compromiso expreso con la *inmediatez* de la propia lectura de la Biblia, un grupo local enmarca el modo en que el individuo crece en la comprensión del texto bíblico. Sin embargo, este marco también puede funcionar como una *mediación* de la tradición hermenéutica recibida. ¿Se trata de *funciones sacerdotales*? Ninguna de estas cuestiones se resuelve rápidamente, pero a lo largo de los años, IFES ha desarrollado un corpus creciente de enfoques a los que me referiré a continuación.

Parte 3

Tercera parte: Reflexión eclesiológica y misiológica en IFES

11

Una base firme

> Creemos que Dios nos ha confiado la fe evangélica histórica basada en la enseñanza de los apóstoles, y no nos atrevemos a transigir en modo alguno cuando se trata de cuestiones de doctrina.[1]

Tras haber repasado la historia del IFES en la parte 1, y explorado las principales actividades de los grupos locales en la parte 2, paso ahora a las reflexiones eclesiológicas y misiológicas dentro del IFES. Como he argumentado anteriormente, la teología en IFES se ha desarrollado principalmente "sobre la marcha" a medida que los estudiantes y el personal han ejercido su ministerio en diversos contextos. No obstante, como IFES se ha definido a menudo por su conformidad con las normas doctrinales, ha desarrollado una importante reflexión teológica y misiológica. El primer ejemplo es una base doctrinal como texto rector clave. Esta base presupone que los creyentes tienen una capacidad *inmediata* para leer por sí mismos que la Escritura dice esencialmente lo que la base afirma que dice. Sin embargo, la base doctrinal también plantea cuestiones sobre el contexto y la autoreferencialidad: ¿cómo puede servir un documento tan centralmente definido a una comunidad extendida por todo el mundo que se enorgullece de respetar el liderazgo local? Además, la base presupone la *pertenencia* a una iglesia de creyentes o una actitud personal afín a dicha eclesiología.

Un análisis minucioso de las reflexiones en desarrollo dentro de la comunidad muestra un creciente consenso en que las experiencias misiológicas recogidas sobre el terreno allanaban el camino hacia una *eclesiología misional* acorde con las premisas de la labor de IFES. Muestro que dicha *eclesiología misional* se desarrolló en el seno de la comunidad a lo largo de décadas, como

---

1. Adeney, "Student Work", 8.

ilustra una muestra de algunas voces destacadas y representativas del personal de IFES que escribieron extensamente. La teología del "sacerdocio de todos los creyentes" que propongo en este trabajo no se articula explícitamente en los documentos de IFES. Sin embargo, las reflexiones eclesiológicas y misiológicas que examino aquí son los bloques de construcción de dicha propuesta teológica constructiva.

Génesis de la base doctrinal

> Cuando rastreamos el origen de nuestros movimientos miembros, descubrimos que deben su existencia al hecho de que los creyentes cristianos, tanto estudiantes como líderes estudiantiles, se tomaron en serio su posición doctrinal.[2]

Los archivos de IFES no documentan todos los detalles de la génesis de la BD. Las primeras actas de 1946 señalan que se hicieron algunas modificaciones a una propuesta original, pero la "propuesta original" no existe en los archivos. Tampoco existe la correspondencia a la que aluden las actas más antiguas. La hipótesis más probable es que Johnson sugirió esencialmente que se retomara la base doctrinal británica de la IVF y pidió enmiendas y sugerencias a los delegados.

Johnson recuerda que la BD de IVF fue un trabajo conjunto de miembros de los grupos estudiantiles cristianos de Londres y licenciados del London College of Divinity.[3] Este grupo, notablemente formado no solo por laicos, se basó en las declaraciones doctrinales existentes, como los Treinta y Nueve Artículos anglicanos, la Confesión de Westminster y, especialmente, la base doctrinal de la Alianza Evangélica. Pero también utilizó notablemente los documentos elaborados por la Unión Cristiana Interfacultad de Mujeres de Londres. Así pues, desde el principio, las mujeres tuvieron voz y voto doctrinal en la vida de su comunidad y desempeñaron un papel decisivo a la hora de establecer salvaguardias doctrinales, además de insistir en que fueran firmadas por los miembros.

Tras largas discusiones, el documento se afinó y se convirtió en la BD de la recién fundada IVF Gran Bretaña de 1928. Las bases del IVF fueron retomadas

---

2. Carl F. Wisløff, "The Doctrinal Position of the IFES", *IFES Journal* 3 (1963): 2.
3. Véase su relato detallado en Johnson, *Contending for the Faith*, 109–14, 127.

textualmente por la Conferencia de Beatenberg de 1936.[4] También es probable que sea el original al que se refieren las actas de 1946. Finalmente, durante las conferencias que condujeron a la fundación oficial en 1947, se acordó una revisión final que combinaba elementos de la constitución de la Conferencia Internacional de Estudiantes Evangélicos de 1935 y de la BD de IVF como parte del borrador de la constitución de IFES. Las primeras actas de IFES registran muchos más debates sobre la estructura de la comunidad que sobre la forma de la base doctrinal, lo que indica un alto grado de acuerdo. En lo que sigue, me centro en analizar la propia comprensión de la IFES sobre la BD.

¿Otro credo más? Justificar la base doctrinal

> La existencia de la BD expresa la convicción de que la verdad divina de la revelación bíblica puede transmitirse con frágiles palabras humanas mediante la enseñanza con el poder del Espíritu Santo y que puede conocerse y recibirse para la salvación y la santificación mediante la iluminación del mismo Espíritu Santo.[5]

Se ha escrito mucho sobre las funciones y los papeles de los credos y las declaraciones de fe de las distintas organizaciones a lo largo de la historia de la Iglesia.[6] Woods subraya el papel más crucial de la base doctrinal: "La IFES no considera su base de fe como una bandera que hay que izar en lo alto de un mástil, sino más bien como un ancla que, aunque invisible, impide que un barco vaya a la deriva hacia las rocas".[7]

Como veremos, la narrativa de IFES abunda en referencias a que la BD ha salvaguardado la comunidad contra viento y marea. Cuando la organización estaba a punto de celebrar sus treinta años de existencia, el sucesor de Woods hizo hincapié en ello: "Esta base de fe pretende servir de ancla, especialmente cuando las corrientes teológicas contemporáneas intentan barrer a los cristianos

---

4. Pierre de Benoît y otros, eds., "Invitation to the 1936 International Conference in Beatenberg, Switzerland" (1936), BGC n° 193.

5. Hans Bürki, *Essentials: A Brief Introduction for Bible Study Based on the Doctrinal Basis of the International Fellowship of Evangelical Students* (Londres: IFES, 1975), 11.

6. Para un análisis exhaustivo, véase Jaroslav Jan Pelikan, *The Christian Tradition: A History of the Development of Doctrine*, 4 vols. (Chicago: University of Chicago Press, 1987–94).

7. Woods, "IFES History Draft", cap. 2, p. 14. Johnson también cuenta la historia del profesor escocés de anatomía y antiguo voluntario de la Marina Duncan Blair que solía decir sobre la firma de la BD: "Lo considero como subir mi enseña a la punta del mástil para mostrar a dónde pertenece mi lealtad". Johnson, *Contending for the Faith*, 156.

evangélicos de su confianza y firmeza en la revelación autorizada de Dios a través de Jesucristo y de las Escrituras."[8]

El estatus eclesiológico de la base doctrinal y su relación con los credos fue desde el principio motivo de controversia para los críticos de la organización, especialmente los dignatarios eclesiásticos: "Que un organismo emita una base doctrinal significa que se erige en una nueva iglesia. Si realmente mantiene la fe histórica, el Credo de los Apóstoles y el Credo Niceno deberían ser suficientes".[9] Por el contrario, los pioneros de IFES subrayaron repetidamente que "nunca pensaron que tal declaración desplazara en modo alguno a los credos históricos de la Iglesia".[10] Woods se defiende de la acusación de división apelando a las necesidades de la misión de IFES y a sus retos contextuales, en particular los del contexto universitario y su reticencia a tomar la teología evangélica al pie de la letra. Sin embargo, aunque los redactores de IFES afirman regularmente que su BD no es un credo sino "simplemente un conjunto de doctrinas acordadas para un testimonio común", apelan no obstante a la función de los credos históricos para explicar los objetivos y la función de la BD. Este es especialmente el caso de la adhesión *ex animo que* se espera de los miembros de IFES: "Al igual que los grandes credos y confesiones de la Iglesia, la Base Doctrinal solo adquiere sentido y dinamismo cuando sus declaraciones se estudian, interpretan y aplican con entusiasmo".[11]

La línea de argumentación de IFES puede resumirse así: históricamente, las iglesias siempre han reaccionado a los desafíos de su tiempo emitiendo resúmenes de la fe. No es ninguna novedad emitir una base doctrinal para responder a los desafíos identificados a la fe. La BD de IFES no es una excepción: responde a los desafíos del momento, pero, lo que es más importante, no propone ninguna doctrina nueva ni nada que esté en desacuerdo con los antiguos credos en cuya línea está redactada. Además, el preámbulo de la BD afirma que "la base doctrinal de la comunidad serán las verdades fundamentales del cristianismo, *incluyendo* . . . "[12] lo que implica que la BD no pretende ni sustituir a ningún credo, ni ser exhaustivo. Por último, dado que IFES no se

---

8. Chua Wee Hian, "Foreword", en Bürki, *Essentials*, 7.
9. Ronald Owen Hall, "A Circular Letter from the Bishop to All Clergy to Be Discussed with Anyone Concerned with the FES" (1963), IFES e-archives, EC 1963 papers. Hall había trabajado con el MEC británico antes de su nombramiento para Hong Kong. La carta fue escrita en el contexto de la negativa de Hall a que John Stott dirigiera una misión universitaria en su diócesis. Más tarde se reconciliaron.
10. Woods, "IFES History Draft", cap. 2, p. 13.
11. Chua Wee Hian, "Foreword", 7.
12. "Constitution" (1947), cláusula 4.

considera una iglesia sino un grupo con fines específicos, el hecho de que un núcleo de convicciones doctrinales constituya la base de las acciones comunes no basta para que la comunidad pueda ser acusada de división.

Un punto de encuentro y un marcador de límites

> En algunos países nuestra insistencia en las Bases Doctrinales puede ser el énfasis que más se ha identificado con IFES. En otros, es la exigencia de conversión personal y las disciplinas de una vida espiritual profunda a nivel personal y comunitario. En todo el mundo y a pesar de las variaciones locales, "el tiempo de silencio" forma parte de la tradición de la IFES, y la evangelización se concibe como llevar a la gente, tarde o temprano, a la experiencia del compromiso personal con Jesucristo.[13]

Incluso para alguien que suele identificarse más bien como un reformista dentro del mundo evangélico, la BD se encuentra en estas palabras claramente presentadas por Escobar como un punto de encuentro.

Hemos mostrado lo fuerte que es la convicción en IFES de que la unidad doctrinal es primordial. También es importante subrayarlo en el contexto de la discusión sobre las fronteras. En un momento de importante expansión geográfica de la organización, Barclay consideró necesario subrayar en 1989 que "ya hemos visto que intentar unir a la gente sobre cualquier base que no sea la verdad es invitar al desastre. Pero la gran fuerza de IFES es que permite a la gente cruzar las fronteras confesionales, nacionales y raciales debido a su compromiso primordial con la verdad bíblica."[14] Es notable que esta afirmación sea a la vez positiva y negativa: negativa, porque pretende impedir cualquier movimiento ecuménico significativo; pero positiva, en su creencia subyacente de que la "verdad" será el punto de unión de los evangélicos de buena voluntad de todo el mundo, a pesar de las diferencias culturales.

Comprometerse firmando

Desde un punto de vista organizativo, en los círculos de IFES nunca se consideró suficiente tener una base doctrinal en el cajón de su secretario general. Por ello, desde el principio de la comunidad, y de acuerdo con la costumbre en la IVF británica, se exigió a las personas que aspiraban a la afiliación o a cargos

---

13. Escobar, "Evangelical Heritage", 8.
14. Barclay, "Guarding the Truth", 32.

directivos que expresaran su acuerdo firmando la base doctrinal. En esto, la tradición occidental, jurídica, es evidente, y es discutible que la práctica de firmar un documento sea siempre contextualmente relevante, especialmente en el caso de las culturas orales. Así, aunque da por sentada la forma normal de manifestar el compromiso por escrito, el comentario oficial de Bürki solo prevé la posibilidad del consentimiento oral:

> Al firmar las Bases Doctrinales doy fe de que me he convencido de que la BD resume doctrinas básicas de la revelación bíblica que deseo confesar y practicar por fe. Por supuesto, tal declaración puede hacerse oralmente ante otros si uno duda en firmar un papel. En cualquier caso, es esencial que uno se convenza personalmente de la verdad mediante el estudio directo de las Escrituras buscando la iluminación a través del Espíritu Santo que revela a Jesucristo.[15]

Sin embargo, esta práctica de firmar una declaración no quedó sin respuesta. Como tantas veces, Bürki apela a la práctica histórica: "Algunos cristianos se han preguntado si es necesario o incluso bíblico suscribir *ex animo* las Bases Doctrinales. En la Iglesia primitiva, en cada servicio bautismal los que iban a ser bautizados habían recibido instrucción catequética sobre el Evangelio y confesaban su fe públicamente."[16]

Si la dirección de IFES alienta encarecidamente el consentimiento por parte de los líderes estudiantiles a la BD, también está claro que la adhesión firmada no se considera suficiente. En palabras cautelosas de Woods

> Entonces, limitarse a suscribir una posición doctrinal es insuficiente. Limitarse a pertenecer a una asociación doctrinalmente correcta es del todo insuficiente. El propio estudiante debe estar doctrinalmente alfabetizado – por sí mismo debe conocer la verdad, ya que solo por este medio puede

---

15. Bürki, *Essentials*, 19–20.

16. Bürki, 19 años. La práctica de firmar la BD era tan importante para él que estaba dispuesto a firmar la BD "a espaldas" de un dirigente estudiantil, siempre que éste estuviera esencialmente de acuerdo. En 1962, durante una reunión de la junta directiva de GBEU Suiza, Bürki presionó mucho para que la práctica se convirtiera en política. Los debates fueron largos y tensos y se cita a Bürki preguntándose: "¿Por qué no estaría uno dispuesto a firmar? Si un joven no está de acuerdo en firmar, aunque esté de acuerdo con los puntos básicos, podemos firmar por él y ponerlo en nuestro registro. Esta es la base, no solo doctrinal, sino también de nuestro trabajo". "Procès-verbal de l'assemblée annuelle du Conseil des GBEU de Suisse romande; Discussion du soir" (Vennes-sur-Lausanne, 24 de febrero de 1962), 12, Conseil&Co. 1957–62, Archivos de GBEU Suiza.

encontrar su camino a través del laberinto de la vida en la tierra y ser liberado para servir a su Señor en obediencia y fecundidad.[17]

Antes hemos observado que las consideraciones éticas no están explícitas en la fórmula de la BD; sin embargo, están implícitas, y aquí Woods muestra su conciencia de que probablemente sea necesaria más enseñanza. El interesante motivo que se desprende de esta observación se tratará más adelante: es la conclusión a la que tuvo que llegar la dirección de IFES en años posteriores: que la BD no siempre es suficiente en su función de marcador de límites y punto de encuentro.

El último ámbito en el que se espera que las personas vinculadas a IFES manifiesten su consentimiento a la base doctrinal – aunque lo más probable es que lo hayan hecho mucho antes en su *cursus honorum* a nivel nacional y potencialmente regional[18] – es cuando asumen su cargo a nivel internacional. Además de un aval para el obrero potencial por parte de su secretario general nacional, el Ejecutivo "recibirá del trabajador propuesto las respuestas a un cuestionario en el que se indagará sobre sus convicciones cristianas, sus calificaciones escolásticas y su perspectiva general. En todos los casos habrá una aceptación *ex animo* de las Bases Doctrinales de la I.F.E.S.".[19]

En la intersección del acuerdo personal y el consentimiento organizativo se encuentra la práctica de IFES de renovar la expresión de lealtad a la BD. Esto ocurre al menos en dos ocasiones. En primer lugar, ya sea oralmente o mediante firma, se pide a los miembros individuales del Ejecutivo que manifiesten su acuerdo con las bases al comienzo de la reunión anual del comité, como indican los registros de los archivos de estas reuniones. En segundo lugar, y quizá de forma más ritual, se pide a los delegados al comienzo de cada reunión cuatrienal del Comité General "que expresen su acuerdo incondicional con las bases doctrinales de la fe poniéndose de pie".[20] El papel del presidente del comité se menciona regularmente en las actas: "El Prof. Wisløff leyó a continuación la base doctrinal de la IFES, habló de la importancia de la misma y subrayó que no se trataba de una mera formalidad. A continuación, invitó a todos los presentes a ponernos en pie, indicando nuestro pleno acuerdo con estos principios de fe."[21]

---

17. C. Stacey Woods, "Take Heed unto Doctrine", *IFES Journal* 1 (1955): 16.
18. Sin embargo, este ya no es el caso de manera uniforme.
19. "Minutes of the Meetings of the Executive Committee of the IFES: Session I" (Institut Emmaüs, Vennes-sur-Lausanne, Suiza, 10 de agosto de 1948), 7, BGC Box #193.
20. "Minutes of the First Meeting" (1947), 1.
21. "Minutes of the Meeting of the Seventh General Committee" (1967).

Cabe señalar que este ritual de refuerzo es la culminación de una cascada de afirmaciones de la BD. Como hemos visto, todos los miembros del Comité Ejecutivo de IFES están obligados a aceptar la BD en su proceso de contratación; lo mismo se aplica a todos los demás cargos y al personal de IFES. Si se pide a los individuos que firmen la BD para significar su acuerdo – y por tanto su compromiso con un cierto grado de conformidad doctrinal-, también se espera lo mismo de los movimientos nacionales miembros. Por lo tanto, la constitución de 1947 exige que todos las BD de las organizaciones miembros de IFES sean equivalentes al de la comunidad: "Las uniones evangélicas nacionales . . . se entenderán únicamente aquellas Uniones Evangélicas que (i) sean representativas y obtengan sus miembros de estudiantes de grado universitario de toda una nación y (ii) *tengan una base doctrinal que sea equivalente a la Base Doctrinal de la Comunidad*".[22] Por consiguiente, cabe suponer que la mayoría de los delegados en cualquier reunión del Comité General ya habrían afirmado la base doctrinal a través de su participación en un movimiento nacional.

Aunque la elaboración de una política organizativa en el seno de un grupo relativamente unido de altos líderes de la Iglesia en 1947 no estuvo exenta de desafíos, está claro que, de antemano, no se podían prever todos los posibles desarrollos que conllevaría la ampliación de la comunidad para incluir a muchos más países. Los requisitos doctrinales no siempre serían suficientes, como ha demostrado a lo largo de la historia de IFES el enigma en torno a la cuestión de la existencia de varios movimientos estudiantiles evangélicos en un determinado país/estado-nación.

El Ejecutivo señaló en 1988 que "la Constitución implica que la única razón para la división entre los movimientos estudiantiles cristianos de un país determinado es por motivos teológicos".[23] Esto es congruente con la primacía de la doctrina que hemos señalado en muchos casos. Sin embargo, las realidades históricas no se atañen necesariamente a la doctrina. Por ello, el mismo Ejecutivo también observa que "históricamente, IFES siempre ha aceptado la postura de que algunos grupos de estudiantes no pueden suscribir una base evangélica de fe. Sin embargo, también reconocen que existen diferencias culturales, lingüísticas y políticas distintivas que pueden significar la existencia de más de un movimiento estudiantil evangélico en un país determinado."[24]

---

22. "Constitution" (1947), cláusula 12a.
23. "Minutes of the Meeting of the Executive Committee" (1988), 5.
24. "Minutes of the Meeting of the Executive Committee" (1988), 5.

La situación se estaba volviendo mucho más compleja que la oposición original a los grupos afiliados a la FUMEC, cuya relevancia por no cumplir con los principios evangélicos de la fe podía dejarse de lado. La cuestión nunca pudo resolverse de forma que respetara la constitución al pie de la letra, y por eso el comité de 1988 decidió "no proponer el cambio de la Constitución para permitir un solo movimiento por nación, ya que esto significaría, para empezar, desafiliar a movimientos de tres países".[25] Finalmente, la redacción constitucional se modificó en 1963 para que dijera: "El Comité General Internacional tendrá la facultad discrecional de afiliar a una asociación regional de movimientos estudiantiles que abarque más de un país como si se tratara de una Unión evangélica nacional".[26] Esto fue suficiente para hacer frente a las situaciones de Irlanda, Sudáfrica, los territorios franceses de ultramar, Sudán, Nigeria e Israel, por nombrar solo una muestra representativa.

En otro ejemplo de consideraciones contextuales necesarias, decir que IFES como federación internacional exige que sus movimientos miembros tengan una base doctrinal conforme no presupone necesariamente colonialismo doctrinal. En un animado relato de la Conferencia Sudamericana de Estudiantes de Cochabamba de 1958, en la que los movimientos nacionales latinoamericanos quedaron bajo el paraguas de IFES, el misiólogo y defensor de la teología contextual Samuel Escobar recuerda que

> En las sesiones de trabajo, los delegados martilleaban con fuego y un minucioso procedimiento parlamentario la base doctrinal sobre la que se desarrollaría el trabajo. A veces, dos líneas de acta resumían dos horas de acalorada discusión. Por ejemplo, ¿cuál era la mejor manera de expresar nuestra convicción unánime de que la justificación por la fe es esencial para nuestro mensaje? IFES nos presentaba su Base de Fe como una propuesta: fue a través de esa discusión que se convirtió en *la nuestra*... Las deliberaciones sobre el nombre del Congreso, la formulación de los objetivos y la base doctrinal fueron en realidad un ejercicio de expresión de la realidad de lo que ya eran los grupos representados.[27]

---

25. "Minutes of the Meeting of the Executive Committee" (1988), 5. Los países en cuestión eran Bélgica, Canadá y Suiza, con dos movimientos en cada caso, separados por líneas lingüísticas. Cabe señalar que en el momento de la fundación de IFES, los movimientos suizos (miembros fundadores de IFES), aunque técnicamente funcionaban por separado, tenían un secretario general común (Hans Bürki) y se consideraban un solo movimiento. La división completa y oficial se produjo en 1962.

26. "Minutes of the Meeting of the Sixth General Committee" (1963), 19.

27. Citado en Lowman, *Day of His Power*, 196.

Lo que este recuerdo personal subraya es que, a pesar de los interrogantes sobre la posibilidad teológica de que una declaración doctrinal sea universalmente válida, la BD IFES sí ha desempeñado ese papel en muchos contextos.

En cuanto al posicionamiento institucional de IFES frente a otras organizaciones similares, volveremos sobre ello más adelante,[28], pero debemos señalar de paso que, si bien también a este respecto la BD es el principal instrumento de IFES para impedir que sus organizaciones miembros formen parte de otros organismos similares, nada en la propia base impide que cualquier individuo mantenga lealtades externas.[29]

Marcar los límites

Mientras que la base doctrinal desempeña el papel de marcador de límites para los "oficiales" en los grupos locales o en la dirección de un movimiento nacional,[30] nunca debe impedir la participación en las reuniones regulares de un grupo estudiantil determinado, que es, después de todo, misionero en su propósito. Hammond, consciente de la variación contextual, especifica que "la afiliación a las Uniones Cristianas está abierta a cualquiera que afirme su fe en 'Jesucristo como mi Salvador, mi Señor y mi Dios' o – dado que existen ciertas diferencias locales de expresión – en otras breves declaraciones de fe que estén en uso".[31] La razón para limitar la afiliación oficial a quienes afirman que la BD es una cuestión de poder: el requisito de afirmar la base doctrinal funciona como una especie de "cláusula de salvaguarda" teológica. Lowman resume así las cuestiones en juego:

> El gran énfasis en el estudio de la Biblia a todos los niveles, combinado con las salvaguardias constitucionales que obligan a los líderes a comprometerse con la base doctrinal, ha tendido a producir un entorno en el que los líderes estudiantiles no se apartan de la visión original, sino que se impregnan de las Escrituras y oyen la voz de Dios que habla en su toma de decisiones.[32]

Obviamente, atribuir un papel tan importante a la selección de los miembros presupone entender que la unidad descansa en primer lugar en

---

28. Véase el capítulo 4.

29. Bruce, "Sociological Study", 152.

30. En cuanto a las prácticas nacionales, se supone que en general siguen el mismo patrón, dada la orientación misionera supuestamente connatural a un movimiento IFES.

31. T. C. Hammond, *Evangelical Belief: A Short Introduction to Christian Doctrine in Explanation of the Doctrinal Basis of the Inter-Varsity Fellowship* (Londres: IVF, 1935), 10.

32. Lowman, Day of His Power, 357.

el acuerdo teológico. En palabras de Barclay, "intentar unir a la gente sobre cualquier base que no sea la verdad es invitar al desastre".[33] No se prevé que los estudiantes "pertenezcan antes de creer", al menos no en ningún puesto de liderazgo.[34]

Esta selección de miembros no se aplica únicamente a los individuos de los movimientos nacionales, sino también a los propios movimientos nacionales para su adhesión a la comunidad. Brown señala con evidente alivio que

> Las declaraciones doctrinales de los movimientos miembros de la I.F.E.S. son igual de explícitas, si no más. La razón de ello es la ya sugerida: en nuestros días, la fiabilidad de la Sagrada Escritura está siendo severamente atacada, por lo que debe ser afirmada y defendida con vigor. Es importante ver que es objeto de ataques desde dentro de los círculos "cristianos" e incluso evangélicos, pues si solo fuera atacada desde fuera por ateos, humanistas y radicales teológicos confesos, esto nos preocuparía menos.[35]

Lo que las palabras de Brown aclaran es que la necesidad percibida de elevar la BD a la categoría de marcador fronterizo ineludible de IFES surgió de un desacuerdo *entre cristianos* mucho más que de un deseo de separar a la comunidad de influencias abiertamente seculares. ¿De qué otra forma podría explicarse la estipulación constitucional extremadamente estricta de que "el Comité General Internacional y el Comité Ejecutivo Internacional solo podrán organizar actividades conjuntas en nombre de la comunidad con aquellas organizaciones religiosas cuya base de fe y propósitos sean equivalentes a los de la comunidad"?[36]

Además de la evidente aversión hacia cualquier idea de cobeligerancia a nivel institucional, lo más llamativo de esta cláusula es que podría leerse como si permitiera actividades conjuntas con organizaciones no religiosas, ya que no se plantearía la cuestión de una base doctrinal equivalente. Sin

---

33. Barclay, "Guarding the Truth", 32.

34. Grace Davie ha popularizado el concepto de "creer sin pertenecer" para describir la percepción de la fe por parte del público en general en el Reino Unido desde 1945. Véase Grace Davie, *Religion in Britain since 1945: Believing without Belonging* (Oxford: Blackwell, 1994). La idea de "pertenecer antes de creer" describiría una situación en la que se acoge a un individuo en un grupo estudiantil para que asuma una responsabilidad (limitada) incluso antes de que haya decidido comprometerse con la fe cristiana, obteniendo así una especie de "ensayo" de lo que significa ser cristiano.

35. Harold O. J. Brown, "The Inspiration and Authority of Scripture", *IFES Journal* 23, n° 2 (1970): 20.

36. "Constitution" (1947), cláusula 9.

embargo, dado el fuerte enfoque en la reunión de individuos para *un propósito común*, parece muy poco probable que los redactores de la constitución hubieran previsto que IFES participara en actividades – de justicia social, por ejemplo – con organismos no religiosos. Esto no tiene por qué leerse como una oposición esencial a otras actividades, sino que es congruente con los requisitos de brevedad constitucional. Dado que "nada de lo contenido en esta Constitución otorgará poder alguno a la Comunidad para controlar en modo alguno las actividades de las Uniones Evangélicas Nacionales, que seguirán siendo autónomas",[37] nada impediría que un movimiento nacional se comprometiera a colaborar con otros organismos, incluidos los religiosos.

Custodiar el depósito de la fe

> Una de las metáforas favoritas de Pablo para describir esta responsabilidad de transmitir lo esencial de la tradición es la de guardar el "depósito" (ἡ παραθήκη). La referencia en I Timoteo vi. 20 podría traducirse con exactitud "Timoteo, guarda el depósito".[38]

A pesar de que IFES es históricamente más reciente en la escena de los movimientos estudiantiles que los movimientos del MEC, por ejemplo, la idea de estar de algún modo en una posición única para *mediar en* el cristianismo clásico ha sido fundamental a lo largo de la historia de la comunidad. Del mismo modo que Israel era el depositario de las promesas y bendiciones de Dios para las naciones, IFES ha albergado la idea de que tiene el mismo papel para los campus universitarios del mundo. Haciendo suyo el argumento de un discurso pronunciado por Lloyd-Jones en 1961, Johnson quiso advertir a los lectores de IFES que

> no existe ninguna garantía inherente de que el I.V. F. nunca se equivoque o se desvíe. La vigilancia eterna es el precio de la libertad, y la vigilancia eterna es la única garantía de la seguridad del I.V. F. como, de hecho, lo es de toda la Iglesia cristiana. No se puede vivir del pasado. Puede dar gracias a Dios por ello, pero también debe aprender lecciones de él. La más importante de ellas es la necesidad vital de una vigilancia continua y permanente, no sea que nos convirtamos en algo que sea una negación de lo que

---

37. "Constitution" (1947), cláusula 11.
38. Hammond, *Evangelical Belief*, 48.

fuimos al principio y de lo que, por la gracia de Dios, hemos sido a lo largo de los años.[39]

El primer aspecto del discurso de IFES es decididamente teológico. Siguiendo los pasos de su mentor y comentando 1 Timoteo 6:20 y 2 Timoteo 1:14, Johnson subraya la comprensión de IFES de la importancia de un "depósito de la fe" que hay que preservar:

> La mayoría de los exégetas están de acuerdo en que se trata del "depósito de la fe", que también puede equipararse a "la forma de las sanas palabras" o "esbozo de la sana enseñanza" de la Segunda Epístola . . . Claramente, la religión de los primeros seguidores de nuestro Señor se resistió a cualquier influencia o forma de desarrollo que no estuviera en armonía con tales doctrinas básicas.[40]

A pesar de la exactitud exegética de esta postura, existía una fuerte ansiedad entre los primeros líderes por conservar algo que, de lo contrario, podría perderse.[41] Aunque Johnson y sus colegas hagan hincapié en el liderazgo estudiantil, no se prevé que los estudiantes influyan en gran medida en la forma de entender el "depósito de doctrina". El suyo es el papel de dar testimonio de ese mensaje a los no cristianos y de transmitir el papel de guardianes de la fe a la siguiente generación de estudiantes.

Una de las conclusiones lógicas de tal comprensión teológica es que IFES buscará líderes que custodien el depósito de *acuerdo* con su comprensión recibida.[42] Esta comprensión de la formación de líderes como "transmisión" ha dado forma a la manera en que IFES ha diseñado sus programas, establecido sus prioridades e invertido en eventos. Sin embargo, resulta intrigante observar la cooptación de una lógica claramente eclesial – la ordenación – al contexto de los laicos en una organización paraeclesiástica. Este movimiento sin reparos muestra cómo los primeros líderes de IFES difuminaron inadvertidamente las líneas entre iglesia y movimiento paraeclesiástico cuando al hacerlo apoyaban su lógica y especialmente sus convicciones teológicas. Al dimitir

---

39. Johnson, *Brief History*, 98.
40. Johnson, 101.
41. Las fuerzas combinadas de la secularización y la descolonización, que marcaron varios periodos de la historia de IFES, podrían, en parte, explicar esta ansiedad.
42. Johnson comenta sobre 2 Tim 2:2 que "el liderazgo estudiantil de los grupos estudiantiles . . . ha estado influido por la convicción de que el mismo principio, la misma fidelidad y los mismos rasgos de carácter son esenciales en todos los que emprenden un liderazgo cristiano de cualquier tipo". Johnson, *Brief History*, 102.

como secretario teológico de IFES, Brown dejó un ruego inédito para que se invirtiera más en lo que podría llamarse "vigilancia teológica" o, al menos, en una formación teológica en profundidad:

> En mi opinión, la dimensión teológica del trabajo de I.F.E.S. seguirá creciendo en importancia a medida que sea cada vez menos posible para cualquier iglesia o comunidad, incluso las jóvenes, vigorosas y vírgenes, ignorar la constante producción de pensamiento degenerado y apóstata presentado como teología cristiana por el mundo circundante. *Nunca debemos caer en la pauta de limitarnos a reaccionar, de ser simplemente algo más conservadores o menos radicales que nuestro entorno, ya que esto nos arrastrará inevitablemente al mismo declive, solo unos pasos por detrás de los líderes.* Por esta razón, creo que para I.F.E.S. prescindir de los servicios de un secretario a tiempo completo para los estudiantes de teología sería un lujo que no puede permitirse. No afrontar las dimensiones teológicas de nuestro desafío común como estudiantes evangélicos y líderes estudiantiles es, o bien deslizarse hacia el anti-intelectualismo en este ámbito, o bien, por no estar dispuestos a dar ese giro, dejarse arrastrar por los caminos del relativismo teológico y moral y perder los distintivos de nuestra fe bíblica.[43]

Aquí, Brown argumenta que es necesaria cierta supervisión teológica debido al riesgo de degeneración doctrinal, especialmente en el mundo teológico. Sin embargo, el depósito doctrinal que hay que preservar necesita una constante reapropiación y exploración local, de ahí la importancia de apoyar a los estudiantes de teología evangélicos ortodoxos a lo largo de sus estudios. El malestar es evidente en las palabras de Brown, que ejemplifican una importante tensión entre lo local y lo central, y entre el acceso individual y comunitario a la verdad.

¿Se puede reformar una base doctrinal?

Una vez estudiada la génesis de la BD, sus postulados teológicos fundamentales y su papel atribuido y prescrito en la vida de IFES, es interesante examinar a continuación su relación con debates teológicos más amplios.

---

43. Harold O. J. Brown, "Report of the Theological Secretary" (1971), 3, IFES e-archives, Actas de la CG 1971, Apéndice H; énfasis añadido.

Discutiendo el caso británico (y limitándose por tanto a él), Warner identifica cinco "leyes de las bases evangélicas de la fe": mayor prolijidad (muchas adiciones en el proceso de revisión de las bases); mayor conservadurismo; un exceso de certezas; no reflexividad (en términos de situación contextual: las bases tienden a considerarse universalmente válidas); y una relación ambigua entre evangélicos y fundamentalistas.[44] Aunque todas ellas puedan aplicarse al contexto británico – Warner señala para su primera ley que, en términos de palabras, la base IVF/UCCF "utilizó 165 en 1928, 199 en 1974, 311 en 1981 y 324 en 2005" – estas "leyes" no se aplican por igual a IFES. De hecho, con la notable excepción de la adopción de un lenguaje inclusivo en la cláusula D – pasando de la "pecaminosidad universal de todos los hombres" a la de "todas las personas" en 2007[45] – la BD de IFES se ha mantenido notablemente constante en términos de redacción.

Del mismo modo, aunque podrían producirse tensiones entre las distintas generaciones de miembros de un movimiento si la BD cambia,[46] ningún pionero de IFES tendría reservas a la hora de firmar su versión actual, a menos que haya sufrido un cambio de puntos de vista teológicos.

Por el contrario, la cuarta "ley de no reflexividad" sí se aplica a la BD de IFES. El preámbulo de la BD en la constitución original afirma que "la base doctrinal de IFES serán las verdades fundamentales del cristianismo, incluyendo . . . ".[47] En el análisis de Warner

> las bases del siglo XX se posicionaron típicamente como pronunciamientos *ex cathedra*, definitivos y duraderos de las certezas evangélicas. No hay ningún sentido de contingencia debido a la especificidad de la cultura y la generación, ni ningún reconocimiento de la pluralidad dentro de la tradición que resulta

---

44. Warner, "Evangelical Bases of Faith", 336–37.

45. "Se procedió a una votación formal por escrito sobre la primera propuesta de modificación de las bases doctrinales. La moción fue aprobada por unanimidad". "Minutes of the Meeting of the General Committee of IFES" (Redeemer University College, Ancaster, Ontario, 18 de julio de 2007), 3, IFES e-archives.

46. Como es el caso de las revisiones añadidas de las bases UCCF. Aunque no está redactada de forma caritativa, la "ley del exceso de certezas" de Warner sugiere que "aquellos capaces de firmar una iteración de una base IVF/UCCF pueden dejar de ser considerados suficientemente 'sólidos' tras su revisión posterior – [lo que conduce] a una tercera característica: la ley del exceso de certezas". Dado que no existe ninguna autoridad conciliar, ningún árbitro final y vinculante de la ortodoxia evangélica, y dado que el evangelicalismo protestante está intrínsecamente fracturado y es fisible, es más que probable que quienes recelan de una base concreta compongan una alternativa". Warner, "Evangelical Bases of Faith", 337.

47. "Constitution" (1947).

demasiado evidente para un observador desapasionado de las diversas formulaciones de la ortodoxia evangélica.[48]

Un análisis teológico de la BD de IFES muestra su situación histórica y el hecho de que se redactó en respuesta a un contexto específico. Sin embargo, no lo dice, y el hecho de que los cambios sean casi imposibles por disposición constitucional refuerza la sensación de que los pioneros de IFES no pretendían que las bases requirieran enmiendas debido a un contexto teológico posterior. Lo que los capítulos de historia anteriores han esbozado, sin embargo, es que en el encuentro con estudiantes católicos romanos, pentecostales y ortodoxos orientales, la mera reafirmación de los postulados de la BD no fue suficiente y exigió importantes esfuerzos de interpretación que equivalieron a una *hermenéutica oficial* de la BD.

Hasta ahora, el análisis de la BD de IFES ha demostrado que una de sus funciones más fundamentales es diferenciar a la organización de las demás (una variación de la quinta ley de Warner). Por tanto, es mucho lo que está en juego y, a pesar de que los acontecimientos mencionados demuestran la insuficiencia de la BD para cubrir todos los retos, cualquier intento de cambiarla generará probablemente un importante debate en el seno de la comunidad. Warner sugiere astutamente que "las fronteras simbólicas del pan-evangelicalismo generan un carácter común que trasciende, al menos en parte, los diversos contextos sociales y confesionales de sus participantes. Estas fronteras simbólicas asumen por tanto un papel casi sagrado y se convierten en las piedras inamovibles de la legitimidad evangélica, en los guardianes de la identidad común."[49]

Este análisis describe muy bien la situación en IFES. La BD ha sido reconocida como útil en muchos contextos muy diferentes y, como tal, ha funcionado como una poderosa fuerza centrípeta. Desde el punto de vista sociológico, calificar la BD de "sagrada" no encajaría ciertamente en el uso habitual de IFES; sin embargo, el documento oficial y muchos de los primeros relatos le atribuyen un papel algo similar. Al analizar la relación del protestantismo con las formulaciones dogmáticas, Willaime señala la complejidad del asunto e insinúa algunas de las diferencias más fundamentales entre el protestantismo clásico y el evangelicalismo:

> Al hacer de la verdad religiosa una cuestión de interpretación, este modelo conduce a un debate permanente en el seno de la

---

48. Warner, "Evangelical Bases of Faith", 337.
49. Warner, 343.

organización religiosa sobre la verdad religiosa que pretende transmitir y, por tanto, a *una crítica constante de las formulaciones adoptadas*. La autoridad ideológica solo se ejerce, en principio, por el poder de su convicción y su argumentación racional en valor. La investigación teológica es formalmente libre, y al teólogo se le otorga un papel importante en la gestión de la verdad religiosa, ya que es él quien, a partir de un conocimiento cierto, dirá cuál es la línea correcta. *La organización religiosa solo tiene aquí un papel funcional: como segunda instancia al servicio de la verdad, su modo de funcionamiento y su reparto de papeles solo tienen un valor relativo y son sociohistóricos.*[50]

Sin embargo, como muestra esta investigación, la posibilidad de una "investigación teológica formalmente libre" no estaba en los horizontes de los fundadores de IFES y no hay pruebas en los archivos de una "crítica constante de las formulaciones adoptadas". Sin embargo, si Willaime está en lo cierto, las líneas que separan la sociología de la teología son, por tanto, difusas en el caso de IFES. Warner está de acuerdo y sugiere una diferencia importante entre un *límite sociológico* y una *convicción teológica*: esta última sería "susceptible de evaluación crítica y refinamiento",[51] mientras que la primera no. En términos de Warner, un delimitador *sociológico*

> es un presupuesto inexpugnable de la fuerza simbólica. Transgredir el límite es casi impensable y provoca la reacción más enérgica. La defensa del límite es inmediata, automática y a menudo estridente. Aunque dicha frontera bien puede explicarse y defenderse en términos conceptuales, doctrinales y racionales, su significado y su vigencia continua pueden concebirse mejor como la actuación ritualizada, relacional y lingüística, de una identidad subcultural colectiva.[52]

Este marco de referencia no es, por supuesto, el de la mayoría de los escritores de IFES, que probablemente estarían en desacuerdo con la definición implícita de la teología como necesitada de "evaluación crítica y refinamiento". En opinión de Hammond, la BD consiste en "principios que pueden enunciarse con certeza y claridad, aunque sus aplicaciones particulares en la experiencia

---

50. Willaime, *Précarité Protestante*, 24–25; énfasis añadido.
51. Warner, "Evangelical Bases of Faith", 343.
52. Warner, 343.

ofrecen margen para la variedad de opiniones. Las aplicaciones también dependen en cierta medida de la naturaleza de los problemas inmediatos".[53]

Si se considera que la BD abarca todo lo esencial de la fe, solo su aplicación puede adaptarse contextualmente, no su esencia y, al parecer al menos a nivel internacional, ni siquiera sus formulaciones. Sin embargo, contrariamente a lo que algunos críticos han afirmado regularmente sobre la BD de IFES, centrarse en lo "esencial" no equivale a prohibir aplicaciones contextuales de una variedad considerable. Como afirma claramente Bürki,

> Cada estudio de estas doctrinas debe conducir a una aplicación práctica: ¿qué significa esto para mí, para nosotros aquí y ahora y para el futuro de nuestra vida, nuestro trabajo, nuestras relaciones? ¿Qué comportamiento, confesión, arrepentimiento, alabanza, obediencia, oración, acción o abstención nos está transmitiendo el Espíritu Santo a través de este estudio actual de la Palabra de Dios? Estas conclusiones pueden formularse de forma muy breve como un manifiesto ("una verdad clara y evidente que debe darse a conocer a todos los interesados"). Este es también el lugar y la ocasión para estudiar de nuevo las doctrinas bíblicas y aplicarlas en el contexto de la iglesia, de la ciencia, de la política, de la responsabilidad social, etc.[54]

Aunque se considere que la BD nunca ha estado potencialmente en necesidad de revisión – por ejemplo, no se hizo nada significativo de la pregunta formulada en 1971 "¿Es adecuada esta base hoy?"[55] – eso no significa que se considere definitiva para todos los cristianos. Bürki pone una nota interesantemente abierta en el siguiente comentario que merece la pena citar en extenso:

> La función de la BD no es añadir constantemente nuevas doctrinas según los debates de una generación concreta, sino resumir las doctrinas esenciales para todos los tiempos, y así proporcionar una base para nuevas formulaciones de credos, confesiones o manifiestos que puedan hablar de cuestiones contemporáneas. Por ejemplo, las cuestiones sobre la discriminación racial, la justicia social, la lucha contra la pobreza y por la paz, necesitan ser confrontadas y respondidas con una exposición fresca y una

---

53. Hammond, *Evangelical Belief*, 6.
54. Bürki, *Essentials*, 19.
55. C. Stacey Woods, "The IFES Doctrinal Basis", *IFES Journal* 25, no. 3 (1971): 11.

aplicación práctica de las doctrinas de la creación, el hombre, el pecado, la redención, la ley y el evangelio.[56]

La enumeración que figura al final demuestra que ya en 1975, los líderes senior de IFES estaban al corriente de las papas calientes teológicas que podrían aflorar en el futuro – o que ya habían estado aflorando. Warner hace la astuta observación de que "podría esperarse que el innegable del pluralismo evangélico condujera a una medida de relativismo, y a un pronto reconocimiento de especificidades doctrinales secundarias".[57] En el caso de IFES, aunque la base doctrinal, las prácticas y experiencias compartidas, así como el personal compartido en muchos casos, proporcionan un grado relativamente alto de comunidad, el hecho es que no existe "un solo mundo evangélico", e incluso un vistazo superficial a los archivos de correspondencia de los secretarios generales posteriores les muestra desempeñando el papel de bomberos entre facciones, y esto más a menudo de lo que hubieran deseado. No cabe esperar otra situación de una comunidad de tal envergadura mundial. Sin embargo, si todos los pioneros de IFES recalcan que su BD, al centrarse en *lo esencial*, ya es un "reconocimiento de especificidades doctrinales secundarias",[58] aunque solo sea por contraste, inscribiéndose en la tradición teológica de diferenciar entre principios centrales y *adiáforas*, el lector aún podría tener la impresión de que "la finalidad y la certeza ocupan el centro del escenario, ahogando cualquier atisbo de provisionalidad, contingencia y teología crítica abierta".[59] No se trata solo de una impresión, ya que la BD de IFES es prácticamente imposible de cambiar en lo fundamental, pues la constitución estipula que no se puede hacer ningún cambio en la base doctrinal "sin un acuerdo unánime".[60] IFES no solo se compromete a mantener estable su base doctrinal, sino que originalmente no esperaba que los movimientos nacionales alteraran sus propias bases, ya que la constitución de 1947 preveía que "un movimiento nacional que cambie su base doctrinal de modo que ya no cumpla con los términos de la Cláusula 4 de la presente, dejará de ser miembro de la Comunidad".[61] Como muestra la historia más reciente, esta cláusula no se ha utilizado: varios movimientos miembros han cambiado de hecho sus bases doctrinales de forma bastante significativa –

---

56. Bürki, *Essentials*, 12–13.
57. Warner, "Evangelical Bases of Faith", 337.
58. Warner, 337.
59. Warner, 337.
60. "Constitution" (1947), cláusula 14.
61. "Constitution" (1947), cláusula 12c.

aunque no como para contradecir la BD de IFES – sin ser excluidos.[62] La cláusula fue revisada en 2015, añadiendo a la disconformidad doctrinal otra causa de desafiliación: "La Junta puede suspender temporalmente a cualquier Movimiento Nacional que cambie su base doctrinal de forma que ya no sea coherente con la de IFES *o si desprestigia a IFES*".[63]

Dado que la BD no está destinado a cambiar, la carga de elaborar documentos similares, implícitamente, sin embargo, para fines distintos del testimonio de los estudiantes en las universidades, recae sobre los hombros de individuos o subgrupos que tendrán que rendir cuentas de sus respectivos trabajos. Algunos países como Sudáfrica se han asido de esta posibilidad y han añadido importantes complementos a su base doctrinal – que de hecho se basa en la BD de IFES – relativos a cuestiones de etnicidad y justicia social.

Emitir una fórmula revisada o ampliar la BD original de IFES probablemente se consideraría indeseable como una caja de Pandora susceptible de fracturar una comunidad de organizaciones nacionales independientes cuyo objetivo es llegar a sus campus: tan fuerte es la importancia de la BD para unir a la comunidad en la literatura de IFES. Sin embargo, la cuestión sigue en pie: la BD fue acordada por diez miembros fundadores con perspectivas muy similares y contextos esencialmente parecidos. La situación a principios del siglo XXI, con 170 movimientos miembros, es significativamente diferente. Han surgido nuevas cuestiones, especialmente a raíz de la descolonización y del aumento de la influencia de las iglesias independientes de las denominaciones internacionales en el Mundo Mayoritario. Esta observación no presupone

---

62. Por nombrar solo algunas: InterVarsity USA tiene una formulación muy diferente y añadidos significativos; véase InterVarsity USA, "What We Believe", 17 de abril de 2017, https://intervarsity.org/about-us/what-we-believe. UCCF Gran Bretaña ha ampliado varias cláusulas; véase UCCF, "Doctrinal Basis", consultado el 9 de mayo de 2020, https://www.uccf.org.uk/about/doctrinal-basis.htm. La SCO de Sudáfrica también ha ampliado varias cláusulas; véase "Statement of Faith", Students' Christian Organisation (SCO) South Africa (blog), https://web.archive.org/web/20210621163925/https://www.sco.org.za/statement-of-faith/. AFES Australia y ABUB Brasil han añadido algunas precisiones; véase AFES, "Doctrinal Basis", consultado el 21 de mayo de 2020, https://afes.org.au/about/doctrinal-basis; ABUB, "No Que Cremos", Aliança Bíblica Universitária do Brasil, consultado el 21 de mayo de 2020, http://abub.org.br/no-que-cremos. La VBG Suiza ha abandonado explícitamente su base doctrinal: "Hace unos años, la VBG se separó de su antigua base de fe. Con el tiempo, se había vuelto demasiado estrecha para el personal. Ahora la VBG ya no formula sus creencias más centrales en su propia confesión, sino que está de acuerdo con todos los demás cristianos en el antiguo credo [de los Apóstoles]." VBG, „Geistliche Leitlinien: In Was die VBG Ausmacht," 25 de marzo de 2017, https://wp.vbg.net/spirituelle-traditionen/. Curiosamente, las „Directrices espirituales", que abarcan seis „tradiciones espirituales", tienen una forma muy parecida a una base doctrinal.

63. "Constitution of the International Fellowship of Evangelical Students" (julio de 2015), IFES e-Archivos, cláusula III.C.1; énfasis añadido.

ningún error teológico en las afirmaciones de la BD, sino que cuestiona la adecuación de su formulación para *todos los tiempos y lugares*. Por ejemplo, ¿qué debe hacer la JD con nociones teológicamente importantes no siempre tan relevantes para Occidente, como la pobreza, el racismo, el colonialismo, el culto a los antepasados, la poligamia o el cuidado de la creación, por nombrar solo las más destacadas? Queda la cuestión de si es misiológicamente responsable mantener sin cambios tal declaración de fe para movimientos nacionales creados potencialmente más de setenta años después de la creación de IFES, en contextos inconmensurablemente diferentes al del Imperio Británico del siglo XIX, con un número enormemente mayor de universidades en todo el mundo, que representan una creciente variedad de tradiciones y culturas académicas. Por lo tanto, podrían surgir otros "esenciales" en otros contextos, sin duda en estrecha relación con los existentes, pero tal vez haciendo hincapié en otros elementos teológicos importantes.[64]

El hecho de que hasta ahora no se haya hecho ningún intento serio de revisar la BD atestigua que hasta ahora se ha entendido como lo suficientemente amplio como para expresar y dar cabida a las preocupaciones de la mayoría de los movimientos miembros.

Una vez examinados los aspectos más sociológicos de la BD, ha llegado el momento de pasar a la relación de IFES con la teología de forma más general, y al papel que desempeña la BD en esta constelación.

IFES, la teología y la BD

La comunidad IFES y la teología han tenido una relación compleja marcada por experiencias difíciles con la teología universitaria. En ocasiones, los líderes de la comunidad se han mostrado muy escépticos ante la teología académica, cuyas supuestas tendencias liberalizadoras han fustigado a menudo. Al mismo tiempo, los desafíos encontrados en el campo de la misión, junto con la necesidad de definir la identidad de la organización frente a otros actores sobre el terreno o en la discusión con los líderes de la iglesia, han hecho necesaria una profunda reflexión teológica, aunque ésta haya tenido como principal objetivo legitimar la historia y la existencia de IFES. En palabras de Hammond, "toda sociedad humana y toda actividad conjunta deben estar necesariamente

---

64. Una lista *muy* tentativa podría incluir la doctrina de la reconciliación, el enfoque Christus Victor de la expiación, la doctrina de la *imago Dei*, la doctrina del reino de Dios, las cuestiones relativas a la misión, la teología política y la justicia social, la igualdad de género, etc.

controladas por cierto grado de convicción común. Un esfuerzo conjunto prolongado dirigido a un fin principal sería imposible sin ella".[65]

La doctrina del "sacerdocio de todos los creyentes" no figura explícitamente en ninguna de las formulaciones de la BD. Sin embargo, sostengo que las afirmaciones de la BD se han desarrollado en relación implícita con esta doctrina, que a su vez ayuda a dar sentido a las afirmaciones de la BD. Además, la idea de que cualquier creyente sería capaz de deducir del estudio de la Biblia iluminado por el Espíritu Santo, un núcleo similar de doctrinas esenciales presupone el acceso directo de cada creyente a Dios:

> Es de una sola fuente – la Sagrada Escritura – de donde se han derivado todas las afirmaciones posteriores de la Base. Solo por revelación divina conocemos verdades como las relativas al Ser de Dios, el alcance omnisciente de su providencia y gobierno y, también, la naturaleza de su amor redentor hacia el hombre.[66]

Los líderes de IFES afirman que estas creencias no son "inventadas" por *los individuos*, sino "recibidas" y acordes con la enseñanza apostólica:

> Es de mayor importancia que cada cristiano busque mediante su propio estudio una mejor comprensión de lo que cree y por qué lo cree. Se espera que los portadores de cargos, además de las doctrinas expuestas en estas diez cláusulas [de la BD], acepten y enseñen todo lo demás que pueda demostrarse claramente a partir de las Sagradas Escrituras que ha formado parte de la enseñanza apostólica.[67]

Los creyentes tienen acceso *inmediato* a la Biblia. Esto implica que las Escrituras son el canal privilegiado de relación con Dios.[68] Esto proporciona un terreno común para los evangélicos que "comprendían no solo a los no escolarizados, sino también a los altamente educados cuya racionalidad estaba unida a su lealtad previa y primaria a la autoridad inatacable de la Biblia".[69] Esta visión

---

65. Hammond, *Evangelical Belief*, 5.
66. Hammond, 12.
67. Hammond, 10.
68. Incluso podríamos ir más lejos y postular la *pertenencia* a una especie de "comunidad de la Ilustración". Al menos esto representa el *entorno* cultural de los primeros IFES.
69. Ese compromiso directo con las Escrituras y el desarrollo de la apropiación de la doctrina no se producen en un vacío epistemológico. Resumiendo la erudición reciente sobre el tema, Warner sugiere articuladamente que "tanto el liberalismo clásico como el evangelicalismo dependían del fundacionalismo de la Ilustración para construir una reconstrucción racional de la ortodoxia protestante. Para los liberales, la liberación de la razón humana por parte de la

de la importancia de la Biblia impregna los escritos de IFES. Es aquí donde se encuentra quizá la influencia subyacente más clara, aunque muy implícita, de una comprensión individualista del "sacerdocio de todos los creyentes". Si la Biblia habla, cualquier creyente puede entenderla, siempre que se manifieste una actitud correcta de mente y espíritu. Sin embargo, a pesar de la proclamada lealtad a la perspicuidad de la Biblia, la comunidad consideró esencial elaborar una base doctrinal, entendida como *norma normata*,[70] que, no obstante, se consideraba de gran importancia, como ejemplifica la siguiente declaración de 1982:

> También somos evangélicos. Teológicamente esto significa que estamos profundamente comprometidos con la defensa, el mantenimiento y la propagación de las verdades bíblicas. *Afirmamos la entera confiabilidad de la Biblia para todos los asuntos relacionados con la doctrina y la conducta. Ponemos gran énfasis en nuestra Base Doctrinal.* Los líderes estudiantiles, el personal y otros colaboradores suscriben sus postulados por escrito. Como cristianos evangélicos, *también hacemos hincapié en nuestra fidelidad al Evangelio*. Esto se pone de manifiesto cuando lo compartimos y proclamamos con entusiasmo y valentía a los demás.[71]

El supuesto subyacente es que las Escrituras tienen un sentido llano que es *inmediatamente* accesible para los lectores comprometidos. En este caso, la BD desempeña el papel de un "resumen de control" que permite a los líderes y al personal del grupo evaluar lo sólido – quizá oír "conforme" – que es el conocimiento bíblico de un alumno determinado. Partiendo de la firme creencia de que la Biblia es *totalmente digna de confianza* y de que la BD es un "mero resumen" de sus enseñanzas fundamentales, los líderes de IFES asumen la validez universal de la BD.

Aunque se presente como un resumen de las doctrinas esenciales de las Escrituras, la BD es también producto de las preocupaciones doctrinales esenciales de los primeros líderes de IFES que, moldeados por su propio

---

Ilustración era el requisito previo para una nueva teología. Para los evangélicos, el presupuesto fundacional dentro de su teología formada por la Ilustración era la infalibilidad bíblica". Warner, "Evangelical Bases of Faith", 341.

70. Los teólogos distinguen entre normas normadas (norma normata), es decir, una norma cuya autoridad viene dada a su vez por una *norma normans*, una norma normadora (la Escritura).

71. IFES, "Who are We?", 2; énfasis añadido.

contexto cultural, tendían a enfatizar unas doctrinas sobre otras – y el ejemplo más evidente es la afirmación de la "entera fiabilidad" de las Escrituras, que no forma parte de ninguno de los antiguos credos. Tampoco lo es la explicación sustitutiva de la expiación. Woods era muy consciente de que "esta base doctrinal representaba *aquellas verdades que eran relevantes para la situación universitaria* y que *en algunos lugares* estaban siendo cuestionadas por la erudición secular y el pensamiento humanista".[72] Esta afirmación es importante porque pone de relieve la naturaleza profundamente *reaccionaria* de la BD de IFES – un comentario similar se aplica a la mayoría de las declaraciones credenciales de la historia de la Iglesia.[73] Esta interpretación parece estar subrayada por el hecho, un tanto extraño, de que IFES "también" subraya la importancia del evangelio, por lo que se trata de otro subcanon más dentro de la restringida lista de puntos.

Tenemos aquí una hermenéutica de base soteriológica: la Biblia no puede aprehenderse adecuadamente *fuera* de una relación personal con Dios, de ahí el énfasis en la fiabilidad – una categoría más pietista – en lugar de en la "infalibilidad", una categoría más científico-racionalista.[74] Por un lado, esta teología insiste en que cualquier individuo puede escuchar la palabra de Dios por sí mismo, *mediada* por la Biblia leída en el contexto de la relación propia *y no mediada* de ese individuo con Dios, es decir, sin que otros se interpongan entre Dios y él o ella. Por otro lado, IFES insiste en la necesidad de una BD que especifique la comprensión a la que la lectura fiel conducirá a los creyentes.

---

72. Woods, "IFES History Draft", cap. 2, p. 13; énfasis añadido.

73. En defensa contra posibles acusaciones relativizadoras, los dirigentes de IFES han afirmado a menudo que la naturaleza reactiva de una base doctrinal no la descalifica automáticamente de relevancia duradera; por ejemplo, Horn: "Todos los resúmenes de la creencia cristiana son un equilibrio entre la verdad inmutable de Dios, por un lado, y las circunstancias apremiantes en el momento de su compilación, por otro. La mayoría de los grandes credos (como muchas de las cartas del Nuevo Testamento) se redactaron para combatir errores particulares ... No nos deshacemos de estas cartas porque salgan de un contexto histórico, geográfico, sociológico o religioso concreto." Robert M. Horn, *Realidades últimas: Finding the Heart of Evangelical Belief* (Leicester: IVP, 1999), 86–87.

74. El resumen algo agudo de Holmes es que "el evangelicalismo norteamericano, con un amplio compromiso con la inerrancia, ve la Biblia principalmente como una colección de hechos en los que creer; el evangelicalismo británico, que en cambio hace hincapié en la autoridad, ve la Biblia principalmente como una colección de reglas que obedecer". Stephen R. Holmes, "Evangelical Doctrines of Scripture in Transatlantic Perspective", *Evangelical Quarterly* 81, nº 1 (enero de 2009): 53.

Análisis teológico

Un análisis teológico completo de la BD de IFES justificaría una obra por derecho propio.[75] En lo que sigue, intentaré interpretar una muestra de las afirmaciones de la BD a la luz de los contextos en los que se originaron y de cómo se debatieron en el seno de IFES.

El primer comentario oficial de la BD en la época del movimiento británico de la IVF fue escrito en 1935 por Hammond, y revisado posteriormente.[76] La razón principal para examinar en profundidad la BD de la IVF y no principalmente las bases de otros movimientos nacionales es la influencia que tuvo el movimiento británico en la insistencia sobre la base doctrinal: no solo los primeros pioneros Lloyd-Jones y Johnson fueron británicos, sino que también lo fueron posteriormente líderes influyentes en el Comité Ejecutivo como Barclay, Catherwood, Wells, Horn y Lowman, todos los cuales han escrito sobre la importancia de la base doctrinal para la vida y la integridad de IFES, al igual que Welshman Brown, secretario general desde hace mucho tiempo.[77]

El segundo comentario, *Esenciales: Una breve introducción para el estudio de la Biblia basada en las bases doctrinales de la Comunidad Internacional de Estudiantes Evangélicos*,[78] fue el resultado de intensos debates mantenidos durante el Comité General de 1971. Este CG aprobó por unanimidad una moción que reafirmaba su

> adhesión incondicional a las Bases Doctrinales de IFES. La comunidad IFES es un movimiento que busca obedecer la autoridad del Señor Jesucristo crucificado y resucitado. Por lo tanto, IFES reconoce la autoridad de la Sagrada Escritura como la Palabra de Dios, completamente digna de confianza en su totalidad y en todas sus partes.[79]

---

75. Los lectores interesados en un análisis detallado pueden leer el apéndice 2.

76. Hammond, *Evangelical Belief*. El documento fue revisado varias veces, la última en Horn, *Ultimate Realities*.

77. La mayoría de estos escritos tienen forma de artículos en publicaciones de la IFES, memorandos a comités o ponencias en reuniones. Johnson, Barclay, Catherwood, Horn y Brown han dedicado algunas páginas a la BD en sus respectivos libros. Por ejemplo, véase Johnson, *Brief History* y *Contending for the Faith*; Robert M. Horn, *Student Witness and Christian Truth* (Londres: Inter-Varsity Press, 1971); Barclay, *Jesus Lane Lot*; Lowman, *Day of His Power*; Barclay y Horn, *Cambridge to the World*; Lindsay Brown, *Brillando como estrellas*.

78. Bürki, *Essentials*.

79. "Minutes of the Meeting of the Eight General Committee" (1971), 19. Antes de que se aprobara la moción, Stacey Woods, en su calidad de secretario general saliente, declaró en términos inequívocos que "debemos ser conscientes de que en los círculos bíblicos evangélicos de muchas partes del mundo se está produciendo un alejamiento de la doctrina histórica

Un subcomité sugirió "que se preparara una breve guía de estudio sobre el significado de la Base Doctrinal para los movimientos miembros".[80] El Ejecutivo "acordó que no debía clasificarse como documento oficial con la misma autoridad que la Constitución de IFES o la Base Doctrinal".[81] El asociado SG Bürki redactó un folleto no pensado "para el debate teológico, sino para el estudio bíblico individual y en grupo",[82] que sigue siendo el último comentario oficial de IFES publicado hasta la fecha.[83] Este enfoque es interesante, ya que muestra una tensión implícita en la relación de la organización con el texto bíblico: se supone que cada creyente es capaz de entenderlo por sí mismo; no es necesaria ninguna mediación clerical.[84] Sin embargo, llama la atención el hecho de que el Comité General – constituido esencialmente por altos cargos de los movimientos nacionales y solo marginalmente por estudiantes – expresara la necesidad de más explicaciones. Una especie de "círculo hermenéutico", como el que se muestra en la figura 2, puede resumir el proceso.

Centrarse en lo esencial

> La base doctrinal de la comunidad serán las verdades fundamentales del cristianismo, incluyendo. . . .[85]

La idea de *concentrarse en lo esencial* es fundamental para la forma en que IFES entiende su BD. Dado que la comunidad conecta a miembros de diferentes tradiciones eclesiásticas con especificidades divergentes, sus actores deben ponerse de acuerdo sobre un corpus común de afirmaciones.

---

tradicional de las Escrituras que debería causarnos preocupación; no insinuó que hubiera ningún alejamiento en la IFES o en sus movimientos miembros, sino que probablemente nos enfrentaríamos a una cierta efervescencia por parte de algunos estudiantes. Damos la bienvenida en nuestros movimientos a estudiantes que son liberales y que, por la gracia de Dios, serán llevados a una posición bíblica. Pero si en la dirección de la IFES se produjera un viraje, podría significar el principio del fin de la IFES. Este Comité General representa tal liderazgo" (18). Véase p. 98–103 más arriba.

80. "Minutes of the Meeting of the Eight General Committee" (1971), 20. Extractos del informe del subcomité se publicaron en Bürki, *Essentials*, 49–50.

81. "Minutes of the Meeting of the Executive Committee" (Schloss Mittersill, Austria, 30.8–3.9 1973), 22, IFES e-archives.

82. Chua Wee Hian, "Foreword", 8.

83. En el momento de escribir estas líneas, lleva muchos años agotado y el escritor no tiene conocimiento de que existan planes para su reedición.

84. Curiosamente, Padilla era bautista y Bürki procedía de los Hermanos (darbistas).

85. El texto de la BD ha permanecido inalterado desde 1947 (excepto la cláusula D; véase más adelante). En lo que sigue, citamos a Bürki, *Essentials*, 21. Véase también IFES, "What We Believe", consultado el 19 de mayo de 2020, https://ifesworld.org/en/beliefs/.

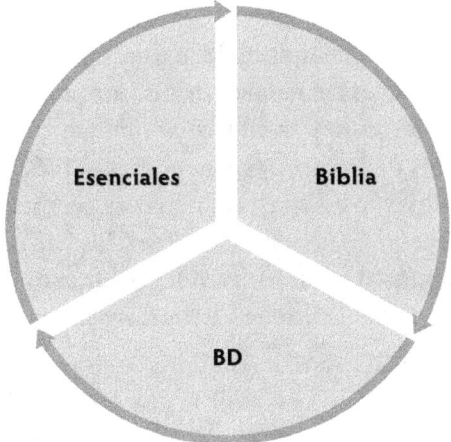

Figura 2

De ahí que la BD pueda concebirse misiológicamente: enuncia lo que se considera esencial para predicar el Evangelio de forma eficaz y adecuada, para llegar a un público concreto en un contexto específico: la universidad. Las estrategias locales serán variaciones sobre el tema de las once afirmaciones, que se consideran fundamento suficiente para que la gente se haga cristiana, ya que asegurarán la inscripción de los nuevos creyentes en lo esencial de la tradición cristiana.

Como ocurre a menudo en el estudio de la teología de IFES, el fundamento se encuentra detrás de consideraciones hermenéuticas. Los pioneros de IFES siempre insistieron en que el contenido de la BD era el resultado de un proceso deductivo. En palabras de Hammond

> Una comprensión suficiente y práctica de las doctrinas básicas no requiere una gran inteligencia, ni le llevará mucho tiempo a un buscador decidido (con el Espíritu Santo como guía) descubrir lo que los apóstoles consideraban fundamental en la relación del hombre con su Hacedor y también con sus semejantes.[86]

Una metodología adecuada aplicada a los "materiales" escriturales da los frutos adecuados, de forma muy parecida a la síntesis que se obtiene al escudriñar la literatura científica sobre cualquier tema. Como plantea Lowman, el escritor de la historia hasta ahora oficial de IFES y antiguo miembro del Comité Ejecutivo,

---

86. Hammond, *Evangelical Belief*, 5.

> Precisamente porque los objetivos de los grupos no exigen adoptar posturas sobre cuestiones que dividen a evangélicos de mentalidad igualmente bíblica, los estudiantes de distintas confesiones pueden trabajar en colaboración y enriquecerse mutuamente. Puede haber pocos miembros de los grupos vinculados al IFES que no hayan ganado con esta exposición a las diferentes perspectivas de otros creyentes con mentalidad bíblica. A su vez, los vínculos creados en el ámbito estudiantil sirven para tender puentes esenciales dentro de la comunidad evangélica en los años siguientes.[87]

Para Hammond, la BD es una sólida base de partida, y los estudiantes cristianos deben ser respetuosos con las opiniones de los demás sobre cuestiones secundarias en aras del testimonio común. En consecuencia,

> se insta a todos los líderes y miembros a que desalienten cualquier intento de proselitismo dentro de las Uniones, y a que se abstengan de criticar o menospreciar los puntos de vista confesionales de otros miembros. La oposición unida al error fundamental será tanto más fuerte si son libres de diferir sobre asuntos secundarios.[88]

La BD es, por tanto, una poderosa declaración eclesiológica. Ser miembro de la iglesia "a la que pertenecen todos los verdaderos creyentes"[89] implica un acuerdo de credo con las afirmaciones de la base. En consecuencia, se podría leer la BD como un resumen de lo esencial de una *organización misionera* y de lo esencial de la fe en lo que todos los cristianos deberían estar de acuerdo.

Eclesiología

> J: La única Santa Iglesia Universal que es el Cuerpo de Cristo y a la que pertenecen todos los verdaderos creyentes.

La BD de IFES reconoce la existencia de la iglesia como un hecho. Sin embargo, aunque la existencia de una iglesia visible está implícita en la cláusula, la precisión de que "todos los verdaderos creyentes" la forman va más allá de las afirmaciones comunes de los credos para implicar que "en última instancia, solo Dios sabe quién le pertenece y, por tanto, a su Iglesia".[90]

---

87. Lowman, Day of His Power, 337.
88. Hammond, *Evangelical Belief*, 45.
89. Cláusula J.
90. Bürki, *Essentials*, 44–45.

Aquí, como en muchas otras cláusulas, la clave para interpretar el punto de vista de la BD es marcar una frontera entre una eclesiología de iglesia de creyentes – en este caso claramente evangélica – y una iglesia multitudinaria. De nuevo, la fe personal es crítica: "Todos los que vienen a Cristo en fe salvadora personal y le reconocen como Señor son hechos, por su nueva relación con Él, miembros de la única, santificada y mundial compañía de su pueblo redimido".[91] Así pues, aunque en la BD no se formulan explícitamente criterios para la pertenencia a la iglesia, la eclesiología de la iglesia de *los creyentes* subyacente emerge claramente del comentario.[92]

Además, la confesión de que la Iglesia es esencialmente *invisible* no puede entenderse al margen de la pneumatología:

> La Biblia nos enseña que el Espíritu Santo habita tanto en la Iglesia local como en la Iglesia universal. El Espíritu único *anima a* toda la Iglesia y es la fuente de comunión que une a los cristianos en el "cuerpo único" de Cristo.[93]

¿Es esta "animación" el vínculo entre la realidad espiritual de la iglesia universal y el compromiso misionero? La idea aún no está totalmente articulada, pero la semilla de una *eclesiología misional* es evidente aquí. La animación *(inmediata) del* creyente para implicarse en la misión presupone la *pertenencia* a la iglesia invisible, incluso sin un contexto eclesiológico local satisfactorio.

En un desarrollo que vale la pena citar extensamente, Hammond recurre a la noción de un *sacerdocio espiritual*, del que todos los cristianos son miembros:

> Esta comunidad constituye un cuerpo del que Cristo es la Cabeza. Forman un edificio o templo en el que habita el Espíritu de Dios. Constituyen *un sacerdocio que* ha de ofrecer el sacrificio de adoración. Este "pueblo de Dios" tiene el *deber de difundir el maravilloso conocimiento de la obra salvadora de Dios*. En

---

91. Hammond, *Evangelical Belief*, 44. Se hace referencia a Juan 10:16.

92. Sobre la naturaleza personal de la fe y sus implicaciones para las bases de la fe, Collange comenta que "la Iglesia no siempre se menciona en nuestras confesiones (Ejército de Salvación, Asambleas de Dios) o solo se menciona de forma incidental (AEF, GBU). Esto se debe en primer lugar a la perspectiva 'personal' de una salvación entendida de forma más bien individualista, y a la perspectiva congregacionalista de la comunidad vinculada a ella, siendo entonces la Iglesia – cuando se la menciona – el conjunto de 'todos los creyentes unidos en el Espíritu' (GBU, AEF)". Collange, "Les confessions de foi "évangéliques", 77. La conexión con el congregacionalismo apunta hacia la fuerte influencia de los Hermanos observable en los propios antecedentes de los primeros pioneros de IFES.

93. Hammond, *Evangelical Belief*, 43; énfasis añadido. Se hace referencia a 1 Cor 3:16; Ef 2:20–22; 4:3–4.

> esta comunidad son interdependientes, o "miembros los unos de los otros"... Tal comunión está claramente destinada a ser realizada, siempre que sea posible, por cada cristiano mediante la pertenencia activa a una congregación local. Los movimientos evangélicos afiliados a la Inter-Varsity Fellowship no deben considerarse como tales congregaciones locales o "iglesias". Tienen un propósito limitado en una esfera limitada y durante un período limitado en la experiencia de sus miembros.[94]

Este tratamiento conciso y equilibrado es uno de los más convincentes que se pueden encontrar en los documentos de IFES. Es notable la preocupación de Hammond por establecer relaciones respetuosas entre los grupos estudiantiles locales y la iglesia. Nótese que el "deber de difundir" el evangelio se atribuye explícitamente al pueblo de Dios y no es prerrogativa exclusiva de los ministros profesionales. Por tanto, los estudiantes ya son miembros de pleno derecho de la iglesia universal y son sus emisarios legítimos en el mundo. Esta insistencia en la iglesia invisible no va, sin embargo, en detrimento de la pertenencia a la iglesia local. Hablando de los grupos de estudiantes, Hammond es categórico al afirmar que

> sus miembros no deben descuidar la participación regular en el culto y la comunión de una expresión local adecuada del Cuerpo de Cristo. Normalmente deberían ser miembros bautizados, y participar regularmente de la Cena del Señor, en dicha congregación. Esto significa que la Comunidad Inter-Varsity desearía seriamente rechazar cualquier noción de que es, o desea convertirse, en una Iglesia o Secta. Sus funciones son puramente las de un auxiliar de la corriente principal de la vida eclesiástica.[95]

Suponer que las funciones de un grupo estudiantil son "puramente las de un auxiliar" implica la correspondiente creencia de que los estudiantes pueden contar con un entorno eclesial local que les apoye. Sin embargo, como demuestran los recurrentes artículos y debates sobre la mejor manera de apoyar a los estudiantes en su transición de "vuelta" a las iglesias locales, éste nunca ha sido el caso universalmente. A los estudiantes de IFES se les anima a ser miembros de las iglesias locales sobre la base de un acuerdo doctrinal: "Es deber y privilegio de sus miembros animarse mutuamente a trabajar en

---

94. Hammond, 44; énfasis añadido. Las referencias dadas son Ef 1:22–23; 2:20–22; 1 Pe 2:5, 9; Rom 12:5; Ef 4:3, 13–16; Heb 10:24–25.

95. Hammond, 45.

verdadera comunión con cualquier congregación cristiana que sea bíblica en la predicación y en la práctica, y cuyos miembros reconozcan al único Señor y confiesen la única fe."[96] Poco después del apogeo del ecumenismo, Bürki fue claro en su advertencia de que "es necesario observar también que en el Nuevo Testamento no se da ningún estímulo a los que quieren exaltar la comunión a expensas de la sana doctrina".[97] Como resultado, muchos estudiantes han tenido dificultades, ya sea por el liderazgo o por razones teológicas, por no mencionar la ausencia de una iglesia local en países donde los cristianos son una minoría pequeña y a veces perseguida.

Síntesis parcial: Anclar verdades para un mundo cambiante

No es fácil hacer justicia al papel de la BD en la historia de IFES. He mostrado que, a pesar de una relación a priori difícil con la teología, IFES ha desarrollado su propia teología, de la que la BD es la prueba más temprana y articulada. La BD presupone la *inmediatez de la* relación del creyente con Dios, que es un conjunto de verdades esenciales eternas y prácticamente descontextualizadas. Esta *inmediatez* se apoya en una firme afirmación de la fiabilidad y perspicacia de la Biblia. Postula que cualquier estudiante de cualquier parte del mundo reconocería como esenciales las mismas verdades esenciales. Además, la lealtad a las afirmaciones de la BD crea y da forma a una comunidad de la que los estudiantes se convierten *miembros*. Esta comunidad no es una iglesia local alternativa, sino la manifestación de la *iglesia invisible* en el campus. Esta eclesiología de iglesia de creyentes coexiste con la suposición subyacente, solo implícita en esta fase, de que la *misión* es primordial en la existencia de la iglesia – y concomitantemente en la existencia cristiana. Pasemos ahora al lento desarrollo de una *eclesiología misional* en el pensamiento de los autores de IFES.

---

96. Hammond, 45.
97. Hammond, 46.

12

Autores de IFES hablan de eclesiología

¿Cómo debe definirse teológicamente la iglesia? Una declaración sumaria como la "Declaración sobre la Iglesia" de 1998,[1] que afirmaba la importancia de la iglesia al tiempo que declaraba que "no somos, y nos abstenemos de llegar a ser nunca, una iglesia local",[2] llevaba mucho tiempo gestándose. Se apoyaba, entre otras cosas, en el trabajo eclesiológico de varias figuras cercanas a IFES. T. C. Hammond y John Stott fueron dos clérigos anglicanos que ejercieron una influencia duradera en los estudiantes de IFES. Jim Stamoolis fue secretario teológico estudiantil de IFES en la década de 1980 y, como tal, una especie de "teólogo interno". René Padilla fue secretario general asociado de IFES durante los años setenta y ochenta, y David Zac Niringiye fue a su vez secretario regional de EPSA hasta el año 2000.

T. C. Hammond *Entendiendo Ser Hombres*

La obra de Hammond *In Understanding Be Men*,[3] publicada por primera vez en 1936, proporcionó a los círculos de IFES una primera obra común de doctrina destinada explícitamente a "estudiantes no teólogos". El tono general del libro es consensual, "algo anglicano en ethos y ligeramente calvinista en

---

1. Véase más arriba, capítulo 8.
2. "Minutes of the Meeting of the Executive Committee" (1998), 26.
3. T. C. Hammond, I*n Understanding Be Men: A Handbook on Christian Doctrine for Non-Theological Students,* 1ª ed., Londres: InterVarsity Fellowship, 1960. 1936 (5ª ed.; Londres: InterVarsity Fellowship, 1960). El objetivo del libro era "hacer accesibles al lector ordinario, aunque solo fuera de forma elemental, los grandes tesoros de conocimiento que reposan en los volúmenes del pensamiento teológico" (p. v).

énfasis".[4] Escrita a petición de IFES – él mismo formó parte de su comité de asesoramiento teológico[5] – , esta obra es interesante desde el punto de vista teológico porque muestra el interés de los círculos de IFES por la doctrina y la teología.[6] Desde el punto de vista práctico, "se quería algo no demasiado técnico para ayudar a los estudiantes que acababan de llegar a la fe en Cristo".[7] ¿Cómo se podría proporcionar a los estudiantes "no teológicos" suficiente pero no demasiada teología para desenvolverse en la vida universitaria y en la enseñanza? Un estudio detallado del libro seguramente aportaría más ideas, pero para nuestros propósitos, es al tratamiento de la iglesia al que nos dirigimos.[8]

Para Hammond, "los puntos en los que es necesario hacer hincapié son los que conciernen a nuestra posición común protestante evangélica en contradicción con las formas extremas de sacerdotalismo y otras perversiones de la tradición apostólica".[9] La apostolicidad se refiere aquí a la enseñanza de los apóstoles y no a una sucesión de obispos. Su definición hace más hincapié en la Iglesia *triunfante* que en la Iglesia *militante*, ya que en opinión de Hammond, "en su sentido más pleno, la Iglesia debe describirse como la 'compañía de todos los verdaderos creyentes', y esto incluye tanto a los que han pasado a su descanso como a los verdaderos creyentes que aún viven."[10] Hay aquí una conexión muy estrecha con la base doctrinal de IFES.[11] Sin embargo, no se

---

4. Warren Nelson, *T. C. Hammond: Irish Christian; His Life and Legacy in Ireland and Australia* (Edimburgo: Banner of Truth Trust, 1994), 133.

5. Geoffrey Treloar, "Hammond, Thomas Chatterton", en *Biographical Dictionary of Evangelicals*, ed., Timothy Larsen (Leicester: IVP, 2003). Timothy Larsen (Leicester: IVP, 2003), 286–87.

6. Dada su apretada agenda, Hammond expresó la necesidad de contar con un ayudante, que resultó ser nada menos que Douglas Johnson, el futuro secretario general del IVF y una figura muy influyente en los primeros años de la IFES. Fue descrito en el prefacio de la primera edición de *In Understanding* como "un licenciado interesado en el mismo proyecto, y que desea permanecer en el anonimato" (1936, p. vi). Véase Nelson, *T. C. Hammond*, 89. Sin embargo, Johnson parece haber sido mucho más que un ayudante, siendo más bien el autor del volumen del que "elaboró un esbozo completo y luego se dirigió al canónigo T. C. Hammond para pulirlo y ponerle su nombre". Geraint Fielder, *Lord of the Years: Sixty Years of Student Witness – Story of the Inter-Varsity Fellowship/Universities and Colleges Christian Fellowship, 1928-88* (Leicester: IVP, 1988), 61.

7. Nelson, 88.

8. Para la cuestión más amplia de la eclesiología, véase Chase Kuhn, "The Ecclesiological Influence of T. C. Hammond", *Churchman* 127, no. 4 (2013): 323-35.

9. Hammond, *In Understanding* (1960), 160.

10. Hammond, 161.

11. Parece que Hammond estuvo muy implicado en su redacción, según Treloar, *Disruption of Evangelicalism*, 199.

olvida a la Iglesia militante, ya que Hammond admite que "la Iglesia visible es el Cuerpo de Cristo en acción en el mundo, aunque nunca en su carácter ideal, sino acosado por las limitaciones del tiempo, el espacio y la debilidad humana."[12]

Hammond muestra su interés por estar en sintonía con los estudiantes y sabe lo prestos que podrían estar a utilizar sus conocimientos recién adquiridos para cuestionar a las autoridades eclesiásticas, pues les advierte que "es una sabia regla general que no intenten experimentos".[13] Hammond aboga por el respeto a las autoridades, siempre que no haya conflicto de conciencia de por medio. La "autodeterminación" del mensaje de las Escrituras para el curso de acción de un individuo es una manifestación característica de la doctrina del "sacerdocio de todos los creyentes", que aquí se utiliza implícitamente para facultar a las personas para que tomen sus propias decisiones, aunque no con "juicios precipitados".[14]

A pesar de fomentar el respeto por las autoridades eclesiásticas, la constante reafirmación de Hammond de que las Escrituras pueden ser comprendidas *inmediatamente* por los estudiantes le lleva a tomar a mal una visión del ministerio que considera bíblicamente injustificada. Para él, las Escrituras no apoyan "los dos elementos falsos que se colaron en la doctrina medieval del ministerio y que han revivido en los últimos años,"[15] que él toma como el orden jerárquico del gobierno eclesiástico y "la asignación a los ministros de una labor mediadora como sacerdotes."[16] Hammond continúa diciendo que "las Escrituras afirman que los cristianos en su conjunto constituyen un sacerdocio (1 Pe. 2:5). Los eruditos coinciden en que los términos sacerdotales no se descubren en los escritores cristianos hasta finales del siglo II. El sacrificio no forma parte del ministerio cristiano' (Hooker)".[17]

Además, "cualquier visión del ministerio cristiano que haga de la ordenación la ocasión para el supuesto otorgamiento de poderes de mediación,

---

12. Hammond, *In Understanding* (1960), 162.
13. Hammond, 160.
14. Hammond, 160.
15. Hammond, 168.
16. Hammond, 168.
17. Hammond, 168. Hammond no hace referencia explícita a las *Law of Ecclesiastical Policy* 5.58.2 de Hooker. Es interesante observar que en la primera edición de su obra se leía: "La Escritura afirma que *el cristianismo en su conjunto* constituye un sacerdocio". Hammond, *In Understanding* (1936), 207; énfasis añadido. Por lo tanto, se puede plantear o bien una evolución hacia la individualización de la comprensión del sacerdocio en el pensamiento de Hammond, o al menos el deseo de ser más preciso en su expresión.

sacrificio y poderes judiciales especiales sobre los pecadores es falsa para las Sagradas Escrituras. No hay ninguna ocasión en el Nuevo Testamento en la que al ministro cristiano se le llame 'sacerdote'".[18] Hammond también fue categórico al afirmar que el concepto de "clero" como "casta clerical" era "desconocido para las Escrituras",[19] pero fue más allá en su objetivo de reforzar la resistencia de su audiencia al "sacerdotalismo":

> La idea de que el ministro cristiano sea en algún sentido un mediador entre Dios y el hombre es "repugnante a las Sagradas Escrituras". Puede que sea un canal (o médium) a través del cual Dios habla a su pueblo. Pero no hay ningún indicio en las Escrituras de que sea un vínculo indispensable entre un cristiano individual y su Dios.[20]

Uno puede ver fácilmente al polemista[21] en acción aquí cuando se considera la tensión entre el riguroso rechazo de Hammond a cualquier función mediadora, al tiempo que concede la posibilidad de que un miembro del clero pueda ser un "médium". Continúa diciendo que

> la misma perversión puede estar presente en formas más sutiles. El cristiano debe guardarse de cualquier intrusión por parte de un ministerio que debilite de algún modo la gloria de la obra Sumo Sacerdotal de nuestro Señor (véanse las Epístolas) o se arrogue cualquier poder que, según las Escrituras, pertenece únicamente a Él o al Espíritu Santo. Aunque debe magnificar el oficio de aquellos comisionados para "apacentar el rebaño de Dios", también debe aferrarse firmemente a sus propios privilegios como miembro del "sacerdocio real" de pecadores redimidos.[22]

El llamamiento de Hammond al lector para que se resista a los ministros de la iglesia que son potencialmente controladores se expresa precisamente sobre la base de su comprensión del "sacerdocio de todos los creyentes". Desde que el libro se convirtió en "la dieta básica durante décadas"[23] de los líderes de IFES, especialmente dada la aparente falta de literatura evangélica conservadora en

---

18. Hammond, *In Understanding* (1960), 171.

19. Hammond, *In Understanding* (1936), 207.

20. Hammond, *In Understanding* (1960), 172.

21. Sobre este aspecto de la obra de Hammond, véase Geoffrey Treloar, "T. C. Hammond the Controversialist", *Anglican Historical Society Diocese of Sydney Journal* 51, nº 1 (2006): 20–35.

22. Hammond, *In Understanding* (1960), 173.

23. Fielder, *Lord of the Years*, 61.

el momento en que se publicó *Entendiendo a los hombres*,[24] Los razonamientos subyacentes de Hammond han desempeñado un papel importante.

Hammond no definió "paraeclesiástica", pero esta eclesiología articula cuidadosamente la relación entre la iglesia local y los estudiantes cristianos. Rechazando una definición "sacerdotal" de la iglesia, insiste enérgicamente en que todo estudiante creyente es miembro del sacerdocio real y, por tanto, de la iglesia. Sin embargo, esta *pertenencia* se enmarca en los límites de una conciencia individual moldeada por la propia lectura diligente de las Escrituras por parte del estudiante y se justifica en la medida en que la iglesia local es esencialmente un contexto en el que el estudiante se nutre de las Escrituras y responde a ellas. Implícitamente para Hammond, la vocación misionera del individuo surge de su relación con Dios y precede a la pertenencia a la iglesia local, siendo esta última evaluada en función de su fidelidad a la primera.

John Stott: *One People*

La siguiente obra relevante para nuestra exploración es *Un pueblo*, la versión publicada de las conferencias sobre "Teología pastoral" pronunciadas en la Universidad de Durham en 1968 por el sacerdote anglicano Stott.[25] Dirigidas inicialmente a estudiantes de teología y centradas en las actitudes del clero hacia los laicos, las conferencias se titularon originalmente "La teología de los laicos."[26] Este libro es interesante por la larga asociación de Stott con los círculos IFES. Se consideró lo suficientemente relevante para el mundo estudiantil como para que fuera publicado por InterVarsity Press, la editorial de InterVarsity en Estados Unidos.

La obra repasa la doctrina de la Iglesia y se centra en los diferentes tipos de relaciones que han existido entre el clero y los laicos. Stott comenta lo tensas que han sido a menudo estas relaciones y señala con agudeza que las iniciativas laicas que contribuyeron a los movimientos misioneros en el siglo XIX y que "fueron espontáneas, el surgimiento de la energía laica desde abajo, [fueron] a veces toleradas por los líderes eclesiásticos solo porque no tenían

---

24. El libro se tradujo posteriormente a varios idiomas. El título de la edición española es especialmente explícito en cuanto al público del libro: T. C. Hammond, *Cómo comprender la doctrina cristiana: manual de teología para laicos* (Buenos Aires: Ediciones Certeza, 1978). Véase Treloar, *Disruption of Evangelicalism*, 200, sobre la importancia de la obra.

25. Stott explica en el prefacio que el libro One *People* fue "una revisión y ampliación" de las conferencias. John Stott, *One People* (Downers Grove: InterVarsity Press, 1971), 7.

26. Stott se refiere varias veces a un importante libro publicado unos años antes: Kraemer, *A Theology of the Laity*.

otra alternativa".²⁷ Stott concluye que la relación correcta entre el clero y los laicos no es ni de dominio (clericalismo) ni de denigración (anticlericalismo), ni de separación (dualismo), sino de servicio, ya que "los laicos son la Iglesia y . . . el clero está designado para servirles, para tratar de equiparles para que sean lo que Dios quiere que sean".²⁸

Según Stott, "la principal forma en que el clero debe servir a los laicos es ayudando a enseñarles y formarlos para su vida, su trabajo y especialmente su testimonio (*marturia*) en el mundo. La *diaconía*, el servicio, del clero está supeditada a *la marturia* de los laicos".²⁹ El argumento se basa en la diferenciación funcional y no en la sucesión apostólica.

De ahí que Stott abogue por una comprensión *misiológica* de la Iglesia basada en el propio texto a partir del cual se argumenta más a menudo el "sacerdocio de todos los creyentes":

> Los autores del Nuevo Testamento declaran: el Dios que nos ha llamado del mundo nos envía de nuevo al mundo: sois linaje escogido, sacerdocio real, nación santa, pueblo adquirido por Dios, para que anunciéis las maravillas de aquel que os llamó de las tinieblas a su luz admirable.³⁰

Stott no aboga por la abolición del clero, sino que prosigue señalando que "el pueblo de Dios . . . es a la vez un pueblo sacerdotal, para ofrecerle los sacrificios espirituales y aceptables de alabanza y oración, y un pueblo misionero, para declarar a los demás las excelencias de su Dios, el Dios que los ha llamado a su luz maravillosa y ha tenido misericordia de ellos".³¹ Nótese que Stott rebate la identificación de Cipriano del sacerdote con la función sacerdotal del Antiguo Testamento, argumentando que "el sacerdocio del Antiguo Testamento ha sido sustituido en el Nuevo por el sacerdocio de todos los creyentes, es decir, el sacerdocio de toda la Iglesia".³²

Los cristianos están llamados y equipados para dar testimonio en sus respectivas esferas por dos razones principales. En primer lugar, porque "en muchos aspectos, los laicos están en condiciones de realizar esta labor de forma mucho más eficaz que el clero, ya que 'los laicos son la iglesia esparcida',³³

---

27. Stott, *One People*, 10.
28. Stott, 42.
29. Stott, 13.
30. Stott, 17, citando 1 Pe 2:9.
31. Stott, 24–25.
32. Stott, 29.
33. Stott cita a Kraemer, *Theology of the Laity*, 181.

'inmersos en el mundo',[34] penetrando más profundamente en la sociedad secular de lo que el clérigo medio jamás llegará a hacerlo".[35] En segundo lugar, porque el testimonio solo puede ser practicado por las personas en virtud de su vocación cristiana y no por delegación en un grupo específico (el clero), ya que "no hay posibilidad de culto o testimonio por delegación".[36] Esto tiene vastas consecuencias para la práctica del ministerio en contextos eclesiales y en el mundo en general. Podría decirse que la preocupación por ver a los cristianos cuidándose unos a otros en el proceso de descubrir la palabra de Dios por sí mismos fue lo que llevó a Stott a respaldar también la práctica – en aquel momento relativamente nueva – de pequeños grupos (en casa) que funcionaban de forma similar a los grupos de estudiantes en el campus. En palabras del propio Stott

> Si [el crecimiento de los grupos en casa] debe explicarse en términos de experiencia humana, probablemente deba entenderse como una protesta contra los procesos deshumanizadores de la sociedad secular y el formalismo superficial de gran parte de la vida eclesiástica. Existe un hambre generalizada de una vida que sea genuinamente humana y absolutamente real.[37]

Así que, para Stott, el laicado *es* esencialmente *la iglesia* que da testimonio en diferentes contextos: en resumen, *un sacerdocio de todos los creyentes*. Si esto es cierto, entonces los estudiantes que dan testimonio *son* la iglesia, no están *junto a* la iglesia como podría indicar la palabra "paraeclesiástica". Dado que una de las tareas de la congregación es equipar a los laicos para ser la iglesia dispersa y *mediar* el evangelio a su entorno, los laicos no pueden ser autónomos de la iglesia. La preocupación de Stott por enseñar a los laicos y animar a los estudiantes a ser misioneros allí donde se encuentren parece haber

---

34. Stott cita a John A. T. Robinson, *Layman's Church* (Londres: Lutterworth, 1963), 18.
35. Stott, *One People*, 44.
36. Stott, 25.
37. Stott, 73. Una buena ilustración podría provenir de una estudiante que recuerda sus años de pionera en GBEU Suiza (más tarde fue con su marido pionera de los grupos IFES en el África francófona): "Había llevado allí a toda mi familia, poco a poco, y luego mi hermano fue a un campamento, a varios campamentos, a esquiar, con nosotros. Y vio a jóvenes que leían la Biblia todos los días. Dijo: 'Pero eso no es cierto, no es posible que los jóvenes lean la Biblia todos los días'; no podía creer lo que veía. Le pareció sensacional. Y es cierto que es interesante [que] cuando eres de la iglesia reformada [te] acercas a la Biblia de una manera diferente a la de un viejo pastor que nos enseña *ex cathedra*, y es cierto que esto es algo que funciona bien con los jóvenes." Entrevista con Denyse y Louis Perret, 12 de febrero de 2012.

atraído fuertemente a las masas de estudiantes con las que estuvo en contacto, especialmente en años posteriores.[38]

Jim Stamoolis: "Ecclesiology and Mission"

Stamoolis, el secretario de estudiantes de teología de IFES en los años 80, escribió un breve artículo relevante para nuestro trabajo.[39] Propone que "el aspecto central que define la eclesiología evangélica es que el Evangelio debe aplicarse personalmente al individuo. Es importante señalar que decir que debe aplicarse personalmente no significa necesariamente que deba aplicarse individualmente".[40] Sin embargo, Stamoolis también señala que una cosa es creer que cada estudiante tiene el *potencial* para dar testimonio en el campus y otra pensar que cada estudiante está *equipado* para hacerlo. *La formación* suele ayuda a crear ese puente. La cuestión es, en el fondo, misiológica y depende de la comprensión que se tenga del campo de la misión. Stamoolis señaló con optimismo que, en el momento de escribir estas líneas, se estaba produciendo un cambio en las percepciones:

> La buena noticia es que el concepto de testimonio laico está encontrando nueva vida. Parte de la razón de la desaparición del testimonio laico parecía estar en la presunta necesidad de una apologética pesada para convencer al hombre secular de la existencia de Dios. El enemigo del secularismo no era uno que un cristiano corriente pudiera combatir. Por lo tanto, se necesitaba un profesional capacitado para poder presentar el evangelio. En la era posmoderna, la opinión es más aceptable, aunque la opinión personal no puede ir acompañada de una pretensión dogmática de tener la verdad universal.[41]

La alusión al "sacerdocio de todos los creyentes" está implícita, pero muestra un notable grado de flexibilidad en este contexto. También se hace necesaria por el hecho de que "iglesia" y "testimonio" no siempre coinciden plenamente:

---

38. Para más contexto biográfico, véase Timothy Dudley-Smith, *John Stott: A Global Ministry* (Downers Grove: IVP, 2001), caps. 10–12; Alister Chapman, *Godly Ambition: John Stott and the Evangelical Movement* (Nueva York: OUP, 2012), cap. 6.

39. James Stamoolis, "An Evangelical Position on Ecclesiology and Mission", *International Review of Mission* 90, no. 358 (1 de julio de 2001): 309–16.

40. Stamoolis, "Ecclesiology and Mission", 310.

41. Stamoolis, 313.

La Iglesia y, por extensión, las manifestaciones locales de la Iglesia universal son las expresiones visibles de la actividad de Dios en la redención de la humanidad. Siempre es un error situar los límites del reino de Dios como los terminales de la Iglesia. No sabemos del todo dónde está trabajando Dios ni siquiera cómo está trabajando en su creación.[42]

Por un lado, si el trabajo evangélico puede producirse fuera de los límites de la iglesia local, también puede producirse en el contexto de un grupo paraeclesial. Por otro lado, esto significa que Dios podría estar actuando incluso fuera de los marcos (para)eclesiales. Se podría invitar a los cristianos a discernir dónde está actuando ya Dios en el mundo antes de unirse a él. Aunque raramente articulado en los documentos de IFES anteriores a finales de la década de 2000, este último argumento está sin embargo algo implícito en la historia temprana de la organización. Los estudiantes no cristianos que muestran interés por el Evangelio, que están abiertos a explorar su verdad y relevancia durante sus años universitarios y que participan en conversaciones y actividades con estudiantes cristianos, son testigos de la obra del Espíritu Santo *antes del* testimonio de los estudiantes de IFES – o de otros estudiantes cristianos.

René Padilla: "An Ecclesiology for Integral Mission"

En un reflexivo volumen publicado en 2003, Padilla y varios de sus colegas ofrecen fundamentos teológicos para las prácticas locales de misión integral.[43] La mayor parte de los fundamentos de la reflexión de Padilla, que presento aquí, se sentaron durante sus años como miembro del personal de IFES.[44]

El teólogo comienza sosteniendo que la confesión de Cristo como *Kyrios*, Señor de todo el universo, representó una contextualización del escrito paulino

---

42. Stamoolis, 313.

43. C. René Padilla y Tetsunao Yamamori, eds., *La iglesia local como agente de transformación: una eclesiología para la misión integral* (Buenos Aires: Ediciones Kairós, 2003). En lo que sigue, utilizo la traducción inglesa: C. René Padilla, "Introduction: An Ecclesiology for Integral Mission", en *The Local Church, Agent of Transformation: An Ecclesiology for Integral Mission*, eds. C. René Padilla y Tetsunao Yamamori (Buenos Aires: Ediciones Kairós, 2004), 19–49.

44. La charla de Padilla en Lausana parece haber precipitado su salida del equipo directivo de IFES, presionado por los SG de EE UU y el Reino Unido. Así lo insinúa también David C. Kirkpatrick, "Died: C. René Padilla, Father of Integral Mission", Christianity Today, 27 de abril de 2021, consultado el 22 de julio de 2021, https://www.christianitytoday.com/news/2021/april/rene-padilla-died-integral-mission-latin-american-theology.html.

para los lectores del Nuevo Testamento.[45] A continuación, argumenta que "la iglesia integral es aquella que reconoce que todas las esferas de la vida son 'campos de misión' y busca formas de afirmar la soberanía de Jesucristo en todas ellas".[46] Esto implica una presencia encarnada del creyente en todas las esferas de la vida, como agente del reino inaugurado:

> El discipulado cristiano entendido como un estilo de vida misionero – la participación en la realización del plan de Dios para la existencia humana y la creación, revelado en Jesucristo – al que toda la iglesia y cada uno de sus miembros han sido llamados, expresa, en una palabra, la esencia de la misión de la iglesia.[47]

Padilla sostiene además que el principal impedimento para esta presencia integral de los cristianos en todas sus esferas de vida reside en el fracaso de la dirección de la iglesia a la hora de capacitar a los creyentes laicos para que den testimonio sin apoyo clerical. En sus propias palabras, bastante directas y con reminiscencias de la insistencia de IFES en el liderazgo estudiantil laico,

> La misión integral exige la "desclericalización" de los ministerios y una "laicización" del clero. En otras palabras, exige un reconocimiento de la naturaleza apostólica de toda la iglesia. Esto implica, por un lado, que todos los miembros, por el simple hecho de ser discípulos de Cristo, comparten la comisión de ir por el mundo en nombre de Jesucristo, como sus testigos. También implica, por otro lado, que los líderes forman parte del *laos*, el pueblo de Dios, al igual que el resto de los seguidores de Cristo, ni más ni menos.[48]

Tal desarrollo muestra una estrecha conexión con el pensamiento de Stott sobre la articulación de los papeles de los laicos – testigos – y los clérigos – equipamiento-. Padilla cierra el círculo con el "sacerdocio de todos los creyentes":

> Todo ello está en consonancia con la doctrina bíblica que constituyó uno de los pilares de la Reforma del siglo XVI, el sacerdocio de todos los creyentes. Sin embargo, los reformadores clásicos como Lutero y Calvino hicieron hincapié en las consecuencias

---

45. Padilla, "Ecclesiology for Integral Mission", 24. Para un argumento completo en la misma línea, véase Flemming, *Contextualization in the New Testament*.
46. Padilla, 27.
47. Padilla, 28.
48. Padilla, 45.

soteriológicas de esa doctrina, a saber, que una persona podía tener una relación directa con Dios sin necesidad de intermediarios.[49]

Para que sus lectores no se inclinen a limitar la doctrina a las consecuencias individuales, Padilla se apresura a añadir que los Reformadores magisteriales

> no prestaron mucha atención a las consecuencias eclesiológicas: que todos los creyentes están llamados al ministerio cristiano, sea cual sea su vocación. En consecuencia, era una idea común en el mundo protestante que los beneficios de la salvación podían separarse de la responsabilidad de la misión. La misión integral exige la recuperación del sacerdocio de todos los creyentes hasta el punto de que la iglesia se convierta en una comunidad en la que todos los miembros, por igual, se animen mutuamente a descubrir y desarrollar sus dones y ministerios en aquellas innumerables áreas de la existencia humana que necesitan ser transformadas por el poder del evangelio.[50]

Tal argumentación subraya la necesidad de que todos los estudiantes cristianos se tomen en serio la tarea misionera en virtud de la naturaleza de su fe cristiana. Lo mismo se aplica al liderazgo eclesiástico.[51] En resumen, de la teología de Padilla del señorío de Cristo sobre toda la tierra nace su preocupación por la misión *integral*. Esto le lleva a la conclusión de que *toda* la iglesia está llamada a la misión allí donde se encuentren sus miembros. En consecuencia, estos miembros laicos deben ser equipados y alentados para su servicio, tarea que corresponde al liderazgo de la iglesia. Las conexiones con la lógica del ministerio estudiantil son claras.

David Zac Niringiye *The Church: God's Pilgrim People*

Publicado en 2015, "The Church: God's Pilgrim People" [La Iglesia: El pueblo peregrino de Dios] es una de las últimas obras de eclesiología escritas por un antiguo líder senior de IFES.[52] Niringiye reconoce a numerosas figuras del IFES en su prólogo, su libro representa un importante tratamiento de la eclesiología desde la perspectiva del Mundo Mayoritario.

---

49. Padilla, 45.
50. Padilla, 45–46.
51. Padilla, 47.
52. Niringye fue SR de EPSA hasta el año 2000.

La obra de Niringiye es más narrativa que analítica. Comenzando con el Antiguo Testamento y pintando un gran panorama de la historia bíblica, Niringiye resume sus pensamientos sugiriendo que hay tres marcas de una iglesia: "la fe, el amor y la esperanza, como rasgos clave que distinguen a la nueva comunidad en Cristo como pueblo de Dios".[53] La iglesia tiene sus raíces en el pueblo de Israel, cuya elección tenía en mente la bendición de los demás: "Moisés dejó claro que el pueblo de Israel era ahora el pueblo de Dios en la misión de Dios de restaurar la creación, la armonía y la comunidad para su placer y gloria".[54]

En consecuencia, la mayoría de los reveses experimentados por Israel pueden atribuirse a su incapacidad para realizar su vocación como embajadores de Dios. Niringiye entrelaza la situación de Israel con la de la iglesia cristiana contemporánea. En palabras bastante directas, sugiere que "gran parte del malestar y del letargo de las iglesias actuales puede atribuirse a la pérdida de conciencia de la naturaleza peregrina de nuestras vidas, individual y corporativamente".[55] Esta "naturaleza peregrina" es la metáfora central de la obra de Niringiye y es coherente con el hecho de que escriba desde la perspectiva de un mundo mayoritario en el que las iglesias evangélicas suelen estar acostumbradas a ser minoría o, al menos, no tan privilegiadas como muchas iglesias occidentales.

Niringiye desarrolla una *eclesiología misional* más interesada en el carácter espiritual de la comunidad que en sus programas. La coherencia ética se presenta como un marcador esencial de la verdadera naturaleza de una asamblea concreta. Al comentar sobre las iglesias "fuertes" de todo el mundo, afirma que

> Esas iglesias a menudo pierden su vanguardia y se amoldan a la sociedad que las rodea, adorando a sus ídolos y participando en su codicia. Coexisten con los niveles de injusticia social de sus sociedades y, en algunos casos, los potencian. Se dice que estas iglesias son fuertes, prósperas y poderosas y, sin embargo, los niveles de injusticia social aumentan. ¿No dice eso algo sobre a quién sirven y adoran? Al igual que en Israel había mucha religión, estas iglesias están repletas de programas y actividades.

---

53. David Zac Niringiye, *The Church: God's Pilgrim People* (Downers Grove: IVP Academic, 2015), 26.

54. Niringiye, *The Church*, 56.

55. Niringiye, 59.

Sin embargo, el veredicto de Dios sobre esas iglesias sigue en pie: son idólatras.[56]

La obra de Niringiye se caracteriza por una fuerte crítica social. A pesar de haber trabajado durante muchos años en IFES, no rehúye reprender a sus colegas evangélicos. Por ejemplo, tras señalar que Jesús fue rechazado por el estamento religioso de su época, afirma que "ellos son los burócratas eclesiásticos de hoy: los arzobispos, obispos, clérigos y pastores son el sumo sacerdote y los sacerdotes; los evangélicos creyentes en la Biblia son los fariseos de la época; y los teólogos de todos los matices son los maestros de la ley".[57]

La clave para redescubrir el poder del "proyecto eclesiástico" es, para el autor, redescubrir el papel de cada uno en la misión de Dios. Niringiye distingue entre "vocación" y "misión":

> El llamado se asume en la asignación: se trata de ser como Jesús y pertenecerle, en la misión de Dios y su reino. La asignación tiene que ver con la ubicación y el papel dentro de la misión y el reino de Dios, el camino particular de discípulo que se marca, la cruz particular que el discípulo debe asumir al seguir a Jesús.[58]

Se trata de una *teología del laicado*: "A todos los que Jesús llama, les asigna una tarea; todos los que le siguen tienen un viaje particular con Jesús, creciendo para conocerle más en ese viaje a medida que viven su discipulado".[59]

Lo que resulta especialmente llamativo de esta investigación es que casi no existe diferencia entre la vocación de una iglesia local y la de un grupo estudiantil. Haciendo más explícito lo que estaba latente en Hammond e implícito en Stott, Niringiye difumina las líneas entre la iglesia y la "paraiglesia" al no asignar un fuerte significado a las funciones clericales en su definición de la iglesia. En última instancia, esto significa que no existe una línea nítida entre la vocación de la iglesia actual y la del pueblo de Israel. Niringiye apoya su caso citando extensamente la exposición de Wright del Éxodo 19:

> La función del sacerdocio en el propio Israel era interponerse entre Dios y el resto del pueblo: representar a Dios ante el pueblo (por su función de enseñanza) y representar y llevar al pueblo ante Dios (por su función sacrificial). A través del sacerdocio, Dios se daba a conocer al pueblo, y el pueblo podía entrar en una

---

56. Niringiye, 72.
57. Niringiye, 102.
58. Niringiye, 103.
59. Niringiye, 103.

relación aceptable con Dios. Así que Dios asigna a su pueblo como comunidad entera la función de sacerdocio para las naciones. Así como sus sacerdotes estaban en relación con Dios y el resto de *Israel*, ellos como comunidad entera debían estar en relación con Dios y el resto de las *naciones*.[60]

Los cristianos deben darse cuenta del carácter transitorio de su situación de *peregrinos* y de su vocación de comprometerse con su entorno: "Los Evangelios son enfáticos en que, al seguir a Jesús, declaramos la buena nueva del reino de Dios en todo lo que somos y hacemos. Compartir la buena nueva sobre Jesús es parte integral de ser un discípulo".[61] Al comentar el compromiso de los primeros discípulos, Niringiye señala que

> el impacto de su testimonio en el mundo no se lograría al retraerse, sino que, como la sal en la comida y la luz que expulsa las tinieblas, era mediante su presencia, una presencia sabrosa, y mediante la proclamación del evangelio del reino como impedirían la decadencia moral y expulsarían las tinieblas del mal en el mundo.[62]

Esto representa un cambio en el argumento respecto a la retórica anterior de IFES, que tenía más bien un carácter combativo. IFES estaba en el campus más para *preservar* y *defender la teología* que para *conectar con el mundo*. Esto es coherente con un fuerte sentido del carácter pneumatológico de la comunidad:

> Con la llegada del Espíritu Santo en Pentecostés, la actividad redentora de Dios pasó de obrar a través del pueblo y la nación particular de Israel a hacerlo entre todos los pueblos y naciones, "a todos los que el Señor nuestro Dios llamare", como proclamó Pedro ([Hechos] 2:39). La universalización del evangelio del reino de Dios fue inmediata con la venida del Espíritu Santo. En Pentecostés se inauguró la nueva comunidad, la comunidad del reino de Dios, introducida en el mundo, encarnando la presencia de Cristo en el mundo, viviendo de su palabra y de su Espíritu.[63]

Niringiye muestra una fuerte inclinación hacia *el voluntariado*. Observa que ya existían comunidades diversas en tiempos del Nuevo Testamento y sugiere que "el término griego *koinonia*, que se traduce como 'compañerismo',

---

60. Christopher J. H. Wright, *Knowing Jesus through the Old Testament* (Downers Grove: IVP, 2014), 92.
61. Niringiye, *The Church*, 111.
62. Niringiye, 109.
63. Niringiye, 122.

significaba asociación voluntaria o compartir en torno a un interés, vocación o compromiso particular y era de uso común. Lo novedoso era la naturaleza y la base de su *koinonía*. Su *koinonía* era obra del Espíritu Santo".[64]

Esta insistencia en el Espíritu Santo, que no se encuentra en las anteriores discusiones de IFES sobre eclesiología, es notable. Indica la naturaleza más "tentativa" de la existencia eclesiológica en un entorno más frágil que los contextos privilegiados de los que surgieron los escritos anteriores de IFES. Sin embargo, el escepticismo ante las certezas metodológicas no significa un vuelco completo de los lineamientos teológicos, como muestra el siguiente extracto:

> Comprender, discernir y obedecer: en eso consiste principalmente la misión cristiana. Uno de los mayores problemas actuales es la excesiva dependencia de métodos, estrategias, instituciones y tecnologías en la misión cristiana. El reto que tenemos ante nosotros es discernir la voz del Espíritu Santo en medio de los ruidos de nuestras historias, culturas y estilos de vida. Hay que dar prioridad a la enseñanza de la Biblia y a la oración.[65]

Los fundamentos teológicos que Niringiye esboza aquí van más allá del pensamiento anterior de IFES, pero siguen siendo coherentes con sus bases: la atención al contexto, la creciente conciencia cultural y la centralidad de una piedad moldeada por las Escrituras. Del mismo modo que Hammond subrayó la importancia del razonamiento escriturario, Niringiye aboga por una conexión con el mundo lógicamente entrelazada con la evangelización:

> La primera marca, pues, de la presencia del Espíritu Santo en una comunidad es que el Evangelio será proclamado continuamente. Esto es la evangelización. Hay que señalar que el evangelio se proclamaba no solo a los de fuera; los creyentes necesitaban seguir oyendo la buena nueva expuesta, escuchando constantemente el llamado a volver todo su ser hacia Dios y sus propósitos y continuar siguiendo a Jesús.[66]

Fundamentalmente, pues, dado que la *misión de Dios* precede a *la misión de la iglesia*, IFES no puede ser "enviada por la iglesia":

> ¿De dónde sacamos la idea de una "iglesia que envía"? No es la iglesia la que envía; la iglesia es enviada. No es la iglesia la que

---

64. Niringiye, 122-23.
65. Niringiye, 144.
66. Niringiye, 150.

envía; Jesús envía por su Espíritu. Nosotros, los discípulos de Cristo, la nueva comunidad, somos el pueblo enviado de Dios. Ahora como entonces, es Dios quien envía, y envía primero a quienes ha llamado como discípulos suyos.[67]

El argumento cierra el círculo: si el pueblo de Dios lleva a cabo la misión de Dios al ser enviado por el Espíritu de Dios, se alcanza la legitimidad de la implicación misionera paraeclesiástica y las distinciones entre iglesia y organizaciones paraeclesiásticas se difuminan en gran medida. Independientemente de las reservas eclesiásticas que puedan surgir, los estudiantes cristianos pueden discernir en oración lo que Dios les llama a hacer. Es incluso discutible que el campus pueda desempeñar, en muchos casos, en la vida de los estudiantes cristianos el mismo papel que el exilio desempeñó en la historia de Israel: "Israel, como pueblo de Dios, se formó en el éxodo; cuando perdieron la noción de su identidad tras establecerse en la tierra prometida fueron llevados al exilio, desde donde el remanente redescubrió su identidad y su misión".[68] No son pocos los testimonios de estudiantes de IFES que siguen más o menos la misma línea: tenían un compromiso cristiano más bien fundamental que llegaba al nominalismo, pues su fe era heredada de sus padres. La confrontación con las nuevas ideas, la cultura del campus y otras perspectivas les obligó a revisar sus propias certezas. Del mismo modo que Stott y Stamoolis pedían que los estudiantes estuvieran equipados, Niringiye insiste en que los "iniciados" también necesitan ser enseñados y no están "preparados para ir a enseñar" a sus compañeros – *mediar* el evangelio – , contrariamente a lo que suponían los primeros libros y folletos del IFES. El discernimiento pneumatológico y los cambios contextuales obligan a los actores a realinear sus convicciones atenta y constantemente con el impulso de Dios. No se cuestiona la *inmediatez* de la relación del creyente con Dios, pero la insistencia de estos autores en el equipamiento demuestra que esa piedad no genera automáticamente una *mediación* sabia.

Insistiendo en este punto misiológico, Niringiye insiste en que el discurso no puede, por tanto, seguir siendo el de "los de dentro contra los de fuera":

Ya hemos comprendido que no es labor de la comunidad cristiana "traer a otros" al redil de Cristo; Jesús los traerá. El anhelo de alcanzar "toda la medida de la plenitud de Cristo" debe impulsarnos a ir hasta los confines de la tierra, a otras culturas y

---

67. Niringiye, 154.
68. Niringiye, 175.

nacionalidades, a buscar a los que le pertenecen, para que con ellos se mejore nuestra comprensión y aprecio de nuestra redención y se profundice nuestra experiencia de Cristo . . . Necesitamos todas las culturas, todas las naciones y todos los pueblos para apreciar la plenitud multidimensional y polifacética de Cristo. Es la traducción de la vida de Jesús al modo de vida de todas las culturas y subculturas del mundo a lo largo de la historia lo que nos permitirá a todos corregir, ampliar y centrar nuestra propia comprensión y experiencia en Cristo.[69]

Aquí, Niringiye va más lejos que todos los autores precedentes que he estudiado. No supone que la iglesia "lo tiene todo" y "solo necesita comunicarlo", sino que entiende la misión como un enriquecimiento de la iglesia al ampliar sus horizontes y su comprensión de Dios. Esto no significa que la iglesia no tenga nada que decir al mundo, sino que aún puede aprender. Por extensión, tal enfoque es prometedor para un ministerio en la universidad, un lugar de descubrimientos.

Para resumir la evolución del pensamiento eclesiológico de los autores de IFES, vemos varios movimientos argumentativos: Hammond distingue primero la apostolicidad del sacerdotalismo, insistiendo en la primacía de la doctrina sobre el oficio clerical. Stott toma el relevo para decir a los clérigos que equipen a los laicos. Stamoolis insiste en que el trabajo se realiza fuera de la iglesia, no solo dentro de sus muros; Padilla, en que el trabajo realizado debe considerar todos los aspectos de la vida. Por último, Niringiye insiste en el carácter provisional e improvisado del testimonio de los peregrinos. Lo que tenemos aquí es una especie de paleogénesis de una *eclesiología de iglesia misional*.

Síntesis parcial: IFES como iniciativa teológica

La historia de IFES está plagada de debates sobre la legitimidad teológica de su empresa junto a la iglesia. Como mostraré en la siguiente parte, llamar a la organización "paraeclesiástica" no resuelve muchos de los problemas conceptuales. Puede ser útil como término paraguas comúnmente entendido, pero también delata un enfoque fundamentalmente *eclesiocéntrico*, cada vez más cuestionado por la forma actual del cristianismo mundial y las tendencias secularizadoras de Occidente.

---

69. Niringiye, 183.

La historia podría ser un factor explicativo: dado que la relevancia de la fe cristiana se cuestionó antes en muchas universidades que en el resto de la sociedad, IFES tuvo que desarrollar una teología compatible con su entorno ministerial. Partiendo de la convicción misiológica básica de que cualquier estudiante puede dar testimonio de su fe en el campus y de que la universidad es un campo de misión que necesita imperiosamente ser alcanzado con el evangelio, la comunidad llegó a la conclusión de que la misión de Dios prima por encima de las estructuras eclesiales.

Fieles a su identidad evangélica, los líderes de la comunidad sostenían que la Biblia era perspicaz y capaz de ser leída por todos los estudiantes que, mediante un estudio fiel, aplicarían sus enseñanzas a sus vidas y estudios.

Sin embargo, la Biblia no era la única estructura de apoyo a la misión de IFES. Una organización misionera no puede prescindir de dispositivos de legitimación teológica. Los precursores de IFES habían desarrollado su base doctrinal, que, una vez fusionada cuidadosamente en un documento común, proporcionó a la recién fundada comunidad un conjunto básico de creencias consideradas inalterablemente esenciales para la ortodoxia de la fe evangélica. Aunque la base doctrinal nunca se consideró algo parecido a un nuevo credo, IFES sí estaba *teologizando*, decidiendo qué creencias eran centrales para vivir fielmente y *mediar* el evangelio en los campus universitarios. Además, con el paso de los años, los líderes de IFES se convirtieron ellos mismos en teólogos o recurrieron a teólogos reconocidos para dar cuerpo a su pensamiento teológico, ya fuera a través de libros doctrinales, guías de estudio de la Biblia o folletos.

La comprensión misional de la vocación del estudiante en el campus y la prescindencia de cualquier supervisión clerical de las actividades de los estudiantes son los elementos de apoyo más evidentes que demuestran que el "sacerdocio de todos los creyentes" es el fundamento implícito del ministerio del IFES. Sin embargo, como demuestra la creciente producción bibliográfica, esta concepción no era individualista, en contra de lo que han sostenido muchos polemistas a lo largo de los últimos siglos de la historia de la Iglesia y durante la más breve historia de IFES. Esta comprensión empieza con el acceso *inmediato* a Dios, pero se descubre, se vive y se refina a través de la propia *participación* en una comunidad con una clara visión *misional*.

Habiendo comenzado como una "mera" organización misionera que creaba redes de personas con aspiraciones comunes para proclamar el Evangelio en los campus universitarios, IFES maduró hasta convertirse en una empresa teológica por derecho propio, ofreciendo a algunos de sus líderes el lugar para explorar sistemáticamente los fundamentos teológicos de lo que al principio era una iniciativa más pragmática: perfeccionar su pensamiento a la luz de los encuentros internacionales como el hierro teológico afila el hierro teológico.

Esta exploración de cómo se han desarrollado las reflexiones eclesiológicas y misiológicas a lo largo de la historia de IFES ha mostrado cómo las ideas de *inmediatez, mediación* y *participación*, que sostengo que son constitutivas de una comprensión misional del "sacerdocio de todos los creyentes", siguen aflorando, aunque solo sea implícitamente. En el resto de este trabajo, mostraré cómo otros recursos teológicos, en particular de la teología bíblica y la *eclesiología misional*, contribuyen a una comprensión más completa de la labor de IFES.

Parte 4

Recursos teológicos

> Nunca hay un momento . . . en que el sacerdocio de todos los creyentes no sea crucial en la vida de la iglesia – pertenece al *esse*, no al *bene esse*, de la iglesia.[1]

Tras haber estudiado el desarrollo histórico de IFES y cómo sus teólogos "internos" enmarcaron su trabajo, me dirijo a los materiales bíblicos y teológicos. En esta investigación sostengo que el "sacerdocio de todos los creyentes" es la doctrina teológica subyacente que mejor ayuda a dar sentido a la labor de IFES. En esta parte, examino brevemente los fundamentos bíblicos de la doctrina del "sacerdocio de todos los creyentes". A continuación, recurro a una serie de voces teológicas para explorar el papel de los laicos en la misión de la iglesia y mostrar cómo el "sacerdocio de todos los creyentes" permite una *eclesiología misional*.[2] A partir de ahí, propongo un examen en profundidad

---

1. Robert A. Muthiah, *The Priesthood of All Believers: Living Faithfully as the Whole People of God in a Postmodern Context*, (Eugene: Wipf & Stock, 2009), Kindle loc. 43–46.

2. Toda una serie de otras implicaciones eclesiológicas – especialmente para las políticas eclesiásticas – podrían extraerse de los textos que examino, pero excederían el alcance de este trabajo. Véase Greggs, "Priesthood of No Believer", 376.

de la "paraiglesia", que es la "etiqueta eclesiológica" atribuida a organizaciones como IFES. Aunque se utiliza ampliamente, muestro que esta etiqueta no refleja cómo los líderes de IFES han entendido su trabajo: para ellos, su trabajo era el resultado natural y contextual en el campus de una comprensión misional de la iglesia. Siguiendo las reflexiones misiológicas de Roland Allen, podemos ver el ministerio estudiantil como un *ministerio de expansión* de la iglesia. En consecuencia, sostengo que los estudiantes *participan* en la *missio Dei* como *sacerdotes* y peregrinos en un entorno complejo. Por último, el argumento cierra el círculo con una reflexión sobre *la apostolicidad* como carácter esencial de la iglesia.

13

El sacerdocio de todos los creyentes

Aquí cubro los aspectos más destacados del sacerdocio del Antiguo Testamento (AT), en particular el vínculo entre el orden sacerdotal y el resto del pueblo, y lo que ocurrió con esa función en tiempos del Nuevo Testamento (NT) y la época patrística. Lo que sigue no puede entenderse ni siquiera como un intento de ofrecer un estudio exhaustivo de todos los debates exegéticos y hermenéuticos sobre los textos bíblicos pertinentes. Sin embargo, sí pretende pasar revista a los elementos más útiles para arrojar luz sobre la labor de IFES. Exploro el texto fundamental de 1 Pedro 2:4–10, que a menudo sirve de trasfondo en el NT para una doctrina del "sacerdocio de todos los creyentes". Después discuto la espinosa cuestión del vínculo entre las dimensiones colectiva e individual de este llamado a "servir a los demás".

Antiguo Testamento
Sacerdotes para la nación

En el Antiguo Testamento, los sacerdotes forman parte de la estructura jerárquica general de Israel, reflejando una "santidad gradual"[1] – una estratificación del pueblo según la pureza y la proximidad estatutaria a Dios. Generalmente se entendía que servían "como intermediarios entre el pueblo y Dios, y como consejeros y líderes de la nación".[2] Los sacerdotes también

---

1. Philip Jenson, *Graded Holiness: A Key to the Priestly Conception of the Word*, JSOT (Sheffield: Bloomsbury, 1992).

2. John T. Swann, "Priests", en *Lexham Bible Dictionary*, ed. John D. Barry (Bellingham: Lexham, 2016). John D. Barry (Bellingham: Lexham, 2016).

eran responsables de presentar los sacrificios del pueblo.[3] Sin embargo, en el periodo postexílico se produce un cambio desde una comprensión más sacrificial del sacerdocio hacia otra más educativa.[4] Una dimensión crucial de su enseñanza era la distinción entre lo sagrado y lo profano,[5] ayudando al pueblo a distinguir lo que era correcto ante el Señor y dando instrucciones sobre la conducta adecuada.[6]

Otra dimensión del oficio sacerdotal, la adivinación, ofrecía respuestas divinas a preguntas precisas formuladas por el pueblo y pronunciaba oráculos, utilizando a menudo los misteriosos Urim y Tumim.[7] Anizor y Voss deducen que la característica común de los elementos no sacrificiales del ministerio sacerdotal

> es su clara orientación pública y centrada en la palabra. Los sacerdotes llevaban la palabra del Señor a la totalidad de la existencia de Israel, tanto en las dimensiones cotidianas y sagradas como en las legales y en las del culto. Los sacerdotes eran los heraldos de la voluntad de Yahvé, sobre todo porque interpretaban la palabra para el pueblo y la aplicaban a las difíciles y diversas circunstancias de la vida comunitaria de Israel. Estas prácticas sacerdotales contribuían de distintas maneras a formar un pueblo fiel a la alianza, dirigiendo constantemente la mirada de la comunidad hacia la misma palabra de la alianza que la formaba.[8]

Los sacerdotes, entonces,

> tienen el honor de acceder continuamente a la presencia del Señor en el santuario, pero también cargan con las responsabilidades de ofrecer sacrificios por el pueblo, ayudarles a discernir lo santo de lo profano y lo limpio de lo impuro, enseñar la ley, aplicar sus mandamientos a las diversas circunstancias de la vida de Israel y bendecir al pueblo en nombre del Señor.[9]

---

3. Roland de Vaux, *Ancient Israel: Its Life and Institutions* (Londres: Darton, 1961), 356; John H. Walton, *Ancient Near Eastern Thought and the Old Testament: Introducing the Conceptual World of the Hebrew Bible* (Grand Rapids: Baker, 2006), 156.

4. Swann, "Priests".

5. Lev 10:10; Ez 22:26; Hag 2:10–14; etc.

6. Jer 2:8; Os 4:6; etc.

7. Se han propuesto numerosas hipótesis sobre estos objetos desconocidos: ¿eran dados? ¿palos? etc. Aún no se ha llegado a un consenso entre los eruditos. Cf. Vaux, *Ancient Israel*, 352.

8. Anizor y Voss, *Representing Christ*, 36.

9. Anizor y Voss, 32.

Una nación sacerdotal

El Antiguo Testamento también habla de una vocación sacerdotal para el pueblo de Israel como comunidad. Justo antes de que se dé formalmente la ley, Dios llama a su pueblo a una relación especial:

> Ahora pues, si obedecéis mi voz y guardáis mi alianza, seréis mi posesión preciada de entre todos los pueblos. De hecho, toda la tierra es mía, pero vosotros seréis para mí un reino sacerdotal y una nación santa. Estas son las palabras que dirás a los israelitas.[10]

Durham interpreta estas palabras de esta manera:

> Israel como "tesoro especial" es Israel convertido únicamente en posesión preciada de Yahvé por su compromiso con él en alianza. Israel como "reino de sacerdotes" es Israel comprometido con la extensión por todo el mundo del ministerio de la Presencia de Yahvé, . . . un reino dirigido no por políticos que dependen de la fuerza y la connivencia sino por sacerdotes que dependen de la fe en Yahvé, una nación sierva en lugar de una nación gobernante. Israel como "pueblo santo" representa entonces una tercera dimensión . . . : ha de ser un pueblo apartado, diferente de todos los demás pueblos por lo que es y en lo que se está convirtiendo – un pueblo-exhibición, un escaparate para el mundo de cómo el estar en alianza con Yahvé cambia a un pueblo.[11]

Israel es elegido explícitamente de entre las naciones para "asumir una función especial"[12] – la de bendecir. En Éxodo 19:6, Israel es llamada "nación santa" (גוֹי קָדוֹשׁ – *goy kadosh*). El uso de la palabra גוֹי es inusual para Israel,[13] sin embargo, la misma palabra se utiliza en el llamado de Abraham a ser una bendición para las naciones en Génesis 12:2. Esto sugiere que esta elección es una vocación misionera.[14] En opinión de Wright, este "texto misiológico

---

10. Éxodo 19:5–6.
11. John I. Durham, *Exodus*, Word Biblical Commentary 3 (Waco: Word, 1986), 263.
12. W. J. Dumbrell, *Covenant and Creation: A Theology of the Old Testament*, 1ª ed., 1984. 1984, Clásicos bíblicos y teológicos (Carlisle: Paternoster, 1997), 86.
13. W. Ross Blackburn, *The God Who Makes Himself Known: The Missionary Heart of the Book of Exodus* (Downers Grove: Apollos, 2012), 93.
14. Dumbrell, *Covenant and Creation*, 89.

clave"[15] tiene implicaciones de gran alcance para entender la relación de Dios con su pueblo y la de Israel con el mundo:

> La perspectiva universal . . . queda explícita en las dobles frases *todas las naciones* y *toda la tierra*. Aunque la acción se desarrolla entre YHWH e Israel a solas en el monte Sinaí, Dios no ha olvidado su misión más amplia de bendecir al resto de las naciones de la tierra a través de este pueblo concreto al que ha redimido.[16]

Al elegir a Israel, Dios pretende cumplir también sus propósitos para las demás naciones. Snyder concluye que "el plan de Dios era que su pueblo le representara ante el mundo. Serían el canal de su revelación y de sus propósitos de salvación. Este fue el encargo de Dios a Israel. Aunque Israel a menudo fue infiel y el encargo solo se cumplió parcialmente, el propósito de Dios estaba claro."[17]

Nuevo Testamento
Cristo como Sumo Sacerdote

El NT presenta a Cristo como el Sumo Sacerdote definitivo, superando el sacerdocio levítico. Nuestro interés aquí es ver cómo los discípulos de Cristo son representados como un sacerdocio. Leithart sugiere el bautismo como canal de esta atribución:

> Al bautizarse los judíos conversos del siglo I, antes divididos en sacerdotes y laicos (cf. Hechos 6:7), surgió un pueblo homogéneamente sacerdotal. El bautismo formó un nuevo Israel a partir del antiguo, moldeándolo en la raza escatológica del Último Adán, el reino de los sacerdotes. Es el signo eficaz del cambio de vestimenta del cielo y de la tierra, que destruye el antiguo orden israelita y vuelve a trazar el terreno. Es el "lavado de la palingenesia".[18]

---

15. Christopher J. H. Wright, *The Mission of God: Unlocking the Bible's Grand Narrative* (Downers Grove: IVP Academic, 2006), 224. En el momento de escribir estas líneas, Wright es vicepresidente de IFES y preside el Grupo de Asesoramiento Teológico.

16. Wright, *The Mission of God*, 224–25.

17. Howard A. Snyder, *Liberating the Church: The Ecology of Church and Kingdom* (Downers Grove: IVP, 1983), 171.

18. Peter Leithart, *The Priesthood of the Plebs: A Theology of Baptism* (Eugene: Wipf and Stock, 2003), 197.

Leithart presenta un caso crítico al vincular estrechamente los motivos y ritos del AT con la obra de Cristo, pero esta conexión también puede establecerse de forma más directa, pues lo que Leithart deja abierto en su ejercicio de correspondencias son los objetivos de la inclusión de los cristianos en el ministerio sacerdotal de Cristo. No es el propósito del presente trabajo examinar en detalle el sacerdocio de Cristo, sino ver su posible vínculo con el "sacerdocio de todos los creyentes". Como pronto advertiremos, las dimensiones sacerdotales de la vida y el ministerio de los cristianos serán solo *derivadas* y resultantes de estar *en Cristo*.

1 Pedro: Un texto esencial para una doctrina controvertida

Cuando se discute la noción de un "sacerdocio de todos los creyentes", el pasaje estándar al que se acude es el de 1 Pedro. Los eruditos debaten si la doctrina puede basarse adecuadamente en este pasaje. En lo que sigue, sostengo que el sacerdocio descrito en 1 Pedro 2 es un atributo de toda la iglesia multiétnica, judía y gentil. Es una realidad *comunitaria*, pero también se manifiesta en las acciones de los cristianos individuales en el mundo. Esta actividad sacerdotal se centra en el testimonio – la mediación – e implica que los cristianos se instruyan unos a otros y se edifiquen mutuamente.

El texto ofrece varias formas en que los destinatarios de la carta vivirán la vida santa a la que han sido llamados.

> Venid a él, piedra viva, aunque desechada por los mortales, pero escogida y preciosa a los ojos de Dios, y como piedras vivas, edificaos una casa espiritual, para ser un sacerdocio santo, para ofrecer sacrificios espirituales aceptables a Dios por medio de Jesucristo. Pues así consta en las Escrituras:
>
> "Mira, estoy colocando en Sión una piedra,
>   una piedra angular elegida y preciosa;
> y quien crea en él no será avergonzado".
>
> Para vosotros, pues, que creéis, es precioso; pero para los que no creen,
>
> "La piedra que desecharon los constructores
>   se ha convertido en la mismísima cabeza del rincón".
>
> y
>
> "Una piedra que les hace tropezar,
>   y una roca que los hace caer".

> Tropiezan porque desobedecen la palabra, como estaban destinados a hacer.
>
> Pero vosotros sois linaje escogido, sacerdocio real, nación santa, pueblo adquirido por Dios, para que anunciéis las maravillas de aquel que os llamó de las tinieblas a su luz admirable. (1 Pedro 2:4-9)[19]

Este texto "destaca por representar una de las mayores colecciones de imágenes del AT en el NT",[20] con numerosas alusiones a Éxodo 19. En 1 Pedro se dirige al público como un pueblo "elegido", de forma muy similar a como el pueblo de Israel se constituyó en "posesión preciada" en el desierto del Sinaí, al haber sido llamado "de las tinieblas".[21] Del mismo modo que la elección de Israel descansaba únicamente en la buena voluntad de Dios, "la condición de los cristianos depende de la condición de Cristo, pues están unidos a él".[22]

Sin embargo, una diferencia muy significativa entre el llamado a la vida del primer y del segundo "sacerdocio santo" es la inclusión de los gentiles en este último. Del mismo modo que Dios eligió a Israel para que fuera una bendición para las naciones, la nueva comunidad cristiana multiétnica es elegida en Cristo para un objetivo concreto.

¿Sacerdocio colectivo o individual?

¿Esta ampliación de la vocación sacerdotal a un grupo más amplio implica un "sacerdocio de todos los creyentes"? Snyder responde afirmativamente e insiste en que

> En el Antiguo Testamento, *algunas personas* del pueblo de Dios eran sacerdotes: ahora *todos* son sacerdotes, cumpliendo el designio original. En el Antiguo Testamento, *algunas personas* eran siervos especiales de Dios: ahora *todos* los creyentes son siervos de Cristo. En el Antiguo Testamento, *algunas personas* recibían ocasionalmente dones del Espíritu para tareas especiales: ahora *todo* el pueblo de Dios recibe dones del Espíritu.[23]

---

19. Paul J. Achtemeier, *1 Pedro: A Commentary on First Peter*, Hermeneia (Minneapolis: Fortress, 1996), 149.

20. Achtemeier, *1 Peter*, 150.

21. 1 Pe 2:9.

22. Edmund P. Clowney, *The Message of 1 Peter*, The Bible Speaks Today (Leicester: IVP, 1988), 83.

23. Snyder, *Liberating the Church*, 179.

Otros comentaristas cuestionan que las funciones de los sacerdotes del AT puedan transferirse a los cristianos *individuales*. Greggs, por ejemplo, observa una tendencia a individualizar la doctrina a expensas de sus aspectos comunitarios. Con palabras relativamente fuertes, evalúa que

> El sacerdocio de todos los creyentes tiene la fácil costumbre de convertirse en una discusión sobre el sacerdocio de cada creyente, de forma individual e independiente, en la que cada uno se considera su propio sacerdote. De ese modo, la doctrina es víctima de lo mismo que pretende evitar: que los individuos se apropien de lo mismo que en la obra de Cristo termina, y que solo se continúa en la medida en que el creyente participa en el cuerpo de Cristo, en toda la vida de la iglesia.[24]

Greggs también afirma que "la idea de sacerdocio nunca se aplica a un individuo en el NT (más allá de los que son sacerdotes del templo) excepto a Jesucristo".[25] Del mismo modo, Achtemeier[26] insiste en que

> El sentido de este versículo [1 Pedro 2:5] no es la condición sacerdotal de cada cristiano individual, ni la idea de que cada uno deba funcionar como sacerdote para su compañero cristiano. El sacerdocio en este contexto solo puede entenderse como corporativo con una función que, como sugiere el paralelismo con 2:9b, incluye un testimonio para toda la humanidad.[27]

Sin embargo, incluso si aceptamos que 1 Pedro no se refiere a individuos, la pregunta sigue en pie: ¿cómo podrían los cristianos ejercer las prerrogativas sacerdotales *solo como comunidad* y no como individuos? El resto de la epístola subraya de varias maneras la importancia de que los cristianos se comporten "honorablemente entre los gentiles, para que . . . vean vuestras obras honorables y glorifiquen a Dios cuando venga a juzgar".[28] De ahí que Clowney argumente que "Pedro se preocupa por la santidad del templo de Dios no solo cuando los cristianos se reúnen para el culto, sino también en su vida cotidiana".[29] La

---

24. Greggs, "Priesthood of No Believer", 377.
25. Greggs, 381.
26. Achtemeier interactúa con una variedad de eruditos, pero siempre insistiendo en que "las funciones sacerdotales que tenía el cristiano . . . eran como miembro de la comunidad cristiana, no como individuo separado, como si cada uno fuera de alguna manera un sacerdote". Achtemeier, *1 Peter*, 165.
27. Achtemeier, 156.
28. 1 Pedro 2:12.
29. Clowney, *1 Peter*, 88.

más obvia de estas actividades sacerdotales parece ser la *mediación* de Dios hacia los demás. Incluso Green, que no encuentra en estos versículos ninguna "base para la doctrina de la Reforma del 'sacerdocio de todos los creyentes'",[30] debido al carácter comunitario de la casa sacerdotal, afirma sin embargo de forma un tanto confusa que "el énfasis recae por tanto no en el papel sacerdotal de los creyentes dentro de la comunidad de creyentes, sino en la identidad y el papel sacerdotal de la comunidad de creyentes en el mundo en general".[31] Después de todo, ¿qué hacen los cristianos cuando "proclaman las maravillas de aquel que los llamó de las tinieblas a su luz admirable"[32] sino *mediar en las obras y la persona de Dios ante las personas con las que se comprometen*?[33] Este compromiso presupone que *cualquier cristiano* puede discernir cómo articular su fe en el contexto. Este *sensus fidei* se fundamenta no solo en la pneumatología[34] sino también en la eclesiología: "La Iglesia vive a través de la participación de sus miembros, los laicos y los ordenados, y es constituida a través de ellos por el Espíritu Santo. Este es el consenso ecuménico. Lo que se discute es cómo ocurre esto".[35] Un importante motivo de disputa es el vínculo entre comunidad e individualidad en la expresión del sacerdocio. Hiebert advierte con palabras contundentes que

> *el sacerdocio de los creyentes no es una licencia para vivir nuestra teología en solitario*. Nos necesitamos unos a otros para ver nuestros pecados, ya que vemos más fácilmente los pecados de los demás que los nuestros propios. Del mismo modo, vemos las formas en que otros malinterpretan las Escrituras antes de ver nuestras propias malinterpretaciones. En la misma línea, necesitamos a los cristianos de otras culturas, pues a menudo ven cómo nuestros prejuicios culturales han distorsionado nuestras interpretaciones de las Escrituras.[36]

---

30. Joel B. Green, *1 Peter*, The Two Horizons New Testament Commentary (Grand Rapids: Eerdmans, 2007), 61.

31. Green, 61.

32. 1 Pedro 2:9.

33. Sobre la debatida influencia qumránica en la noción de "comunidad" en 1 Pedro, véase J. Ramsey Michaels, *1 Peter*, Word Biblical Commentary 49 (Waco: Word, 2004), 96.

34. Véase Consejo Mundial de Iglesias, "Baptism, Eucharist and Ministry", Faith and Order Paper n°. 111 (Ginebra, 1982), 16, https://www.oikoumene.org/resources/documents/baptism-eucharist-and-ministry-faith-and-order-paper-no-111-the-lima-text.

35. Veli-Matti Kärkkäinen, "The Calling of the Whole People of God into Ministry: The Spirit, Church and Laity," *Studia Theologica* 54, n° 2 (2000): 150.

36. Paul G. Hiebert, "Critical Contextualization ", *International Bulletin of Missionary Research* 11, no. 3 (1987): 110; énfasis añadido.

El pensamiento de Hiebert parece una contextualización reflexiva del pensamiento de Lutero. La "corrección mutua" es una parte esencial de la libertad de los grupos IFES para estudiar la Biblia sin supervisión clerical; además, es un elemento esencial de la vida de la comunidad, ya que los movimientos también se corrigen mutuamente en sus prácticas hermenéuticas. Greggs también sostiene extensamente que una de las dimensiones esenciales de la vida de la iglesia es hacer que los cristianos individuales pasen de centrarse en sí mismos a ocuparse de los demás en la comunidad:

> La forma que adopta la iglesia al ser creada como acontecimiento del acto del Espíritu Santo de Dios es la forma de Cristo. A medida que el Espíritu libera al individuo para vivir simultáneamente para Dios y para el otro (liberándola de su *cor incurvatum in se*), el individuo es liberado para participar en el cuerpo de Cristo, y más concretamente en la forma particular del sacerdocio de Cristo en la que la orientación hacia el Padre (verticalmente) y hacia el mundo (horizontalmente) existen simultáneamente.[37]

De ahí que la relación personal con Dios, el testimonio personal y la existencia misionera comunitaria estén estrechamente entrelazados y proporcionen una serie de controles y equilibrios internos. Si suponemos que una organización con un ministerio estudiantil es esencialmente una rama o un brazo de la iglesia en el campus, estas disposiciones doctrinales se aplican y no deberían preocupar más a los líderes de la iglesia que otras actividades de sus feligreses. De ahí que la vocación de la organización estudiantil sea esencialmente la misma que la de la iglesia: amar a Dios y al prójimo y servir a ambos. El compromiso está en el corazón de la vocación cristiana, que sigue lo que el pueblo de Israel debía hacer como "pueblo de exhibición":[38]

> El sacerdocio real de los creyentes existe para declarar las *aretas* de Dios (en griego: excelencias, virtudes, actos poderosos, alabanzas) . . . Tanto en el culto como en la evangelización, aquellos que fueron salvados por el Señor proclaman y celebran las *aretas* de Dios, en particular sus actos redentores prometidos y cumplidos. Por lo tanto, como aquellos traídos por el nuevo nacimiento a una comunidad sacerdotal, los creyentes deben caminar en santidad y obediencia mientras abundan en buenas

---

37. Greggs, *Priestly Catholicity*, 48.
38. Durham, *Exodus*, 263.

obras y anuncian las poderosas obras del Señor. Estos son los sacrificios – los sacrificios aceptables – del sacerdocio real.[39]

Esta proclamación, entendida como una consecuencia lógica de la elección y la obra salvífica de Cristo para los creyentes, consiste obviamente en el testimonio y el culto como constituyentes de los "sacrificios espirituales" que los cristianos están llamados a ofrecer. Aquí parece residir una expansión de la vocación original de Israel como pueblo de Dios. Como nos dice Green, "en Pedro . . . la 'alabanza' se amplía para incluir no solo el lenguaje vertical (adoración) sino también el horizontal (proclamación) y se le ha dado un contenido particular".[40] Existe, pues, toda una gama de aplicaciones para comprender las implicaciones del "sacerdocio de todos los creyentes". Vida santa – la consecuencia de la elección; culto – traer sacrificios; y testimonio – declarar las alabanzas de Dios: éstas son las más evidentes, podría decirse que todas bajo una luz misional, si estamos de acuerdo en que "los cuatro títulos dados originalmente a Israel ('raza elegida', 'sacerdocio real', 'nación santa', 'su propia posesión') se aplican ahora a la iglesia multiétnica, trayendo a la memoria la iniciativa de gracia de Yahvé de llamar y rescatar a su pueblo".[41]

Ministerio a los gentiles

Pablo también vincula su ministerio de proclamación y enseñanza a una actividad sacerdotal, en particular diciendo que ha escrito audazmente a los romanos "por la gracia que de Dios me es dada para ser ministro de Jesucristo a los gentiles, ministrando el evangelio de Dios, para que los gentiles le sean ofrenda agradable, santificada por el Espíritu Santo".[42] Por tanto, Pablo extiende la actividad sacerdotal del contexto exclusivo del pueblo de Dios al testimonio a los gentiles. Para Dunn,

---

39. Anizor y Voss, *Representing Christ*, 48.

40. Green, *1 Peter*, 62. No he encontrado comentarios eruditos sobre el contraste entre la proclamación de las *aretas* de Dios y la importancia de la reputación de Dios en el Antiguo Testamento, una reputación que no era muy apreciada por el pueblo, como señala Malone, tomando "Ezequiel 36:20–23 [donde el profeta] arremete contra los israelitas por la influencia que su comportamiento ha tenido en la reputación de Yahvé. Cuatro veces en cuatro versículos se preocupa de que 'mi santo nombre' haya sido 'profanado entre las naciones'. Debemos reconocer que éste es el lenguaje cultual del tabernáculo y de sus sacerdotes; 'hacer/pronunciar profano' (*ḥll*) es lo contrario de 'hacer/pronunciar santo' (*qdš*)". Andrew S. Malone, *God's Mediators: A Biblical Theology of Priesthood*, NSBT 43 (Downers Grove: IVP, 2017), 139; para más referencias, véase Malone, *God's Mediators*, 137–40.

41. Anizor y Voss, *Representing Christ*, 48.

42. Rom 15:15–16 NVI.

No cabe duda, por tanto, de que Pablo describe aquí su ministerio en términos sacerdotales. Eso, sin embargo, no debe tomarse como una indicación de que se consideraba a sí mismo como sacerdote de una manera especial, distinta de los ministerios de otros creyentes . . . Toda la imaginería del sacerdocio ha sido claramente transpuesta por completo fuera del culto y aplicada en su sentido transformado al ministerio de Pablo de predicar el evangelio a los gentiles.[43]

Pablo parece insinuar aquí una mediación sacerdotal entre él mismo, los gentiles y Dios. Notablemente, Pablo se aventura en este ministerio "por la gracia que Dios me ha concedido", lo que posiblemente sea una alusión al lenguaje de elección observado en Éxodo 19, que subraya el pasaje de 1 Pedro.[44] El sacrificio "aceptable"[45] del que escribe aquí también resuena fuertemente con los "sacrificios espirituales aceptables a Dios por medio de Jesucristo"[46] que los cristianos deben aportar a Dios tanto *individual* como *corporativamente*. En cuanto a la naturaleza de la relación entre los gentiles y el sacrificio, Wright no está seguro de si Pablo está pensando en

> ¿"la ofrenda hecha por las naciones", el tributo escatológico de las naciones en forma de adoración y alabanza que estos creyentes gentiles dan ahora al Dios vivo en lugar de a sus ídolos anteriores? ¿O quiere decir "la ofrenda que las naciones *representan*", viendo a las propias naciones como la ofrenda que Pablo está haciendo a Dios como fruto de su ministerio evangelístico/sacerdotal? Cualquiera que sea el significado exacto, está claro que Pablo ve toda la misión gentil como el cumplimiento de las profecías del Antiguo Testamento relativas a la reunión de las naciones y en el proceso de esta alabanza que ascenderá al Dios de Israel desde las naciones.[47]

---

43. James D. G. Dunn, *The Parting of the Ways: Between Christianity and Judaism and Their Significance for the Character of Christianity* (*La separación de los caminos: entre el cristianismo y el judaísmo y su significado para el carácter del cristianismo*), 1ª ed., Londres: MEC, 1991. 1991 (2ª ed.; Londres: MEC, 2006), 107.

44. Por el contrario, Malone rechaza una interpretación individualista, alegando que Pablo "difícilmente se identificaría con una casta sacerdotal exclusiva (y potencialmente desaparecida)". Malone, *God's Mediators*, 174.

45. Rom 15:16.

46. 1 Pedro 2:5.

47. Wright, *Mission of God*, 526.

Una última observación es relevante para un "sacerdocio de todos los creyentes": la idea de que el mensaje de Pablo se dirige no solo a los líderes de las congregaciones romanas, sino a todos los *que participan* en estas iglesias, ya que, como dice el apóstol, los romanos "rebosan de bondad, abundan en conocimiento y están *capacitados para instruirse unos a otros*".[48] Pablo concede un gran valor a la capacidad de los congregantes para edificarse mutuamente y exhortarse a servir en el ministerio, sin limitar esta tarea a la ordenación, la formación o el género, por ejemplo. Dunn interpreta que esto implica que

> *todo ministerio y servicio en nombre del evangelio puede considerarse como ministerio sacerdotal*, el equivalente en la nueva alianza de los ministerios de gracia (carismas) reservados en la antigua alianza a los especialmente ungidos. Al aplicar ese lenguaje cultual a ese ministerio no cultual en nombre del evangelio, Pablo confirma que la barrera cultual entre lo sagrado y lo secular ha sido derribada y dejada atrás.[49]

Época patrística

Los primeros cristianos no solían pertenecer a la clase sacerdotal de Israel y, de hecho, el propio concepto de "laico" tardó algún tiempo en desarrollarse en la literatura cristiana.[50] Clemente de Roma subrayó que "al sacerdote se le asignan sus deberes particulares: a los sacerdotes se les asigna su lugar especial, mientras que a los levitas se les imponen tareas particulares. El *laico* está sujeto al código de los laicos".[51] Esta primera mención de los laicos en la iglesia está vinculada a una nueva interpretación de la propia estructura de la iglesia. Clemente interpretó por primera vez el ministerio de los líderes eclesiásticos "según las líneas judeo-sacerdotales del AT (el sacerdocio de Aarón) (1 Clem. 43–44), introduciendo incluso por primera vez la distinción entre clero y laicado".[52]

---

48. Rom 15:14; énfasis añadido.
49. Dunn, *Parting of the Ways*, 107; énfasis original.
50. George Huntston, "The Ancient Church, AD 30–313", en *The Layman in Christian History*, de Stephen Neill y Hans Ruedi Weber (Londres: MEC, 1963), 28–56.
51. 1 Clemente 40.5, en Cyril Charles Richardson, ed., *Early Christian Fathers* (Filadelfia: Westminster, 1953), 62; énfasis añadido.
52. Vittorino Grossi, "Priesthood of Believers", en *Encyclopedia of Ancient Christianity*, ed. Angelo Di Berardino (Downers Grove: IVP, 2014), 3:304.

Aunque Lightfoot está de acuerdo en que Clemente fue el primero en introducir la distinción formal entre clero y laicado, no encuentra una postura sacerdotal en los escritos de Clemente.[53] Sugiere que hasta Cipriano, "una visión sacerdotal del ministerio cristiano [no se había] mantenido aparte de un reconocimiento distinto de las funciones sacerdotales de todo el cuerpo cristiano."[54] Antes de Cipriano, ni Clemente, ni Tertuliano, ni siquiera Orígenes desarrollaron un sacerdocio especial propio. Más bien insistían en que el sacerdote actuaba *como representante* del sacerdocio general, no a título personal, subrayando así que el sacerdocio del clero difiere "del sacerdocio de los laicos solo en grado, en la medida en que los primeros dedican su tiempo y sus pensamientos más enteramente a Dios que los segundos."[55]

Si Cipriano "representa el comienzo del declive del énfasis en todos los creyentes como sacerdocio real y el ascenso concurrente de la prominencia del sacerdocio ministerial",[56] pronto le seguirían otros padres de la Iglesia, aunque no de forma incondicional:

> Vanos seremos si pensamos que lo que no es lícito para los sacerdotes lo es para los laicos. ¿Acaso ni siquiera nosotros, los laicos, somos sacerdotes? Está escrito: Un reino también, y sacerdotes para su Dios y Padre, nos ha hecho. Es la autoridad de la Iglesia, y el honor que ha adquirido santidad a través de la sesión conjunta de la Orden, lo que ha establecido la diferencia entre la Orden y los laicos... Por lo tanto, si usted tiene el derecho de un sacerdote en su propia persona, en casos de necesidad, le corresponde tener igualmente la *disciplina* de un sacerdote siempre que sea necesario tener el derecho de un sacerdote.[57]

Lo que destaca de las exposiciones de Tertuliano es que la atribución de prerrogativas sacerdotales a los laicos debe seguir siendo excepcional y no debe entenderse como constitutiva de su estado cristiano. Sin embargo, aunque muchos escritores de la Iglesia primitiva se mostraron reacios a que los laicos ejercieran funciones sacerdotales, hay ejemplos que demuestran

---

53. Joseph Barber Lightfoot, *Saint Paul's Epistle to the Philippians; A Revised Text* (Londres: Macmillan, 1888), 254.
54. Lightfoot, *Epistle to the Philippians*, 257.
55. Lightfoot, 258.
56. Anizor y Voss, *Representing Christ*, 62.
57. Tertuliano, *On Exhortation to Chastity*, 7.

que los laicos sí asumieron el reto[58] – en primer lugar en el culto, como puede verse en los ejemplos bíblicos[59], así como en los primeros manuales cristianos y en la mencionada carta de Clemente.[60] Es más, es posible rastrear un papel de los laicos en las constituciones y la disciplina de las iglesias: elegían a sus presbíteros y diáconos y también podían revocar su elección y pronunciar la absolución de los pecados ante sus correligionarios. Vinculado a esto estaba también la posibilidad de que los laicos enseñaran para la edificación mutua y dieran razones de su esperanza en una cultura circundante reacia a su fe.[61] Por último, se dice que los primeros cristianos de la diáspora causaron una impresión duradera en los paganos con su actitud hacia sus conciudadanos durante las epidemias de peste, cuando atendieron a muchas personas y mostraron una conducta ética acorde con sus creencias, actitud que mostraron tanto clérigos como laicos.[62]

Estos ejemplos muestran la importancia del cambio completado desde la comprensión del sacerdocio del Antiguo Testamento, caracterizada por un alto grado de estratificación, hacia una aprehensión de la dignidad sacerdotal de *todos los* cristianos. Este cambio se produjo por razones tanto teológicas como misiológicas:

> La aplicación del concepto de dignidad sacerdotal a todos los cristianos, a la luz de Cristo (el ungido), fue también una respuesta apologética a las mediaciones paganas con la divinidad propuestas al principio de las religiones mistéricas (aunque solo en Cristo es posible tal mediación) y de la filosofía griega, que consideraba a Dios completamente inaccesible (en Cristo, sin embargo, se ofrece a toda persona la oportunidad de acercarse a Dios). En el contexto del sacerdocio, entendido como la posibilidad de relacionarse con Dios a través de la mediación de Jesucristo, la antigüedad cristiana conoció una diversidad de ministerios que, a nivel concreto,

---

58. La siguiente sección se basa en gran medida en Huntston, "Ancient Church", especialmente en las págs. 30–52.

59. "Cuando os reunís, *cada uno* tiene un himno, una lección, una revelación, una lengua o una interpretación" (1 Cor 14:26); énfasis añadido.

60. Williams menciona el griego *prospherontes como* descriptor de los laicos en las iglesias primitivas. En Huntston, "Ancient Church", 33.

61. Es interesante que la famosa "llamada a la apologética" se encuentre también en 1 Pedro. Véase 1 Pe 3:15, que hace un llamamiento a todos los destinatarios de la carta y no solo a los líderes eclesiásticos.

62. Stark aporta pruebas convincentes de tal conducta: Rodney Stark, *The Rise of Christianity: A Sociologist Reconsiders History* (Princeton: Princeton University Press, 1996), especialmente pp. 73–94.

reflejaban la estructura jerárquica de la iglesia, especialmente la estructura triádica de diácono-presbítero-obispo.[63]

Síntesis parcial

La Biblia nos presenta a un Dios generoso y creador que elige a personas para que sean una bendición para los demás: primero, a individuos como Abraham, pero después a todo el pueblo de Israel. La institución del sacerdocio es una herramienta para estructurar la forma en que el pueblo elegido se relaciona con Dios, y este clero existe para *mediar* entre Dios y su pueblo, para instruir y enseñar a Israel, y para sacrificar en su nombre. Sin embargo, a todo el pueblo de Israel también se le llama "nación sacerdotal" y se supone que canaliza la bendición de Dios hacia su entorno. La lógica continúa con la institución de un nuevo pacto en Jesucristo, que habita todas las funciones sacerdotales esbozadas en el AT y convoca a un pueblo, la iglesia, que participa en su obra continua. *La participación* en este nuevo pueblo implica *mediar* en la bendición de Dios al mundo, como individuos y comunidades. El Nuevo Testamento, y especialmente 1 Pedro, es testigo de una ampliación de las prerrogativas sacerdotales a *todo* el pueblo de Dios.

---

63. Grossi, "Priesthood of Believers", 3:304.

14

Reflexiones dogmáticas: Los laicos en la Iglesia

Tras haber examinado los materiales bíblico-teológicos, paso ahora a las fuentes teológicas seleccionadas que construirán una teología del laicado necesaria para comprender el ministerio estudiantil. He optado deliberadamente por buscar fuera de las fuentes evangélicas tradicionales para mostrar que lo que sostengo en la última parte de esta obra no se basa exclusivamente en el pensamiento evangélico, sino en un consenso ecuménico creciente en el siglo XX.

Enseñanzas católicas romanas

El Vaticano II tuvo un efecto significativo en la evolución teológica del siglo XX y fue contemporáneo de los primeros años de IFES, demostrando que la cuestión del papel de los laicos en la Iglesia era un tema que trascendía las fronteras confesionales. En los años posteriores, otros documentos católicos que hablaban de la misión se orientaron cada vez más en la dirección de una *eclesiología misional*. Paso ahora a hacer un breve repaso de algunos de estos textos.

Todos son llamados

El Vaticano II insiste en que todos los miembros de la Iglesia "son impulsados para su consecución por la caridad con que aman a Dios, y con la que desean comunicar con todos los hombres en los bienes espirituales propios, tanto de la vida presente como de la venidera".[1] Se insiste en la vocación personal y en la colaboración con la jerarquía eclesial. Juan Pablo II añade de forma similar que "en razón de la común dignidad bautismal, el fiel laico es corresponsable, junto con los ministros ordenados y con los religiosos y las religiosas, de la misión de la Iglesia".[2] Por "fieles laicos" se entiende "todos los fieles cristianos a excepción de los miembros del orden sagrado y los del estado religioso sancionado por la Iglesia".[3]

Una tensión recorre la mayoría de las encíclicas relevantes para nuestro estudio: se subraya la vocación de todos los miembros de la Iglesia en virtud de su bautismo, al tiempo que se destaca su separación de los ministros ordenados. Sin embargo, el trabajo de los laicos no es en absoluto prescindible: "cada fiel laico tenga siempre una viva *conciencia de ser un "miembro de la Iglesia"*, a quien se le ha confiado una tarea original, insustituible e indelegable, que debe llevar a cabo para el bien de todos."[4] La principal diferencia entre los ministros ordenados y los laicos es que

> el estado de vida *laical* tiene en la índole secular su especificidad y realiza un servicio eclesial testificando y volviendo a hacer presente, a su modo, a los sacerdotes, a los religiosos y a las religiosas, el significado que tienen las realidades terrenas y temporales en el designio salvífico de Dios. A su vez, el sacerdocio *ministerial* representa la garantía permanente de la presencia sacramental de Cristo Redentor en los diversos tiempos y lugares.[5]

Existe una urgencia de ejercer el ministerio en la sociedad porque "si la falta de compromiso es siempre inaceptable, el momento actual lo hace aún más. No es admisible que nadie permanezca ocioso"; pero esta urgencia no puede prescindir de la importancia de los sacramentos para la Iglesia católica. Este aspecto sacramental del ministerio es difícil de encontrar en cualquier debate protestante sobre las organizaciones "paraeclesiásticas".

---

1. Papa Pablo VI, "*Ad Gentes*", Decreto sobre la actividad misionera de la Iglesia (Roma, Vaticano II, 1965), sec. 7.

2. Papa Juan Pablo II, "*Christifideles Laici*", Exhortación postsinodal sobre la vocación y la misión de los fieles laicos en la Iglesia y en el mundo. (Roma, 1988), sec. 15.

3. Papa Juan Pablo II, "*Christifideles Laici*", sec. 9.

4. Papa Juan Pablo II, sec. 28.

5. Papa Juan Pablo II, sec. 55.

La naturaleza de la Iglesia

Estrechamente relacionado con lo anterior está el debate sobre la naturaleza de la iglesia, especialmente su propósito misionero. Este propósito va de la mano con el estatus de la iglesia en el mundo. De ahí que *Ad Gentes* afirme que "la Iglesia peregrinante es misionera por su naturaleza, puesto que toma su origen de la misión del Hijo y del Espíritu Santo, según el designio de Dios Padre".[6] En términos misiológicos, la *missio ecclesia* deriva de la *missio Dei* y es eminentemente trinitaria. Esta realización de la misión de Dios es *apostólica*. Como afirma *Apostolicam Actuositatem*,

> La Iglesia ha nacido con el fin de que, por la propagación del Reino de Cristo en toda la tierra, para gloria de Dios Padre, todos los hombres sean partícipes de la redención salvadora, y por su medio se ordene realmente todo el mundo hacia Cristo. Toda la actividad del Cuerpo Místico, dirigida a este fin, se llama apostolado, que ejerce la Iglesia por todos sus miembros y de diversas maneras.[7]

Esta comprensión eminentemente *misional* del apostolado se hace aún más explícita cuando se enmarca en la noción de compartir el oficio de Cristo.

Compartir en el oficio de Cristo

Estrechamente ligada a la definición del apostolado, tenemos la insistencia en el hecho de que

> En la Iglesia hay variedad de ministerios, pero unidad de misión. A los Apóstoles y a sus sucesores les confirió Cristo el encargo de enseñar, de santificar y de regir en su mismo nombre y autoridad. Mas también los laicos hechos partícipes del ministerio sacerdotal, profético y real de Cristo, cumplen su cometido en la misión de todo el pueblo de Dios en la Iglesia y en el mundo . . . Son consagrados como sacerdocio real y gente santa (Cf. *1 Pe.*, 2,4–10) para ofrecer hostias espirituales por medio de todas sus obras, y para dar testimonio de Cristo en todas las partes del mundo.[8]

Esta cita subraya el aspecto misionero del "sacerdocio de todos los creyentes" en el contexto de la Iglesia católica. Esto es esclarecedor, porque va

---

6. Papa Pablo VI, "*Ad Gentes*", sec. 2.
7. Papa Pablo VI, "*Apostolicam Actuositatem*", Decreto sobre el apostolado de los laicos, decreto del Vaticano II (Roma, 1965), sec. 2.
8. Papa Pablo VI, "*Apostolicam Actuositatem*", secs. 2 & 3.

en contra de muchas de las polémicas que leemos en los escritos protestantes y evangélicos sobre cuestiones de sacerdocio y testimonio. La principal diferencia entre las confesiones podría ser entonces mucho más una cuestión de gobierno eclesiológico – la relación de los laicos con la jerarquía, a la que volveremos – que de teología dogmática o incluso de misiología.[9]

La *Christifideles Laici* insiste además en que "los fieles laicos participan, según el modo que les es propio, en el triple oficio – sacerdotal, profético y real – de Jesucristo. Es este un aspecto que nunca ha sido olvidado por la tradición viva de la Iglesia".[10] Podríamos leer esta insistencia en la historia como una ligera afirmación polémica dirigida a las tradiciones no católicas romanas. Sin embargo, también muestra una sólida conciencia contextual, que también puede apreciarse en el variado vocabulario utilizado:

> En estos últimos años, el fenómeno asociativo laical se ha caracterizado por una particular variedad y vivacidad. La asociación de los fieles siempre ha representado una línea en cierto modo constante en la historia de la Iglesia, como lo testifican, hasta nuestros días, las variadas confraternidades, las terceras órdenes y los diversos sodalicios. Sin embargo, en los tiempos modernos este fenómeno ha experimentado un singular impulso, y se han visto nacer y difundirse múltiples formas agregativas: asociaciones, grupos, comunidades, movimientos. Podemos hablar de *una nueva época asociativa* de los fieles laicos.[11]

El Papa no define ninguna de estas agrupaciones[12] pero subraya la *diferencia específica* de la Iglesia romana en la misma sección. Conecta la misión sacerdotal de Cristo con el sacrificio eucarístico, un paso que otras tradiciones no aceptarían necesariamente: "Los fieles laicos participan en el *oficio sacerdotal*, por el que Jesús se ha ofrecido a sí mismo en la Cruz y se ofrece continuamente en la celebración eucarística por la salvación de la

---

9. Si esto es pragmáticamente cierto, dogmáticamente hablando el sacramento del Orden de la ICR, por el que un sacerdote es inducido a actuar *in persona Christi*, implica un cambio ontológico que diferencia el sacerdocio de la ICR del de cualquier otra confesión: "el carácter impreso por la ordenación es para siempre. La vocación y la misión recibidas el día de la ordenación [de un sacerdote] lo marcan de manera permanente". Catecismo de la Iglesia Católica', párr. 1583, consultado el 19 de abril de 2023, https://www.vatican.va/archive/catechism_sp/p2s2c3a6_sp.html#Resumen

10. Papa Juan Pablo II, "*Christifideles Laici*", sec. 14.

11. Papa Juan Pablo II, sec. 29; énfasis añadido.

12. Véase la breve descripción en el Papa Pablo VI, "*Ad Gentes*", sec. 6.

humanidad para gloria del Padre".[13] Sin embargo, con lo que otras confesiones podrían estar de acuerdo es con la dimensión misionera de este argumento, por lo demás litúrgico. Existe una base común más amplia en la idea de que los cristianos *participan* en la misión de Cristo. Como afirma *Ad Gentes, los misioneros* son

> Cooperadores de Dios... que suscitan tales comunidades de fieles que, viviendo conforme a la vocación a la que han sido llamados, ejerciten las funciones que Dios les ha confiado, sacerdotal, profética y real. De esta forma, la comunidad cristiana se hace signo de la presencia de Dios en el mundo; porque ella, por el sacrificio eucarístico, incesantemente pasa con Cristo al Padre, nutrida cuidadosamente con la palabra de Dios da testimonio de Cristo y, por fin, anda en la caridad y se inflama de espíritu apostólico.[14]

Así, por un lado, la Iglesia católica anima a los laicos a comprometerse en la sociedad, pero, por otro, quiere asegurarse de que nada vaya en contra de la jerarquía.[15] Son necesarias varias exhortaciones indirectas al cumplimiento, lo que lleva al historiador a suponer cuestiones subyacentes relativas precisamente a estos puntos. *Apostolicam Actuositatem* insiste en que los laicos deben hacerlo "en unión con los hermanos en Cristo, sobre todo con sus pastores, a quienes pertenece el juzgar su genuina naturaleza y su debida aplicación, no por cierto para que apaguen el Espíritu, sino con el fin de que todo lo prueben y retengan lo que es bueno (Cf. *1 Tes.*, 5,12; 19,21)".[16] La supervisión se considera necesaria para garantizar la orientación adecuada del activismo laico.[17]

---

13. Papa Juan Pablo II, "*Christifideles Laici*", sec. 14.
14. Papa Pablo VI, "*Ad Gentes*", sec. 15.
15. Papa Pablo VI, "*Apostolicam Actuositatem*", sec. 19; "*Ad Gentes*", sec. 23.
16. Papa Pablo VI, "*Apostolicam Actuositatem*", sec. 3.
17. *Christifideles Laici* ofrece una perspicaz lista de criterios para evaluar las organizaciones laicas: "*Primacía dada a la llamada de todo cristiano a la santidad*, tal como se manifiesta 'en los frutos de gracia que el espíritu produce en los fieles'... *La responsabilidad de profesar la fe católica*, abrazando y proclamando la verdad sobre Cristo, la Iglesia y la humanidad, en obediencia al Magisterio de la Iglesia, tal como ésta lo interpreta... El *testimonio de una comunión fuerte y auténtica* en relación filial con el Papa, en total adhesión a la creencia de que es el centro perpetuo y visible de la unidad de la Iglesia universal, y con el obispo local... en la Iglesia particular... *Conformidad y participación en los objetivos apostólicos de la Iglesia*, es decir, 'la evangelización y santificación de la humanidad y la formación cristiana de la conciencia de las personas'... El *compromiso de una presencia en la sociedad humana* que, a la luz de la doctrina social de la Iglesia, la ponga al servicio de la dignidad total de la persona." Papa Juan Pablo II, "*Christifideles Laici*", sec. 30.

Más estrechamente relacionada con la preocupación de esta investigación está la insistencia del *Magisteriun Ecclesiae* en la necesidad de contextualizar la labor misionera en los diferentes medios sociales de una sociedad determinada. De entre una gran cantidad de materiales articulados, la siguiente sección presenta solo una muestra.

Contextualización para las esferas de la sociedad

El Vaticano II comienza constatando que el "apostolado se hace más urgente porque ha crecido muchísimo, como es justo, la autonomía de muchos sectores de la vida humana".[18] A partir de ahí se despliega la necesidad de un "apostolado en el medio social, es decir, el esfuerzo por llenar de espíritu cristiano el pensamiento y las costumbres, las leyes, y las estructuras de la comunidad en que uno vive, hasta tal punto es deber y carga de los laicos, que nunca lo pueden realizar convenientemente otros."[19] Esta preocupación por las limitaciones de los ministros ordenados para llegar a la gente puede leerse en todos los documentos estudiados aquí y, curiosamente, se prevé que grupos específicos se reúnan como encarnación de la iglesia en un lugar determinado:

> los laicos, que solamente ejercen el apostolado individual por las causas dichas, o por motivos especiales surgidos por la propia labor profesional, se reúnen a dialogar oportunamente en pequeños grupos, sin forma alguna estrictamente dicha de institución o de organización, de forma que aparezca siempre delante de los otros el signo de la comunidad de la Iglesia, como verdadero testimonio de amor.[20]

En este contexto, los jóvenes no deben considerarse simplemente como objeto de la solicitud pastoral de la Iglesia; son de hecho – y deben ser incitados a serlo – sujetos activos, *protagonistas de la evangelización y artífices de la renovación social*".[21] No se trata solo de reclutar sangre fresca para la misión de la Iglesia, sino de un signo de pensamiento misiológico profundo. Juan Pablo II señala también con perspicacia que "en la vida de cada fiel laico hay

---

18. Papa Pablo VI, "*Apostolicam Actuositatem*", sec. 1.
19. Papa Pablo VI, sec. 13.
20. Papa Pablo VI, sec. 17. Más tarde, Juan Pablo II señalaría también que "*los grupos, las asociaciones y los movimientos* tienen su lugar en la formación de los fieles laicos. Tienen, en efecto, la posibilidad, cada uno con sus propios métodos, de ofrecer una formación profundamente injertada en la misma experiencia de vida apostólica, como también la oportunidad de completar, concretar y especificar la formación que sus miembros reciben de otras personas y comunidades." Papa Juan Pablo II, "*Christifideles Laici*", sec. 62.
21. Papa Juan Pablo II, "*Christifideles Laici*", sec. 46.

momentos particularmente significativos y decisivos para discernir la llamada de Dios y para acoger la misión que Él confía. Entre ellos están los momentos de la *adolescencia* y de la *juventud*".[22] El análisis sociológico impulsa el aprovechamiento de los jóvenes para la misión:

> Este su influjo, acrecentado en la sociedad, exige de ellos una actividad apostólica semejante, pero su misma índole natural los dispone a ella. Madurando la conciencia de la propia personalidad, impulsados por el ardor de su vida y por su energía sobreabundante, asumen la propia responsabilidad y desean tomar parte en la vida social y cultural: celo, que si está lleno del espíritu de Cristo, y se ve animado por la obediencia y el amor hacía los pastores de la Iglesia, permite esperar frutos abundantes.[23]

De ello se deriva un llamamiento a comprometerse en todas las esferas de la sociedad, y más concretamente de la cultura, ya que "los fieles laicos *de ningún modo pueden abdicar de la participación en la "política"*; es decir, de la multiforme y variada acción económica, social, legislativa, administrativa y cultural, destinada a promover orgánica e institucionalmente el *bien común*".[24] La línea argumental puede resumirse así: la iglesia ha sido llamada a la existencia por Dios y su propósito es dar testimonio de Dios en todas las esferas de la sociedad. Dado que la vocación se extiende a todos los miembros de la iglesia en virtud de su bautismo, todos los laicos están llamados a comprometerse en sus respectivas esferas sociales. El pensamiento estratégico requiere considerar a los jóvenes en particular, debido a su futura influencia. Por cierto, *Ad Gentes* también señala que hay laicos "dignos de especial elogio . . . que en las universidades o en los institutos científicos, promueven con su investigación histórica y científica religiosa el conocimiento de los pueblos y de las religiones; ayudando así a los heraldos del Evangelio, y preparando para el diálogo con los no cristianos".[25]

Por último, *Ad Gentes* hace un llamamiento a la reflexión misiológica sobre la cultura. Aunque este llamamiento a valorar la cultura se dirige principalmente a los aspirantes a sacerdotes, no deja de ser notable:

> Ábranse, pues, y avívense las mentes de los alumnos para que conozcan bien y puedan juzgar la cultura de su pueblo; conozcan

---

22. Papa Juan Pablo II, sec. 58.
23. Papa Pablo VI, "*Apostolicam Actuositatem*", sec. 12.
24. Papa Juan Pablo II, "*Christifideles Laici*", sec. 42.
25. Papa Pablo VI, "*Ad Gentes*", sec. 41.

claramente en las disciplinas filosóficas y teológicas las diferencias y semejanzas que hay entre las tradiciones, la religión patria y la religión cristiana.[26]

Los cristianos como sacerdocio real: Hans Küng y otros

> En ninguna parte del Nuevo Testamento se dice que la responsabilidad primordial de llevar a cabo el propósito de Dios en el mundo descanse en manos del "ministerio oficial". La responsabilidad primordial recae siempre sobre los hombros de los "llamados a ser santos", los *laos theou*, "el pueblo de Dios". Así pues, en religión son los laicos quienes deben realizar la mayor parte del trabajo en el mundo.[27]

He examinado brevemente algunas de las principales enseñanzas católicas oficiales que arrojan luz sobre una comprensión "sacerdotal y misionera" del ministerio estudiantil. A continuación, me dirijo a la obra de algunas otras voces teológicas, en particular Hans Küng, que han impulsado una "teología del laicado", con el fin de articular una comprensión sacerdotal de todo el pueblo de Dios. Esta articulación tiene algunas consecuencias preliminares para la teología práctica, la misiología y la práctica misionera. Tales consecuencias no se han extraído automáticamente, como argumentó Snyder en 1983:

> Los protestantes siempre han sostenido, al menos teóricamente, la doctrina del sacerdocio de los creyentes. Sin embargo, en su mayor parte, esta doctrina se ha entendido de forma soteriológica más que eclesiológica. Es decir, se ha entendido que significa que todos los cristianos tienen acceso directo a Dios sin la mediación de un sacerdote humano. Pero rara vez se han extraído las implicaciones de esta doctrina para el ministerio cristiano. Quizá la razón sea que estas implicaciones cuestionan radicalmente la división clero-laicado al afirmar que todos los creyentes son sacerdotes y, por tanto, ministros.[28]

---

26. Papa Pablo VI, sec. 16.
27. Findley B. Edge, "Priesthood of Believers", *Review & Expositor* 60, nº 1 (1963): 16.
28. Snyder, *Liberating the Church*, 169.

Cristo como único Sumo Sacerdote y Mediador

> Todo sacerdocio humano ha sido cumplido y terminado por el sacrificio único, final, irrepetible y por lo tanto ilimitado del único sumo sacerdote continuo y eterno.[29]

Küng se queja de que, con demasiada frecuencia, las eclesiologías han tendido a dar demasiada importancia a los cargos y, por tanto, a asumir la ecuación implícita *ecclesia = hierarchia*. De ahí que "no se hayan dado cuenta de que todos los que ocupan cargos no son en primer lugar (tanto temporal como fácticamente hablando) dignatarios, sino creyentes, miembros de la comunidad de creyentes".[30] Para Küng, un individuo es primero cristiano o no, y el estatus ontológico de los sacerdotes viene determinado por su condición de cristianos y no de miembros del clero. Así, la Iglesia no se funda en los oficios, sino en Cristo mismo. A continuación, Küng ofrece una rápida síntesis de las principales enseñanzas bíblicas sobre el sacerdocio,[31] concluyendo que "solo hay un único mediador, y es Jesucristo".[32] Si Cristo es el único mediador y si su obra no debe imitarse ni reproducirse, se deduce que esto se aplica a todos los cristianos: "Puesto que Cristo es el único sumo sacerdote y mediador entre Dios y todos los hombres, todos los hombres que creen en él tienen acceso inmediato a Dios a través de él".[33]

¿Qué deben hacer los cristianos con este acceso privilegiado? Küng atribuye al sacerdocio general la función de *mediación*. Para Küng, las implicaciones del "sacerdocio de todos los creyentes" nunca son solo privadas, sino que siempre deben entenderse como un servicio de y a Dios.[34] Cristo es el único mediador entre las personas y Dios, pero a través de la comunión del cristiano con Cristo,

> todos los creyentes son absorbidos por la obra mediadora del único mediador. Su función es mediar entre Dios y el mundo, revelando las obras ocultas de Dios y haciendo efectivos sus actos de poder. De ahí que todo cristiano sea sacerdote de Dios, al ser testigo de Dios ante el mundo.[35]

---

29. Hans Küng, *La Iglesia* (Nueva York: Sheed & Ward, 1967), 363.
30. Küng, *Iglesia*, 363.
31. Küng, 431–32.
32. Küng, 368.
33. Küng, 369.
34. Küng, 381.
35. Küng, 381.

Esta afirmación tiene poderosas implicaciones para la misión porque ancla la labor del cristiano en el mundo en el mandato divino y, aunque Küng reconozca que el Nuevo Testamento no utiliza términos de mediación, los cristianos son mensajeros del acto escatológico de salvación de Dios.[36] Sin embargo, hablar de los cristianos como atraídos por la función mediadora de Cristo también les impide identificarse únicamente con Cristo y sentirse totalmente ajenos a sus semejantes. Si el sacerdocio significa servicio, uno tiene que preocuparse por el bienestar de todos los seres humanos. Esto también se despliega en otra actividad eminentemente sacerdotal: la oración; ya que "todo cristiano es sacerdote para el mundo, al tener libre acceso a Dios en la fe y al poder presentarse ante Dios en nombre de los demás e interceder por ellos".[37]

Resumiendo todo su desarrollo sobre el sacerdocio general, Küng afirma que consiste "en el llamado de los fieles a dar testimonio de Dios y de su voluntad ante el mundo, y a ofrecer sus vidas al servicio del mundo".[38] Esto se lee de forma muy similar a Lutero argumentando en su conocido tratado que "un hombre no vive solo para sí mismo en este cuerpo mortal para trabajar solo para él, sino que vive también para todos los hombres de la tierra; más bien, vive solo para los demás y no para sí mismo."[39]

Así, según Küng, es como Dios crea la comunión entre los cristianos, ya que dan testimonio de sus obras y se sienten alentados por el conocimiento de que pueden contar con el apoyo de los demás en todos los asuntos, incluida la lucha contra el pecado y el soportar el sufrimiento de los demás.[40] Para decirlo en términos aún más breves "Cada uno sabe que comparece ante Dios en nombre de los demás, y sabe que los demás comparecen ante Dios en su nombre".[41] Una actitud así requiere una convicción doctrinal para dar fruto en la vida cotidiana de los individuos. Hay un movimiento *misionero*, hacia el exterior, de la iglesia al mundo, "de rendir culto dentro de la comunidad a rendir culto dentro del mundo secular cotidiano".[42]

---

36. Küng, 369.

37. Küng, 381. Küng se refiere especialmente a Flp 2:15; 1 Ts 5:5; 1 Tim 2:1.

38. Küng, 381.

39. Martín Lutero, de "On the Freedom of a Christian" (1520), en *Selections from His Writings*, ed. John Dillenberger (Garden City: Doubleday, 1961), 73. John Dillenberger (Garden City: Doubleday, 1961), 73.

40. Küng, *Church*, 381, basándose en Gal 6:2.

41. Küng, 381.

42. Küng, 381.

Participación en la obra de Cristo

Sin embargo, el sacerdocio de todos los creyentes no puede entenderse como una especie de "don" que se otorga en el bautismo y queda en posesión del creyente para que lo use individualmente. Muy al contrario: la vocación sacerdotal del cristiano se ejerce como consecuencia de su *participación* en la obra de Cristo, y nunca independientemente de ella. Este aspecto no parece ser "ecuménicamente controvertido",[43] debido al amplio acuerdo sobre esta consecuencia de la salvación para los cristianos a través de las líneas confesionales. Esto significa, en palabras de Root, que "el cristiano es sacerdote y rey solo como co-sacerdote y co-rey con Cristo". En el contexto del énfasis en la unión de Cristo y el cristiano ... esta condición de 'compañero' es una expresión de la participación del cristiano en Cristo".[44]

Como veremos más adelante, la afirmación de que "esta participación en Cristo no es una mera participación en los resultados de su obra tiene numerosas consecuencias misiológicas. Más bien, el cristiano es incorporado a la obra de Cristo".[45] Esta participación en el cuerpo de Cristo no es únicamente individual sino intensamente comunitaria, como también argumenta Congar: "En la medida en que se nos comunica la vida que hay en Cristo, nos convertimos en el cuerpo mismo de Cristo. Nos convertimos en los miembros y, todos juntos, en el cuerpo de Cristo Rey, Sacerdote y Profeta".[46]

Síntesis parcial

Hay que admitir que los escritos teológicos explorados anteriormente son solo una muestra del material que existe sobre el tema del lugar y el papel de los laicos en la iglesia. Sin embargo, a pesar de las diferencias de fondo, de estas distintas voces emerge un notable consenso.

Dios elige a *todos los creyentes*. Una dimensión importante de esta vocación dignificadora es que los creyentes deben *dar testimonio* a su entorno y llamar a otros a tener una relación con Dios, es decir, como los sacerdotes del AT, *mediar* para que Dios llegue a los demás. Esta es la base de la doctrina del "sacerdocio de todos los creyentes". Las tradiciones eclesiásticas tienden a

---

43. Michael Root, "Freedom, Authority, and the Priesthood of All Believers", en *Critical Issues in Ecclesiology: Essays in Honor of Carl E. Braaten*, eds. Alberto L. García y Susan K. Wood (Grand Rapids: Eerdmans, 2011), 93.
44. Root, "Priesthood of All Believers", 94.
45. Root, 93.
46. Yves Congar y François Varillon, *Sacerdoce et laïcat dans l'église* (París: Vitrail, 1947), 13.

subrayar el aspecto individual de esta vocación o insisten en que se ejerce principalmente en la comunidad. *Sin* embargo, esta relación de los *individuos* con Dios es posible gracias a la *mediación* de Cristo y se expresa notablemente a través de la *participación* en la Iglesia. Los textos aquí estudiados coinciden fundamentalmente en que la iglesia existe para impulsar la misión de Dios. En consecuencia, el personal de la iglesia – el clero – debe facilitar esa misión. Las tradiciones eclesiásticas divergen en cuanto al vínculo exacto entre el clero y los laicos, sobre todo en la cuestión de las estructuras de autoridad e, implícitamente, las "fronteras" exactas de la iglesia. Sin embargo, coinciden en el hecho de que convertirse en *miembro* de una iglesia – ya sea voluntariamente por elección o por haber nacido en ella – significa participar, aunque solo sea de forma derivada, en la propia y única obra *sacerdotal* de Cristo. Fiel a la lógica de la encarnación, esta labor siempre está *contextualizada*, ya que Cristo llega a las personas allí donde estén y, por tanto, la iglesia está llamada a llegar a ellas, sobre todo a través del testimonio de los laicos en todas las esferas de la sociedad a las que no necesariamente llegan los miembros del clero.

Basándose en estas consideraciones, los estudiantes cristianos, como laicos llamados por Dios, pueden participar legítimamente en actividades contextuales de testimonio. Para ello, a menudo se han reunido en organizaciones específicas fuera de los muros y órdenes jerárquicos de las estructuras eclesiales tradicionales. Es ahora al estatus eclesiológico de las organizaciones "paraeclesiásticas" como IFES al que me dirijo.

15

Eclesiología misional

Las exploraciones anteriores sobre la vida de la iglesia plantean preguntas sobre cómo se relaciona FES como organización con la iglesia. ¿Cómo puede desarrollarse una eclesiología acorde con las nociones de *inmediatez*, *mediación* y *participación* que, según sostengo, enmarcan una comprensión sólida del ministerio estudiantil? En este capítulo, exploro la noción de "paraiglesia", que suele describir estructuras que operan fuera de la supervisión jerárquica de las estructuras eclesiásticas habituales, pero que se dedican a actividades reconocidas como pertenecientes de algún modo a la órbita de la "iglesia". A continuación, en los capítulos que siguen, cuestiono la legitimidad misiológica de tal noción sobre varias bases: la experiencia misionera (Roland Allen), la misiología propiamente dicha (*missio Dei*) y las reflexiones contemporáneas sobre la situación eclesial de las minorías cristianas (peregrinación y sacerdocio en el mundo poscristiano) y sobre una comprensión renovada de lo que constituye la "apostolicidad". Todo este cuestionamiento de la legitimidad de la paraiglesia encuentra una respuesta prometedora en una comprensión *misional* de la Iglesia que socava la separación entre Iglesia y "paraiglesia". Como se explica en este capítulo, creo que la palabra refleja engañosamente un cierto eclesiocentrismo estructural. Sin embargo, dado que está tan ampliamente reconocido como un término "paraguas", lo utilizaré en aras de la simplicidad.

La naturaleza de las organizaciones paraeclesiásticas

En la tercera parte de este trabajo se ha estudiado cómo han entendido los propios líderes de IFES el estatus eclesiológico de su organización "paraeclesiástica".¹ Sin embargo, dicha relación ha sido a menudo polémica en los escritos misiológicos y eclesiales. Hasta ahora, en nuestras exploraciones, hemos asumido lo que es una organización paraeclesiástica más que definirlo. En lo que sigue, examino una muestra de definiciones analíticas del fenómeno paraeclesiástico, destacando la dificultad de definirlo para articular sus especificidades y las tensiones con las estructuras eclesiásticas que surgen a menudo.

Definición de "paraiglesia"

> Todo el mundo parece tener una vaga idea de lo que se está hablando y podría ser capaz de lanzar uno o dos nombres a modo de ilustración. Pero ¿estamos hablando de un único tipo de organización? Si no es así, ¿qué contiene exactamente este término paraguas?²

Recorrer la literatura sobre la paraiglesia, que notablemente no cuenta con ninguna obra estándar ampliamente reconocida, significa encontrarse con diversas definiciones que cubren un espectro que va desde la más esencialista a la más funcionalista. Las organizaciones paraeclesiásticas se definen principalmente en función de su relación con la Iglesia. Dado que los protestantes no cuentan con la estructura de la Iglesia católica, ningún relato sobre la naturaleza de la paraiglesia ha conseguido un acuerdo generalizado en los círculos protestantes.³ Sin embargo, el desarrollo de las organizaciones paraeclesiásticas protestantes y evangélicas no se produjo en el vacío, especialmente en Occidente. La Iglesia católica desarrolló una elaborada reflexión sobre el tema debido a la aparición de numerosas organizaciones laicas, generalmente conocidas bajo el nombre paraguas de "Acción Católica". Estas asociaciones fueron fundadas principalmente por laicos que buscaban trabajar en ámbitos específicos de la sociedad, y en ocasiones supusieron un desafío eclesiológico para el Magisterio católico.⁴

---

1. En lo que sigue, "paraeclesiástica" se refiere a "una organización paraeclesiástica", en aras de la brevedad.

2. Scheitle, *Beyond the Congregation*, 10.

3. Cabe destacar que el documento "Baptism, Eucharist and Ministry" del Consejo Mundial de Iglesias no menciona a los grupos paraeclesiales en su debate sobre el ministerio y la ordenación, por ejemplo.

4. Para más información sobre la Acción Católica, véase Gerd-Rainer Horn, "Catholic Action: A Twentieth-Century Social Movement (1920s-1930s)", en *Western European Liberation Theology*, ed.: Gerd-Rainer Horn (Oxford: OUP, 2008), 5–43. Gerd-Rainer Horn (Oxford: OUP,

En su obra principal, Scheitle esboza numerosas cuestiones de definición de la noción de "paraeclesiástica":

> El prefijo "para-" podría definirse como algo que existe "al lado" o "junto" a una entidad relacionada. Sin embargo, también podría definirse como algo que está "más allá" o "al lado" de una entidad relacionada. La diferencia es sutil, pero representa el quid del problema. ¿Es el sector paraeclesiástico un socio que trabaja en cooperación junto a las iglesias y las denominaciones o es un agente deshonesto que trabaja fuera del alcance de éstas?[5]

Esencialmente, lo que está en juego es la legitimidad de las estructuras ya existentes. Como observa Stackhouse,

> Algunos consideran el término *paraeclesiástico* implícitamente despectivo, y con razón. Sugiere que la "verdadera" Iglesia solo está representada en las congregaciones locales y en cualesquiera estructuras políticas que unan a esas congregaciones locales en denominaciones. Cualquier otra organización cristiana está de alguna manera solo "al lado" de esta Iglesia verdadera: Es meramente "paraeclesiástica".[6]

Aunque sean "*meramente* paraeclesiásticas", la existencia del término implica que las actividades de estas organizaciones entran de algún modo en el ámbito de las actividades eclesiales – y yo diría que este "de algún modo" se entiende mejor en el marco de una *eclesiología misional* que puede albergar una gran variedad de actividades. Así es como White añade precisión a la definición de "paraeclesiástica":

> La Iglesia local es amplia, se ocupa de la persona en su totalidad, ministra en una localidad geográfica a un amplio espectro de edades y necesidades, y es estrecha en la interpretación doctrinal. La sociedad eclesiástica para-local suele ser *puntual en su propósito, especializada en sus tareas*, limitada en cuanto a *la edad de los implicados*, amplia *en sus tolerancias doctrinales, cruza las líneas*

2008), 5–43. Una parte importante de la Acción Católica fue su rama estudiantil. Véase, en particular, David Colon, "Face aux églises : un siècle d'organisations d'étudiants chrétiens", en *Cent ans de mouvements étudiants*, de Jean-Philippe Legois y Alain Monchalbon, eds. Groupe d'études et de recherches sur les mouvements étudiants (GERME) (París: Syllepse, 2007), 217–26.

5. Scheitle, *Beyond the Congregation*, 33.

6. John G. Stackhouse, *Evangelical Landscapes: Facing Critical Issues of the Day* (Grand Rapids: Baker Academic, 2002), 27.

confesionales (excepto en el caso de las estructuras eclesiásticas para-locales confesionales) y a menudo está *geográficamente dispersa*.[7]

Se trata de una de las definiciones más articuladas que no enfrenta a la iglesia y a la paraiglesia. Más bien al contrario: para White, "una pregunta clave para las agencias de la iglesia local y paraeclesiástica es: ¿están desempeñando una función bíblica que edifica el cuerpo de Cristo?".[8] Sin embargo, esta forma aparentemente fácil de evaluar la "paraiglesia" es más intrincada de lo que parece, por dos razones. En primer lugar, ¿pueden considerarse plenamente los métodos separados de los objetivos? Y, en segundo lugar, ¿hasta qué punto pueden evaluarse los logros de la paraiglesia en cuanto a si "edifican el cuerpo de Cristo" si tenemos en cuenta no solo el número de personas comprometidas con una u otra estructura, sino también las tensiones que surgen a menudo entre las iglesias locales y la paraiglesia? Como subraya Willmer, "lo que convierte a la paraiglesia en un pararrayos de controversia es que *su papel subordinado es a menudo cuestionable*".[9]

Desde un punto de vista más misiológico, Niringiye observa que el propósito de una organización paraeclesiástica "encaja en el mandato general de la Iglesia. En consecuencia, estas organizaciones suelen afirmar que existen para servir a la Iglesia local. *Están relacionadas con la Iglesia en su misión, pero no tienen una base estructural o eclesiástica*".[10]

Niringiye sugiere, por tanto, una relación de *misión* y no de estructura. En la misma línea, Willmer et al., en uno de los pocos análisis en profundidad de las organizaciones paraeclesiásticas, afirman que la utilidad de la palabra reside precisamente en el propósito común de las iglesias y la paraiglesia, a pesar de las diferencias estructurales: "La palabra *paraiglesia ha surgido* y ha calado tan bien precisamente porque es una palabra útil para describir estas organizaciones cristianas que *trabajan más allá de la iglesia pero que a menudo trabajan por el mismo objetivo: el avance del Evangelio*."[11] El tono es eminentemente positivo, valorando la contribución de las estructuras paraeclesiásticas, pero ¿qué significa aquí "más allá"? El debate corre el riesgo de reducirse a meras

---

7. White, *The Church and the Parachurch*, 84; énfasis añadido.

8. White, 81. Obsérvese que White utiliza "para-local" para subrayar el aspecto "junto a la iglesia" de las organizaciones paraeclesiásticas con el fin de evitar la sensación de estar "más allá".

9. Willmer, Schmidt y Smith, *Prospering Parachurch*, 13; énfasis añadido.

10. David Zac Niringiye, "Parachurch Organizations and Student Movements" (Christianity in Africa in the 1990s, Edinburgh University, mayo de 1990), 4–5; énfasis añadido.

11. Willmer, Schmidt y Smith, *Prospering Parachurch*, 25; énfasis añadido.

cuestiones estructurales de liderazgo y poder. ¿Una insistencia renovada en "el sacerdocio de todos los creyentes" firmaría la sentencia de muerte del ministerio ordenado?[12] Si se piensa en la iglesia definida en términos de esa jerarquía, se crea un problema: ¿cómo se relacionan estas organizaciones independientes con la iglesia? Sin embargo, si la propia iglesia se considera en términos de asociación voluntaria – es decir, si "iglesia" designa la reunión de creyentes para el culto y el servicio-, entonces la cuestión pasa a ser la de la relación entre las diferentes partes o formas de iglesia, como partes de un cuerpo del que los cristianos son *miembros*. En la intersección de la teología y la sociología se encuentra la participación voluntaria.

Miembros de la Iglesia que asumen una misión

Muchos autores remontan las iniciativas paraeclesiásticas a "el Espíritu [que] elige obrar a través de algunos miembros del cuerpo de Cristo de forma diferente que a través de otros. Los carismas no son uniformes sino multiformes, y por lo tanto hay una diversidad en el ministerio, aunque haya una unidad en la misión".[13] El Movimiento de Lausana, reconociendo esta tensión, señala que "la tendencia del 'sistema' a controlar las iniciativas individuales corre el riesgo de *apagar el Espíritu*. Por otro lado, la tendencia de las organizaciones voluntarias a insistir en su independencia corre el riesgo de *ignorar al Cuerpo*. Es la vieja tensión entre autoridad y libertad".[14]

Desde el punto de vista eclesiológico, el *principio de voluntariedad* está estrechamente relacionado con una eclesiología de *iglesia de creyentes*, según la cual "la iglesia es ante todo la comunidad reunida de creyentes que, basándose en su confesión personal de fe en el bautismo, han anunciado su entrada voluntaria en la comunidad".[15] Los laicos tienen derecho a acercarse *directamente a Dios*. Puesto que están llamados a dar testimonio allí donde se encuentren,

---

12. El espacio no permite explorar toda la teología de la ordenación. Dado que la gran mayoría de los dirigentes de IFES no han sido ordenados, no ha sido un punto importante de debate en la historia de la organización.

13. Donald G. Bloesch, *Life, Ministry, and Hope*, vol. 2 de *Essentials of Evangelical Theology* (San Francisco: Harper & Row, 1979), 108.

14. Lausanne Movement, "Cooperating in World Evangelization", cap. 1; énfasis original.

15. Fernando Enns, "Believers Church Ecclesiology: A Vital Alternative within the Ecumenical Family", en *New Perspectives in Believers Church Ecclesiology*, eds. Abe J. Dueck, Helmut Harder y Karl Koop (Winnipeg: CMU, 2010), 113. Explorar todos los entresijos de esta tradición eclesiológica desbordaría los límites de esta obra. Para un estudio histórico clásico y detallado, véase Donald F. Durnbaugh, *The Believers' Church: The History and Character of Radical Protestantism* (Nueva York: Macmillan, 1968).

también pueden organizarse adecuadamente. Correspondientemente White, insinuando el argumento central de la presente investigación, afirma que

> Bajo el nuevo pacto, el creyente tiene *acceso directo y responsabilidad individual* ante Dios *sin la intercesión de un sacerdote terrenal*. Este *sacerdocio* trae una nueva libertad para el creyente tanto en la adoración como en el servicio. Es la piedra angular del ministerio de todo creyente. Así, el creyente *como individuo y el creyente en comunión con otros creyentes tiene la responsabilidad personal de obedecer los mandamientos de Dios* sobre la evangelización, el discipulado, el servicio a los demás, la ayuda a los pobres, etc.[16]

Existe entonces un terreno común significativo entre las redes internacionales de voluntarios y la iglesia universal. Según esta lógica, si la participación en la iglesia local se basa en una elección legítimamente personal y voluntaria, entonces la paraiglesia no supone ninguna diferencia. En efecto, los líderes de IFES han dado por sentado que los estudiantes tienen derecho a reunirse y dar testimonio dentro y fuera de una estructura ad hoc organizada de un modo muy parecido al de los cristianos que se reúnen en iglesias y son elegidos según criterios distintos al principio paraeclesial. En efecto, "si la iglesia tiene su *base radical* en la *fe personal* en Dios, entonces debe ser una asociación voluntaria. Como *comunidad libre* y *autónoma* no puede ser controlada por el Estado, ni por príncipes o reyes ni por el gobierno civil".[17]

De ahí que Brackney considere a las organizaciones paraeclesiásticas como "un grupo particular de asociaciones voluntarias de cristianos cuyo propósito está dirigido a una tarea declarada, que dependen en gran medida de los laicos *y son independientes de cualquier responsabilidad ante una estructura eclesiástica institucional*, pero que pueden asumir funciones históricamente asociadas a la iglesia".[18] Dado que algunas organizaciones "paraeclesiásticas" se estructuran a sí mismas en un alto grado, Brackney quiere denominarlas "asociaciones cuasi voluntarias", bajo las que incluye a InterVarsity (EE.UU.).[19] Sin embargo, esta categoría vuelve a tomar el "elemento jerárquico" como decisivo. Como grupo de seres humanos reunidos con un propósito común, IFES también ha generado su propia estructura jerárquica, por muy descentralizada que

---

16. White, *The Church and the Parachurch*, 80; énfasis añadido.

17. Roger Haight, *Comparative Ecclesiology*, vol. 2 de *Christian Community in History* (Londres: Bloomsbury, 2014), 278–79; énfasis añadido.

18. William H. Brackney, *Christian Voluntarism: Theology and Praxis*, Faith's Horizons (Grand Rapids: Eerdmans, 1997), 136.

19. Brackney, *Christian Voluntarism*, 137.

digan estar sus líderes. Las estructuras como IFES no solo facilitan la misión, sino que también le dan forma al equipar a las personas para la misión y proporcionar estructuras de rendición de cuentas. Existe una rendición de cuentas dentro de una estructura paraeclesiástica, y en la medida en que sus miembros son miembros de la iglesia dispersa, están anclados en la realidad de la iglesia universal, aunque no siempre se remitan de forma evidente a las estructuras eclesiales tradicionales. El Movimiento de Lausana señala que "todos están de acuerdo en que las funciones especializadas requieren organizaciones especializadas (por ejemplo, para la traducción de la Biblia, la evangelización estudiantil y las misiones transculturales)".[20] La misma lógica se aplica a las organizaciones estudiantiles, que pueden reclutar "especialistas" para sus tareas. Sin embargo, dado que los estudiantes también son miembros de las iglesias locales, las tensiones en torno a su participación en los grupos IFES – o asociaciones similares – suelen equivaler a una cuestión de lealtad entre la iglesia y la paraiglesia. Esto se vuelve aún más complejo cuando se plantea la cuestión del apoyo espiritual y emocional, que incluso convierte a algunas organizaciones paraeclesiásticas en una

> gran espina clavada en el costado de las iglesias. Su componente local les brinda la oportunidad de formar los mismos lazos sociales íntimos en los que prosperan las iglesias. Comienzan a proporcionar los mismos beneficios sociales y psicológicos que hacen que las iglesias sean más atractivas en lo que respecta a actividades como el culto y la comunión.[21]

Los ministerios universitarios trabajan con personas en transición, de una ciudad a otra, entre distintas edades de fe. Las estructuras de apoyo paraeclesiásticas podrían simplemente tener un atractivo más amplio para ellos en una determinada etapa de la vida. Brackney sugiere una interesante combinación de factores entrelazados, que añaden liderazgo al cuadro que hemos dibujado hasta ahora:

> La implicación individual en organizaciones paraeclesiásticas ha sido tan gratificante para algunos y tan expansiva para muchos de sus líderes que se convierte en una salida primaria para los intereses y la *participación* religiosa . . . *Es fácil ver cómo la paraiglesia puede convertirse en la forma definitiva de identidad cristiana para los miembros dedicados.* El tiempo entregado con

---

20. Lausanne Movement, "Cooperating in World Evangelization", cap. 1.
21. Scheitle, *Beyond The Congregation*, 55.

sacrificio, los fondos aportados con regularidad, las oportunidades para el servicio espiritual, el reconocimiento ceremonial del liderazgo, la percepción pública de altos niveles de "compromiso cristiano" y el cuidadoso fomento del compromiso voluntario con su correspondiente fundamento teológico definen una nueva categoría denominada "cristianismo paraeclesiástico".[22]

Esta forma de resolver una intrincada tensión no satisface a Hammett, que desea firmemente que la relación entre la iglesia y la paraiglesia sea un modelo de "asociación de servicio". Para él,

> si el ministerio ejercido por un creyente-sacerdote se realiza en el contexto de un grupo paraeclesiástico que funciona como un brazo o una extensión de la iglesia, entonces el conflicto de autoridad se reduce drásticamente, si no se elimina. El ejercicio del propio sacerdocio se sitúa en el contexto adecuado, como parte del ministerio de la iglesia.[23]

Mientras que esta línea de argumentación es congruente con su argumento general de que las organizaciones paraeclesiásticas "que poseen un estatus subordinado al de la iglesia . . . [deben] deferirse a la iglesia, honrar a la iglesia . . . [y] aceptar [su] ministerio bajo la autoridad de la iglesia",[24] esto no parece resolver nada, ya que, como veremos en breve, una de las razones de la aparición de la paraiglesia es precisamente un fracaso – real o percibido – de la iglesia a la hora de ejercer un ministerio determinado. Según Hammett, los líderes actuales de la paraiglesia estarían mejor esperando a que la dirección de la iglesia local diera luz verde, apoyara y supervisara sus acciones antes de "ponerse a trabajar". La cuestión crucial aquí es también qué se entiende por "iglesia", ya que, si una iglesia local fracasa en su vocación *misional*, la lealtad de los creyentes es en última instancia superior y se dirige a la iglesia universal. Stott concluye que "puesto que los evangélicos desean en todas las cosas ser guiados por la Biblia, deberíamos ser capaces de calificar las actividades especializadas así: la independencia de la iglesia es mala, la cooperación con la iglesia es mejor, el servicio como un brazo de la iglesia es mejor."[25]

---

22. Brackney, *Christian Voluntarism*, 143–44; énfasis añadido.

23. John S. Hammett, "How Church and Parachurch Should Relate: Arguments for a Servant-Partnership Model", *Missiology* 28, nº 2 (1 de abril de 2000): 205.

24. Hammett, "Church and Parachurch", 200.

25. Movimiento de Lausana, "Cooperating in World Evangelization", cap. 1. Stott escribió este capítulo, el "Theological Preamble".

Es obvio que los líderes de las iglesias locales podrían deplorar el hecho de que la parte estudiantil de su congregación vea en la paraiglesia "la forma definitiva de identidad cristiana", porque esto plantea amplios debates eclesiológicos y cuestiona la forma en que los líderes de la paraiglesia han presentado el cristianismo si sus miembros no sienten la necesidad de formar parte de una comunidad eclesiástica local. En particular, es al "sacerdocio de todos los creyentes" al que White apela para resolver la tensión de liderazgo entre la iglesia y la paraiglesia:

> Por último, observamos que la participación en una sociedad eclesiástica para-local hace que uno funcione al menos en dos estructuras de autoridad. Éstas entrarán ocasionalmente en conflicto. Pero tener autoridades en conflicto – trabajo, familia, gobierno – no es inusual. En caso de conflicto, el creyente-sacerdote es individualmente responsable de decidir qué autoridad tiene prioridad.[26]

Síntesis parcial

La discusión anterior ha demostrado que muchas de las dificultades que plantea la definición de "organización paraeclesiástica" existen porque la mayoría de las descripciones se centran en cuestiones estructurales. A partir del prefijo "para-", muchos comentaristas asumen que la paraiglesia está subordinada a la iglesia. A menudo se plantea la cuestión de la legitimidad de las estructuras paraeclesiásticas frente a las eclesiales. Sin embargo, esto es insatisfactorio, principalmente porque, como hemos visto, muchas de estas organizaciones han surgido de preocupaciones misioneras que, en el fondo, son eclesiales, ya que reflejan una comprensión misional de la misión de la iglesia. Los cristianos se han reunido voluntariamente para llevar a cabo la tarea misionera, y de estas estructuras voluntarias han surgido organizaciones de pleno derecho. En consecuencia, lo que se necesita es un enfoque *eclesiológico* más constructivo del fenómeno paraeclesiástico, y es a esto a lo que me refiero ahora.

Hacia una eclesiología de la "paraiglesia"

Hablar de las organizaciones paraeclesiásticas como asociaciones voluntarias y explorar cuestiones de liderazgo y lealtades es útil, pero explica su existencia

---

26. White, *The Church and the Parachurch*, 85.

más por motivos sociológicos que teológicos. A continuación, me referiré a dos ideas importantes propuestas para legitimar la aparición de estas estructuras – el *enfoque de la deficiencia* y el *enfoque* innovador – antes de sugerir una *réplica* a ambos enfoques.

El enfoque de las deficiencias

La primera hipótesis importante para la aparición de estructuras "paraeclesiásticas" explica su existencia por el supuesto fracaso de la iglesia local a la hora de cumplir su vocación misionera. El supuesto subyacente de esta interpretación es la *inmediatez de la* relación de los cristianos individuales con Dios:

> Sabemos por las Escrituras que la voluntad de Dios es que los pueblos y las naciones de todo el mundo sean alcanzados con el Evangelio. Así que los cristianos comprometidos a lo largo de los siglos se han sentido libres, *bajo la guía del Espíritu*, de utilizar la razón y la creatividad que Dios les ha dado para organizar y utilizar las estructuras que sean necesarias para llevar a cabo los propósitos de Dios en cumplimiento de la Gran Comisión.[27]

Este argumento traza una línea divisoria entre los "cristianos" y los "cristianos comprometidos" que han visto una carencia y se han dedicado a llenar los vacíos creando nuevas estructuras, como si la iglesia no fuera suficiente para dar cabida al "alcance de la Gran Comisión". Nótese el énfasis en las "Escrituras" y en la guía del "Espíritu", ambas potencialmente opuestas al liderazgo (fallido) de la iglesia. Por lo tanto, en la intersección del "voluntarismo" y la identificación de "deficiencias" en la iglesia, encontramos el terreno históricamente fértil de la "Iglesia Libre". Bloesch señala que el pensamiento de Philipp Jacob Spener[28] fue muy influyente en el desarrollo de la eclesiología posterior de la Iglesia Libre; la famosa noción de *ecclesiola in ecclesia*[29] era congruente con las ideas de Lutero. Según este punto de vista, "a todo cristiano se le concede el privilegio de enseñar a los demás, de castigar,

---

27. Warren W. Webster, "The Messenger and Mission Societies", en *Perspectives on the World Christian Movement: A Reader*, ed. Ralph D. Winter (Pasadena: Biblioteca William Carey, 1981), 764.

28. Expuesto extensamente en su histórico panfleto *Pia desideria oder herzliches Verlangen nach gottgefälliger Besserung der wahren evangelischen Kirche, nebst einigen dahin abzwekenden christlichen Vorshlägen* (original en 1675; Leipzig: Köhler, 1841).

29. D. Martyn Lloyd-Jones, "Ecclesiola in Ecclesia", en *Approaches to Reformation for the Church*, vol. 4, Puritan Papers (Hartshill: Tentmaker, 1965).

exhortar y convertir. Todo creyente debe preocuparse por la salvación personal de sus semejantes y dedicarse a rezar por ellos".[30] Esta evolución se produjo en el contexto de la percepción de que el clero de la época de Spener no estaba a la altura de las normas de piedad que Lutero había previsto. Un heredero posterior de los puntos de vista de Spener, que ejerció una fuerte influencia – aunque fuera indirecta – sobre los primeros líderes de IFES,[31] fue el fundador de los Hermanos, Darby. Al considerar corrupto al clero de su época, se vio a sí mismo como un reformador. La predicación laica supliría la falta de fidelidad clerical; "Los cristianos deben predicar a los que están dispuestos a perecer y [por eso Darby] criticaba a los que restringían su evangelización para no ofender a sus superiores".[32] Del mismo modo, Brackney sostiene que la paraiglesia satisface una necesidad potencialmente nueva: "Una de las principales funciones que asumen las organizaciones paraeclesiásticas es proporcionar nuevas salidas a la labor misionera. En este sentido, la paraiglesia asume para sí una función históricamente asumida por la iglesia".[33]

Tal punto de vista tiene consecuencias eclesiológicas de gran alcance, en particular para la responsabilidad de una iglesia local hacia sus feligreses – en resumen, *una teología del laicado*. White hace algo más que aludir a este aspecto cuando afirma audazmente que

> parece que uno de los objetivos de la evangelización mundial debería ser conseguir que más personas realicen más ministerio durante más tiempo. El "más gente" debe implicar el equipamiento y el envío de los laicos. Sí, enviar, no solo edificarlos. Pero los sistemas de envío por parte de una iglesia local están en gran medida restringidos por un requisito de escolarización formal. Los grupos eclesiásticos para-locales han roto sistemáticamente esta barrera equipando y enviando a los "iletrados e incultos" para ministrar a tiempo completo. Seguimos necesitando personas a tiempo completo. Pero nuestros actuales sistemas educativos formales son solo una parte de la preparación. El patrón del Nuevo Testamento es más "aprender haciendo".[34]

---

30. Bloesch, *Life, Ministry, and Hope*, 115.
31. En particular, Douglas Johnson y Hans Bürki.
32. Neil Dickson, "The Church Itself is God's Clergy". The Principles and Practices of the Brethren", en *The Rise of the Laity in Evangelical Protestantism*, ed. Deryck Lovegrove. Deryck Lovegrove (Londres: Routledge Chapman & Hall, 2002), 218.
33. Brackney, *Christian Voluntarism*, 138.
34. White, *The Church and the Parachurch*, 163.

Como argumentaré en la última parte de este trabajo, esa "improvisación fiel" es lo que se requiere en el entorno en constante cambio de la universidad, con sus exigencias y desafíos.

Volviendo de la teología a la sociología, Scheitle asume un "mercado" de bienes religiosos disponibles, en el que "el auge, la caída y el nuevo auge del sector paraeclesiástico representan una narrativa continua en la estructura cambiante del mercado religioso".[35] Desde este punto de vista, una organización paraeclesiástica simplemente está llenando un vacío al ofrecer a los clientes potenciales *bienes y servicios* religiosos[36] que las iglesias locales no podrían proporcionar. De ahí la proliferación de organizaciones que intentan abordar las mismas necesidades.

La idea de que las estructuras "paraeclesiásticas" surgen debido a las deficiencias de las estructuras eclesiales, solo brevemente expuesta aquí, descansa en el supuesto de que la *misión* es fundamental para el propósito de la iglesia: se trata esencialmente de una *eclesiología misional*. Enmarcar el debate en tales términos, sin embargo, explica algunas de las tensiones que surgen entre los líderes eclesiásticos y los líderes paraeclesiásticos: sociológicamente hablando, surge un "competidor" que cuestiona fundamentos teológicos perpetuados en el tiempo – por ejemplo, un cierto papel *mediador* de la iglesia – y tradiciones eclesiales – por ejemplo, la subordinación de los laicos al clero-. La lógica que subyace a este *planteamiento carencial* es que, si la iglesia se hubiera tomado su vocación misionera con la seriedad suficiente, no habrían surgido estructuras como IFES. Implícitamente, entonces, las organizaciones paraeclesiásticas representarían un desarrollo lamentable que desperdicia los preciosos recursos humanos y financieros de la iglesia. Según este planteamiento, los líderes eclesiásticos pueden condescender a tolerar las organizaciones "paraeclesiásticas" durante un tiempo, pero preferirían que se desmantelaran y "volvieran" a la autoridad del clero. Este resumen, ciertamente elaborado, destaca no obstante el enfoque más negativo de la paraiglesia. Sin embargo, es posible otro punto de vista, más positivamente misiológico, que se apoye en la necesidad de nuevos enfoques en un mundo cambiante.

El enfoque innovador: Nuevos odres y estructuras duales

La idea de que la paraiglesia representa una innovación necesaria se expresa de forma paradigmática en el "argumento de los odres" de Snyder, presentado en

---

35. Scheitle, *Beyond the Congregation*, 21.
36. Scheitle, 6.

el Congreso de Lausana de 1974. Snyder distingue entre la iglesia tal y como se entiende bíblicamente y las estructuras eclesiásticas auxiliares "que no existían en los días del Nuevo Testamento, pero que han ido creciendo a lo largo de la historia de la iglesia".[37] En lugar de contraponer las estructuras misioneras y la iglesia, afirma que

> la Iglesia es en sí misma una estructura misionera, y cualquier grupo de misioneros puede ser una encarnación legítima de la Iglesia. Esto significa que no puede plantearse la cuestión de la Iglesia frente a las "estructuras misioneras". Donde están los misioneros, está la Iglesia, y sus misioneros son responsables de demostrar la realidad de la comunidad cristiana.[38]

Snyder socava así la idea de que la paraiglesia pueda concebirse como "más allá" o "fuera" de la Iglesia, sino que ancla audazmente las estructuras paraeclesiásticas dentro de una Iglesia concebida en sentido amplio: "Mientras que la propia Iglesia forma parte del vino nuevo del Evangelio, todas las estructuras paraeclesiásticas son odres: útiles, a veces indispensables, pero también sujetas al desgaste y la decadencia".[39] Esto refuerza la legitimidad de la paraiglesia y relativiza su estatus contingente.[40]

Dos ideas principales subrayan esta comprensión de las estructuras paraeclesiásticas. La primera es teológica y se refiere a una comprensión profundamente protestante del vínculo entre verdad y organización, como Willaime, en un análisis citado anteriormente, ha observado astutamente en el contexto de la Reforma:

> La autoridad ideológica se ejerce y se valora, en principio, solo según el poder de su convicción y su argumentación racional. La investigación teológica es formalmente libre, y al teólogo se le otorga un papel importante en la gestión de la verdad religiosa,

---

37. Howard A. Snyder, "The Church as God's Agent in Evangelism: Conference Presentation," en *Let the Earth Hear His Voice: Official Reference Volume, Papers and Responses*, eds. Congreso Internacional sobre la Evangelización Mundial y J. D. Douglas (Minneapolis: World Wide Publications, 1975), 356.

38. Howard A. Snyder, "The Church as God's Agent in Evangelism: Working Paper", en Congreso Internacional sobre la Evangelización Mundial y J. D. Douglas, eds., *Let the Earth Hear His Voice*, 341–42.

39. Snyder, "Working Paper", 337.

40. Al igual que otros, Haight afirma en su *summa* que todas las formas de iglesia son en realidad contingentes; véase Roger Haight, *Ecclesial Existence*, vol. 3 de *Christian Community in History* (Londres: Bloomsbury, 2014), 33. Si esto es correcto, entonces disminuir el valor de la paraiglesia debido a su flexibilidad contingente es un error.

ya que es él quien, a partir de un conocimiento cierto, dirá cuál es la línea correcta. *La organización religiosa solo tiene aquí un papel funcional: como segunda instancia al servicio de la verdad, su modo de funcionamiento y su reparto de papeles solo tienen un valor relativo y son sociohistóricos.*[41]

A medida que el protestantismo somete las formulaciones de la fe a una crítica bíblicamente informada – a menudo llevada a cabo por laicos-, las estructuras eclesiales pueden evaluarse con el telón de fondo de su fidelidad a lo que se ha identificado como la misión de la iglesia. Aquí, la *participación* en la iglesia implica que los cristianos, en virtud de su relación *inmediata* con Dios a través de las Escrituras, pueden criticar la forma en que el evangelio es *mediado* al mundo, dentro y fuera de la asamblea reunida. La lealtad a la iglesia se demuestra evaluando bíblicamente su funcionamiento y, si es necesario, reformándola.

La segunda idea principal se basa en las dos estructuras de la misión redentora de Dios de Winter.[42] El argumento principal de Winter es que el Nuevo Testamento describe y prescribe la función de la iglesia, pero no su forma. La iglesia, modelada esencialmente a partir de la sinagoga judía e incluyendo a "ancianos y jóvenes, hombres y mujeres",[43] es la primera de sus "dos estructuras", y se asemeja a la iglesia parroquial posterior. La segunda se deriva del propio "grupo misionero" de Pablo, pues el apóstol era,

> cierto, enviado por la iglesia de Antioquía. Pero una vez lejos de Antioquía parecía estar muy solo. El pequeño equipo que formó era económicamente autosuficiente cuando la ocasión lo requería. También dependía, de vez en cuando, no solo de la iglesia de Antioquía, sino de otras iglesias que se habían levantado como resultado de labores evangelizadoras. El equipo de Pablo puede considerarse ciertamente una estructura.[44]

Esta flexibilidad formal de la Iglesia primitiva plantea cuestiones sobre la teología práctica: ¿hasta qué punto pueden adaptarse las formas a la función y la tarea? Camp resume la postura de Winter diciendo que, si en el NT solo se prescriben funciones, "es teológicamente legítimo cambiar la forma de la

---

41. Willaime, *Précarité Protestante*, 24–24; énfasis añadido.

42. Ralph D. Winter, "The Two Structures of God's Redemptive Mission", *Missiology: An International Review* 2, n° 1 (1 de enero de 1974): 121-39.

43. Winter, "Two Structures", 122.

44. Winter, 122.

asamblea de sinagoga a iglesia o a diócesis. Del mismo modo, es bíblicamente aceptable cambiar la forma de un grupo misionero a una estructura monástica o a una agencia misionera, en la medida en que la función siga siendo la misma".[45] Winter sostiene que las dos estructuras han funcionado con más o menos éxito a lo largo de la historia de la Iglesia en forma de *modalidad* (iglesia local) y *sodalidad* (grupo misionero), definidas de la siguiente manera: "Una modalidad es una comunidad estructurada en la que no hay distinción de sexo o edad, mientras que una sodalidad es una comunidad estructurada en la que la afiliación implica una segunda decisión de los adultos más allá de la afiliación a la modalidad y está limitada por la edad o el sexo o el estado civil".[46]

Sin embargo, Willmer et al. echan en cara a Winter que establezca una relación demasiado estrecha entre las órdenes medievales y los ministerios paraeclesiásticos porque estos últimos "no pretenden ofrecer una vida espiritual más profunda que la de un cristiano que asiste fielmente a la iglesia. Estos grupos simplemente ofrecen vías de servicio".[47]

Tal crítica corre el riesgo de reducir el éxito de las estructuras paraeclesiásticas a su valor práctico y presupone solo un interés funcional por parte de sus miembros. Sin embargo, el ministerio no puede separarse de la vida "espiritual". Es lógico concluir de los diversos actos de formación, de la literatura espiritual y de la enseñanza en general que los estudiantes de IFES están efectivamente llamados a "una vida espiritual más profunda" que incluye el testimonio, lo que otros llaman "bienes religiosos". En el ministerio estudiantil, estos "bienes" se dirigen a su público, poniendo especial cuidado en que sean contextualmente relevantes para la vida universitaria. Es precisamente esta relevancia contextual, junto con una reducción de las tensiones teológicas, lo que permite considerar la paraiglesia como una estructura transitoria. Snyder resume las ventajas de tal enfoque:

---

45. Bruce K. Camp, "A Theological Examination of the Two-Structure Theory", *Missiology* 23, nº 2 (1995): 201.

46. Winter, "Two Structures", 127. Brackney explica el relativo éxito de la tesis de Winter por su cercanía a las narrativas comunes en los círculos protestantes: "Las tipologías de Winter han recibido una amplia atención en la comunidad misiológica protestante, especialmente entre las organizaciones independientes y evangélicas, porque afirmaba que el principio de la sodalidad se recuperó en el protestantismo y se ejemplifica mejor en las modernas asociaciones voluntarias del movimiento misionero." Brackney, *Christian Voluntarism*, 131. Se podría llevar más lejos el análisis cultural y explorar la relación de las "agencias voluntarias" con la noción moderna de "agencia individual" casi consustancial a la "modernidad" (como podría implicar el contexto decimonónico de la mayoría de las organizaciones voluntarias).

47. Willmer, Schmidt y Smith, *Prospering Parachurch*, 27.

(i) Lo que siempre es interculturalmente relevante (la Iglesia bíblicamente entendida) se separa de lo que está culturalmente atado y determinado (las estructuras paraeclesiásticas). Así, uno es libre de ver a la Iglesia como culturalmente relevante e implicada y, sin embargo, no como culturalmente atada. (ii) Uno es libre también de modificar las estructuras paraeclesiásticas a medida que cambia la cultura, ya que éstas no son en sí mismas la Iglesia y, por lo tanto, están determinadas en gran medida culturalmente y no bíblicamente. (iii) Por último, esta distinción permite ver una amplia gama de legitimidad en las confesiones y estructuras confesionales. Si tales estructuras no son ellas mismas la Iglesia y están determinadas culturalmente, entonces volúmenes enteros de controversias y polémicas pierden su urgencia y pasan a ser meramente secundarios. Confesiones muy diversas quedan liberadas (al menos potencialmente) para concentrarse en aquello que las une: ser el pueblo de Dios y llevar a cabo la tarea evangelizadora, relegando las diferencias estructurales al plano de la relatividad cultural e histórica.[48]

Si, entonces, una organización como IFES tiene la misión como su *razón de ser*, desde el punto de vista de la *eclesiología misional*, en la que "donde están los misioneros, está la iglesia", la principal forma de distinguir la paraiglesia de la "iglesia" será argumentando que la forma de misión que persigue es inherentemente limitada en relación con la vocación *misional* más amplia de la iglesia, porque se centra únicamente en los estudiantes. Si, como dice Snyder, "los misioneros son responsables de demostrar la realidad de la comunidad cristiana", una de las formas en que una organización podría estar inherentemente limitada en relación con la vocación misional de la iglesia será si de alguna manera no puede "demostrar la realidad de la comunidad cristiana". El argumento corre el riesgo de ser circular: los líderes paraeclesiásticos acusan a la iglesia local de ser deficiente desde el punto de vista misional, mientras que ésta reprocha a los primeros ser estrechos de miras en su eclesiología.

Este argumento de las estructuras duales es eminentemente más positivo hacia las estructuras paraeclesiales, subrayando su importancia en la *contextualización* de la misión en el mundo. Sin embargo, la perenne cuestión de la autoridad sigue en pie si se sigue considerando que estas estructuras

---

48. Snyder, "Working Paper", 338. Oponer la iglesia "comprendida bíblicamente", considerada "siempre relevante", y las estructuras paraeclesiásticas parece un atajo, ya que incluso la "comprensión bíblica" está condicionada culturalmente.

son *paraeclesiales* y no plenamente eclesiales por naturaleza. Una salida prometedora a este enigma podría ser considerar la relación de la paraiglesia con la iglesia local del mismo modo que las denominaciones se relacionan con la iglesia universal.

Una réplica: De la doble naturaleza de la Iglesia

Una propuesta más reciente explora la relación entre la participación de los estudiantes cristianos en las organizaciones paraeclesiásticas y en las iglesias locales. Debanné[49] establece un paralelismo entre eclesiología y cristología. Tras reconocer el "problema de legitimidad" que a menudo sufren las organizaciones paraeclesiásticas a los ojos de los líderes eclesiásticos, sostiene que este problema es el resultado de un punto ciego eclesiológico: el olvido de la primacía de la iglesia universal sobre la iglesia local. Esto presupone "una cristología que haría hincapié en la naturaleza humana de Jesús sin apreciar plenamente su naturaleza divina: una doctrina de la Iglesia que no tenga en cuenta las dos naturalezas de la Iglesia, local y universal, conduce inevitablemente a situaciones concretas que no corresponden al plan de Dios".[50]

Por el contrario, Debanné sostiene que valorar la concreción de lo local es

> liberadora y energizante para el creyente. Es portador de una semilla de creatividad y de nuevas iniciativas: permite a cada fiel, hombre o mujer, prepararse en su Iglesia local para ocupar su lugar en la obra mundial de Cristo dentro y fuera de esa Iglesia. Le hace capaz de convertirse en un actor autónomo (porque depende de Cristo) en las iniciativas por el Reino de Dios.[51]

Esta autonomía es relativa. Debanné señala que cualquier cristiano será miembro de una iglesia local y deberá hacer todo lo que esté en su mano para mantenerse en buena relación con los líderes de la iglesia. Sin embargo, la clave de su argumento es que la dirección de la iglesia tiene responsabilidades para con toda la comunidad cristiana. Este argumento se basa en el hecho de

---

49. Debanné fue SG de los GBUC (Groupes Bibliques Universitaires et Collégiaux du Canada) francófonos que trabajaron en Quebec de 1999 a 2014.

50. Marc Debanné, "L'étudiant chrétien, l'Église locale et les mouvements chrétiens étudiants : comment démystifier la place du "para-Église" ?", *Théologie évangélique* 14, no. 1 (2015): 25.

51. Debanné, "L'étudiant chrétien", 26. Enns también alude a la doctrina de las dos naturalezas: "La universalidad y la particularidad son dos caras de la misma moneda, al igual que la Iglesia creyente y la Iglesia experimentada son dos caras de esa misma moneda, al igual que el Cristo encarnado". Enns, "Believes Church Eclesiology", 124.

que "vemos a Pedro, por ejemplo, atribuyendo a la Iglesia que se construye en torno a Cristo las mismas prerrogativas y responsabilidades que las atribuidas a la comunidad de Israel (sacerdotes reales, nación santa, pueblo redimido [por Dios], 1 Pe. 2:4-10; véase Ex. 19:5-6)".[52] La conexión con la idea del "sacerdocio de todos los creyentes" es evidente. Debanné argumenta en términos contundentes que "el nuevo converso se convierte en miembro de la Iglesia universal antes de convertirse en miembro de una iglesia local, del mismo modo que el bautismo en el Espíritu Santo (conversión, regeneración: la realidad invisible) precede al bautismo en agua (la manifestación visible)".[53] Este argumento es coherente con la primacía de la verdad ya señalada en la mayoría de los escritores de IFES. La misma lógica se aplica a la eclesiología:

> La realidad primordial de la eclesiología bíblica es la Iglesia universal. Por tanto, debe ser también el principio primario de la comprensión teológica de la Iglesia por parte del creyente. Aunque la vida eclesial local ocupe la mayor parte de su tiempo y sus energías (éste será el caso de la mayoría de los cristianos), solo podrá vivir correctamente esta vida eclesial local si la entiende en el contexto de la Iglesia universal, de la que es una manifestación local.[54]

Debanné también se esfuerza por desacreditar las preocupaciones de ciertos líderes eclesiásticos de que las organizaciones paraeclesiásticas puedan mostrar una menor preocupación por la doctrina debido a las contingencias del trabajo misionero. Para él, el hecho de que muchas organizaciones tengan una declaración doctrinal demuestra lo contrario y es un signo de madurez y fidelidad, porque la "misión exterior" es eminentemente más arriesgada doctrinalmente que la "vida eclesiástica". Para él, "es necesario comprender el papel específico de las obras intereclesiásticas en el cuerpo de Cristo: unir a la proclamación de la verdad en un contexto misionero determinado, una obra de unidad que vaya más allá de las iglesias locales y de las denominaciones, según la doble exigencia del Señor".[55]

---

52. Debanné, 26-27.

53. Debanné, 28. Esto contrarresta el argumento de Haight de que "si la iglesia es una asociación libre, entonces la referencia primaria para el término 'iglesia' en la medida en que es una comunidad organizada es la iglesia local". Haight, *Comparative Ecclesiology Eclesiología comparada*, 279.

54. Debanné, 28.

55. Debanné, 42.

Esta línea argumental es poco frecuente en las publicaciones relacionadas con IFES, pero expone con más claridad que muchos otros documentos la forma en que muchos líderes de la IFES han legitimado su trabajo. Si bien es cierto que las organizaciones paraeclesiásticas pueden volverse sectarias, las denominaciones corren el mismo riesgo de división si se centran demasiado en sus propios distintivos denominacionales. Por ello, Debanné recurre a la primacía de la vocación misionera del cristiano para subrayar que "el llamado del Señor a una evangelización fiel no nos da opción, sea cual sea el tipo de estructura en la que trabajemos: debemos situarnos en una brecha en la que los dos riesgos están siempre presentes".[56] La conclusión que Debanné extrae de esta observación misiológica es que el término "paraeclesiástico" debería abandonarse en favor de "intereclesiástico" para prescindir de una vez por todas de las resonancias despectivas e implícitamente sectarias de la palabra, ya que "los miembros del Cuerpo no se definen por el riesgo al que se enfrentan".[57]

En general, Debanné se lee como una pacífica réplica al "enfoque de la deficiencia" y al enfoque de la "innovación necesaria", pero fundamentando su argumento eclesiológico para abandonar la noción de "paraiglesia" en la cristología y en la primacía de la relación del individuo con Dios. Para Debanné, esta relación *precede* a la implicación en la iglesia local. De ahí que lo que antes se llamaba "paraiglesia" sea, lisa y llanamente, "iglesia". Teológicamente hablando, pues, la relación *inmediata* con Dios de los *miembros* individuales de la iglesia universal conforma su orientación *misionera,* para lo cual se reúnen en lo que podría llamarse una *rama* de la iglesia – en nuestro caso, una "rama del campus" o, por utilizar un término misiológicamente más sólido, una *encarnación* de la iglesia.

Si todas las exploraciones anteriores son ciertas, no queda mucho que impida a una paraiglesia como IFES ser llamada "eclesial". Esto depende de una *eclesiología* distintivamente *misional* sobre la que no todas las tradiciones eclesiásticas están de acuerdo. Sin embargo, hay otra dimensión de la existencia eclesial que es necesario abordar: ¿qué tiene que ver la "paraiglesia" con los sacramentos?

---

56. Debanné, 42.
57. Debanné, 43.

Sobre la imposibilidad de ser Iglesia: La cuestión de los sacramentos

> ¿Cómo debemos entender la difusión de las organizaciones paraeclesiásticas? Algunas están diseñadas para complementar y ayudar a las iglesias. Mientras que otras parecen ser iglesias en todo menos en el nombre.[58]

Al estar firmemente anclada en el evangelicalismo, la autocomprensión teológica de IFES ha dado tradicionalmente menos peso a la teología sacramental. Dado que el protestantismo suele reconocer el bautismo y la eucaristía/Santa Cena, es en su práctica donde se centran los escasos debates llevados a cabo en los círculos de IFES. Tradicionalmente, la mayoría de los grupos IFES han celebrado los sacramentos solo excepcionalmente, aunque sean una parte importante de la vida eclesial. Es uno de los argumentos eclesiológicos más fuertes que permiten diferenciar un grupo estudiantil universitario de una iglesia. La anécdota de Woods sobre un campamento estudiantil en 1949 ilustra esta concepción del caso excepcional:

> Surgió un problema cuando el estudiante islámico que había confesado a Cristo pidió el bautismo. Le dijimos que debía hacerlo en una iglesia, pero su respuesta fue: "No conozco ninguna iglesia, nunca he estado en una iglesia cristiana". *Así que, tras algunas consultas y oraciones, rompimos todas las reglas del trabajo estudiantil interconfesional celebrando un bautismo público* en el mar dirigido por M. Gaston Racine, un orador muy querido. Bastante público se congregó alrededor mientras el joven se paraba en el mar, daba su testimonio y luego era bautizado en el nombre de Dios Padre, Hijo y Espíritu Santo.[59]

Estas "reglas del trabajo estudiantil interconfesional" no se formalizan en ninguna parte. Sin embargo, el hecho de que Woods aluda a tal concepto demuestra su comprensión de las tareas respectivas de las iglesias locales y de los grupos estudiantiles. Este tema se debatió ampliamente en el Movimiento de Lausana y en el mencionado Documento Ocasional de Lausana 24. Este *resumen* del pensamiento evangélico sobre la paraiglesia cita un documento inédito del predicador de la santidad Paul Rees. Defiende la importancia de las *notae ecclesiae* [marcas de la Iglesia] en el debate en torno a las organizaciones paraeclesiásticas, que para él son diferentes de las denominaciones: "Las

---

58. Edmund P. Clowney, *The Church* (Downers Grove: InterVarsity Press, 1995), 100.
59. Woods, "IFES History Draft", 13; énfasis añadido.

denominaciones al menos deben su existencia, y son responsables, a las asambleas de creyentes entre las que pueden encontrarse las *notae de la realidad eclesiástica*".⁶⁰ Estas *notae se* remontan a la afirmación de Calvino de que "dondequiera que veamos la Palabra de Dios sinceramente predicada y escuchada, dondequiera que veamos los sacramentos administrados según la institución de Cristo, allí no podemos tener ninguna duda de que la Iglesia de Dios tiene alguna existencia".⁶¹ Aquí, la paraiglesia parece encontrarse en falta.

Clowney también profundiza en esta "comprensión bíblica y espiritual de los atributos de la Iglesia"⁶² que tienen consecuencias para la definición de un grupo estudiantil:

> La limitación del grupo paraeclesiástico es que carece de algunas de las marcas de la iglesia. Necesita denominaciones porque no proporciona la estructura ordenada de oficio, culto, sacramento y disciplina que ofrece una iglesia confesional. Dado que estos grupos no son iglesias, no despiden miembros a las iglesias ni los reciben de las iglesias, y con razón no encuentran dificultades para reclutar miembros de iglesias confesionales.⁶³

Resulta fascinante que *no ser una iglesia* pueda considerarse una "ventaja misiológica". Un grupo de estudiantes puede prescindir provisionalmente de cuestiones de disciplina eclesiástica y de cuestiones de lealtades confesionales que son tan difíciles de entender para los de fuera. Para estos autores, un grupo estudiantil local no puede ser una iglesia porque no celebra los sacramentos. El hecho de que "la Palabra se predique sinceramente" en las reuniones estudiantiles varía significativamente entre las culturas más participativas y las más jerárquicas.

En cualquier caso, los líderes de IFES no eran ajenos a estas cuestiones. El primer "tratado teológico" de Hammond escrito para los grupos afines a IFES comenta brevemente las *notae* siguiendo el marco credencial de *unidad, santidad, catolicidad* y *apostolicidad*. Podría decirse que estas características se encuentran en cada grupo de estudiantes. En efecto, Hammond sugiere que "la verdadera Iglesia de Cristo se encuentra en todas partes donde Él y el Espíritu Santo están entronizados en los corazones de los hombres. De

---

60. Lausanne Movement, "Cooperating in World Evangelization", Apéndice A, §2.

61. Juan Calvino, *Institutes of the Christian Religion*, trans. Ford Lewis McNeill, The Library of Christian Classics (Filadelfia: Westminster John Knox, 2011), IV.1.9.

62. Clowney, *The Church*, 101.

63. Clowney, 107.

ahí que la verdadera Iglesia sea toda la congregación de personas cristianas dispersas por el mundo entero".[64] El grupo estudiantil no es un sustituto de la participación en una iglesia local, ya que Hammond se apresura a advertir que "los estudiantes, sin embargo, particularmente los que están en residencias universitarias, necesitan ser más cuidadosos ante el descuido de la Santa Cena que del culto público en general."[65]

Una de las primeras explicaciones de la relación de IFES con los sacramentos[66] se encuentra, de hecho, en el contexto de la descripción de las marcas de una verdadera iglesia. En un pasaje que vale la pena citar extensamente, Johnson ofrece su concepción definitiva de los sacramentos "de la Iglesia baja" y aprovecha la oportunidad para explicar las diferencias eclesiales:[67]

> Con todos los cristianos ortodoxos, ellos [los movimientos miembros de IFES] darían gran valor a la posesión de un verdadero ministerio cristiano; y cumplirían las funciones de un siervo de Cristo. Pero deben adoptar su postura sobre la insistencia de los Reformadores en que (cualesquiera que sean las ayudas mecánicas que se empleen para la preservación del debido orden) *los sucesores de los apóstoles están claramente definidos en el Nuevo Testamento en relación con sus creencias y su carácter*. Se les describe en las Escrituras como aquellos que proclaman fielmente la Palabra de Dios,[68] y administran los dos sacramentos según la santa ordenanza de Cristo. Del mismo modo, no debe haber compromiso alguno con la administración de la cena del Señor que incluya la idea de un sacrificio repetido (excepto el del "sacrificio de alabanza"), *o de una función sacerdotal o mediadora que deba desempeñar el ministro*. La Biblia, de nuevo, es bastante inequívoca en este punto. Cristo, por Su muerte en la cruz, ha "hecho allí (por Su única oblación de Sí mismo una vez ofrecida) un sacrificio, oblación y satisfacción plenos, perfectos y suficientes, por los pecados de

---

64. Hammond, *In Understanding* (1960), 163–64.

65. Hammond, 182.

66. En la mayoría de los círculos evangélicos, la Cena del Señor y el bautismo suelen denominarse "ordenanzas" en lugar de sacramentos. Para mayor claridad teológica, se utilizará "sacramento" en todo el texto.

67. Conviene subrayar que este pasaje forma parte integrante de la primera historia oficial de IFES encargada y aprobada por el Ejecutivo. Por tanto, puede considerarse en cierto modo autorizada.

68. Citando 1 Timoteo 2.

todo el mundo; e instituyó, y en Su santo Evangelio nos ordena continuar, un perpetuo recuerdo de esa Su preciosa muerte, hasta Su venida otra vez".[69] El corolario de esto es que los cristianos ya no necesitan ningún otro sacrificio expiatorio, y puesto que su gran Sumo Sacerdote ha sido nombrado el único Mediador entre Dios y el hombre, los cristianos no tienen necesidad de ningún otro sacerdocio mediador. Reintroducir cualquier pensamiento de este tipo en la Iglesia de Dios es un malentendido innecesario. Más grave aún, debe ser considerado como una afrenta al Mediador todo suficiente y único Sacerdote a la diestra de Dios.[70]

Este desarrollo muestra lo congenial que era la idea de una relación no mediada con Dios para la teologización de los primeros líderes de IFES. Esto era teológico y eclesiológico, notablemente relacionado con un fuerte énfasis en la dimensión sustitutiva de la expiación. No cabía esperar que estos puntos de vista de los primeros líderes de IFES fueran plenamente compartidos por todos los líderes de todos los movimientos nacionales, dadas las numerosas tradiciones representadas. Dada la falta de unidad en temas específicos como los sacramentos, ¿debían los líderes mantener en silencio sus opiniones o darlas a conocer? ¿Exigía la unidad el silencio, o debían expresarse las diferencias ilustradas? Ilustrativo de este tipo de tensión es el siguiente recuerdo de Enoch, miembro indio de la junta de IFES, hablando de sus primeros años en la UESI (Unión de Estudiantes Evangélicos de la India):

> Tuvimos que elaborar nuestra política sobre [todo] tipo de cuestiones. Una de ellas era nuestra postura como movimiento interdenominacional, sobre doctrinas en las que los evangélicos difieren, como el bautismo. Hubo una sugerencia de que no habláramos del bautismo en las reuniones de la U.E. [Unión Evangélica = grupo de estudiantes de la UESI], excepto a los conversos hindúes, e incluso cuando se nos preguntara individualmente deberíamos negarnos a exponer nuestros puntos de vista [para que] los estudiantes no se dejaran llevar por la opinión de un superior. Me costó aceptar esto y me negué a aceptarlo. Consideré que cada individuo debe tener la libertad

---

69. Johnson hace referencia al Servicio de Comunión del Libro de Oración Común de la Iglesia de Inglaterra, que resume 1 Pe 2:24, 25; Efesios 2:13–18 y Heb 9:11–286:19 – 9:38.

70. Referencia dada en nota a pie de página a 1 Tim 2:5; Heb 6.19–9:28. Johnson, *Brief History*, 104–5; énfasis añadido.

de expresar sus propias convicciones cuando la ocasión lo exija, siempre que no intente imponerles su propio punto de vista.[71]

Mientras que, en los movimientos nacionales, las cuestiones sacramentales podían abordarse contextualmente siguiendo la sensibilidad del líder local,[72] la cuestión de la Comunión en particular se planteó para las conferencias de IFES, ya que podría decirse que en el contexto de una creciente sensibilidad ecuménica, las conferencias internacionales habían visto una aspiración a celebrar la Cena del Señor. El mandato al Ejecutivo para que examinara la cuestión provino de las delegaciones escandinavas. Tras largos debates que duraron varios años, el comité adoptó las siguientes directrices, que constituyen la última política de este tipo hasta la fecha:

(i) No debe darse por sentado que los Cultos de Cena del Señor son adecuados para todas las conferencias internacionales de IFES.

(ii) Cuando los participantes de las conferencias tienden a identificar la Cena del Señor como una función eclesiástica, podría ser mejor no celebrar tales servicios.

(iii) Los movimientos miembros no tienen por qué seguir el modelo y la práctica de la Cena del Señor celebrada en las conferencias internacionales de IFES, ya que esto podría entrar en conflicto con la conciencia de algunos miembros de la conferencia.

(iv) En las conferencias internacionales, debe anunciarse cuidadosamente la naturaleza del servicio y también debe indicarse la posibilidad de abstenerse.[73]

En años más recientes, reconociendo los "avances ecuménicos", algunos movimientos han abierto oficialmente el camino para que los grupos estudiantiles locales celebren la Cena del Señor. Ejemplo de ello son las

---

71. H. Enoch, *Following the Master* (Bombay: GLS, 1977), 75.

72. Vale la pena citar la vívida descripción que hace Escobar de las situaciones contrastantes dentro de la comunidad: "Por ejemplo, la idea de celebrar la Cena del Señor o la Comunión después de un campamento de estudiantes evangélicos en algunos países europeos, puede suscitar los tremendos debates sobre el ministerio y los sacramentos que han dividido a los cristianos desde la Reforma. En cambio, en África o América Latina lo más natural es que los estudiantes luteranos, bautistas, pentecostales y de la Alianza Cristiana y Misionera comulguen como expresión de su experiencia evangélica en un campamento. De nuevo la solemne y hermosa experiencia de la Cena del Señor en la convención misionera de Urbana de la IVFC en EE.UU. sería impensable, en ese tipo de situación interdenominacional, para algunos evangélicos europeos." Escobar, "Evangelical Heritage", 5.

73. "Minutes of the Meeting of the Executive Committee of the IFES" (Oak Hill College, Londres, Inglaterra, 20 de septiembre de 1976), IFES e-archives.

directrices del SMD de Alemania, que estipulan que "en los eventos existe la norma básica de que la Cena del Señor debe ser instituida por los teólogos o la dirección del SMD, si es posible . . . El propósito de esta regla es asegurar que la Cena del Señor sea administrada por personas formadas teológica y 'litúrgicamente'".[74]

Cuando los grupos locales pueden celebrar la Cena del Señor, el requisito de que la celebración sea dirigida preferentemente por alguien con formación teológica es eclesiológicamente diplomático. Sin embargo, no tiene plenamente en cuenta lo que significa el "sacerdocio de todos los creyentes". Muthiah afirma audazmente que

> la ordenación ya no debe considerarse un requisito para quienes administren la cena del Señor. Puesto que 1) todos los creyentes están dotados por el Espíritu; 2) todos los carismas son de una misma naturaleza; y 3) todos los creyentes deben ser ordenados, ningún carisma u oficio particular cualifica de forma única a una persona para administrar el pan y el vino. Podría ser prudente para una comunidad recurrir a personas maduras en su fe y que encarnen el fruto del Espíritu para dirigir a la comunidad en la fracción del pan y la bebida del vino. Pero tal selección se basaría en la fe encarnada más que en carismas o cargos.[75]

Por último, Debanné también argumenta que desde una perspectiva bíblico-teológica – en particular a partir de 1 Corintios 12 y Efesios 4 – el NT describe "ministerios intereclesiásticos" (apóstoles y profetas) que trascienden los muros de la Iglesia local. Concluye que "incluso si, según el NT, las marcas y la organización de la Iglesia (con los sacramentos, la enseñanza y la disciplina) se centran en la Iglesia local, no hay ningún pasaje que afirme que serían 'limitadas' en sentido estricto".[76]

Síntesis parcial

> La iglesia tomó forma en torno al impulso originario de Dios en Jesús hacia el reino de Dios en la historia y encuentra su *razón de*

---

74. Gernot Spies y Achim Schowalter, „Der Hochschul-SMD-Leitfaden zur Feier des Abendmahls in SMD-Gruppen" (sin fecha). Se trata de un documento interno de formación.
75. Muthiah, *Priesthood of All Believers*, Kindle loc. 1927.
76. Debanné, "L'étudiant chrétien", 32.

ser en seguir mediando el empoderamiento de Dios y suministrar la base social para esta misión.[77]

Nuestro breve estudio de la noción de "paraiglesia" ha explorado los componentes básicos de la definición de este fenómeno. Hemos visto que el *principio de voluntariedad* que lo subyace presupone la primacía de la relación *inmediata* del individuo con Dios, en función de la cual se evalúa a la iglesia local. Dada la insistencia del evangelicalismo en la *misión*, muchos cristianos han encontrado que la iglesia carece de compromiso para tomarse en serio su vocación misionera. Tal es la explicación deficitaria de organizaciones como IFES, que existen "al lado" de las estructuras eclesiales tradicionales. Aunque este enfoque resulta útil para comprender históricamente la "paraiglesia", corre el riesgo de restar valor a lo que las llamadas organizaciones paraeclesiásticas han logrado a lo largo de la historia de la iglesia.

Otros han argumentado que, debido a la necesidad de contextualizar la *mediación* del mensaje evangélico en el mundo, las estructuras paraeclesiásticas eran simplemente una innovación estructural parecida a los "odres nuevos" y coherente con desarrollos ya presentes en los escritos del NT, en particular la existencia de las *modalidades* estables y las *sodalidades* más flexibles, dos estructuras que colaboran en la misión. Se ofreció una posición de réplica, proponiendo que del mismo modo que la cristología articula las dos naturalezas de Jesucristo como divina y humana, la eclesiología puede articular dos naturalezas para la iglesia, siendo la primera la iglesia universal y la otra la iglesia local. En este último punto de vista, dado que todos los cristianos son *miembros* de la iglesia universal, la "paraiglesia" es solo una "encarnación" o "rama" de la iglesia universal fuera de los muros de la iglesia local tradicional. La paraiglesia desempeña entonces un papel vital en la vocación general de la iglesia.

A pesar de sus desacuerdos, todas estas perspectivas asumen la centralidad de la misión en la definición de la iglesia. Esto, a su vez, subraya una *eclesiología misional* que legitima las llamadas estructuras "paraeclesiásticas" porque sus actividades encajan en el resumen de una "misión" que se amplía para convertirse en heredera de la vocación de Israel de ser un pueblo expositor de la vocación redentora de Dios. A pesar de ser muy utilizado como atajo lingüístico, el término "paraeclesiástico" es, por tanto, engañoso. Refleja una visión jerárquica y eclesiocéntrica anticuada de la iglesia que no es congruente con la primacía de la misión sobre las estructuras.

---

77. Haight, *Ecclesial Existence*, 106.

16

¿Un ministerio de expansión? La misiología de Roland Allen y el ministerio de IFES

Para articular la conexión entre la teología bíblica, la eclesiología y la misiología en el ministerio estudiantil, la obra del misionero y misiólogo pionero Roland Allen (1868–1947) resulta útil e iluminadora.[1] Allen exploró el sacerdocio de los laicos en el contexto misionero en un breve libro escrito probablemente a finales de la década de 1930 pero publicado solo en 2017: *The Ministry of Expansion: The Priesthood of the Laity* [El ministerio de la expansión: el sacerdocio de los laicos].[2] A continuación, presento algunos de los aspectos más destacados de las reflexiones de Allen en la medida en que arrojan luz sobre cómo puede entenderse misiológicamente el ministerio IFES.

No he encontrado referencias explícitas a Allen en los archivos de IFES ni en documentos publicados relacionados con IFES. Sin embargo, existen líneas de pensamiento paralelas entre las reflexiones de Allen y la forma en que los líderes de IFES han concebido su trabajo. El sacerdote-misionero anglicano Allen insiste en la importancia de los sacramentos y de la ordenación episcopal y habla de su condición de enviado geográficamente distante. Por el contrario, los líderes de IFES insisten en la importancia de la Palabra, reflexionan sobre cuestiones de autoridad de forma más general (ya sea doctrinal o con respecto

---

1. Para más información sobre Allen, véase Hubert Allen, *Roland Allen: Pioneer, Priest and Prophet* (Grand Rapids: Eerdmans, 1995); Steven Rutt, *Roland Allen: A Missionary Life* (Cambridge: Lutterworth, 2018); Steven Rutt, *Roland Allen II: A Theology of Mission* (Cambridge: Lutterworth, 2018).

2. Roland Allen, *The Ministry of Expansion: The Priesthood of the Laity*, ed. J. D. Payne, Kindle (Pasadena: Biblioteca William Carey, 2017).

a los líderes eclesiales) y discuten la "lejanía" ideológica de muchos aspectos de la vida universitaria. Aunque el público y los argumentos de Allen difieren de los de IFES, muchas de sus ideas ponen en relieve la dificultad de trazar líneas nítidas entre lo que está "dentro" de la iglesia y lo que está "fuera" de ella o "al lado".

Allen articula su misiología en torno a "principios apostólicos", que Rutt resume así:

> La plantación de la Iglesia autóctona a través de evangelistas itinerantes a corto plazo; el establecimiento de la Iglesia en el orden apostólico – las Escrituras, un credo básico, el ministerio, los sacramentos; iglesias autónomas que ordenen líderes formados localmente para administrar los sacramentos con frecuencia; iglesias autosuficientes que gestionen sus propios asuntos; e iglesias que se propaguen y que capaciten a los laicos para influir en la cultura como un cuerpo misionero, se reiteran hoy para el debate misiológico en curso.[3]

Estos principios recorren la mayor parte de la teología de IFES. Aunque esta descripción difumina un poco las líneas entre iglesia y paraiglesia, con las debidas distancias se puede afirmar que se aplica a las prácticas de IFES: gran consideración por la tradición apostólica – entendida como enseñanza y no como sucesión-; un credo básico – la base doctrinal-; grupos de estudiantes y movimientos nacionales autónomos que designan a líderes formados localmente y gestionan sus propios asuntos; movimientos nacionales que se propagan a sí mismos (a veces ayudados en la fase pionera por otros movimientos de IFES); y, en general, la capacitación de los laicos (estudiantes) a lo largo de todo el proceso. Solo la dimensión sacramental es menos prominente en IFES.

Confianza en los laicos

Basándose en un enfoque de teología bíblica, la idea misiológica central de Allen es la de la *expansión*, un proceso que asume como *espontáneo*:

> Me refiero a la expansión que sigue a la actividad no exhortada y no organizada de miembros individuales de la Iglesia que explican a otros el Evangelio que han encontrado; me refiero a la expansión que sigue a la atracción irresistible de la Iglesia

---

3. Steven Rutt, "Roland Allen's Apostolic Principles: An Analysis of His 'The Ministry of Expansion,'" *Transformation* 29, no. 3 (2012): 237.

cristiana para los hombres que ven su vida ordenada y se sienten atraídos hacia ella por el deseo de descubrir el secreto de una vida que instintivamente desean compartir; me refiero también a la expansión de la Iglesia por la incorporación de nuevas iglesias.[4]

Allen muestra una impresionante confianza en los laicos, avalada por una firme confianza en que el Espíritu Santo guía a cualquier cristiano, independientemente de su formación o antigüedad.[5] Así, muchos años antes de los desarrollos de la eclesiología misional, Allen propuso un "concepto sencillo en teoría, pero una realidad complicada de alcanzar debido a las expectativas de la Iglesia occidental".[6] Tales expectativas, especialmente "relacionadas con la ordenación y la Eucaristía", llevaron a Allen a escribir su breve libro.

Al igual que muchos de sus escritos, *El ministerio de la expansión* tiene a menudo un trasfondo polémico. Basándose en su experiencia como misionero, Allen se opuso a los argumentos teológicos de muchos de sus contemporáneos, alegando que no tenían plenamente en cuenta la situación en el campo de la misión. Los teólogos de la época, dijo Allen, estaban enfrascados en una mentalidad de cristiandad que no podía hacer justicia a las necesidades y especificidades de tierras extranjeras donde las iglesias se desarrollaban a un ritmo que ninguna jerarquía eclesiástica podía comprender. Allen observó sobre la iglesia primitiva que "los cristianos que estaban dispersos por el mundo no podían haber sido todos ordenados y comisionados por los apóstoles y no esperaron a ninguna ordenación apostólica para observar el rito que Cristo ordenó para ellos".[7]

Sin embargo, Allen no era un inconformista eclesiástico. "Mantenía que los obispos estaban consagrados para supervisar la plantación de iglesias. Y, sin embargo, se le hizo evidente que en muchas regiones fronterizas donde no existían ministros ordenados (especialmente en contextos africanos y

---

4. Roland Allen, "Spontaneous Expansion: The Terror of Missionaries", *World Dominion*, no. 4 (1926): 218–24; citado en J. D. Payne, "Roland Allen, Missiology and The Ministry of Expansion", en Allen, *Ministry of Expansion*, Kindle loc. 220.

5. La bibliografía de investigación sobre Allen es muy amplia. Sobre su misiología pneumatológica, véase Mark Oxbrow, "Pentecost and the World: Roland Allen, the Spirit and Remodeling Twenty-First-Century Mission", *International Bulletin of Mission Research* 44, no. 3 (julio de 2020): 215–32.

6. Payne, „Roland Allen", Kindle loc. 326.

7. Allen, *Ministry of Expansion*, Kindle loc. 1488.

asiáticos) . . . el Espíritu Santo creaba soberanamente nuevas iglesias a través del ministerio de los laicos".[8]

Además, la elevada visión que Allen tenía de los sacramentos le llevó a abogar por una mayor participación de los laicos:

> Si se admite que Cristo ordenó a sus siervos, en general, que observaran sus sacramentos, si esa enseñanza que comúnmente oímos en casa, de que participar de la Santa Cena como un acto de obediencia a Cristo es una enseñanza verdadera, entonces cualquier cosa que impida a los hombres observarla es algo que anula y derriba el mandato de Cristo para ellos. Yo digo que ninguna costumbre o tradición puede anular un mandamiento de Cristo para los cristianos.[9]

Por "costumbre o tradición" se refiere a la ordenación episcopal. En opinión de Allen, su ausencia no es motivo para privar de los sacramentos a los cristianos que viven en grandes diócesis visitadas con poca frecuencia por personal ordenado. Allen es categórico al afirmar que "la gracia de Cristo es más amplia que el episcopado. La promesa de Cristo de que estará con dos o tres reunidos en su Nombre es anterior al ministerio ordenado".[10] Allen añade que "cualquier teoría del ministerio, entonces, que olvide ese ministerio de expansión, e intente obligar a las palabras del Nuevo Testamento a encajar en una jerarquía con funciones definidas, debe necesariamente encontrar la tarea difícil, y sus conclusiones dudosas."[11]

La teología bíblica da forma a la misiología de Allen, y especialmente a su firme compromiso con las enseñanzas paulinas.[12] Para el argumento de esta obra, la referencia de Allen a 1 Pedro es de especial interés:

> Todos estamos de acuerdo en que en el Nuevo Testamento los cristianos son llamados a ser un "sacerdocio real" (1 Pe 2:9) y "sacerdotes" (Ap 1:6; 5:10; 20:6); y que como raza sacerdotal y sacerdotes ofrecen a Dios sacrificios de alabanza y acción de gracias; y que su observancia de la Cena del Señor es tan marcadamente una ofrenda de alabanza y acción de gracias que muy pronto

---

8. Steven Rutt, "Background and Overview of the Ministry of Expansion", en Allen, El *Ministry of Expansion*, Kindle loc. 745.

9. Allen, Kindle loc. 1134.

10. Allen, Kindle loc. 1589.

11. Allen, Kindle loc. 1914.

12. Véase su clásico de misiología Roland Allen, *Missionary Methods: St Paul's or Ours?* (Londres: Scott, 1912).

recibió el título de Eucaristía. Todos estamos de acuerdo en que los ministros de la Iglesia en ese servicio eucarístico actúan, no vicariamente por la congregación, sino representativamente, y que es todo el cuerpo el que ofrece utilizando como portavoz a un ministro ordenado.[13]

Allen destaca la idea de representación – no utiliza notablemente la palabra "mediación" – que opone a un acto vicario. También existe una conexión un tanto laxa pero real con IFES: para Allen, si los miembros del clero representan a los creyentes ante Dios, Allen presupone una fe *real* en los congregantes. Del mismo modo, los líderes de IFES sostienen que los estudiantes no pueden confiar en representantes – pastores, padres, etc. – sino que necesitan hacerse cargo de su fe, una visión que presupone la *inmediatez* entre los estudiantes y Dios. En congruencia con la baja teología sacramental, la única forma en que los líderes de IFES o los líderes estudiantiles *representarían* a otros ante Dios es a través de la oración. Además, Allen atribuye explícitamente los privilegios del sacerdocio a todo cristiano, argumentando en contra de restringir la práctica sacramental a un grupo específico. Allen se esmera en explicar que este argumento se aplica a los "campos de misión", pero la forma del argumento teológico puede aplicarse también a otros contextos. Se trata de un punto de vista con visión de futuro que podría resultar fructífero en contextos marcados por una creciente descristianización y escasez de clero.

En relación con las tradiciones clericales

En sus inicios, el ministerio laico no había estado en el radar de Allen, y sin embargo se encontró discutiendo contra su antiguo mentor, el obispo Gore,[14] y otra lumbrera de Oxford, Moberly. Allen sostiene que apoyar el ministerio laico en tierras lejanas no es un acto de insubordinación eclesial, sino un acto de obediencia a los mandatos del Señor y de servicio a los compañeros cristianos. Allen sostiene que

> somos simplemente hombres, que al estar privados de la asistencia del orden regular, hacemos lo mejor que podemos. No establecemos una teoría de la superioridad del médico sin formación ni cualificación sobre el médico formado y cualificado, porque ayudamos a un hombre en apuros lo mejor que podemos;

---

13. Allen, *Ministry of Expansion*, Kindle loc. 1718.
14. Su oposición a la OICCU inicial había sido firme.

tampoco establecemos una teoría de la superioridad de un ministerio carismático sobre el ministerio ordenado regularmente porque hacemos lo mejor que podemos en ausencia del ministerio ordenado regularmente.[15]

Estas palabras se leen como la defensa de un enviado extranjero que informa al "centro de envío" de su iglesia. Aunque no desafiaba frontalmente la doctrina de la sucesión apostólica, Allen cuestionaba sin embargo con regularidad lo que consideraba una interpretación legalista y por tanto asfixiante de la doctrina, que en su opinión privaba a los miembros del pueblo de Dios de lo que les correspondía por derecho.

La opinión de Allen es que, si hubiera miembros del clero ordenados disponibles en una diócesis extranjera, no se plantearían preguntas sobre su capacidad para celebrar los sacramentos o realizar cualquier tarea clerical que fuera necesaria. En los círculos de IFES, sin embargo, no se concede tal conexión directa entre tener un miembro del clero disponible y la celebración de los sacramentos, principalmente por razones históricas. Además, dada la difícil relación entre los primeros líderes de IFES y los líderes eclesiásticos – aunque algunos de los primeros fundadores de IFES eran miembros del clero, ordenados o no-, existe en la retórica de IFES una sospecha subyacente de que los miembros del clero podrían ser perjudiciales para la fe de los estudiantes, por razones teológicas y sociológicas.

La forma en que Allen defendía la necesidad de que los cristianos reciban los sacramentos, sean cuales sean sus circunstancias, se parece mucho a la forma en que los vinculados con IFES defienden que los estudiantes necesitan escuchar la Palabra. Los líderes de IFES nunca adoptaron explícitamente una visión sacramental de las Escrituras. Sin embargo, funcionalmente, la Biblia asumió ese papel: La Escritura es un instrumento para unir a las personas a Cristo y a su misión. Este punto de vista se respalda en la importancia que han asumido expositores de la Biblia como Stott en la historia de la organización. Al igual que la opinión de Calvino sobre que las Escrituras "sinceramente predicadas" son una marca de la verdadera iglesia, los líderes de IFES asumen que una visión elevada de las Escrituras y su estudio diligente son las marcas del "verdadero grupo/movimiento IFES".[16] Por cierto, Allen apoya su opinión de que los laicos celebren los sacramentos relacionando la necesidad de

---

15. Allen, *Ministry of Expansion*, loc. 1617.

16. También podría sugerirse que los dirigentes de la IFES han ejercido una especie de "episcopado de libro", asegurando una forma de conformidad teológica en toda la confraternidad mediante la promoción de muchos títulos en todo el mundo.

los sacramentos con la necesidad de que la gente escuche la Palabra: "¿y si estuviéramos privando al mundo de la Palabra? ¿Es posible que las iglesias estén privando al mundo de la Palabra de Dios por pura falta de visión misional?".[17] "Privar a la gente de la Palabra" era precisamente lo que los primeros líderes de la IFES habrían acusado de hacer a los círculos de la FUMEC y de ahí se justificaría su existencia.

Esta idea de "privación" supone que algunas personas poseen o comprenden algo que otras no: en el fondo, un argumento misiológico. Según esta lógica, alguien tiene que aportar algo a otro.

¿Tierras lejanas? Reflexiones de Allen aplicadas al ministerio estudiantil

La preocupación de Allen era por los cristianos de tierras extranjeras y vastas donde ninguna práctica de ordenación episcopal podía proporcionar suficiente personal clerical. La lejanía no era un argumento suficiente para restringir la práctica sacramental al clero ordenado. Yo argumentaría en el mismo sentido en el caso de los campus universitarios que, aunque no suelen estar alejados necesariamente desde el punto de vista geográfico de los centros eclesiales y teológicos.[18] Las perspectivas de visión del mundo, las ideologías y los cuestionamientos científicos suelen estar lejos de los horizontes de los líderes eclesiásticos o de los feligreses "de a pie".

Al igual que Allen defendía la flexibilidad contextual, los líderes de IFES abogan por acercarse a los campus universitarios en sus propios términos y comprender lo que preocupa a los estudiantes. Al igual que los contemporáneos de Allen no siempre comprendían las diferencias teológicas entre su patria y el campo de misión, el ministerio estudiantil requiere una buena comprensión del mundo académico. Para IFES, la "lejanía" es a veces geográfica – como demuestra la insistencia en el "pionerismo" en los planes estratégicos – pero, más a menudo, la "distancia" es más conceptual. De hecho, la lejanía no tiene por qué ser geográfica. Bourdanné señala que

> la gran mayoría de los estudiantes no cristianos no pueden entender que alguien sin ningún conocimiento previo de la universidad se dirija a ellos. Al no tener ningún respeto por esa

---

17. Allen, *Ministry of Expansion*, Kindle loc. 1241.
18. Adoptamos aquí una visión global que no se aplica a algunas de las universidades más antiguas, especialmente en Occidente, donde los departamentos de teología siguen gozando de cierto prestigio incluso en las universidades de élite.

persona, ni siquiera se tomarán la molestia de escuchar seriamente su mensaje. Facilitadores y pastores mal preparados han sido humillados por los estudiantes debido a su insuficiente nivel académico y conocimiento de la cultura universitaria.[19]

Cuestionando educadamente el ministerio estudiantil no académico, es decir, basado principalmente en la iglesia, observa además que

> Los ministros estudiantiles deben conocer bien la cultura universitaria. No basta con ser un cristiano de buena voluntad para tener éxito en la evangelización de los estudiantes. Algunas organizaciones de evangelización estudiantil y denominaciones evangélicas exigen, con razón, que los líderes estudiantiles (capellanes universitarios, facilitadores, etc.) tengan un trasfondo universitario. No solo por su conocimiento del terreno, sino también porque les confiere cierta credibilidad ante los estudiantes no cristianos y el mundo académico en general (investigadores, profesores, etc.).[20]

Si, pues, los campus son en muchos sentidos "tierras lejanas", no pueden ser alcanzados por una casta profesional, sino que hay que llegar a ellos desde *dentro*. Esta convicción misiológica cuadra con el principio de IFES de que los estudiantes son los principales embajadores – algo así como un papel sacer*dotal* – del Evangelio allí donde se encuentren. Esto refleja una *eclesiología misional*:

> Los estudiantes cristianos siguen siendo utilizados por Dios para llevar a cabo su misión evangelizadora en casi todos los países del mundo. Llevan el Evangelio con ellos a campus, aulas, dormitorios, laboratorios, restaurantes, redes sociales e Internet más allá de sus fronteras nacionales. Debido a su gran movilidad en busca de lugares para estudiar, viajan por todo el mundo, incluso a países cerrados al Evangelio. Llegan allí donde los misioneros tradicionales no pueden operar abiertamente.[21]

Este punto de vista cuestiona la idea de que los lugares puedan estar "cerrados al evangelio" y revisa la misiología del trabajo estudiantil desde la

---

19. Daniel Bourdanné, "Évangélisation des étudiants", en *Dictionnaire de théologie pratique*, ed. Christophe Paya. Christophe Paya (Cléon-d'Andran: Éditions Excelsis, 2011), 365.

20. Bourdanné, "Évangélisation des étudiants", 364.

21. Bourdanné, 360.

perspectiva de *la missio Dei*, a la que me referiré más adelante. Desde una perspectiva misiológica, un campus no puede estar "cerrado". Entonces podría haber una ventaja en que las autoridades del campus "obligaran" a los estudiantes a organizarse si aspiran a reunirse formalmente.

La sección histórica de este trabajo ha demostrado que el "impulso interno del Espíritu" ha sido a menudo alentado o fomentado por los obreros de IFES. Sin embargo, lo cierto es que muchos relatos, especialmente de regiones en las que la influencia del cristianismo ha sido más débil, cuentan historias de estudiantes que efectivamente sintieron un "encargo interior" con las consecuencias prácticas previstas por Allen: "Hacen su trabajo espontáneamente. Nadie les envía a hacerlo, nadie les designa el lugar o el momento; trabajan fuera de toda organización eclesiástica, independientes de toda organización eclesiástica, independientes de toda autoridad y supervisión eclesiástica – la mayoría de ellos desconocidos para cualquier autoridad eclesiástica."[22]

Existen similitudes con un relato muy antiguo sobre los movimientos estudiantiles en Alemania, cuyo autor se mostraba inflexible en cuanto a que el Espíritu Santo no estaba

> ligado a ninguna organización asociativa ni a ninguna forma eclesiástica; en determinadas circunstancias, ambas pueden actuar como barreras inhibidoras. Por lo tanto, no debe sorprendernos que a menudo surjan nuevas orientaciones espirituales al margen de las iglesias y organizaciones oficiales, y que a veces tengan que entrar temporalmente en oposición directa con ellas, porque la vida nueva no puede mantenerse en las formas antiguas (Marcos 2:22). Lo que sucede en verdadera obediencia de fe, Dios puede bendecirlo maravillosamente.[23]

Aunque no defiende formalmente la independencia de la supervisión episcopal, los argumentos de Allen son un sólido alegato bíblico a favor del liderazgo estudiantil, especialmente en contextos en los que las autoridades eclesiásticas están alejadas, sea cual sea la forma que adopte esta lejanía. Además, la conexión que Allen establece entre *el sacerdocio* y la *lejanía* ilumina las cuestiones iglesia-paraiglesia desde un ángulo que podría hacer el debate general algo más sencillo:

> Cuando el cristiano está con el cuerpo organizado, está con el cuerpo organizado y debe reconocerlo. No es todo el cuerpo sino

---

22. Allen, *Ministry of Expansion*, Kindle loc. 1348.
23. Gruner, *Menschenwege und Gotteswege*, 379.

una parte y solo puede ejercer su función sacerdotal como parte, con los demás miembros y a través del portavoz reconocido del conjunto. Pero cuando está separado del cuerpo organizado, él, y cualquier otro que pueda estar con él, siguen siendo sacerdotes porque el Espíritu está en ellos; y como dijo Ireneo, "Donde está el Espíritu de Dios está la Iglesia y toda la gracia"; y deben reconocer ese hecho.[24]

Síntesis parcial: Un laicado capacitado para la misión en tierras lejanas

Aunque no se desarrollaron dentro de la tradición evangélica ni se aplicaron originalmente a el ministerio estudiantil, las reflexiones misiológicas de Allen arrojan luz y apoyan el argumento de esta obra. Esencialmente, Allen muestra que la lógica teológica y las tradiciones deben ser flexibles a la hora de enfrentarse a las nuevas realidades misioneras. Las estructuras de apoyo son importantes para sostener la fe cristiana: del mismo modo que Allen consideraba indispensables los sacramentos, en IFES la lectura de la Biblia *de forma individual* y *conjunta* se considera esencial para una fe robusta susceptible de ser compartida – *mediada* – en el campus. A pesar de la autoridad eclesial tradicional, *los laicos* pueden confiar en el Espíritu Santo para que los guíe en la vida y el ministerio; la supervisión clerical no es indispensable ni para Allen ni para IFES. Por consiguiente, incluso en tierras distantes – geográfica o ideológicamente – puede desarrollarse válidamente la vida cristiana.

En el pensamiento tanto de Allen como de IFES subyace la noción de que la misión de Dios es primordial.

---

24. Allen, *Ministry of Expansion*, Kindle loc. 1833.

17

Participación en la *Missio Dei*

Aunque a veces se considera controvertida en el evangelicalismo, la noción de *missio Dei* ha cobrado un impulso significativo en los círculos misiológicos desde la década de 1960.[1] Los líderes de IFES han argumentado a menudo que su organización era necesaria debido a la primacía de la misión sobre las estructuras eclesiales. Hablar de *missio Dei* significa que Dios está en misión y llama a sus seguidores a *unirse a* esta misión en virtud de su *participación* en su obra.[2] El misiólogo David Bosch define la *missio Dei* con las siguientes palabras que complemento ligeramente: "la *missio Dei* es la actividad de Dios, que abarca tanto a la iglesia como al mundo [incluida la universidad], y en la que la iglesia [también a través de la paraiglesia] puede tener el privilegio de participar".[3] Esto se aplica a los estudiantes, cuyo testimonio y comunidad en los campus forman una especie de "avanzada" del compromiso de la iglesia en el mundo. Existe una estrecha relación con el "sacerdocio de todos los creyentes": como *participantes* en la misión de Dios, los cristianos *median* con Dios ante su entorno, y esto adopta la forma de testimonio y servicio. Sin embargo, esto también significa que la distinción entre "mundo" e "iglesia" es mucho más borrosa de lo que a menudo se supone, porque Dios actúa en toda su creación y, en particular, a través del sacerdocio de Cristo, al que están llamados los cristianos. Por lo tanto, el papel *sacerdotal* de los seres humanos

---

1. Para una breve visión general de la historia del concepto, véase Robert McIntosh, „Missio Dei", en *Evangelical Dictionary of World Missions*, ed., A. Scott Moreau (Grand Rapids: Baker, 2000), 631–33. A. Scott Moreau (Grand Rapids: Baker, 2000), 631–33.

2. Para una visión histórico-analítica, véase Stephen B. Bevans y Roger Schroeder, *Constants in Context: A Theology of Mission for Today*, AMS 30 (Maryknoll: Orbis, 2004), cap. 9.

3. David Bosch, *Transforming Mission: Paradigm Shifts in Theology of Mission* (Maryknoll: Orbis, 1991), 391.

instituido al principio del Génesis cierra el círculo. En el articulado resumen de Bevans y Schroeder,

> la comunidad eclesial, que participa en la vida de Dios, es el pueblo especial de Dios, un pueblo que vive la vida de comunión de Dios en un pacto de relación y amor, un pueblo convencido de su igualdad fundamental a través de su bautismo común en el nombre del Dios trino. Pero como comunión-en-misión, esta imagen adquiere un significado dinámico como pueblo de Dios en peregrinación, pueblo de Dios elegido no para sí mismo sino para los propósitos de Dios, pueblo de Dios respetuoso con la actuación del Espíritu fuera de sus propios límites, pero comprometido a compartir todas las implicaciones de la alianza de Dios con toda la humanidad.[4]

Así pues, si el sacerdocio *de todos los alumnos cristianos participa* del sacerdocio de Cristo y sigue su *modelo,* pueden extraerse algunas implicaciones prometedoras. El *sacerdocio de Cristo* es eficaz debido a sus dos naturalezas. También puede entenderse que los estudiantes cristianos tienen – por supuesto solo de forma derivada – dos naturalezas: la de estudiante y la de cristiano. Lo que Tomlin afirma sobre Cristo podría adaptarse a cualquier cristiano: "No solo se identifica y comprende, sino que comparte la naturaleza misma de las dos partes entre las que *media*: Dios y la humanidad".[5]

De hecho, el miembro del grupo IFES comparte la naturaleza misma de ambas partes, *mediando* así entre Dios y la universidad.[6] Esto presupone una comprensión más amplia de la Iglesia como una Iglesia "en acción" no solo dentro de los muros de la congregación reunida, sino entre sus miembros enviados. Como afirma Tomlin, "el papel sacerdotal de la Iglesia . . . existe no solo en su centro, en el culto, la oración y la actividad sacramental, sino también en sus bordes. Quizá incluso principalmente en sus bordes".[7] Estos "bordes" son similares a las "tierras lejanas" de las que escribió Allen. Del mismo modo, aunque hable de la iglesia y no de un grupo "paraeclesiástico", el argumento de Greggs de que los bordes de la comunidad son el lugar donde mejor se expresa el sacerdocio de la iglesia sigue siendo plenamente válido:

---

4. Bevans y Schroeder, *Constants in context*, 299.

5. Graham Tomlin, *The Widening Circle: Priesthood as God's Way of Blessing the World* (Londres: SPCK, 2014), 23; énfasis añadido.

6. Este trabajo se centra en IFES, pero es evidente que estas observaciones podrían aplicarse a otros grupos cristianos del campus.

7. Tomlin, *Widening Circle*, 109.

Podríamos sugerir… que la forma más intensa del sacerdocio de la iglesia no existe en su centro o dentro de sus propias estructuras comunitarias, sino en sus márgenes – en aquellas áreas en las que su socio-poesis se extiende y atrae a los que la rodean en el mundo, atrayendo e incorporando (en el sentido más estricto de la palabra) a los que están fuera de la comunidad sacerdotal y que están poseídos por el *cor incurvatus in se* a la comunidad del sacerdocio en la que el corazón está abierto por el Espíritu para ser simultáneamente atraído (abducido) tanto por Dios como por los demás.[8]

Este contexto de encuentro con los demás "antes de que entren en la comunidad eclesial" es precisamente lo que ocurre cuando los estudiantes no cristianos asisten a una reunión de un grupo IFES. Especialmente si el grupo se reúne en el campus, el umbral es mucho más bajo que el de una iglesia.

El hecho de considerar que la vocación sacerdotal de los miembros de la Iglesia se despliega *principalmente fuera* de un contexto fácilmente reconocible como *eclesial* (como el edificio de una iglesia, por ejemplo) tiene vastas consecuencias eclesiológicas. Implica reconocer el aspecto estratégico de la *mediación* en los lugares donde los cristianos pasan la mayor parte de su tiempo: en el trabajo, en casa, en la universidad.[9] En la universidad, esta *mediación* también puede ser un presagio profético de una humanidad restaurada. En palabras de Tomlin, "el sacerdocio de Cristo tiene que ver con el perfeccionamiento de la humanidad, rescatándola de su estado dañado, roto y sucio, llevándola a su realización adecuada, limpia y completa, permitiéndole llegar a ser lo que estaba destinada a ser".[10] Aunque de forma limitada y aún pecaminosa, muchas de las actividades centrales de las universidades consisten precisamente en idear soluciones a los problemas de la humanidad y promover el bien común.

Así pues, desde dentro de la universidad, los estudiantes cristianos cautivados por la "noticia" de la obra de Cristo tienen un mensaje que transmitir a sus compañeros: *ad extra*, informar a los no cristianos del mensaje cristiano y convencerles de que exploren su relevancia para las preocupaciones de su

---

8. Greggs, "Priesthood of No Believer", 394.

9. "Los cristianos a menudo se sienten más 'sacerdotes', es decir, en una posición de mediación entre Dios y el resto de la humanidad, cuando están en el trabajo, más que cuando están en la iglesia. Ser conocido como cristiano en el lugar de trabajo, en la puerta de la escuela, [en el auditorio de la universidad], en los clubes locales o en los campos de deporte, es representar a Dios de una forma muy tangible y consciente." Tomlin, *Widening Circle*, 109–10.

10. Tomlin, 33.

vida personal y sus disciplinas académicas. Contraponiendo el testimonio a la predicación habitual, que se dirige a los creyentes que se supone que ya obedecen a su Señor, Congar subraya la importancia de este testimonio laico:

> El testimonio se dirige a personas ajenas a la Iglesia antes de que entren en la comunidad eclesial y participen en los misterios que celebra. Es la comunicación personal de una convicción poseída, de una conmoción recibida, de una experiencia realizada. La palabra de los laicos encuentra su lugar más especialmente en la etapa misionera de la Iglesia, donde debe arraigar y donde, al no tener aún sus actividades institucionales, solo existe en la fe viva de los fieles y a través de la comunicación de esa fe.[11]

Lo que Congar denomina "etapa misionera" es exactamente como puede entenderse un grupo universitario cristiano. Sin embargo, la relevancia misiológica de un grupo estudiantil no se limita a los no cristianos. *Ad intra*, los descubrimientos realizados en la universidad deberían impulsar a los estudiantes cristianos a estudiar la relevancia cultural y escatológica de su fe para sus estudios y su futura vida laboral. En última instancia, todo esto tiene que ver con la vocación humana: a los seres humanos se les asignó, desde el principio, una vocación sacerdotal que se nutre de toda la historia de Dios con la creación. En palabras de Tomlin,

> si la raza humana está llamada a desempeñar un papel sacerdotal entre Dios y la Creación, mediando el amor de Dios hacia el resto de la Creación, capacitándola para ser lo que estaba destinada a ser, ofreciéndola de nuevo a Dios en adoración, entonces la Iglesia desempeña un papel sacerdotal específicamente hacia toda la humanidad, mediando el amor de Dios hacia el resto de la raza humana y capacitándola para desempeñar precisamente el papel sacerdotal que se le ha asignado.[12]

Desde el punto de vista misiológico, tal visión conduce a una elevada visión de la contextualización. Esto plantea grandes exigencias al ministerio estudiantil, ya que requiere un intenso compromiso con el contexto universitario, porque "el sacerdocio no solo requiere relacionarse con Dios, sino también relacionarse con otros seres humanos; en una nación de sacerdotes, el sacerdocio es la forma misma de socialibilización que crea la comunidad como

---

11. Yves Congar, *Jalons pour une théologie du laïcat*, 2ª ed., Unam sanctam 23 (París: Éditions du Cerf, 1954), 422.

12. Tomlin, *Widening Circle*, 95–96.

una comunidad que ministra a Dios entre sí y a los demás a Dios".[13] Como subraya Shaw, la contextualización obliga a una reflexión interactiva, y es a partir de la interacción entre la comprensión de las personas de la intención de Dios para todos los seres humanos así como para su entorno particular como se produce la transformación, es decir, una transformación que es a la vez fiel a la intención de Dios y también pertinente dentro del contexto.[14]

Surgen preguntas profundas sobre la interacción entre la contextualización y la ortodoxia teológica, ya que la misión *en los márgenes* implica fácilmente un cierto grado de confrontación con lo que la gente piensa y cómo se comporta. Esto puede desafiar convicciones doctrinales profundamente arraigadas y provocar un gran examen de conciencia. Sin embargo, precisamente la idea de que Dios ya está actuando en el mundo puede sostener un compromiso sólido con sus complejidades. Hardy argumenta a partir del estudio histórico de los encuentros misioneros cristianos que

> Es posible, por ejemplo, combinar afirmaciones contundentes sobre la universalidad de Cristo con un compromiso dialógico con otras formas de vida y pensamiento, en el que se mantiene una norma y un contenido firmes para la ortodoxia teológica junto con una búsqueda abierta de las implicaciones para, y en, la historia. En tal caso, lo uno no es meramente el trasfondo de lo otro, sino que funciona como la razón para buscar el significado en lo otro. O la convicción de que Dios trata con los seres humanos en la historia sirve de marco para buscar con otros dónde y cómo lo hace Dios.[15]

En la misma línea, Walls enumera tres condiciones necesarias para establecer un compromiso con el ministerio misionero fuera del ámbito de una "cruzada". En primer lugar, señala que los cristianos deben estar dispuestos a comprometerse a "vivir en los términos de otra persona, junto con el equipo mental para hacer frente a las implicaciones".[16] Este "alguien más" puede ser la universidad, con sus exigencias metodológicas o su contexto cultural. Además, como los cristianos no pueden prescindir de una comunidad de apoyo, Walls

---

13. Greggs, "Priesthood of No Believer", 392.

14. R. Daniel Shaw, "Beyond Contextualization: Toward a Twenty-First Century Model for Enabling Mission," *International Bulletin of Missionary Research* 34, no. 4 (oct. 2010): 212.

15. Hardy, "Upholding Orthodoxy", 219.

16. Andrew F. Walls, "The Missionary Movement a Lay Fiefdom?", en *The Rise of the Laity in Evangelical Protestantism*, ed., Deryck W. Lovegrove (Londres: Routledge Chapman & Hall, 2002), 172. Deryck W. Lovegrove (Londres: Routledge Chapman & Hall, 2002), 172.

defiende la necesidad de "un tipo de organización que pueda movilizar a las personas comprometidas, mantenerlas y abastecerlas, y forjar un vínculo entre ellas y su trabajo y la iglesia en general".[17] Este puede ser el papel de un grupo IFES y, en el mejor de los casos, cómo puede funcionar una "paraiglesia". Resulta fascinante ampliar esta "conexión con la iglesia más amplia" considerando la iglesia extendida por todo el mundo. El último elemento destacado por Walls es el "acceso sostenido a lugares de ultramar, con capacidad para mantener la comunicación durante largos periodos".[18] La historia de IFES atestigua el hecho de que muchos de sus miembros, al encontrarse con la comunidad más amplia – sobre todo a través de eventos internacionales – obtuvieron un sentido y una apreciación mucho más amplios de la universalidad del evangelio y se sintieron alentados por esa diversidad cultural.

Las observaciones de Walls son congruentes con lo que hemos visto del proyecto de Dios con el pueblo de Israel como nación santa con el propósito específico de bendecir a las naciones circundantes. Al resumir la apreciación de Wright de que el mensaje de Jesús significa el fin del exilio de Israel, Leithart señala que "este 'retorno' tiene un giro irónico, pues la última palabra de los evangelios no es 'reuníos' ni 'esperad', sino 'id'. Al eliminar el 'centro', el bautismo al sacerdocio invierte la dirección de la fuerza cultural, que ahora se dirige centrífugamente a los cuatro puntos cardinales".[19] Sin embargo, aunque "ser un sacerdocio real implica trabajar por la paz, por la plena shalom y bendición de Dios",[20] debe tenerse en cuenta que la misión sacerdotal de la iglesia es solo secundaria a la *missio Dei* y no se origina en ella misma. En palabras de Tomlin, "la Iglesia es el agente mediante el cual Cristo, a través del Espíritu Santo, devuelve a la humanidad a su lugar apropiado y la restaura a su propia imagen, de modo que sea capaz de desempeñar su papel divinamente ordenado dentro del mundo".[21] Una visión tan amplia enmarca un ministerio como IFES en términos mucho más amplios que si se considerara un mero *aparte* eclesiológico: la vocación de los estudiantes cristianos en el campus forma parte de la misión de Dios, no solo es el resultado de un grupo de individuos con ideas afines que sobreviven a la vida universitaria. Y esta vida en el campus es a veces una difícil peregrinación.

---

17. Walls, "Lay Fiefdom", 172.
18. Walls, 172.
19. Leithart, *Priesthood of the Plebs*, 211–12.
20. Greggs, "Priesthood of No Believer", 395.
21. Tomlin, *Widening Circle*, 96.

Peregrinación y sacerdocio en la misión

Participar en la *missio Dei* es un poderoso incentivo para la misión. Sin embargo, muchos cristianos viven en contextos difíciles. En muchos países, están marginados y no pueden soñar con algo parecido a un "avivamiento" mientras se dedican a la misión. Si "ser enviados" es una vocación esencial de los cristianos, su *vocación sacerdotal* consiste a menudo en *mediar en* algo aún no aceptado o conocido en un entorno determinado. Este entorno es la creación de Dios en la que actúa y se comunica continuamente. Esto significa también que Dios sostiene a su pueblo en cualquier contexto que viva, incluido el exilio. Lejos de casa, la comunidad desempeñó un papel crucial en el sostenimiento de la fe del pueblo de Israel. La iglesia tiene la misma vocación y lo mismo ocurre con los estudiantes cristianos en sus universidades. Como hemos visto, el campus puede ser a veces una "tierra lejana" o sentirse algo *extraño*.

En *Pilgrims and Priests* [Peregrinos y sacerdotes], el misiólogo y antiguo miembro del personal del IFES Paas explora los entresijos de la presencia misionera en el contexto postcristiano.[22] Escribiendo desde el contexto secularizado de los Países Bajos, desarrolla una *eclesiología misional* centrada en el papel, la esencia y la vocación de la Iglesia. Esta eclesiología se aplica bien a nuestro estudio, ya que describe la situación *exílica* de los cristianos y la necesidad de que reflexionen sobre cómo se relacionan con su entorno e intenten *mediar* en él, en particular *viviendo* una vocación e *invitando a* los demás. Además, dado que la universidad es un importante canal de influencia occidental en todo el mundo, las consideraciones misiológicas elaboradas en Occidente pueden tener un potencial prometedor para el ministerio en las universidades de todo el mundo, aunque todas ellas necesiten una reflexión local.

Sacerdotes en el exilio

En Occidente, la constante desaparición de las estructuras de la cristiandad – a menudo resumida bajo el vocablo "secularización" – representa un cambio sísmico que, como sostiene Paas, no logran apreciar la mayoría de los modelos

---

22. Stefan Paas, *Pilgrims and Priests: Christian Mission in a Post-Christian Society* (Londres: MEC, 2019). Como Paas tiene formación en IFES y ha publicado su obra recientemente, he optado por centrarme en su enfoque. Sin embargo, no es ni mucho menos el único autor que recurre a esta noción de "peregrinación", en particular *Ad gentes,* y, más ampliamente, de "extranjeros residentes". Véanse, por ejemplo, William Stringfellow, *An Ethic for Christians and Other Aliens in a Strange Land* (Waco: Word, 1973); Stanley Hauerwas y William Willimon, *Resident Aliens: Life in the Christian Colony* (Nashville: Abingdon, 1989).

de "avivamiento" o "crecimiento eclesiástico".[23] En este contexto, Paas critica uno de los lemas de IFES que extiende la invitación a "cambiar el mundo, un estudiante a la vez" por ser un ejemplo de una anticuada "matriz histórica de avivamiento y restauración moral"[24] vinculada a la pérdida gradual de la influencia cristiana en la cultura en el siglo XX.

Para Paas, la metáfora que describe con más precisión la situación de los cristianos en el contexto postcristiano es la del *exilio*, definido como "un tiempo de confusión; . . . caracterizado por una pérdida de poder; [que] exige ocuparse de la propia identidad; y . . . pide una espiritualidad renovada".[25] Muchos cristianos han experimentado esta situación de exilio. El análisis bíblico-teológico de Paas abarca todo el relato de las Escrituras para centrarse esencialmente en 1 Pedro. Al igual que los israelitas exiliados y la Iglesia primitiva, los cristianos de Occidente se encuentran en una situación de diáspora "en la que las creencias o los estilos de vida cristianos carecen de toda plausibilidad".[26] Aunque esta pérdida de plausibilidad no implica necesariamente que "te condenen al ostracismo, sí significa que los límites de tu espacio social suelen estar prescritos por otros".[27] Esto es desorientador y difícil, de ahí "la metáfora de la peregrinación [que] pone de relieve el redescubrimiento de la naturaleza esencial ajena y marginada de la comunidad cristiana en el mundo, [y] la imagen del sacerdocio [que] nos ayuda a comprender su vocación misional".[28] Una dimensión importante de este potencial es que el exilio no impide el *acceso inmediato* a Dios. Una fe sostenida y un compromiso misionero vivo son posibles porque no dependen únicamente de estructuras de apoyo externas.

El núcleo de la dimensión sacerdotal del argumento de 1 Pedro se refiere a momentos concretos de la historia de Israel, el peregrinaje por el desierto y el exilio babilónico, épocas "caracterizadas por la movilidad y la misión."[29] Sin

---

23. Obviamente, éste no es el lugar adecuado para ofrecer un esbozo siquiera somero de este extraordinario cambio. Pueden leerse análisis profundos en Owen Chadwick, *The Secularization of the European Mind in the Nineteenth Century* (Cambridge: Cambridge University Press, 1975); Charles Taylor, *A Secular Age* (Cambridge: Harvard University Press, 2007); Mary Eberstadt, *How the West Really Lost God: A New Theory of Secularization* (West Conshohocken: Templeton Press, 2013); Peter Harrison, "Narratives of Secularization", *Intellectual History Review* 27, nº 1 (2 de enero de 2017): 1–6.

24. Paas, *Pilgrims and Priests*, 67.

25. Paas, 217.

26. Paas, 247.

27. Paas, 243.

28. Paas, 250.

29. Paas, 250.

embargo, el exilio no impide el testimonio, y Paas considera que esta posición marginal congenia con la lógica sacerdotal: "Los sacerdotes son una comunidad minoritaria por definición, que encuentra su vocación en la búsqueda de la paz de la ciudad. No hay nada extraño o imperfecto en una iglesia minoritaria; al contrario, es su posición 'natural'".[30] ¿Cómo deben relacionarse entonces estos grupos minoritarios con su entorno? La afirmación de Paas de la *vocación sacerdotal* del pueblo de Dios – la iglesia – se apoya en el trabajo de los eruditos bíblicos que exploran la "dimensión sacerdotal" de la antropología bíblica,[31] es decir, "nuestro papel mediador entre Dios y el resto de su creación . . . [que] se presenta como un templo construido para la gloria de Dios, en el que los humanos son designados sacerdotes para guiar a la creación en la adoración y extender la bendición de Dios a la creación".[32] Una visión tan positiva exige un movimiento deliberado para que los cristianos vean un contexto en el que están marginados como un trampolín para el compromiso misionero.

Comprometerse con el medio ambiente

Si la iglesia se basa en la vocación sacerdotal del pueblo de Israel para ser un canal de bendición para las naciones, puede considerarse "como el sacerdote de la humanidad, que ofrece alabanzas a Dios en nombre del mundo del que ha sido elegida. A la inversa, también es cierto que se presenta ante el mundo como sacerdote, como sierva de Dios".[33] Paas sostiene además que "la Iglesia es un 'escaparate', un signo de los propósitos de Dios con su creación. Como reino de sacerdotes, Israel debía ser un modelo de dedicación a Dios; debía ser transparente hacia Dios para todos los pueblos".[34]

Si la vocación de la Iglesia es prolongar el llamado de Israel, la comprensión tradicional de la doctrina del "sacerdocio de todos los creyentes" puede ampliarse hacia el pensamiento misiológico. Voss da crédito a Barth por este movimiento, ya que su "énfasis en la naturaleza misionera del sacerdocio de todos los creyentes representa un cambio paradigmático".[35] La idea básica del argumento de Barth es que "la unión ontológica de los creyentes con

---

30. Paas, 297.
31. En particular, John H. Walton, *The Lost World of Genesis One* (Downers Grove: IVP, 2009).
32. Paas, *Pilgrims and Priests*, 249.
33. Paas, 255–56.
34. Paas, 258.
35. Henry J. Voss, "The Priesthood of All Believers and the *Missio Dei*: A Canonical, Catholic, and Contextual Perspective" (PhD thesis, Wheaton, 2013), 254.

Cristo ya ha hecho a cada miembro partícipe del sacerdocio de Cristo".[36] En consecuencia, el envío de los discípulos a sus respectivos entornos se deriva del envío de Cristo al mundo y se aplica a todos los cristianos, sin necesidad de más ordenación que el bautismo.[37] Este ministerio, como resume Voss a Barth, "es ante todo un ministerio de proclamación, y la vocación del sacerdocio real es por tanto una vocación de testimonio."[38]

Siguiendo a Barth, teólogos de la Iglesia misional como Newbigin y Guder, por nombrar solo a unos pocos, han abogado implícita o explícitamente por una recuperación de la dimensión sacerdotal de la vocación cristiana para fomentar el compromiso misional con el mundo.[39] Del mismo modo, el Pacto de Lausana afirma enfáticamente que "Cristo envía a su pueblo redimido al mundo como el Padre le envió a él, y . . . esto exige una penetración profunda y costosa similar en el mundo. Debemos salir de nuestros guetos eclesiásticos e impregnar la sociedad no cristiana".[40]

Ser un "escaparate" en el mundo implica comprometerse reflexivamente con el contexto en el que se encuentran los cristianos y no centrarse únicamente en lo que es pecaminoso en el mundo. Comentando el discurso de Pablo y Bernabé en Listra en Hechos 14, Paas señala con agudeza que es

> Muy al contrario del tradicional evangelismo de avivamiento con el que están familiarizados muchos cristianos modernos. Aparentemente, los Apóstoles no consideran necesario señalar a estos gentiles lo que les falta (y luego presentar a Jesús como la solución), sino que describen la abundancia de bendiciones en sus vidas y les invitan a dar una respuesta litúrgica adecuada a dicha abundancia.[41]

Una visión tan positiva tiene un gran potencial para la forma en que los cristianos consideran el mundo en el que habitan y en el que estudian, trabajan o se jubilan. Esto también podría significar "[superar] la herencia pietista que siempre quiere señalar al mundo sus déficits, ofreciendo a Jesús como la

---

36. Voss, "Priesthood of All Believers", 240.
37. Voss, 235.
38. Voss, 235.
39. Bevans y Schroeders sostienen que Newbigin tuvo una influencia indirecta en la ICR, porque su pensamiento misiológico encontró su camino en "*Ad Gentes*"; véase Bevans y Schroeder, *Constants in Context*, 290–91.
40. Lausanne Movement, "Lausanne Covenant", párr. 6.
41. Paas, *Pilgrims and Priests*, 257.

solución para llenar los vacíos".⁴² Además, el aprecio por lo que se hace en el mundo es doxológico si "la doxología consiste en reconocer a Dios como Dios; es reconocerle como el creador y sustentador de todo lo vivo, el que nos ha salvado del pecado y del juicio".⁴³ Esto tiene vastas consecuencias misiológicas:

> Este "modelo" de iglesia sacerdotal cumple así los requisitos sobre cómo hacer misión en una cultura que ya no dominamos moralmente ni de ninguna otra manera. Lo que podría haber sido una fuente de vergüenza y frustración (la bondad de tantos no cristianos) se convierte ahora en una fuente de gratitud a un Dios de tanta misericordia.⁴⁴

En un contexto misionero, y especialmente en la universidad, una "fuente de [potencial] vergüenza" puede referirse no solo al carácter de los no cristianos, sino también, y quizá de forma más apremiante, a los logros académicos. En un compromiso con el contexto universitario y especialmente con los estudiantes, el personal y los profesores, es crucial tener presente la importancia del encuentro personal, sobre todo dada la creciente diversidad de los campus universitarios. Paas subraya que "es imposible objetivar o 'cosificar' la personalidad de alguien; no se puede estudiar a distancia. Precisamente entonces el ser-persona del otro se le escapará . . . Lo que es necesario para el análisis científico, a saber, la desvinculación y la objetivación, impide un encuentro personal".⁴⁵ Esta es la razón por la que la formación misionera debe estar alimentada por el arraigo en la vida y el amor al entorno en el que se produce *la mediación*, un aspecto sobre el que volveremos en la última parte de este trabajo.⁴⁶ La pregunta crucial que hay que plantearse es

> ¿qué está haciendo Dios en nuestro vecindario? ¿Cómo quiere implicarnos? ¿Cómo podemos, como sacerdocio, presentar en nuestro culto a Dios las preguntas, la alegría y las necesidades de este vecindario, y cómo podemos bendecir las vidas de las personas en nombre de Dios y de su historia?⁴⁷

---

42. Paas, 308.
43. Paas, 316.
44. Paas, 308.
45. Paas, 279.
46. Greggs argumenta en una línea similar, haciendo hincapié en que la misión sacerdotal es fundamentalmente un acto de *amor* hacia los demás. Greggs, *Priestly Catholicity*, 418–20.
47. Paas, *Pilgrims and Priests*, 301–2.

Observe el énfasis en la dimensión *comunitaria*. La iglesia o el grupo de estudiantes "no es principalmente una colección suelta de 'sacerdotes' individuales, sino una comunidad sacerdotal . . . espiritualmente hay un 'nosotros' que precede al 'yo'. Dios está en relación con 'nosotros' y a través de éste con el 'yo' – no al revés".[48] Ni la vida personal de un cristiano, ni su testimonio, pueden sostenerse en el *exilio* sin la comunidad, y el final de la era de la cristiandad podría ser un momento providencial que fomentara este ajuste de cuentas.

Una comunidad misionera

La tangibilidad del *escaparate* es crucial a la hora de entender por qué Paas compara el sacerdocio a este objeto. En efecto, "debe existir una comunidad en la que la salvación sea real, aunque sea provisional y parcialmente. Esta comunidad es la Iglesia".[49] En consecuencia, la Iglesia no es "un 'extra' o un añadido útil a lo real. Pertenece esencialmente a lo que Dios hace con los humanos".[50] La existencia de la comunidad es una prueba de que el evangelio tiene el poder redentor que los cristianos pretenden que tiene. Argumentar entonces que el "sacerdocio de todos los creyentes" significa que los cristianos tienen un acceso *personal* e *inmediato* a Dios no disminuye en absoluto la necesidad de la participación comunitaria. Como afirma rotundamente Paas,

> En la medida en que los creyentes participan en la Iglesia son miembros de la "comunidad sacerdotal" (*hierateuma*), y en consecuencia también son sacerdotes individualmente. Pero el orden es crucial. Dios no nombra sacerdotes a los individuos para reunirlos posteriormente en una congregación. Es precisamente lo contrario: en virtud de su bautismo, los cristianos están unidos a Cristo, integrados en la Iglesia, y solo así reciben la condición sacerdotal.[51]

Paas comenta sobre todo las "nuevas expresiones" de la iglesia y estructuras similares, que, sin embargo, ve con cierto escepticismo. Sin embargo, también admite que

---

48. Paas, 277.
49. Paas, 283.
50. Paas, 283.
51. Paas, 272–73.

En determinadas condiciones, un grupo extraeclesial de este tipo puede convertirse sin duda en una comunidad enraizada en la tradición cristiana, que ofrezca un hogar seguro e inspirador para el alma, que se comprometa de manera misional con su vecindario y que mantenga relaciones fructíferas con otras comunidades cristianas. Pero si eso ocurre, entonces, en mi opinión, este grupo ya no está fuera de la Iglesia.[52]

Aplicar el argumento de Paas a IFES significa entonces cuestionar el carácter eclesial de los grupos IFES. La consecuencia lógica de tal argumento es que, en última instancia, un grupo IFES sí tiene carácter eclesial. No está ni *fuera de la iglesia* ni *más allá* o *al lado de* ella. Sin embargo, lo esencial para formar parte de la iglesia son las relaciones que mantiene con el resto del cuerpo, lo que significa que un grupo IFES forma parte de la iglesia pero no puede presumir que *es* "la iglesia". Aquí, el argumento sobre el "sacerdocio de todos los creyentes" cierra el círculo: Los cristianos pueden ser plenamente *sacerdotes* si son *miembros* de una comunidad y no por sí solos. Lo mismo se aplica a un grupo IFES, que, aunque tiene la misma vocación que una iglesia, no puede ser iglesia "por sí solo". La pertenencia a una comunidad es inherente a la existencia misionera.

El arraigo total a la tradición cristiana es de suma importancia para la sostenibilidad y la amplitud de la fe. Como subraya Newbigin

> si queremos ser en verdad un sacerdocio santo, necesitamos un altar secreto, un lugar en lo más íntimo de nuestra vida donde, día a día, ofrezcamos a Dios por medio de Jesucristo cada parte de nuestra vida, nuestros pensamientos más secretos y nuestras acciones más públicas, y donde recibamos de nuevo por medio de Cristo el don siempre nuevo de la gracia y la misericordia de Dios.[53]

Tal insistencia en el compromiso personal encaja ciertamente con el discurso (pietista) de IFES en sus inicios y es coherente con la insistencia de Paas en la importancia de la espiritualidad misionera personal. Además, que los cristianos se retiren de la pertenencia eclesial "formal" negaría uno de los aspectos esenciales de su identidad cristiana: el compromiso fructífero con el cuerpo más amplio de cristianos y la construcción mutua dentro de él. Paas lanza fuertes advertencias contra cualquier aspiración a limitar la

---

52. Paas, 271.
53. Lesslie Newbigin, "An X-Ray to Make God Visible in the World," *Reforma* (1990), 7.

existencia cristiana a un "tiempo de quietud" individual que considera afín al gnosticismo: "el individuo se vincula con una iglesia invisible y espiritual o con un reino de Dios idealista, sin comprometerse con una comunidad de Cristo concreta y humana en una congregación local conectada con otras congregaciones".[54] Muthiah señala de forma similar que "dentro del sacerdocio de todos los creyentes, la identidad y la formación espiritual de un individuo están arraigadas en una estructura comunitaria basada en la narrativa de Dios. La identidad de una persona está conectada a una tradición. La identidad de una persona se forma en relación con los demás. La formación de la identidad cristiana supone de hecho un contexto comunitario".[55]

Por consiguiente, argumentar a partir de la doctrina del "sacerdocio de todos los creyentes" no refuerza las tendencias individualistas que con demasiada facilidad se captan y desarrollan en un contexto universitario competitivo. Por el contrario, significa ayudar a los estudiantes a ver cómo forman parte de un cuerpo más amplio, la iglesia, ya que "la salvación es eclesiológica; significa ser incorporado al pueblo de Dios, al cuerpo de Cristo. Pertenecer a Cristo es pertenecer a su Iglesia; no hay otra manera".[56] Tales consideraciones misiológicas deberían proporcionar un útil correctivo a lo que Paas denomina "puntos de vista hiperprotestantes [en los que] la mayoría de las veces se ve a la Iglesia como la suma de individuos (salvados, santificados) que se unen en función de sus propias preferencias".[57] Lutz aboga en una línea similar por una comprensión misional del ministerio estudiantil. En su opinión, los grupos con mentalidad misionera "se reúnen en comunidad *para predicarse a sí mismos el Evangelio y para ayudarse mutuamente a compartirlo con los demás*. Se reúnen para orar, animarse y equiparse. Se reúnen para modelar el tipo de comunidad donde invitan a otros".[58]

Un grupo de estudiantes es, pues, pneumatológicamente hablando, mucho más que un "grupo de afinidad". Es un contexto en el que los estudiantes pueden encontrarse con la fe cristiana, ya que "Dios salva a las personas llevándolas a una comunidad con Cristo y, por tanto, con los demás".[59] Calificar a dicha

---

54. Paas, *Pilgrims and Priests*, 272. Cabe suponer que el reto de la comunidad cristiana corporal no hará sino hacerse más acuciante, ya que los efectos a largo plazo de la pandemia de COVID aún están por verse.

55. Muthiah, *Priesthood of All Believers*, Kindle loc. 2820.

56. Paas, *Pilgrims and Priests*, 274.

57. Paas, 273.

58. Stephen Lutz, *College Ministry in a Post-Christian Culture* (Kansas City: House Studio, 2011), 609; énfasis añadido.

59. Paas, *Pilgrims and Priests*, 287.

comunidad de tener "carácter sacerdotal" describe acertadamente lo que sucede cuando los individuos se encuentran con el evangelio vivido en un grupo estudiantil vibrante que es simultáneamente el *mediador* y el lugar donde se produce el encuentro. Paas insiste firmemente en que las comunidades cristianas reunidas "que proclaman los poderosos actos de Dios" son "la expresión más visible, estructurada y pública del sacerdocio de la Iglesia".[60] Aunque no subraye el papel de la lectura de la Biblia en su argumentación, el aspecto comunitario de tales grupos puede fomentarse decisivamente mediante el compromiso escriturario. Por último, si Pablo entiende en Romanos 15:16 el testimonio como un servicio a Dios, existe una anticipación eminentemente profética de la reunión escatológica de las naciones bajo el señorío de Cristo:

> El futuro papel de la comunidad de fe como sacerdotes se ha hecho realidad en el presente. La Iglesia cristiana alaba a Dios, también en nombre de los que (aún) no le alaban. Acoge a los conversos como primicias de la cosecha que está por venir, y sale a invitar a las naciones al gran banquete de bodas. Y todo ello bajo la señal de Dios que trabaja en la perfecta restauración de su creación.[61]

Nótese el énfasis en la universalidad y el carácter esencialmente misionero de la vocación de la iglesia. Si esto es válido para la iglesia, puede trasladarse fácilmente a una comunidad estudiantil misionera. Este carácter misionero de la iglesia coexiste en dos direcciones:

> La metáfora del sacerdote define la naturaleza misionera de la Iglesia como un movimiento dual: la Iglesia representa al mundo ante Dios y ella representa a Dios ante el mundo. Ella acude a la presencia de Dios como una comunidad litúrgica de adoración y alabanza y se compromete con el mundo de forma testimonial, acogedora y amable.[62]

Síntesis parcial

La situación poscristiana de Occidente se hace eco de muchos otros contextos del mundo en los que los cristianos son una pequeña minoría en la sociedad. Esto es lo que la Biblia llama "exilio". Sin embargo, como atestiguan el relato

---

60. Paas, 256.
61. Paas, 322–23.
62. Paas, 260.

bíblico y la historia de la Iglesia, Dios es fiel en el exilio y llama a su pueblo a ser su testigo allí donde se encuentre. Este capítulo ha demostrado que las metáforas de "peregrinación" y "sacerdocio" describen acertadamente las limitaciones y las promesas de las situaciones difíciles. La lealtad de los creyentes a su Dios misionero implica que amen, escuchen y cuiden el contexto en el que se encuentran. Sin embargo, este testimonio no es la consecuencia de una noción individualista del sacerdocio, sino el fruto de una fe misionera sostenida en el contexto de una comunidad solidaria.

"Sacerdocio" es un doble movimiento de *mediación*: una invitación a la *participación* en la comunidad de Dios y la reunión de las primicias de las naciones que se han de entregar a Dios. La mayor parte de lo que Paas argumenta a favor de la iglesia se aplica a los grupos de estudiantes: los estudiantes, miembros de la iglesia *qua* cristianos y apoyados por la iglesia, son los *sacerdotes peregrinos* dispersos de la iglesia en la universidad, ministrando de formas distintivas moldeadas por la perspicacia misiológica necesaria para una contextualización fiel. Dicha presencia misionera fiel significa invitar a otros a experimentar la presencia de Dios. Esto representa una *mediación* del Evangelio, ya que amar y servir al prójimo son dimensiones intrínsecamente sacerdotales del servicio. El compromiso misionero en la universidad es, en última instancia, doxológico, como servicio sacerdotal a Dios y a las naciones, ya que los grupos de estudiantes locales pueden ser los *expositores* en el campus de la humanidad renovada de Dios, una *comunidad misionera* que invita a otros a unirse a este anticipo escatológico.

En el siguiente capítulo, exploro cómo el compromiso contextual y la misión se articulan en la noción de "apostolicidad".

18

Apostolicidad, teología y expansión misionera

Habiendo visto cómo el pensamiento de Allen ayuda a articular cuestiones de liderazgo y organización eclesiástica, cómo un "ministerio en los márgenes" se eleva al considerar su papel en la *missio Dei*, y cómo incluso en contextos desafiantes los "exiliados" cristianos pueden ser testigos valientes, otra cuestión misiológica apremiante es cómo las reflexiones teológicas y misionales se ven moldeadas por la expansión geográfica y la contextualización.

La doctrina del "sacerdocio de todos los creyentes" presupone localidad y madurez. La lógica de la *inmediatez*, que he argumentado que forma parte integral de la doctrina, presupone la posibilidad de relacionarse con Dios dondequiera que uno se encuentre, a pesar de la distancia geográfica con supuestos "centros teológicos". También presupone la madurez en el discernimiento espiritual y hermenéutico: si Dios habla a los individuos, entonces los encuentros de estos individuos con Dios y su mundo son parte integrante de la experiencia del cuerpo de Cristo. A medida que el cristianismo se ha ido extendiendo por el mundo, la cuestión de la *mediación se* ha ido agudizando: no solo el evangelio es *mediado* por los cristianos, sino que éstos, a su vez, retroalimentan sus encuentros con su entorno – estudiantil, cultural y académico – a sus iglesias locales y, a su vez, enriquecen teológicamente a la comunidad más amplia de la que son *miembros*.

En muchos sectores del evangelicalismo, y ciertamente dentro de IFES, la "apostolicidad" se ha entendido como relativa al "depósito de la enseñanza de los apóstoles". También puede entenderse como el *carácter misional de la iglesia*: ser "apostólico" significa ser "enviado". Tal visión, que examino en diálogo con la reciente *Apostolicity* [Apostolicidad] de Flett,[1] hace mayor justicia a la dimensión sacerdotal del testimonio, que defiendo a lo largo de esta obra, y es congruente con las nociones de *missio Dei* y peregrinación sacerdotal examinadas anteriormente.

Teología en el cristianismo mundial

La historia de las misiones subraya a menudo la conexión entre "imperio" y "misión".[2] En el contexto del cristianismo mundial, la noción de un "depósito de la fe", aunque de origen bíblico incuestionable, suele ir a contracorriente del desarrollo de una fe genuinamente autóctona subrayada por el "sacerdocio de todos los creyentes". La dinámica del poder marca a menudo las relaciones entre las "potencias" teológicas, como Estados Unidos y el Reino Unido, y el resto del mundo, ya sea directamente o a través de la educación de los no occidentales. Como observa astutamente Walls,

> Al igual que los antiguos cristianos de Jerusalén, los cristianos occidentales [se han] acostumbrado durante mucho tiempo a la idea de que eran los guardianes de un cristianismo "estándar"; al igual que ellos, se encuentran en presencia de nuevas expresiones del cristianismo, y de nuevos estilos de vida cristianos que se han desarrollado o se están desarrollando bajo la guía del Espíritu Santo para mostrar a Cristo en las condiciones de la vida africana, india, china, coreana y latinoamericana.[3]

Si esto es cierto, la mera diversidad de la Iglesia debería prohibir cualquier aspiración de una parte del cuerpo a dominar la narrativa y la teologización, o a decidir por el resto cuáles son los "elementos esenciales" de la fe. Flett observa que la idea de un "depósito de la fe" a menudo "asume la normatividad de la 'experiencia europea' e intenta 'ejercer el control' sobre las apropiaciones no occidentales del evangelio mediante la insistencia en el carácter vinculante de la formulación [de la iglesia occidental] del significado del hecho cristiano y de las pautas euroamericanas de comunidad y culto."[4]

---

1. Flett, *Apostolicity*.
2. Brian Stanley y Alaine Low, eds., *Missions, Nationalism, and the End of Empire* (Grand Rapids: Eerdmans, 2003); World Council of Churches, "Mission of the Context of Empire".
3. Andrew F. Walls, *The Cross-Cultural Process in Christian History: Studies in the Transmission and Appropriation of Faith* (Maryknoll: Orbis, 2002), 78.
4. Flett, *Apostolicity*, 27.

Stanley también observa la dificultad de ciertos sectores del evangelicalismo – y esto se aplica sin duda a IFES – para reconocer cierto grado de relatividad a sus propias fórmulas:

> Los cristianos evangélicos, debido a su propia preocupación por preservar el buen depósito de la fe, han tendido a mostrarse especialmente reticentes a la hora de admitir la naturaleza dinámicamente interactiva y bidireccional de todos los verdaderos encuentros misioneros. A veces han tardado en darse cuenta de que centrarse en la muerte sustitutoria de Cristo por la pena del pecado humano puede no ser una interpretación totalmente inteligible o incluso teológicamente adecuada del evangelio para algunos pueblos con un trasfondo religioso primigenio.[5]

Walls también observa astutamente que

> La representación de Cristo por parte de cualquier grupo solo puede ser, en el mejor de los casos, parcial. En el mejor de los casos refleja la conversión de un pequeño segmento de la realidad, y necesita ser complementada y quizás corregida por otros. La plenitud de la humanidad reside en Cristo; el conjunto de estilos de vida convertidos apunta hacia su estatura completa.[6]

A medida que surgen líderes teológicos de los antiguos "bordes" de la iglesia, la cuestión de la apropiación local de la fe adquiere cada vez más importancia. Esta extensión geográfica conlleva encuentros transculturales que repercuten en la forma de concebir la teología. Como insiste Flett, "debemos reconocer que ninguna tradición teológica posee ya una cultura "internacional", una cultura justificadamente tan preocupada por su pureza como para temer la integración de otras apropiaciones del evangelio".[7] Estas apropiaciones no son marginales, sino que tienen "suficiente mérito teológico para informar y desafiar elementos asentados dentro de la tradición occidental recibida."[8]

---

5. Brian Stanley, "Conversion to Christianity: The Colonization of the Mind?", *International Review of Mission* 92, no. 366 (1 de julio de 2003): 322.

6. Andrew F. Walls, "Globalization and the Study of Christian History", en *Globalizing Theology: Belief and Practice in an Era of World Christianity*, eds. Craig Ott y Harold A. Netland (Grand Rapids: Baker, 2006), 74. A la inversa, la sospecha de "sincretismo" en las formulaciones teológicas de "otros" delata una falta de conciencia del arraigo cultural de la propia tradición; cf. Flett, *Apostolicity*, 247.

7. Flett, 185.

8. Flett, 158–59.

Esto va en contra de la idea de que el "depósito apostólico" sería lo suficientemente sólido como para proteger a la iglesia contra las tendencias de división. Flett argumenta rotundamente que una concentración exclusiva en el "cultivo" del depósito predispone lógicamente a la iglesia al ensimismamiento frente al *compromiso misional*. En palabras de Flett

> La apostolicidad, la continuidad histórica de la iglesia, descansa en el acontecimiento del encuentro transcultural y los procesos de conversión a través de la apropiación local del evangelio. Esta historia no es el desarrollo asentado y medido de una entidad cultural, sino que está marcada por múltiples instancias de encuentro transcultural y, en ocasiones, por cambios radicales de pensamiento. En su base, el cristianismo mundial rechaza la dualidad controladora del cultivo de la fe sobre su proclamación. Esto libera a la apostolicidad para que sea interpretada de nuevas maneras.[9]

De ahí que "'salvaguardar el depósito' no se refiera a la repetición de formas establecidas, sino a su comunicación para que sean recibidas por los oyentes y les den forma".[10]

Misión y apostolado

La creciente importancia del cristianismo mundial también evidencia la dimensión universal de un evangelio que responde a las aspiraciones, sueños y necesidades de los seres humanos.[11] Esto atestigua mejor la "traducibilidad" del mensaje evangélico que la reivindicación de la idea de "difundir un mensaje totalmente definido".[12] En términos agudos que resuenan con los argumentos de Allen, Flett señala el potencial positivo de las nuevas aperturas:

> El cristianismo mundial no es una situación de emergencia para la que se puedan hacer diversas adaptaciones, un acontecimiento único separado del continuo de la teología cristiana. Más bien al contrario. El cristianismo mundial abre el campo teológico porque

---

9. Flett, 288.
10. Flett, 285.
11. Para un relato vívido, véase Andrew F. Walls, "The Gospel as Prisoner and Liberator of Culture", en *The Missionary Movement in Christian History: Studies in the Transmission of Faith* (Maryknoll: Orbis, 1996), 3–15.
12. Véase Lamin O. Sanneh, *Translating the Message: The Missionary Impact on Culture* (Maryknoll: Orbis, 1989).

separa ese discurso de una concentración singular en una historia constreñida y su consiguiente abanico de preguntas.¹³

Del mismo modo, el ministerio estudiantil no es una situación de emergencia a pesar de sus constantes fluctuaciones, sino que representa tendencias de pensamiento y acción que caracterizarán a la iglesia del mañana. Así, puede funcionar como modelo de cómo la iglesia puede relacionarse con su entorno. Otra forma de conceptualizar este "desprendimiento" es hablar, aunque siempre de forma derivada, de la doctrina cristiana central de la *encarnación,* lo que implica que el mensaje cristiano ordena "encarnarse en las especificidades culturales de un tiempo y un lugar concretos. Las generaciones pueden ser totalmente diversas, por tanto, en su comprensión y experiencia de la gracia de Dios y, sin embargo, pertenecer juntas en el propósito último de Dios."¹⁴

La metáfora orgánica es más rica que un simple copiar y pegar. Una semilla necesita interactuar con su entorno, y las plantas crecerán de forma diferente de un suelo a otro.¹⁵ En su influyente folleto, Idowu pinta un cuadro vívido: el "depósito de la fe" puede entenderse como un río que fluye,

> trayendo de cada lugar y depositando en él algo de la riqueza química de los suelos que encuentra en su camino, adaptándose al mismo tiempo a la forma y características de cada localidad, tomando su coloración del suelo local, mientras que a pesar de todas estas adaptaciones y diversificaciones estructurales su *esse* y su diferencia no *peligran* sino que se mantienen como consecuencia del manantial vivo, siempre reabastecido, siempre revitalizador que es su fuente.¹⁶

---

13. Flett, *Apostolicity*, 245.

14. Walls, "Globalization", 76. Para Blocher, la noción ampliamente utilizada de "encarnación" en los círculos misiológicos corre el riesgo de disminuir el carácter único de la encarnación de Cristo, ya que los seres humanos no pueden sino encarnarse; véase Henri Blocher, "Permanent Validity and Contextual Relativity of Doctrinal Statements", en *The Task of Dogmatics*, ed. Fred Sanders (Grand Rapids: Zondervan, 2017), 117. Fred Sanders (Grand Rapids: Zondervan, 2017), 117.

15. Para una exploración contemporánea del tema por alguien cercano a los círculos de IFES, véase Pauline Hoggarth, *The Seed and the Soil: Engaging with the Word of God* (Carlisle: Langham Global Library, 2011). Véase también el Papa Pablo VI, "*Ad Gentes*", sec. 22.

16. Emanuel Bolaji Idowu, *Towards an Indigenous Church* (Oxford: Oxford University Press, 1965), 19; citado en Flett, *Apostolicity*, 177. El enfoque inicial de Idowu es considerado "ampliamente evangélico" por Demarest, antiguo secretario teológico de IFES; véase Bulus Galadima, "Evaluation of the Theology of Bolaji Idowu", *Africa Journal of Evangelical Theology* 20, nº 2 (2001): 112.

La imagen refleja adecuadamente lo que ha venido sucediendo a lo largo de la historia de la iglesia. Casi inadvertidamente, el "encuentro" del depósito de la fe se ha ido fertilizando a medida que fluía por todo el mundo. Así pues, Flett argumenta que la observación del desarrollo del cristianismo en todo el mundo exige un replanteamiento serio de lo que significa la apostolicidad. Sostiene que la apostolicidad consiste, en primer lugar, en que el creyente se fundamenta en Cristo; en segundo lugar, y, en consecuencia, en que es "enviado" como apóstol (entendido en el sentido más amplio). De hecho, "la teología cristiana se expande a medida que entra en contacto con nuevas áreas de la experiencia humana, nuevas acumulaciones de conocimiento, relación y actividad. Se están reconociendo temas en las Escrituras en los que Occidente nunca había reparado".[17]

Flett argumenta que si la "apostolicidad" consiste esencialmente en mantener un contenido supra-cultural que debería evitar divisiones en la iglesia, se deduce que el "cultivo de la fe" se privilegiará sobre la "comunicación", desvirtuando así la naturaleza misionera de la iglesia.

Por lo tanto, Flett argumenta que a medida que la iglesia cumple con su vocación misionera, se da cuenta, *al comunicar el evangelio* – podría decir *mediar el evangelio* – al mundo, que parte integral de su "apostolicidad" es su propia "enviabilidad". En otras palabras, la iglesia adquiere mayor conciencia de sí misma al ser testigo de cómo "otros" se apropian de las pretensiones del evangelio en sus vidas y se convierten en miembros de la iglesia.

Dichos encuentros se producen en primera línea (exílica), pero en lugar de amenazar al "pequeño rebaño" de cristianos testigos, el compromiso dialógico es constitutivo de la comunidad. Haciendo suyo el argumento de Hoekendijk, Flett sostiene incluso que el encuentro misionero es parte integrante de la formación de la comunidad de testimonio:

> El pueblo de la nueva alianza se constituye en el cumplimiento de las promesas mesiánicas, convirtiéndose en una realidad sociológica solo en el encuentro misionero con el mundo. Dado que el pueblo de Dios es un *novum* de la nueva creación, su estructura depende de la "situación misionera". Y, puesto que la misión es básica para el evangelio cristiano, no existe ninguna ocasión o lugar que pueda caracterizarse como no misionero.[18]

---

17. Andrew F. Walls, "Christianity in the Non-Western World", en *The Cross-Cultural Process in Christian History: Studies in the Transmission and Appropriation of Faith* (Maryknoll: Orbis, 2002), 46.

18. Flett, *Apostolicity*, 215.

Esa lógica capitaliza la relativa apertura a la improvisación y la flexibilidad que históricamente se ha concedido a las situaciones misioneras y la aprovecha para toda la misión de la iglesia. En última instancia, "lo que es admisible *extra muros*, por el bien de la salvación de las naciones, tendrá que ser legítimamente posible *intra muros*".[19] Aquí radica un razonamiento teológicamente mucho más sólido para la existencia de organizaciones "paraeclesiásticas" que el mero razonamiento pragmático que defiende la importancia de considerar el carácter independiente de los jóvenes que disfrutan de nuevas experiencias. En lugar de una actitud (clerical) condescendiente que "concede" cierto grado de libertad provisional a los estudiantes porque son "cosas de la juventud", una comprensión renovada de la misión de la iglesia lleva a reconocer que la adaptabilidad que algunos líderes eclesiásticos han concedido a regañadientes a las organizaciones estudiantiles es lo que necesitan todos los miembros de la iglesia, aunque sus realidades contextuales sean muy diferentes de las de los intelectuales en formación. Esto, a su vez, pone de relieve la necesidad de que todos los "de primera línea" enriquezcan a la iglesia con sus experiencias y contribuyan a ampliar su comprensión de la obra de Dios en el mundo. Muthiah también argumenta enérgicamente que los cargos no bastan para evaluar el carácter eclesial de las comunidades cristianas: "Cuando el cargo se extrae del *esse* de la iglesia, y cuando las relaciones se vinculan a la eclesialidad de la iglesia, el sacerdocio de todos los creyentes pasa a ser central porque la reunión de dos o tres cristianos, aunque ninguno de ellos sea titular de un cargo, constituye la iglesia".[20] Esto no solo tiene implicaciones eclesiales, sino también otras más fundamentalmente teológicas que surgen de escuchar "otras" voces.

El reto para la iglesia universal es el mismo que para IFES: "la *obligación* de escucharse y aprender unos de otros",[21] como comunidad misionera ante todo formada y llamada por Dios. Nada de esto excluye un terreno común, sobre todo teniendo en cuenta que la antropología bíblica y teológica presupone un cierto grado de comunalidad entre los seres humanos. Contrariamente a lo que suele suponer el lenguaje común,

> ¡vivimos en el mismo mundo que Abraham! Cuando viajamos por Oriente Próximo, atravesamos los mismos valles que él,

---

19. Johannes Christiaan Hoekendijk, *The Church Inside Out* (Filadelfia: Westminster, 1966), 159; citado en Flett, 217.

20. Muthiah, *Priesthood of All Believers*, Kindle loc. 1460-63.

21. Craig Ott, "Conclusion", en *Globalizing Theology: Belief and Practice in an Era of World Christianity*, eds. Craig Ott y Harold A. Netland (Grand Rapids: Baker, 2006), 310.

bebemos de las mismas fuentes, contemplamos las mismas estrellas, respiramos el mismo aire que él. Las mismas leyes físicas rigieron el mundo hace milenios – y deben tener algún efecto sobre nuestras formas de pensar.[22]

Este carácter común ofrece una base para el entendimiento mutuo: "Reivindicar la apostolicidad es reclamar la legitimidad y el reconocimiento de una experiencia vivida del Evangelio".[23] Nada de esto pone en peligro la herencia cristiana. Sin embargo, Stanley señala que "el proceso de traducir el mensaje a un nuevo medio cultural dará como resultado un mensaje que lleva acentos y tonos que antes no llevaba, aunque debe haber suficiente continuidad con las formulaciones anteriores del mensaje para que sea reconociblemente el mismo mensaje."[24] Muthiah sugiere que la *pertenencia* de todos los cristianos a un "sacerdocio de todos los creyentes" hace posible exactamente este acto de discernimiento espiritual, ya que acoge y afirma en el mundo la unidad en la diversidad que constituye la Trinidad:

> El tipo de unidad que marca el sacerdocio de todos los creyentes y que marca el buen discernimiento permite diferencias y distinciones – de hecho, este tipo de unidad asume que existirán diferencias. Al igual que dentro de la Trinidad, la unidad entre el pueblo de Dios requiere diferencias. Si no hay diferencias, no hay nada que unir. Este tipo de unidad trasciende las diferencias sin ignorarlas. El Espíritu habita y une a los creyentes que se comprometen bien en la práctica del discernimiento incluso cuando mantienen opiniones diferentes sobre una cuestión determinada.[25]

Del encuentro con otros, cristianos o no, puede surgir un fructífero replanteamiento o reafirmación de las convicciones fundamentales. Como resume Skreslet, "los verdaderos encuentros misioneros de la historia son momentos intensos, llenos de imprevisibilidad, pero también de promesas. Las viejas certezas sobre lo que es esencial para el cristianismo pueden ser puestas a prueba y encontradas deficientes en estos compromisos."[26] La navegación por

---

22. Blocher, "Permanent Validity", 119.
23. Flett, *Apostolicity*, 241.
24. Stanley, "Conversion to Christianity", 321.
25. Muthiah, *The Priesthood of All Believers*, Kindle loc. 3799.
26. Stanley Skreslet, "Thinking Missiologically about the History of Mission", *International Bulletin of Missionary Research* 31, n° 2 (1 de abril de 2007): 62.

las aguas inexploradas de la postcristiandad puede ser un poderoso incentivo para replantearse cómo puede la iglesia ser una presencia misional y contribuir a la vida del mundo. Y dado que muchos cristianos ya "han estado allí" durante mucho tiempo, puede tener lugar un fructífero aprendizaje y enriquecimiento mutuos dentro del cristianismo mundial.

Síntesis parcial

> La identidad cristiana no está asegurada dentro de las fronteras de una única narración histórica que siga los contornos de un supuesto centro de poder cristiano y los controles de forma e interpretación manejados por éste. La iglesia encuentra su identidad más allá de sí misma, en la historia de Jesucristo. En ella reside la posibilidad de la conversión, la posibilidad de múltiples historias cristianas.[27]

Cooptando la lógica eclesial de Flett en aras de este trabajo, es razonable afirmar del mismo modo que la existencia eclesial no agota todo lo que significa la existencia cristiana. En consecuencia, la "narrativa de la paraiglesia estudiantil" es un ámbito válido de la experiencia cristiana del que no se puede prescindir apelando a su carácter eclesial supuestamente defectuoso. Si se entiende así, el ministerio estudiantil es una poderosa herramienta de la *missio Dei*, una herramienta que el Señor utiliza no solo para llegar a los estudiantes en el campus, sino para formar a jóvenes que serán miembros de la iglesia reflexivos y audaces, dispuestos a servir en sus congregaciones, listos para apoyar la misión de sus iglesias locales y equipados para pensar misiológicamente sobre los retos que encuentran sus compañeros allí donde son llamados a servir. El ministerio estudiantil funciona entonces como un campo de entrenamiento para futuros misioneros entendidos en el más amplio de los sentidos: sirviendo interculturalmente en tierras extranjeras o en el contexto de sus profesiones o vecindarios. Dicho esto, no todo el servicio y las asociaciones deben posponerse al tiempo posterior a la graduación. Al contrario, "las sociedades misioneras se vinculan con la iglesia local de nuevas formas concretas, y las iglesias locales se ven a sí mismas como 'misioneras' en su propio contexto. El grupo misionero sigue siendo parte integrante del ser Iglesia, pero siempre

---

27. Flett, *Apostolicity*, 320.

debe encontrar nuevas expresiones en nuevos contextos".[28] El encuentro con el "otro", característico de la vida universitaria, tiene un potencial misiológico que puede desencadenarse y celebrarse. En última instancia, lo que está en juego es una visión de Dios y de su misión en el mundo. O Dios ha hecho todo lo que tenía que hacer en la historia, o queda espacio para la acción actual y futura. Una insistencia conforme al credo en la encarnación, muerte, resurrección y ascensión de Cristo no excluye un discernimiento necesario sobre lo que Dios está haciendo en un mundo que cambia constantemente, en la vida de nuevas personas con nuevos intereses, sueños, preocupaciones, sufrimientos.

Resaltar la importancia de los individuos y las comunidades nos devuelve al círculo completo de la noción de que no se puede prescindir de los laicos, ya que están en el centro de la misión de Dios en el mundo. Además, proporciona una justificación teológica para el "redescubrimiento del laicado" al que llegaron los círculos del CMI en la década de 1960, poniéndose así al día hasta cierto punto con la práctica misionera evangélica. Dicho esto, Kraemer, Newbigin y sus colegas teorizaron este redescubrimiento de una forma mucho más exhaustiva de lo que explicó el propio evangelicalismo.[29]

El "sacerdocio de todos los creyentes" es una descripción adecuada de lo que es un ministerio estudiantil como IFES: este involucra a estudiantes laicos que examinan juntos las Escrituras, explorando así las alegrías y los retos del compañerismo. Implica múltiples expresiones de misión. Estas expresiones se remodelan constantemente en el encuentro con la diversidad de culturas y teologías características del cristianismo mundial.

---

28. Daryl M. Balia y Kirsteen Kim, eds., *Witnessing to Christ Today*, vol. 2 de *Edinburgh 2010* (Oxford: Regnum, 2010), 121.

29. Véase el pensamiento de Newbigin sobre el papel de los laicos, astutamente resumido en Michael W. Goheen, "The Missional Calling of Believers in the World: Lesslie Newbigin's Contribution", en *A Scandalous Prophet: The Way of Mission after Newbigin*, eds. Thomas F. Foust et al. (Grand Rapids: Eerdmans, 2001), 37–56.

Parte 5

Conclusión

19

El ministerio estudiantil a la luz del sacerdocio de todos los creyentes

Introducción

Hasta ahora, he mostrado cómo la historia de IFES y su eclesiología han funcionado sobre la premisa de que los estudiantes tienen acceso *inmediato* a Dios y, por tanto, pueden *mediarlo* legítimamente ante su entorno siendo *partícipes* de una comunidad. Esta visión presupone una *eclesiología misional*: la comunidad de la iglesia manifestada en el campus, especialmente en el grupo IFES. He estudiado los recursos bíblicos y teológicos que esbozan los contornos de cómo el "sacerdocio de todos los creyentes" puede enmarcar nuestra comprensión del ministerio de IFES y cómo esta premisa es congruente con las pruebas de archivo.

En este capítulo, reúno todos los hilos precedentes y ofrezco una propuesta misiológica constructiva para el camino a seguir, tomando todavía a IFES como punto de partida. Ministrar a los estudiantes requiere una cuidadosa consideración de las *especificidades contextuales de la universidad,* así como de los rasgos distintivos de *los estudiantes como agentes de la misión*, especialmente su carácter *intelectual*. Además, IFES ha ocupado históricamente un lugar destacado en la expansión del cristianismo por todo el mundo. Esta diversidad geográfica puede servir de trampolín único para una reflexión teológica más profunda sobre *la autorreferencialidad* y la *contextualización* al confluir culturas, experiencias vitales y desafíos.

La inmediatez en la relación con Dios

Casi implícita en la forma en que IFES ha entendido su ministerio está la doctrina del "sacerdocio de todos los creyentes", que presupone que los cristianos pueden relacionarse *directamente* con Dios, sobre todo a través de la lectura individual y comunitaria de las Escrituras. Esta comprensión se aplica a los estudiantes. Los estudiantes no necesitan supervisión clerical para organizarse y *mediar* con Dios en el campus. La existencia de una estructura de apoyo como IFES implica que el estímulo y la tutoría son necesarios, pero esto descansa en una comprensión funcional del papel de los trabajadores del personal y no en distinciones ontológicas. Woods no se anda con rodeos cuando afirma que

> Sugerir que solo una persona con formación en un seminario y ordenación eclesiástica, que con demasiada frecuencia no es más que la imposición de manos vacías sobre una cabeza y un corazón vacíos, es la única persona cualificada para tomar la iniciativa cristiana y asumir la responsabilidad ante Dios de anunciar el evangelio es negar la doctrina del sacerdocio de todos los verdaderos creyentes.[1]

Esta es posiblemente la referencia más explícita a la doctrina del "sacerdocio de todos los creyentes" que se encuentra en los documentos escritos de IFES, pero significativamente emana de su primer e influyente SG.[2] Esta noción de inmediatez es misiológicamente esencial, pues implica que Dios puede obrar en cualquier contexto a través de su pueblo que ya está en el lugar. Los estudiantes no asisten principalmente a la universidad con fines misioneros, sino que, al estar en el campus y mantener su relación con Dios individualmente y en grupo, sirven de hecho como embajadores de Dios en la universidad. No obstante, como señala astutamente Greggs, *la inmediatez* es un atajo para hablar de una relación que no presupone la necesidad de la interferencia humana. Pues una relación "no mediada" con Dios es imposible por razones pneumatológicas con consecuencias eclesiológicas de gran alcance:

> Cuando somos poseídos por y del Espíritu, lo somos en nuestra forma de criatura mediada en su caída: no hay experiencia directa y sin mediación de Dios; eso tiene que esperar hasta que Dios

---

1. Woods, *Growth of a Work of God*, 62.

2. Más recientemente, Brown publicó un breve libro en el que destaca el "sacerdocio de todos los creyentes" como una de las esencias evangélicas redescubiertas por la Reforma; véase Lindsay Brown, *Into All the World: The Missionary Vision of Luther and Calvin* (Fearn: Christian Focus, 2021).

sea todo en todo en el escatón (1 Cor. 15:28). Pero en el espacio y el tiempo, sí experimentamos al Espíritu de Dios mediándonos la obra eterna de salvación de Dios en nuestro presente como criaturas: contingente y caído (pero que está siendo redimido) en el espacio-tiempo.[3]

Considerar la universidad como "caída en el espacio-tiempo (pero en proceso de redención)" tiene consecuencias misiológicas de gran alcance, que comento a continuación. En IFES, el canal privilegiado del encuentro *inmediato* con Dios es la lectura de las Escrituras. La idea de leer las Escrituras con los no cristianos no se tomaba, y a veces sigue sin tomarse, como algo evidente en muchos contextos y bien podría contarse como uno de los distintivos del enfoque IFES, que permite la capacitación de muchos estudiantes laicos en todo el mundo. La convicción teológica fundamental de que la Biblia puede leerse en cualquier contexto fue, en cualquier caso, históricamente clarividente y una razón esencial para el sostenimiento del ministerio de IFES.

Los estudiantes como participantes en la misión de Dios

El segundo aspecto esencial en la concepción de IFES – que puede aplicarse fácilmente a otros ministerios universitarios o a otras organizaciones misioneras – es que todos los cristianos, en virtud de su vocación, son hechos *partícipes* de la misión de Dios. En congruencia con la idea de *inmediatez* esbozada anteriormente, son llamados los laicos y no solo el personal ordenado. Bosch esboza cómo esta concepción conecta el papel de los laicos y el compromiso misional:

> Los laicos ya no son solo los exploradores que, al regresar del "mundo exterior" con relatos de testigos oculares y tal vez algunos racimos de uvas, informan a la "base operativa"; *son* la base operativa desde la que procede la *missio Dei*. De hecho, no son *ellos* los que tienen que "acompañar" a los que ostentan "cargos especiales" *en la misión de estos últimos en el mundo*. Más bien, son los *que ostentan cargos* los que tienen que acompañar a los laicos, al pueblo de Dios.[4]

---

3. Greggs, *Priestly Catholicity*, 30.
4. Bosch, *Transforming Mission*, 472. Bosch resume Johannes Christiaan Hoekendijk, *Kirche und Volk in der deutschen Missionswissenschaft*, trad. Erich-Walter Pollmann (Múnich: Chr. Kaiser, 1967), 350.

Ser cristiano significa *participar* en la *misión de Dios*. Los capítulos anteriores de este trabajo han mostrado que esta lógica ha conformado la autocomprensión de IFES como comunidad en misión, a pesar de que no se exprese con palabras tan condensadas. Esta misión se desarrolla a través del testimonio, la lectura de la Biblia, la oración y la comunidad. Esto encaja perfectamente con el resumen que hace Wright de la misión de la iglesia como "nuestra participación comprometida como pueblo de Dios, por invitación y mandato de Dios, en la propia misión de Dios dentro de la historia del mundo de Dios para la redención de la creación de Dios".[5] Esto se aplica igualmente a la misión de un grupo estudiantil. El campus es donde tienen lugar la mayoría de estas actividades, pero no son intrínsecamente diferentes de lo que ocurre en una reunión habitual de la iglesia. Aquí se presume una *eclesiología misional* que presupone que los líderes de la iglesia *capacitarán* esencialmente a los laicos para llevar a cabo su misión con fidelidad. Como destaca Escobar,

> Los laicos penetran entonces en la sociedad con un modo de vida nuevo en las relaciones familiares, los negocios, la ciudadanía y todos los ámbitos de la vida cotidiana. Por consiguiente, movilizar a los laicos no es solo enseñarles breves resúmenes del Evangelio, mini-sermones, y enviarles a repetirlos a sus vecinos. Es también enseñarles a aplicar la enseñanza y el ejemplo de Cristo en su vida familiar, en sus actividades empresariales, en sus relaciones sociales, en sus estudios, etc.[6]

Los estudiantes son llamados igual que cualquier otro cristiano, y este llamado dura toda su vida, no solo los pocos años que pasan en la universidad. El llamado se produce donde están las personas y tal como están: "Los gentiles no necesitan convertirse en judíos. Los gentiles siguen siendo gentiles y se les valora como tales en Cristo, lo que significa que deben volver a él su propia forma de vida".[7] Del mismo modo, los estudiantes siguen siendo estudiantes y Dios se dirige a ellos como tales, con todo lo que ello conlleva. Woods hace un toque de clarín para que los cristianos evangelicen allí donde Dios les llame a participar:

---

5. Wright, *Mission of God*, 22–23.

6. Samuel Escobar, "Evangelism and Man's Search for Freedom, Justice and Fulfillment ", en *Let the Earth Hear His Voice*, ed. J. D. Douglas (Minneapolis: World Wide Publications, 1975), 324. J. D. Douglas (Minneapolis: World Wide Publications, 1975), 324.

7. Flett, *Apostolicity*, 327.

> El evangelismo tranquilo, constante y continuo que implica la oración de intercesión y el estudio y la predicación de las Escrituras no es una tarea para unos pocos seleccionados y dotados. No se limita al ministro de la iglesia y a sus ayudantes ordenados. Más bien, es el privilegio y la responsabilidad de todo cristiano. Independientemente de los dones especiales, todos son llamados y comisionados a esta tarea. Todo cristiano es un misionero enviado por Dios, un testigo de Jesucristo, a su manera un heraldo del evangelio. El método supremo de Dios son los hombres – hombres y mujeres habitados y llenos del Espíritu Santo.[8]

IFES parte de la premisa de que los estudiantes pueden ser testigos de Dios en virtud de su vocación cristiana. Esto es importante por razones sociológicas y misiológicas.

Los estudiantes como electorado específico

La época única en que estudian los jóvenes se caracteriza por una cierta apertura de mente y una mayor libertad para explorar opciones y opiniones. Esto crea una doble oportunidad: para que los estudiantes cristianos amplíen sus horizontes y para que los no cristianos consideren la fe cristiana. Esta "libertad" tiene múltiples variantes a nivel mundial: Chua señala que "cada estudiante es un 'hombre-en-comunidad'. En términos de evangelización y discipulado no podemos ignorar su entorno familiar, su trasfondo cultural y su sistema de valores y visión religiosa del mundo."[9] De ahí que el vínculo entre libertad y tradición pueda ser complejo. Tras haber observado a los estudiantes latinoamericanos en tiempos revolucionarios, Voelkel señala las especificidades del colectivo estudiantil:

> El idealismo del estudiante le lleva a un entusiasmo incondicional por cualquier causa considerada justa, pero su energía física y su impaciencia exigen una participación instantánea. Ansía ver que algo se pone en marcha y por eso responde a las protestas, los desfiles, el lanzamiento de piedras e incluso la violencia. Quiere estar implicado, mente y cuerpo, en la actividad del momento. Quiere verlo, hablarlo, escribirlo, sentirlo y llorarlo.[10]

---

8. Woods, *Some Ways*, 106.
9. Chua Wee Hian, "Staff Letter 6" (mayo de 1973), 6, BGC Box n° 5.
10. Voelkel, *Student Evangelism*, 47.

Si Voelkel tiene razón, un ministerio que deja suficiente libertad a los estudiantes para asumir responsabilidades y opinar sobre cómo se hacen las cosas tiene más potencial de crecimiento y persistencia, incluso en tiempos de crisis inesperada,[11] que un ministerio más directivo. Además, Voelkel insinúa una de las principales razones de algunas de las tensiones entre la vida estudiantil y la vida eclesiástica: la posibilidad de implicarse a todos los niveles en el activismo, que caracteriza a los grupos dirigidos por estudiantes, en contradicción con las estructuras eclesiásticas. Por último, el hecho de que la mayoría de los estudiantes que participan en los grupos IFES sean relativamente jóvenes es importante para una formación misionera más amplia: "Dado que los estudiantes son jóvenes y están abiertos a asumir riesgos, los movimientos estudiantiles evangélicos han creado modelos de equipos misioneros multiculturales sensibles. Los participantes en ellos han sido capaces de observar su propia cultura desde una distancia crítica".[12]

Esta situación aparece una y otra vez en testimonios encontrados en documentos de archivo del IFES o en historias publicadas. Los sociólogos contemporáneos cuentan una historia similar: "En mis entrevistas con ellos, estos estudiantes a menudo saboreaban la oportunidad de ser líderes, como afirmó una persona: 'No es tanto como si fueras a la iglesia y estuvieras escuchando a alguien hablar. Es como si estuvieras involucrado y estuvieras haciendo que todo suceda'".[13] De ahí la necesidad de evaluar cuidadosamente el contexto del compromiso misionero con los estudiantes, tanto para los que ya son cristianos como para los que son invitados a convertirse en miembros de la comunidad cristiana.

Contextualización para la universidad

En los campus universitarios, los estudiantes cristianos son a menudo minorías. En términos de teología bíblica, su situación se asemeja a la del exilio que he explorado anteriormente. Así ha sido desde la fundación de los movimientos IFES en muchos países por razones étnicas y culturales, y cada vez más también en Occidente a causa de la secularización. Sin embargo, aunque los estudiantes

---

11. Una parte importante de este trabajo se escribió durante la pandemia de COVID-19, cuando fue asombroso ver la creatividad y resistencia de muchos grupos de estudiantes de todo el mundo. Siguieron reuniéndose en línea, invitando a sus amigos, organizando "alcances" en línea, etc. Esto no podría haber sucedido si solo hubiera sido impulsado por el personal.

12. Escobar, "A New Time for Mission", 8.

13. Alyssa Bryant, "Evangelicals on Campus: An Exploration of Culture, Faith and College Life", *Religion & Education* 32, nº 2 (2005): 10.

sean *exiliados* por ser cristianos, no dejan de ser miembros integrantes de la cultura universitaria. Se trata sin duda de un fenómeno observable para muchos grupos cristianos en los campus del mundo. Al igual que los primeros lectores de 1 Pedro, los estudiantes cristianos a menudo "forman parte de su cultura [universitaria] hasta el fondo, pero simultáneamente se han alienado del mundo [académico] a través de su encuentro con Cristo".[14]

Volf sostiene que una visión de la cultura – aquí fácilmente trasladable al contexto del campus – debe estar determinada, por un lado, por el hecho de que los estudiantes ya están *dentro* del campus, pero también por el hecho de que la escatología debe dar forma a la imaginación:

> La cuestión de cómo vivir en un entorno no cristiano . . . no se traduce simplemente en la cuestión de si uno adopta o rechaza las prácticas sociales del entorno. Esta es la pregunta que se hacen los forasteros, que tienen el lujo de observar una cultura desde un punto de vista externo a esa cultura. Los cristianos no tienen ese punto de vista ventajoso, ya que han experimentado un nuevo nacimiento como habitantes de una cultura concreta. De ahí que sean, en un sentido importante, habitantes de dentro. Como quienes forman parte del entorno del que se han desviado por haber nacido de nuevo y cuya diferencia es, por tanto, interna a ese entorno, los cristianos se preguntan: "¿Qué creencias y prácticas de la cultura que nos es propia debemos rechazar ahora que nuestro yo ha sido reconstituido por el nuevo nacimiento? ¿Cuáles podemos conservar? ¿Qué debemos remodelar para reflejar mejor los valores de la nueva creación de Dios?".[15]

Como movimiento evangélico que subraya la importancia del compromiso bíblico para su misión, IFES siempre insiste en que el complejo ejercicio de discernimiento cultural de Volf solo es posible si la piedad personal es primordial. Suele centrarse en la lectura devocional de la Biblia, comunitaria e individualmente. Pero el ejercicio de discernimiento que pide no es fácil si uno forma parte de hecho de una cultura determinada – "alejarse" del propio contexto nunca es fácil – y aquí es donde puede ayudar la ayuda de hermanos y hermanas del cristianismo mundial, que son al mismo tiempo miembros

---

14. Paas, *Pilgrims and Priests*, 246.

15. Miroslav Volf, "Soft Difference: Theological Reflections on the Relation between Church and Culture in 1 Peter" *Ex Auditu* 10 (1994): 19, http://www.pas.rochester.edu/~tim/study/Miroslav%20Volf%201%20Peter.pdf.

del pueblo de Dios pero con sensibilidades culturales diferentes.[16] Esto encaja bien con la idea de IFES de que el compromiso misionero fluye de la *relación personal* del estudiante con Dios – presentada anteriormente como *inmediata* y vivida en la comunidad. Pero el llamado de Dios, en consonancia con la lógica sacerdotal examinada anteriormente, es siempre que los cristianos sean una bendición para los demás. Esto se desarrolla en un proceso que he denominado *mediación*.

Mediación sacerdotal

La parte de teología bíblica de este trabajo ha argumentado que este aspecto de la vida cristiana puede entenderse adecuadamente como "sacerdotal", ya que asume la importancia de mediar entre Dios y el contexto. La observación misiológica del obispo Neill se aplica bien a nuestro debate sobre el liderazgo estudiantil: "El laico cristiano debe estar animado por una simpatía imaginativa con su mundo, totalmente identificado con él en sus necesidades, aunque totalmente independiente de él en sus deseos equivocados. Debe escuchar antes de hablar, y no emitir juicios precipitados o demasiado confiados".[17] Esta última frase subraya un supuesto misiológico central: ser misionero significa escuchar a la gente a la que uno quiere llegar. El mundo es cada vez más complejo y más diverso a pesar de las fuerzas unificadoras de la globalización. Todo ministerio debe preocuparse por ser verdaderamente respetuoso con su contexto para evitar exportar formas de creencia que sean producto de cegueras culturales o cautiverios políticos. Dado que el cristianismo es la religión de la traducción,[18] su universalidad y relevancia para todos los habitantes de la tierra no debe ponerse en duda. En consecuencia, ninguna estrategia de "talla única" hará justicia a la diversidad de las criaturas de Dios.[19]

---

16. Para un enfoque distintivamente evangélico, véase Paul G. Hiebert, "Critical Contextualization", *Missiology* 12, no. 3 (julio de 1984): 287–96.

17. Stephen Neill, "Introduction", en *The Layman in Christian History: A Project of the Department of the Laity of the World Council of Churches*, de Hans Ruedi Weber y Stephen Neill (Londres: MEC, 1963), 26.

18. Sobre esto, véanse entre otros Walls, *Missionary Movement in Christian History*; Sanneh, *Whose Religion Is Christianity?*

19. Sobre esto, véanse entre otros Walls, *Missionary Movement in Christian History*; Sanneh, *Whose Religion Is Christianity?* Más recientemente, Watkin ha explorado cómo la narración bíblica "diagonaliza" las cuestiones de universalidad y particularidad. Véase Christopher Watkin, *Biblical Critical Theory: How the Bible's Unfolding Story Makes Sense of Modern Life and Culture* (Grand Rapids: Zondervan Academic, 2022).

En consecuencia, es misiológicamente crucial considerar a los estudiantes como un público específico. Los estudios universitarios han implicado tradicionalmente la ampliación de horizontes mediante el examen de diferentes perspectivas, soluciones y planteamientos de futuro.[20] Las relaciones divergentes con el conocimiento recibido caracterizan las distintas culturas universitarias, pero la mayoría de las instituciones de enseñanza superior al menos defienden de boquilla la importancia del pensamiento crítico personal para comprometerse con la tradición. Esta socialización incluye la enseñanza y la tutoría en el sentido académico – en particular la inducción en las prácticas sociales que las disciplinas académicas son[21] – y las relaciones sociales en un sentido más general, ya sea a través de la vida en común en el campus universitario o de la interacción diaria con los compañeros.

Las comunidades estudiantiles cristianas pueden mostrar la relevancia de la fe cristiana, siendo un "pueblo-exposición" en el campus al ser una comunidad que prefigura el diseño de Dios para la humanidad. Del mismo modo, los grupos de estudiantes hacen de mediadores de Dios en el campus invitando a otros a experimentar una relación con Dios como individuos y dentro de la comunidad y, a su vez, recogen las primicias de la redención y se comprometen en un agradecimiento doxológico por lo que hace la universidad: "La labor misionera es una labor sacerdotal; se trata de recoger las 'primicias' y ofrecerlas después como sacrificio a Dios".[22]

De ahí que, en consonancia con la *vocación sacerdotal* de Israel y su prolongación en la iglesia, los estudiantes *medien* entre Dios y su entorno de dos maneras principales: intelectual e internacional.

---

20. Dado que la bibliografía sobre las universidades desde una perspectiva cristiana es amplia, el lector puede consultar John Henry Newman, *Idea of a University* (Londres: Longmans, Green & Co., 1852); Charles Habib Malik, *A Christian Critique of the University* (Waterloo: North Waterloo Academic Press, 1987); Douglas V. Henry y Michael D. Beaty, *Christianity and the Soul of the University: Faith as a Foundation for Intellectual Community* (Grand Rapids: Baker, 2006); Stanley Hauerwas, *The State of the University: Academic Knowledges and the Knowledge of God*, Illuminations – Theory and Religion (Malden: Blackwell, 2007); Gavin D'Costa, "The State of the University: *Academic Knowledges and the Knowledge of God* ", Pro Ecclesia 20, no. 3 (2011): 312–16; Higton, *Theology of Higher Education.* ; Card. Pio Laghi, Card. Eduardo Pironi, y Card. Paul Poupard. "The Presence of the Church in the University and in University Culture", 1994. https://www. vatican.va/roman_curia/pontifical_councils/cultr/documents/rc_pc_cultr_doc_22051994_ presence_fr.html

21. Abundan los debates sobre el hecho de que las disciplinas académicas son "prácticas sociales" en las que se introduce a los estudiantes. Para una visión general convincente, véase Jerome Kagan, *Three Cultures: Natural Sciences, Social Sciences, and the Humanities in the 21st Century* (Cambridge: Cambridge University Press, 2009).

22. Paas, *Pilgrims and Priests*, 257.

Mediación intelectual

Uno de los retos a los que se han enfrentado los estudiantes de IFES a lo largo de la historia de la comunidad ha sido su doble pertenencia: son miembros del pueblo de Dios y, al mismo tiempo, miembros de la comunidad académica. Y como observa Van Aarde, esto no va sin desafíos:

> Todo creyente está llamado a practicar la negociación *misional* entre la cultura de su iglesia y la cultura local, mientras que la contextualización pertenece principalmente al ámbito de las misiones. *La vocación misional es que cada miembro de la iglesia se comprometa con su contexto local mediante la negociación misional en todos los ámbitos de la sociedad, la vida humana y la creación.*[23]

Esta "negociación misional" tiene lugar en los límites de la iglesia, y el campus es uno de esos límites. A medida que el contexto universitario seculariza cada vez más sus planteamientos, la brecha puede parecer aún más significativa y, en cualquier caso, muy diferente de la relativa homogeneidad cultural experimentada por los diez movimientos IFES fundadores que, en su mayoría, operaban en un contexto cristianizado. En la actualidad, un gran número de movimientos IFES operan en contextos que carecen de tales antecedentes. Han tenido que *mediar* entre muchas capas culturales durante muchas décadas. A la inversa, Occidente está reaprendiendo lo que significa para los cristianos ser "extranjeros residentes".

En ambos casos, se produce una doble mediación. En primer lugar, cuando los estudiantes cristianos viven, estudian, sirven y dan testimonio en el campus, enriquecen, santifican y bendicen a la universidad. Esto requiere una contextualización reflexiva. En segundo lugar, a medida que los estudiantes cristianos se ocupan de sus asuntos académicos, descubren más sobre los entresijos de la creación que saben que pertenece al Dios que adoran. Esto significa que la vida académica debe enriquecer las vidas de los estudiantes cristianos que, a su vez, serán una bendición para sus iglesias al traer a ellas algunos de los buenos frutos de la tierra académica: nuevas áreas de conocimiento, nuevas percepciones, nuevas ideas, nuevas formas de amar y servir al Creador y a su prójimo.

---

23. Timothy A. Van Aarde, "The Missional Church Structure and the Priesthood of All Believers (Ephesians 4:7–16) in the Light of the Inward and Outward Function of the Church", *Verbum et Ecclesia* 38, n° 1 (31 de enero de 2017): 3; énfasis añadido.

La mediación al mundo académico

Si las consideraciones anteriores son ciertas, un ministerio dirigido a los estudiantes debe tomarse *muy* en serio su supuesto carácter intelectual.[24] Adjuntar la etiqueta de "intelectual" a un colectivo tan diverso como el de los estudiantes asociados a los movimientos IFES sirve como atajo metodológico. A pesar de las enormes diferencias en los niveles académicos, se supone que los estudiantes de todo el mundo adquieren, procesan, perfeccionan y desarrollan conocimientos y habilidades que, a su vez, pondrán en práctica en sus respectivas sociedades. Aunque el porcentaje de la población general que asiste a la universidad varía de un país a otro, los estudiantes representan generalmente, al menos en el mundo mayoritario, una fracción de la demografía de sus países, con la presión y las responsabilidades añadidas que conllevan tales privilegios. Esto podría interpretarse en términos abiertamente estratégicos y mover a los misiólogos a adoptar enfoques destinados a "capturar" el "potencial de poder" de dicha población para hacer avanzar el evangelio. Como han argumentado algunos estudiosos, esto podría ser incluso una "venganza por la puerta de atrás" contra las fuerzas secularizadoras que se observan en Occidente.[25] Ésta es al menos la línea argumental propuesta por Neill, que plantea el reto en términos claros:

> Si la Iglesia quiere volver a penetrar en este mundo alienado y reivindicarlo en nombre de Cristo, sus únicos recursos están en sus laicos convencidos y convertidos. Hay vastas zonas, geográficas y espirituales, en las que el ministro ordenado difícilmente puede penetrar; los laicos ya están allí y están allí todos los días. Lo que le ocurra a la sociedad en el futuro dependerá en gran medida del uso que hagan de sus oportunidades, de su eficacia como testigos cristianos en un océano del ser nuevo y aun imperfectamente cartografiado.[26]

Del mismo modo, muy al principio de la historia de IFES, Johnson destacó la importancia de dejar que los alumnos pensaran por sí mismos, no fuera que se despreciaran sus capacidades intelectuales y su integridad como estudiantes:

---

24. "Asumida" en el sentido de que (1) no se espera que todos los alumnos sean igualmente críticos con lo que se enseña; y (2) no todos los alumnos se toman en serio esta vocación, ya sea por sus capacidades intelectuales o por otras contingencias. El concepto ampliamente utilizado en los círculos misiológicos de "grupos de personas" también podría utilizarse aquí. Lutz sostiene que los estudiantes podrían ser uno de los grupos de personas menos "alcanzados" de la tierra. Véase Lutz, *College Ministry*.

25. Véase el resumen del pensamiento de Wuthnow en Flett, *Apostolicity*, 160.

26. Neill, "Introduction", 22.

> Por muy ortodoxa que sea su educación eclesiástica, y por muy fiel en la instrucción doctrinal que sea su ministro, llega un momento en la adolescencia tardía de un estudiante intelectualmente activo en el que se *da cuenta del impulso de expresar su fe de formas apropiadas a su edad y formación. Quiere discutir libremente, orar y entrar en un servicio evangelizador activo en compañía de otros de su misma edad.* Casi siempre lo hace por el bien de su iglesia, así como por el suyo propio. Porque solo así la fe puede arraigar profundamente y transmitirse de forma influyente a la siguiente generación.[27]

Sin embargo, también se lanzaron frecuentes llamadas de advertencia contra cualquier intento de "hacerse poderoso", a saber, que "la tentación dentro de los grupos de estudiantes puede ser ver el cristianismo únicamente como un conjunto de proposiciones intelectuales, en lugar de como una forma de vida basada en el conocimiento personal del amor de Dios por nosotros en Cristo".[28] Comentando una reciente investigación de campo en un grupo cuya descripción se asemeja mucho a la de un grupo IFES, Bryant relata el compromiso deliberado con el contenido de la fe cristiana al que aspiraban los estudiantes. Ellos

> afirmaban valorar el rigor intelectual en la búsqueda de la verdad y de respuestas. Evidentemente, la cultura universitaria, con la gran importancia que otorgaba al intelectualismo, presionaba a la organización cristiana. Para ser tomados en serio "en el mercado de las ideas", era vital que adoptaran medios académicamente válidos de búsqueda de la verdad, y muchos estudiantes se comprometieron con tales medios en su búsqueda.[29]

Intelectualmente, el entorno de la universidad prima la reflexión y el descubrimiento, así como la libre indagación. Una sólida doctrina de la creación significa, en primer lugar, que Dios sigue amando el mundo y a los seres humanos que lo habitan y, en consecuencia, que los estudiantes pisan terreno seguro cuando estudian el mundo. Deben disfrutar de la libertad de explorar cómo se relaciona su fe con sus disciplinas académicas y con la vida en el campus, del mismo modo que toda teología necesita esencialmente una contextualización. Los cristianos pueden *mediar con Dios en la universidad*

---

27. Johnson, *Brief History*, 102-3; énfasis añadido.
28. Dransfield y Merritt, "'One-Another' Ministry", 37.
29. Bryant, "Evangelicals on Campus", 14.

aportando una perspectiva cristiana a toda la empresa académica. Esta perspectiva es la de participantes amorosos más que la de combatientes.[30] Como estudiantes, profesores y demás personal universitario, pueden *mediar el mundo de vuelta a Dios* en la oración, y a la iglesia, llevando las preguntas planteadas por la universidad a la iglesia para la profundización misiológica de la vocación de esta última.[31] Enmarcar la cuestión en el debate sobre el "sacerdocio de todos los creyentes" abre entonces nuevas puertas, pues considera la posibilidad de que los cristianos sean individual y colectivamente responsables de su desarrollo teológico *coram Deo*. Esto encaja ciertamente con la ética de la educación superior. Lo que ocurre dentro de IFES es, en última instancia, la *teologización estudiantil* que se extiende por toda la comunidad a través de escritos, conferencias y el mayor peso de los prometedores líderes estudiantiles que se convierten en voces dentro de la comunidad y fuera de ella, especialmente entre los muros del mundo académico. En otras palabras, "hablar de Jesucristo en otro medio cultural es abrir ese mensaje a la gama de preguntas, recursos y modismos que se encuentran en esa cultura".[32] La misiología, la sociología y la teología se encuentran cuando los "sacerdotes del campus", que son los estudiantes, escuchan las voces del campus y las transmiten a la iglesia, que a su vez necesita reflexionar teológicamente sobre estos nuevos retos.

La necesidad de una conexión entre el conocimiento teológico profesado ampliamente concebido, por un lado, y la piedad emocional vivida, por otro, muestra la amplitud de preocupaciones que un grupo de estudiantes podría necesitar abordar. El análisis de Bryant y Astin postula que

> Los estudiantes necesitan que se les asegure que sus luchas están justificadas y que son una parte legítima de su proceso de desarrollo. Muy a menudo estas batallas personales se libran en solitario, divorciadas de las rutinas diarias, las clases y los horarios de trabajo. Por miedo a ser malinterpretados o estigmatizados, los estudiantes pueden intentar ocultar sus sentimientos atribulados, una práctica que puede abrumarlos aún más. Lamentablemente, el dolor de la lucha podría amplificarse en entornos que se niegan

---

30. James K. A. Smith, "Loving The University: Engaging the Big Questions on Your Campus", Emerging Scholars Blog, 20 de febrero de 2023, https://blog.emergingscholars.org/2023/02/loving-the-university-engaging-the-big-questions-on-your-campus/.

31. Ward ve este proceso de renovación de la teología práctica como una participación en la misión de Dios; véase Pete Ward, *Participation and Mediation: A Practical Theology for the Liquid Church* (Londres: MEC, 2008), 102–3.

32. Flett, *Apostolicity*, 261.

a reconocer la existencia de las luchas o que exigen resoluciones prematuras e insatisfactorias a las luchas en aras de establecer el compromiso con la propia tradición religiosa.[33]

Del análisis de Bryant y Astin pueden derivarse dos conclusiones. En primer lugar, los obreros de IFES pueden y deben tener una preocupación profundamente pastoral por la salud espiritual, física y mental de los estudiantes con los que trabajan, acompañándolos en el desafiante descubrimiento de la cultura y las prácticas universitarias. Sin embargo, para ser relevante, esta atención pastoral debe estar informada por una comprensión de la universidad que sea a la vez valorativa y amorosamente crítica. En segundo lugar, si las sugerencias de Bryant y Astin son correctas, significa entonces que existe un gran potencial para que los ministerios estudiantiles sean creadores de "espacios" en los que todas las personas puedan explorar asuntos de la vida y la fe en un lugar seguro – y ésta es notablemente una contribución que un grupo IFES puede proporcionar en el campus.[34] De hecho, es una firme convicción de IFES que equipar a los estudiantes para la misión es relevante en todas partes porque la misión de Dios es universal, a pesar de las dificultades contextuales.

Excursus: ¿Una posible "moratoria sobre la doctrina"? Estudiantes explorando la verdad
La sección histórica de esta obra ha puesto de relieve la frecuente cuestión de la legitimidad de que los estudiantes ejerzan el ministerio entre sus compañeros sin ser supervisados por miembros del clero. Emblemático de la cuestión en juego es el vívido relato de Woods sobre la tensión tal y como él la vivió en la década de 1940, que merece la pena citar en extenso:

> Había terminado de hablar en la capilla de un gran seminario teológico interdenominacional. La mayoría de ese alumnado había surgido durante sus días de estudiante universitario con Inter-Varsity. El jefe del departamento de estudios bíblicos se me acercó corriendo al final de mi mensaje. "Por fin entiendo lo que ha intentado decirme durante los últimos diez años. Quiere usted decir que cree que los propios estudiantes pueden unirse y tener su propio movimiento en el campus y dar testimonio de Cristo. No lo creo. Ya no estoy a su favor. Los estudiantes saben poco o nada.

---

33. Alyssa Bryant y Helen Astin, "The Correlate of Spiritual Struggle During the College Years", *The Journal of Higher Education* 79, nº 1 (2008): 23-24.

34. Luke Cawley, *The Myth of the Non-Christian: Engaging Atheists, Nominal Christians and the Spiritual but Not Religious* (Downers Grove: InterVarsity Press, 2016), especialmente el cap. 9.

No pueden dirigir estudios bíblicos; no pueden defender la fe. Esto es para los expertos formados. Su enfoque nunca funcionará". El ministro de una de las mayores iglesias independientes del este de Estados Unidos dijo: "No creo en su enfoque de Inter-Varsity. No creo que los estudiantes sin formación puedan presentar el evangelio con eficacia. No quiero que la gente de mi iglesia intente señalar a sus amigos a Cristo. Yo soy el ministro ordenado y cualificado de esta iglesia. He ido a la universidad y al seminario, y tengo mi doctorado. Mi gente debe traer a sus amigos por los que están orando. Declararé el evangelio de la gracia de Dios. No se confundirán con una presentación inmadura e inadecuada. Me oirán y se convertirán según la gracia soberana de Dios. Por lo tanto, no apoyo su punto de vista en cuanto a que cada estudiante que sea cristiano, sea un testigo de Cristo".[35]

Woods entendía esta reticencia a ver los beneficios del liderazgo laico como un reflejo de la cautividad cultural. En sus palabras, "el cristianismo estadounidense ha estado condicionado durante demasiado tiempo por la ideología y la práctica empresarial estadounidense. Solo se habla de boquilla de la doctrina bíblica de la comunión y del sacerdocio de todos los creyentes. El clericalismo en todas sus formas está demasiado extendido".[36]

Sin embargo, la preocupación expresada por el pastor estadounidense de que los estudiantes no sean lo suficientemente maduros y de que la falta de supervisión clerical enturbie la teología y la doctrina, es un desafío misiológico para el ministerio estudiantil y ciertamente no se limita a Estados Unidos. Así pues, la cuestión es tanto sociológica como doctrinal: ¿podría presuponerse una posible *moratoria doctrinal* para el ministerio estudiantil?

Tal "moratoria" no estaría formalizada sino implícita en la forma en que los trabajadores del personal operan pastoralmente con los estudiantes – y yo sugeriría que ésta es ya la forma en que los miembros del personal operan con los estudiantes. Operar a partir de tal premisa significa esencialmente permitir a los estudiantes que suspendan su juicio durante el tiempo que examinen su fe al confrontarla con el (nuevo) entorno académico. Desde el punto de vista de una organización, una moratoria no significa abandonar cualquier aspiración a la fidelidad doctrinal porque todos los titulares de cargos – incluidos la mayoría de los líderes estudiantiles – han firmado la base doctrinal y operan

---

35. Woods, *Growth of a Work of God*, 61.
36. Woods, 61.

a partir de las convicciones que articula. Sin embargo, sí reconoce que las convicciones doctrinales necesitan tiempo para ser apropiadas por un grupo de personas cuya ocupación diaria es la valoración de las ideas, de sus respectivos beneficios y de sus posibles defectos. Congar ha comentado astutamente el aspecto "fronterizo" que caracteriza al mundo de los pensadores:

> En el amplio campo situado, como los propios laicos, en la costura de la Iglesia y del mundo, los pensadores, artistas, investigadores y estudiosos laicos deben ser y sentirse más libres que los clérigos dedicados a la teología propiamente dicha; pueden desarrollar allí las opciones parciales pero francas en las que el sacerdote es mucho menos capaz de aventurarse, obligado como está a seguir siendo el hombre de todos; pueden ser más creativos, no dudando en abrir nuevos caminos, mientras que los clérigos, hombres de tradición, se ven a veces tentados a transportar los métodos autoritarios de la dogmática a otras disciplinas en las que no tienen nada que hacer.[37]

El alegato de Congar no es un alegato a favor del individualismo doctrinal, sino a favor del reconocimiento necesario de que existen contextos en los que las personas necesitan cierto grado de libertad para examinar lo que a menudo acaban recibiendo como tradición válida.[38] Este es el precio misiológico de la integridad intelectual para un ministerio que sirve al mundo estudiantil. Stevens señala vívidamente que "esto es teología que se hace 'desde abajo'. Gran parte de la teología que se está haciendo es inadecuada, ¡pero se está haciendo! La teología autorreferencial, la teología improvisada, aunque a menudo reaccionaria, suele revelar alguna dimensión inexplorada de la verdad cristiana."[39]

La mera posibilidad de descubrir "dimensiones inexploradas de la verdad cristiana" no habría parecido agradable a los fundadores de IFES, sin embargo,

---

37. Congar, *Théologie du laïcat*, 431.

38. Roberts argumenta en la dirección opuesta, afirmando que la adhesión (incuestionable) a los estrictos límites de la BD es necesaria para los estudiantes que buscan certidumbre en una etapa de la vida en la que ya se cuestionan tantas otras dimensiones; véase Vaughan Roberts, "Reframing the UCCF Doctrinal Basis", *Theology* 95, n° 768 (1 nov. 1992): 432–46. Esto ya es discutible en una sociedad en la que una gran parte de cada generación cursa estudios superiores, pero probablemente sea aún más cuestionable en el mundo mayoritario. En cualquier caso, las especificidades de la socialización de la disciplina académica de cada individuo deben tenerse en cuenta en la necesidad relativa de certeza doctrinal para la apropiación de la fe, así como las inclinaciones personales, la psicología y la cultura de cada uno.

39. R. Paul Stevens, *The Abolition of the Laity: Vocation, Work and Ministry in a Biblical Perspective* (Cumbria: Paternoster, 1999), 18–19.

esto es de hecho lo que ha sucedido a lo largo de la historia de la comunidad y es probable que siga sucediendo ya que la organización está ahora presente en todo el mundo. Aunque defendían la idea de que los líderes estudiantiles exploraran juntos la verdad, la posibilidad de suspender el juicio doctrinal también era una preocupación de los primeros líderes de IFES, y esta cuestión estaba estrechamente relacionada con la cuestión de la independencia de las iglesias establecidas. Como Woods advirtió astutamente en 1957, "la historia de la iglesia independiente suele ser trágica. Privada de los medios escriturales de culto unido, instrucción y disciplina, la malformación espiritual es casi inevitablemente la consecuencia. Se desarrollan excentricidades y aberraciones, y con frecuencia la herejía ha sido el resultado final".[40]

La conexión con los grupos IFES es clara: sobre todo por razones sociológicas, los estudiantes deben poder explorar, pero como los grupos de estudiantes no pueden sustituir a la participación en la iglesia, se espera que los controles y equilibrios en la exploración se infundan en los estudiantes en el contexto de las actividades y la enseñanza de la iglesia. Lo que es importante señalar es que una "moratoria sobre la doctrina" es menos una cuestión de estructura que de práctica: es una actitud que consiste en confiar en la misteriosa interacción de la agencia personal moldeada en la comunidad por la obra del Espíritu Santo para la formación de la creencia y su vivificación contextual. Este parece ser el corolario necesario del carácter fronterizo del compromiso misionero, que exige una improvisación fiel.

Dado que se anima a los estudiantes a ser miembros de congregaciones locales, su exploración de la doctrina no se realiza en el vacío. Tiene lugar en el campus dentro del grupo estudiantil, con todas sus prácticas dialógicas y su carácter exploratorio, pero también en conversación con las tradiciones eclesiales mayores, que incrustan la búsqueda en un sistema de controles y equilibrios. Hablar de "moratoria doctrinal" significa *nombrar* una fase exploratoria por la que pasan muchos estudiantes, no *abolir* la doctrina. Permite a los estudiantes no cristianos hacer preguntas difíciles sobre elementos doctrinales sin que estas preguntas sean una amenaza para los cristianos; y a los cristianos hacer las preguntas que nunca se habrían atrevido a hacer en un contexto eclesiástico. En términos contemporáneos, significa que el grupo estudiantil local puede ser un "espacio seguro" donde la doctrina puede explorarse y ponerse a prueba sin el riesgo inmediato de excomunión.

La idea, ciertamente provisional, de una "moratoria sobre la doctrina" tiene en cuenta el argumento de Berger de que en un mundo en el que el cristianismo

---

40. Woods, "Evangelical Unions", 4.

ya no es la cosmovisión evidente – y con mayor razón en lugares en los que nunca lo ha sido – los cristianos están sometidos a un "imperativo herético", es decir, a "pensar por sí mismos".[41] A primera vista, esto va a contracorriente de la idea misma de ortodoxia, según la cual "el ortodoxo se define a sí mismo como viviendo en una tradición; es de la naturaleza misma de la tradición darse por supuesto; este darse por supuesto, sin embargo, se ve continuamente falseado por la experiencia de vivir en una sociedad [académica] moderna".[42] En consecuencia, un ministerio dirigido a los estudiantes requiere una cuidadosa consideración misiológica del entorno pluralista de la universidad, donde generalmente se les anima a pensar por sí mismos, incluso a "elegir y escoger". Esta socialización pluralista es el aire que respiran los estudiantes. Creer en la validez de las creencias cristianas permite a los ministros confiar en que estas creencias resistirán el examen minucioso con el que probablemente se enfrentarán los estudiantes. El objetivo es, por supuesto, fomentar una comunidad honesta y alentadora en la que los estudiantes puedan hacer una elección informada para unirse a la tradición cristiana. Esta comunidad es el grupo de estudiantes, que es, en última instancia, parte de la iglesia.

Mediación a la Iglesia

> La universidad es un campo sin evangelizar continuo, un jardín de infancia cristiano continuo.[43]

Si los estudiantes se caracterizan, entre otras cosas, por su compromiso intelectual con el mundo, el contexto universitario presenta desafíos específicos para algunos estudiantes cristianos, especialmente dentro del evangelicalismo. Entre los desafíos se encuentra el hecho de que los estudios universitarios cuestionan las ideas preconcebidas y arraigadas sobre el funcionamiento del mundo, algunas disciplinas desafían las tradiciones hermenéuticas, etc. En los primeros tiempos del IFES, esta tensión se percibía esencialmente como una amenaza. En las claras categorías características de su estilo, Woods advirtió en 1970 que

> Muchos evangélicos, en particular los graduados, en un esfuerzo por encontrar aceptación en la sociedad sociológico-científica actual,

---

41. Berger se refiere a la etimología de αἵρεσις, "el que elige por sí mismo". Peter L. Berger, *The Heretical Imperative: Contemporary Possibilities of Religious Affirmation* (Garden City: Anchor, 1979), 27.

42. Berger, *Heretical Imperative*, 30.

43. Woods, "Student Work", 13.

seguirán comprometiendo su cristianismo bíblico. Esta *erosión* de los fundamentos bíblicos sobrenaturales, particularmente en lo que se refiere a la realidad de los acontecimientos espacio-temporales registrados en las Escrituras, tendrá como *resultado una pérdida de poder y eficacia espirituales* y, en última instancia, *la pérdida de la propia fe cristiana*. Por otro lado, la minoría consagrada de Dios, aunque pequeña, continuará en lealtad inquebrantable a Cristo y a su Palabra infalible.[44]

La angustia de Woods por una dilución de las convicciones bíblicas se presenta con lógica y claridad: al principio está el "cristianismo bíblico", cuyos postulados van contra la corriente académica, lo que incita a quienes quieren triunfar a ceder a planteamientos materialistas, que a su vez hacen imposible el testimonio fiel. La concepción que Woods tiene de IFES es la de una minoría que necesita reforzar a otra minoría en sus propias filas. Esta minoría era a veces bastante débil, como señalan varios relatos,[45] pero la idea cercana al corazón de Woods, de una "minoría consagrada" que influye en su entorno, recuerda al lenguaje sacerdotal.

Woods y Williams no fueron los únicos en destacar las tensiones que experimentan los estudiantes cristianos que acuden a las universidades. Pero la tensión tiene otra dimensión. Niringiye hace el alegato de que

La conversión no puede asignarse simplemente a las culturas receptoras. Puesto que la auténtica misión cristiana tiene su origen en la misión de Dios, la invitación de Jesús a seguirle a otra cultura nos invita a reexaminar nuestras propias perspectivas, arrepentirnos y creer en la buena nueva del reino; es una invitación a un viaje de conversión, a ser transformados por la gracia de Dios y a ser atraídos a la comunión con otros a los que Él está atrayendo hacia sí a través de nosotros.[46]

Supongamos que las observaciones anteriores de Niringiye se toman en serio. En ese caso, los estudiantes deben considerar los avances científicos por sus implicaciones en cuanto a la forma de entender la fe cristiana. Cansados de diluir la doctrina frente a un "liberalismo" más interesado por la ciencia, los círculos de IFES aún no han dedicado una energía significativa al diálogo

---

44. Woods, "Perspectives and Priorities", 2; énfasis añadido.
45. Williams, *Holy Spy*, 52–53.
46. Niringiye, *The Church*, 143.

con los desarrollos científicos.⁴⁷ La idea de que la universidad es en el fondo un lugar potencialmente peligroso para la fe es un argumento narrativo que se encuentra a menudo en los testimonios de los estudiantes de IFES, que cuentan importantes conflictos de lealtad entre su vocación académica y su implicación eclesial.⁴⁸ Dicho esto, desde el punto de vista misiológico, no solo "la universidad" necesita una conversión, sino que los "mensajeros" también necesitan ser remodelados por el encuentro. De ahí que "la pastoral universitaria sea una expresión del deseo especial de la iglesia de estar presente ante todos los que participan en la educación superior y de fomentar el diálogo entre la iglesia y la comunidad académica".⁴⁹ Sin embargo, no es así como se ha entendido tradicionalmente la misión en los círculos evangélicos. En el caso muy concreto de Estados Unidos – del que no podemos extrapolar directamente al resto del mundo, pero que no deja de ser influyente, sobre todo por su producción en formato impreso y en otros medios de comunicación–, Bielo ofrece una crítica astuta, aunque no especialmente caritativa, de la relación de los evangélicos con la universidad:

> Existe un discurso dominante entre los evangélicos conservadores según el cual la academia es un territorio que los cristianos deben pisar con ligereza. Es el caldo de cultivo del "liberalismo", el "humanismo", el "secularismo" y una variedad de otros "ismos" desagradables que son antagónicos a los cristianos y al cristianismo. La universidad es donde la evolución humana, las filosofías existenciales y las epistemologías no occidentales se utilizan para barrer las patas de debajo de la teología cristiana. Es donde la "tolerancia" y la "diversidad" son lenguaje "liberal" para la evaporación de los absolutos morales. Esta trama narrativa en particular incluye al profesor demasiado cerebral y sabelotodo

---

47. Stackhouse señala en términos punzantes para los movimientos IFES que "muchos miembros del personal de los campus – y los líderes que ascienden en la jerarquía de las organizaciones universitarias – solo tienen un título universitario, y a menudo en un campo que los prepara mal para la contienda ideológica y la formación de discípulos cristianos (por ejemplo, ingeniería, ciencias naturales, comercio, medicina). Más recientemente, son más los que tienen un máster o superior en un campo relevante. Pero uno se pregunta por qué esas cualificaciones no se exigen sin más, del mismo modo que las denominaciones y congregaciones exigen al menos un título teológico para desempeñar el trabajo. ¿Qué es este trabajo que requiere tan poca formación teológica, tan poca conciencia filosófica?" https://www.johnstackhouse.com/post/engaging-the-university.

48. Este autor ha escuchado este tipo de sentimientos expresados por muchos estudiantes en muchos países.

49. Wonyoung Bong, "Toward Improving the Effectiveness of Campus Ministry at Universities", *Asia-Africa Journal of Mission and Ministry* 7 (2013): 28.

que abusa intelectualmente de los desprevenidos estudiantes cristianos, obligándoles a dudar de su fe.[50]

Esta descripción se aplica más a los primeros años de IFES que a sus años posteriores. Sin embargo, sigue habiendo tensiones en la intersección de la vida académica y el compromiso cristiano. Como postula Reimer, "si algunos de los estudiantes más religiosos se comprometen intelectualmente, reflexionando sobre las implicaciones de la educación liberal para sus puntos de vista religiosos, es probable que se suavice un poco la ortodoxia".[51]

Sin embargo, este "efecto liberalizador" no es en modo alguno automático, según el análisis de Reimer. Se requiere un mayor compromiso intelectual; es decir, "el estudiante aún debe comprometerse intelectualmente con estas teorías".[52] Esto representa un reto importante para un ministerio que anima a los estudiantes a comprometerse mentalmente con sus estudios. Por un lado, exponer la propia fe a retos intelectuales significa beneficiarse de una "prueba de estrés" de la fe y salir con una fe más asentada y resistente. Por otro lado, sin embargo, al mismo tiempo parece producirse un fenómeno más o menos pronunciado de relativización de ciertas convicciones dogmáticas, ya sean heredadas de los padres o de la socialización dentro del propio grupo IFES. Sin embargo, estos encuentros no conducen automáticamente a una menor certeza teológica, como señala además Reimer: "La participación activa en un grupo cristiano universitario preserva las creencias y la moral tradicionales... La educación superior puede ampliar y diversificar las redes sociales, de las que tradicionalmente se ha pensado que socavan la ortodoxia religiosa que se preserva mejor mediante el cierre de la red."[53]

Dentro de IFES, el valor concedido a los libros y a la educación va acompañado de la advertencia de que la fe y la doctrina necesitan alimento, por una gran preocupación por la sostenibilidad del compromiso del estudiante: "El estudiante evangélico que no logra ser lo suficientemente tenaz en sus creencias y conducta evangélicas en la Universidad, rara vez logra serlo durante el resto de su carrera".[54]

---

50. Bielo, *Words Upon the Word*, 40.

51. S. Reimer, "Higher Education and Theological Liberalism: Revisting the Old Issue", *Sociology of Religion* 71, no. 4 (3 de junio de 2010): 396.

52. Reimer, "Higher Education", 394.

53. Reimer, 395.

54. Inter-Varsity Fellowship of Evangelical Unions, ed., *Principles of Co-operation* (Londres: IVF, s.f.), 16.

Si esto es cierto, la universidad representa un reto para los líderes eclesiales. La universidad puede ser vista o bien como una reserva de personas a las que hay que llegar con la atención puesta en el contexto, o bien como una muestra de características que pueden ser genuinamente propicias para el florecimiento de la fe cristiana y de la vida en común con personas de convicciones compartidas y no compartidas. "En el mejor de los casos, el aprendizaje que tiene lugar en las universidades puede, por tanto, contribuir, aunque sea de forma limitada, a la tarea de aprender a vivir juntos en el mundo como el cuerpo de Cristo, independientemente de si quienes participan en él entienden su aprendizaje en estos términos."[55] Del mismo modo, Osei-Mensah recurre a la imaginación teológica y a la historia cuando propone que

> el cristiano debe redescubrir por sí mismo el concepto original sobre el que se fundaron las universidades, a saber, la armonía entre lo sobrenatural y lo natural. Debe darse cuenta, además, de que esta armonía solo tiene realidad en el Señor que "sostiene todas las cosas con la palabra de su poder". Este es el primer paso en la integración del estudio y la devoción.[56]

Valorar seriamente la vida de la mente significa apreciar el don que es la razón e invertir en su cultivo, lo que permite una integración más profunda. Lutz, que además de su insistencia en la formación misional es consciente de los retos que representa la universidad para los estudiantes, aboga por un discipulado intelectual sin paliativos: "Como personas en misión en la educación superior, desarrollamos el intelecto de forma intencionada y rigurosa. Esto significa llamar a los estudiantes a la transformación integral de la persona – mente, cuerpo y espíritu – a través del Evangelio, una transformación que comienza por la renovación de su mente (Romanos 12:2)."[57]

En un tono igualmente apremiante, Malik insta a sus lectores a tomarse en serio la universidad por convicción teológica. No basta con fijarse en la creciente población estudiantil; hay que prestar más atención a la evaluación de la universidad desde un punto de vista institucional, es decir, desde la óptica de su impacto en las sociedades:

> Si la universidad domina hoy el mundo, si Jesucristo es Quien la iglesia y la Biblia proclaman que es, y si resulta que creemos que

---

55. Mike Higton, "Education and the Virtues", en *The Universities We Need: Theological Perspectives*, ed. Stephen Heap (Milton: Taylor and Francis, 2016), 82.

56. Gottfried Osei-Mensah, "Integration Point: Against Dichotomy", *In Touch* 1 (1974).

57. Lutz, *College Ministry*, 703.

lo que la iglesia y la Biblia afirman sobre Jesucristo es la verdad, entonces cómo no plantear no solo la cuestión de lo que Jesucristo piensa de la universidad, sino afrontar la exigencia igualmente urgente: ¿Qué se puede hacer? Estamos tratando con el poder que domina el mundo; ¿cómo podemos entonces descansar sin tratar de averiguar cuál es la posición de Jesucristo con respecto a este poder? La universidad y Jesucristo: estos son los dos focos inseparables de nuestro pensamiento.[58]

El llamado de Malik no puede responderse con el mero estímulo que un ministerio estudiantil da a los estudiantes para que se reúnan a orar, confraternizar y leer la Biblia, así como para que den testimonio de cualquier forma, sin un compromiso *deliberado, consecuente y sostenible* de orientar a los estudiantes para que reflexionen a fondo sobre las cuestiones que están en juego en la universidad. Llamativamente, la afirmación de Malik de que "cambiar la universidad es cambiar el mundo", que hasta el día de hoy ocupa un lugar destacado en los documentos de relaciones públicas de IFES, se ha entendido concretamente en el sentido de que los estudiantes *como individuos* deben ser alcanzados con el evangelio y que ellos, a su vez, cambiarán la universidad y posteriormente el mundo.[59] La premisa teológica es que la conversión acabará incitando a los estudiantes cristianos a cambiar de universidad. Sin embargo, la pregunta sigue en pie: ¿se abordan de forma suficientemente deliberada las grandes cuestiones y problemas académicos – tanto desde un punto de vista institucional como académico – en la formación general de los estudiantes como para que quepa esperar razonablemente que la "visión del cambio" se haga realidad algún día, aunque los estudiantes cristianos sigan siendo una comunidad marginal en la academia? Sommerville también recurre a ejemplos bíblicos para fomentar una actitud positiva en el compromiso de los cristianos con la universidad. Dirigiéndose principalmente a un público occidental, afirma que "los cristianos no deberían necesitar dominar lo secular para sentirse seguros en su entorno. Cuando San Pablo debatió con los atenienses en la Colina de Marte, no los amenazó. Cuando la enseñanza pública de Jesús era a través de preguntas, asumía que tenía un aliado en la conciencia y la inteligencia de su audiencia".[60] Si se lleva esta reflexión a IFES, en muchos

---

58. Malik, *Christian Critique*, 21.

59. Este punto de vista es criticado por Paas, quien afirma que es un remanente de las perspectivas de restauración de la cristiandad; véase Paas, *Pilgrims and Priests*, 66.

60. C. John Sommerville, *Religious Ideas for Secular Universities* (Grand Rapids: Eerdmans, 2009), 61.

países no existe de todos modos la posibilidad de "dominar la esfera pública", por lo que los estudiantes cristianos se han acostumbrado a ser minoría durante mucho tiempo. Sin embargo, como Occidente publica y difunde desproporcionadamente libros sobre cuestiones de cultura y vida cristiana, es esencial recuperar el potencial de las minorías para comprometerse de forma significativa con su entorno, no sea que los movimientos más pequeños piensen que se limitan a sobrevivir antes de poder aportar algo a la universidad.

Así que quizá una de las primeras cosas que podría plantearse un movimiento IFES es asegurarse de que, en cada estudio bíblico, en cada enseñanza, en cada debate con estudiantes, simpatizantes y accionistas del movimiento, se planteen preguntas sobre el contexto universitario. Dicho cuestionamiento no debería producirse únicamente desde un punto de vista puramente "cristiano", centrándose en lo que es "malo" en la universidad, sino que también debería centrarse en qué cosas positivas están ocurriendo en la universidad y cuáles son los retos a los que se enfrenta la gente de allí (no solo los cristianos).[61] En la literatura de formación de IFES no se encuentra realmente una postura tan deliberada, especialmente en los relatos históricos. La lógica del "crecimiento espiritual personal que informa el testimonio personal" es siempre primordial, y el contexto universitario se ve sobre todo como un desafío para "permanecer fiel", más que como un lugar donde se hacen descubrimientos, se fomentan los intercambios y se alimenta la fascinación. Esta alternativa podría resumirse diciendo que "No llevamos a Cristo a la universidad; él es el que va delante de nosotros y nos lleva ahí".[62] Así, del mismo modo que los especialistas en salud pública defienden un enfoque de "la salud en todas las políticas" para la elaboración de políticas, los relacionados con IFES podrían adoptar un enfoque de "la universidad en todos los esfuerzos".

Este intrincado proceso de mediación misionera se produce a nivel teológico con la universidad e informa a la teología desde un nivel intelectual. Sin embargo, lo que distingue a IFES de muchas otras organizaciones es su amplitud, de ahí que prefigure, aunque humildemente, la reunión escatológica de todas las naciones y lenguas bajo el señorío de Cristo.

---

61. Utilizar un marco muy tradicional y reformado podría ser un primer paso: fijarse en lo que refleja la bondad de la creación, la maldad de la caída, los cambios que se producen como consecuencia de la redención y la plenitud hacia la que se dirige la historia en la restauración.

62. Vinoth Ramachandra, "El testigo cristiano en la Universidad: Integridad, encarnación y diálogo en las universidades actuales", *Palabra y Mundo* 4 (5 dic. 2017), https://ifesworld.org/wp-content/uploads/2019/08/IFES-Palabra-y-Mundo-Número-4-Serán-mis-testigos.pdf

Mediación internacional

El amplio espectro de pueblos, culturas, especificidades confesionales, lenguas y muchos más representados en IFES muestra un anticipo único de la comunidad multiétnica del pueblo de Dios. Son un "pueblo-muestra" para el campus, al igual que Israel y la iglesia fueron llamados a estar entre las naciones. Como tales, son un canal para ampliar las perspectivas (eclesiales, intelectuales, doctrinales) de la iglesia. Los movimientos miembros de IFES se sirven mutuamente compartiendo en la comunidad sus comprensiones contextuales de la Biblia y, más ampliamente, de la vida y la doctrina cristianas.

Sin embargo, a menudo ha surgido otra dificultad, más cercana al corazón de la vida intelectual de los estudiantes: el pensamiento crítico, especialmente en culturas en las que tal tradición académica no ha tenido una larga historia.[63] Rodica Cocar, entonces estudiante en Rumanía recuerda lo siguiente:

> Tras la revolución de 1989 fue posible publicar literatura cristiana dentro de Rumanía, pero llevó tiempo establecer una editorial. El concepto de estos estudios bíblicos [*Jesús – Uno de los nuestros*, de Brede y Lum][64] era completamente ajeno al pensamiento rumano normal porque no había respuestas definitivas, correctas o incorrectas. Se decía que en Rumanía había que ser un cristiano renacido antes de poder pensar de forma independiente. La tradición de enseñanza era autoritaria y de memoria en toda la sociedad, incluida la Iglesia. Pero los grupos de estudiantes que vieron el libro se mostraron entusiasmados.[65]

Esto demuestra una interesante mezcla cultural: una cultura universitaria que espera que los estudiantes piensen, pero no necesariamente que salgan del marco establecido – y esto puede aplicarse tanto al contexto de la sala de conferencias como al edificio de la iglesia. En este caso concreto, un libro escrito por una hawaiana y publicado por un organismo internacional animó a los estudiantes de Europa del Este a pensar por sí mismos, desafiando así a sus líderes eclesiásticos y a la cultura de su propia tierra. Este carácter global del cristianismo redibuja los mapas eclesiales y, de hecho, el liderazgo laico

---

63. La cuestión del arraigo cultural de la idea misma de "pensamiento crítico" no puede discutirse aquí. Baste decir que, a pesar de estar muy extendido en el mundo académico globalizado, no puede asumirse como la única forma de enfocar la investigación. Asumir la superioridad de la tradición de pensamiento crítico (occidental) equivaldría a menospreciar de forma poco ética los logros de las universidades de la Antigüedad, por ejemplo.

64. Brede Kristensen y Ada Lum, *Jesus – One of Us: 52 Evangelical Bible Studies Compiled into 8 Series*, International Fellowship of Evangelical Students (Nottingham: IVP, 1976).

65. Citado en Williams, *Holy Spy*, 154.

puede ser una de las razones del continuo atractivo del cristianismo para grandes franjas de la población del Mundo Mayoritario. Akinade observa astutamente que

> *el carácter antiestructural de la fase no occidental del cristianismo mundial se manifiesta* en características como la renovación carismática, el avivamiento de base, el exorcismo masivo, las iglesias domésticas vibrantes, los *sólidos esfuerzos de autorreferencialidad y el liderazgo laico eficaz*. Las iglesias del Tercer Mundo están definiendo vigorosamente el cristianismo en sus propios términos.[66]

De forma similar, Kinoti señala la importancia del ministerio global de John Stott para el surgimiento de líderes cristianos autóctonos en África:

> En aquella época estaba de moda entre los universitarios descartar el cristianismo por motivos intelectuales o por considerarlo una religión de blancos. Las misiones de John Stott a las universidades africanas y sus escritos respondieron a las necesidades intelectuales y espirituales de muchos. Contribuyeron a formar una clase culta de líderes y profesionales cristianos africanos que a su vez influyeron, y siguen influyendo, en los más jóvenes.[67]

Tales testimonios van en contra de otras narrativas sobre la opresión intelectual por parte de los líderes occidentales. Es discutible que, debido a la creciente globalización de las universidades, algunos de los retos a los que se enfrentan los estudiantes universitarios occidentales puedan corresponder a cuestiones planteadas por estudiantes del Mundo Mayoritario. Del mismo modo, en algunas situaciones, la estructura participativa de grupos como el IFES atrajo a estudiantes que de otro modo estarían alejados del cristianismo o que se opondrían rotundamente a él. Dado que IFES opera en el marco de una institución ajena a la mayoría de los contextos no occidentales – la universidad, que ya propaga modos de pensamiento ajenos a muchas culturas del Mundo Mayoritario-, es discutible que la exportación añadida de metodologías occidentales para llegar a los estudiantes pueda seguir funcionando, como tiende a indicar el ejemplo del estudio de la Biblia dirigido por los estudiantes.

---

66. Akintunde E. Akinade, "Introduction", en *A New Day: Essays on World Christianity in Honor Lamin Sanneh*, ed. Akintunde E. Akinade. Akintunde E. Akinade, 1ª ed. impresa (Nueva York: Peter Lang, 2010), 5; énfasis añadido.

67. George K. Kinoti, "Contribution towards Submission for the Templeton Prize" (Universidad de Nairobi, 1996); citado en Dudley-Smith, *John Stott*, 110.

A la inversa, una teología importada podría seguir siendo perjudicial para el desarrollo de una fe integrada, ya que las doctrinas cristianas se consideran ajenas al Mundo Mayoritario, al igual que algunas metodologías académicas – el materialismo no trascendental es un ejemplo.

Además, el carácter interconfesional de IFES parece haber desempeñado un papel significativo en la ampliación de los horizontes eclesiales, teológicos e intelectuales, esencialmente a través del encuentro con otros cristianos y sus otras formas de concebir la fe, el mundo y la vida en general. Volf también sostiene que la importancia de la exploración comunitaria de la verdad cristiana – lo que en este trabajo hemos sugerido como un aspecto del sacerdocio mutuo – equivale a un anticipo escatológico:

> Al abrirse unas a otras tanto diacrónica como sincrónicamente, las iglesias locales deben enriquecerse mutuamente, convirtiéndose así cada vez más en iglesias católicas. De este modo, también corresponderán cada vez más a la catolicidad del Dios trino, que ya las ha constituido como iglesias católicas, porque son anticipaciones de la reunión escatológica de todo el pueblo de Dios.[68]

Aquí, los cristianos median a Dios ante otros cristianos, un movimiento que corresponde a otro aspecto crucial del "sacerdocio de todos los creyentes". Esta *mediación* de Dios se deriva de la obra sacerdotal única de Cristo a la que los cristianos se ven arrastrados al ser incluidos en un grupo que es más grande que ellos mismos: la iglesia.

---

68. Miroslav Volf, *After Our Likeness: The Church as the Image of the Trinity* (Grand Rapids: Eerdmans, 1998), 213. Véase también el Papa Pablo VI, "*Ad Gentes*", sec. 9.

20

Conclusión general

Las organizaciones "paraeclesiásticas" como IFES son en su mayoría estructuralmente *independientes* de las congregaciones organizadas, pero esencialmente *eclesiológicas*, ya que son la realización – en este caso en el terreno universitario – de la *misión de la iglesia* de bendecir su entorno y proclamar el evangelio. Además, los estudiantes son *miembros* tanto de la iglesia universal como de las congregaciones locales. Su labor sacerdotal de mediación se realiza en las afueras de la iglesia formalmente reconocible. Esto presupone una *eclesiología misional*, que no limita la iglesia a lo que se identifica inmediatamente como tal.

Esta *comunidad global* tiene dos niveles: la comunidad limitada de IFES y la comunidad más amplia de la iglesia universal y sus instancias locales. La iglesia local, de la que se anima a los estudiantes a ser miembros, nutre a los estudiantes, al personal y al profesorado asociados a IFES y les permite experimentar una expresión más amplia del cuerpo de Cristo.

El compromiso teológicamente motivado y regularmente reafirmado de IFES con la necesaria apropiación autorreferencial de la fe cristiana – congruente con la idea de *inmediatez* – socava la idea de que la misión cristiana fue únicamente un proceso de colonización que no dejó ninguna agencia a los actores locales.[1] Por el contrario, la propia naturaleza del público de IFES – los estudiantes – implica agencia por su parte. Esta "apropiación local del evangelio" – en particular, no de las estructuras cristianas – es el núcleo del discurso de IFES, que insiste en que "los trabajadores que sirven en zonas

---

1. Flett refuta estos relatos frecuentes por considerarlos demasiado estrechos; véase Flett, *Apostolicity*, 182–83.

pioneras o con movimientos más jóvenes deben hacer todo lo posible para ceder la plena responsabilidad y el liderazgo a los líderes nacionales".[2]

Las exploraciones anteriores han mostrado la conexión entre la forma en que IFES se ha entendido a sí misma como organización misionera y la noción de *apostolicidad*. La misión de Dios atrae a individuos que se organizan para dar testimonio en su entorno inmediato o en tierras extranjeras. La "apostolicidad" como "envío" enmarca toda la empresa pionera característica de IFES, a pesar de sus vínculos estructurales con la lógica del imperio. La "apostolicidad" así entendida relativiza las estructuras eclesiales y es congruente con la *eclesiología misional* esbozada anteriormente. La expansión de IFES también da testimonio de la adaptabilidad contextual del mensaje cristiano, a pesar de las tensiones asociadas a la idea de que es necesario transmitir un "depósito de la fe" a quien crea. Sin embargo, también he subrayado la necesidad de considerar cuidadosamente las condiciones de la apropiación local de la fe. Esta apropiación local es consecuencia del "sacerdocio de todos los creyentes" en el sentido de que, dado que los individuos, vivan donde vivan, pueden relacionarse *inmediatamente* con Dios, están llamados a *mediar con él* ante su entorno. Sin embargo, lo que no previeron en un principio los fundadores de IFES fue que, en el encuentro con las nuevas realidades, la forma de entender el Evangelio se ampliaría y "volvería a nutrir" a los *miembros* de la comunidad, incluidos sus anteriores "centros de envío". Esto no ocurre sin tensiones, pero sienta las bases para una mejor toma de conciencia de cómo los cristianos pueden relacionarse con un entorno en el que son minoría.

En la parte de historia de este trabajo he observado cómo muchos líderes eclesiásticos se han opuesto al ministerio de IFES. Estos alegaban que era demasiado peligroso que los estudiantes sin formación teológica se reunieran por su cuenta, estudiaran la Biblia y se animaran mutuamente a compartir su fe sin la supervisión directa de especialistas formados. Allen contraataca apelando a la metáfora del *cuerpo*:

> Si la ausencia de lenguas se utilizara como argumento para prohibir al cuerpo expresarse, si la ausencia de mano se utilizara como argumento para prohibir al cuerpo tocar y sentir, entonces deberíamos obtener la posición que intentan imponernos aquellos que utilizan la ausencia del ministerio ordenado para prohibir al sacerdocio del cuerpo expresarse. Cuando hacen eso, el ministerio

---

2. Chua Wee Hian, "Staff Letter 9", 1.

especializado hace la guerra contra el sacerdocio común universal de los cristianos.[3]

Además, antes he avanzado el argumento de que todas las actividades fundamentales que realizan los alumnos pueden vincularse a las diferentes dimensiones del servicio sacerdotal inspirado en los sacerdotes del Antiguo Testamento y en la vocación del pueblo de Israel. Obviamente, en algunos contextos, los alumnos que se quedan "solos" pueden tomar desvíos teológicos. Sin embargo, la realidad es que muchos estudiantes se quedan solos de todos modos: o porque ningún líder de la iglesia se interesa por ellos como público específico, o porque el apoyo o la supervisión que se les proporciona es irrelevante en la medida en que ninguno de los asuntos significativos de la vida universitaria es conocido por los ministros. El discipulado corre entonces el riesgo de quedar desconectado de la vida y las luchas espirituales de los estudiantes y buscadores cristianos, con lo que no alcanza su objetivo y posiblemente quede reducido a promover una forma de conformismo moral desprovisto de motivación intrínseca, que pronto será desechado. En este sentido, cualquier teología del ministerio estudiantil necesita tener una respuesta a la pregunta de qué deben hacer los estudiantes cristianos cuando se encuentran en la "primera línea misionera extranjera" que a menudo son hoy los campus universitarios.

El ministerio estudiantil es crucial. Sin embargo, no representa toda la misión de Dios y, desde luego, tampoco la totalidad de la misión de la iglesia. Como señala Stackhouse

> Los grupos paraeclesiásticos dedicados a tareas particulares y que recurren a tipos particulares de personas pueden concentrar poderosamente los recursos en necesidades importantes o problemas difíciles. Pero estos grupos también pueden fomentar una visión de túnel que vea el futuro de la moral cristiana, el destino del país o incluso el éxito del propio evangelio en función del éxito de su única causa particular.[4]

Por lo tanto, es útil recordar a los estudiantes el alcance más amplio de la *missio Dei* y animarlos a evitar esa "visión de túnel" que, si está demasiado presente, podría socavar su plena integración en el ministerio más amplio de la iglesia local al finalizar sus estudios. Esta es una de las áreas en las que los líderes eclesiásticos pueden caminar con sensibilidad junto a los estudiantes

---

3. Allen, *Ministry of Expansion*, Kindle loc. 1797.
4. Stackhouse, *Evangelical Landscapes*, 34.

que no siempre tienen un "marco general para poner las cosas en orden, determinar la importancia relativa de las cosas y ordenarlo todo".⁵ Se puede argumentar que hay argumentos sólidos para que los estudiantes cristianos se unan necesariamente a un grupo estudiantil en el campus, esté vinculado a IFES o no. Como IFES ha defendido a lo largo de su historia, los estudiantes deberían implicarse en las congregaciones locales en la medida de lo posible. Sin embargo, los estudiantes suelen tener dificultades para conectar con las iglesias locales durante sus estudios debido a las crecientes discrepancias entre sus nuevas realidades y los horizontes de sus iglesias. Esto puede provocar una tendencia a replegarse a un grupo estudiantil o, lo que es peor, a renunciar a cualquier implicación comunitaria.

El estatus intelectual de los estudiantes y sus habilidades y conocimientos recién adquiridos también representan un reto pastoral: ¿cómo deben manejar sabiamente su poder recién adquirido? En muchos contextos, la suma de los pares opuestos *iglesia-paraiglesia*, *formado-no formado académicamente*, *experimentado-no experimentado*, *ordenado-laico* y *joven-viejo* dificulta la cooperación y la comprensión mutua, aunque no la imposibilita, y muchos líderes de IFES se han esforzado mucho por fomentar una buena comunicación entre todas las partes. Señalando un camino a seguir, Debanné sugiere que

> Lo ideal, por supuesto, es que los propios miembros de la iglesia se conviertan en el canal de esta comunicación. Dicha comunicación puede establecerse por parte de los estudiantes en ambas direcciones: aportarán sabiamente la preocupación doctrinal y moral de su iglesia al trabajo intereclesiástico y, a cambio, traerán nuevas cuestiones que hayan discernido como relevantes para su propia vida eclesiástica.⁶

Esto requiere una comunicación hábil y un entendimiento mutuo, pero si la lógica del miedo puede ser superada por la lógica de la confianza mutua entre líderes eclesiásticos que ven la importancia y la naturaleza no amenazadora de la paraiglesia para sus propias congregaciones, se abre un inmenso potencial para la asociación en la misión.

De ahí que el trabajo de la Iglesia y de los estudiantes pueda beneficiarse de una dinámica positiva de intercambios: al igual que

> La pastoral recibe de la teología y depende de ella, en el orden del despertar de las ideas, de los problemas planteados, de las

---

5. Stackhouse, 35.
6. Debanné, "L'étudiant chrétien", 43.

sacudidas que conducen a un enriquecimiento del pensamiento, [así] la pastoral puede aportar mucho a la teología. La mayor parte de las renovaciones que han tenido lugar en la Iglesia se deben a que los militantes del frente apostólico y misionero la han sacudido[7]

Estos ejemplos ilustran cómo las experiencias de los estudiantes han sido beneficiosas para la iglesia local porque se les permitió actuar en sus propios términos, permitiendo así que Dios bendijera a otros a través de su ministerio como laicos. De ahí que lo que Van Aarde dice de la iglesia misional se aplique plenamente al ministerio de IFES: "Los laicos y su tarea del sacerdocio de los creyentes es participar en la dimensión *glocal* de la *missio Dei de Dios* participando y cumpliendo la Gran Comisión yendo a la puerta de al lado".[8]

Todo lo anterior respalda una misiología del ministerio estudiantil que valora altamente la capacidad de los estudiantes cristianos individuales y de las comunidades de estudiantes cristianos para discernir fielmente lo que Dios está haciendo en el mundo y cómo se desarrolla su misión en el contexto universitario. Tomarse en serio la vocación a la vida de la mente inherente a la vida estudiantil es la consecuencia lógica de la creencia de que, dado que todos los cristianos tienen acceso directo e *inmediato* a Dios, pueden discernir cómo actuar fielmente en el mundo. También respalda una elevada opinión de las contribuciones de todos los sectores de la iglesia universal a la comprensión de la doctrina cristiana, porque Dios habla a todos sus hijos de forma igualmente válida. También apoya una *misiología* seria *de la universidad* como un campo único de ministerio que requiere una cuidadosa consideración de su cultura y sus habitantes. Por último, hablar de un *sacerdocio de todos los estudiantes* pone en relieve la necesidad de equipar y apoyar a *los laicos* para la misión de la iglesia allí donde se encuentren. Este es también el fundamento de una *eclesiología misional*, legitimando así un ministerio en el campus que es la encarnación contextual de la misión de la iglesia y no algo *al lado de* ella o potencialmente secundario. La misionalidad tiene un carácter credo más fuerte que los aspectos organizativos de una comunidad cristiana.[9] Un grupo

---

7. Congar y Varillon, *Sacerdoce et laïcat*, 9.

8. Van Aarde, "Missional Church", 5.

9. Flett está de acuerdo con Hoekendijk en que "la iglesia es la iglesia de este Dios apostólico solo cuando se deja utilizar en el movimiento misionero de Dios. Su apostolicidad (en su doctrina como en su orden eclesiástico) debe probarse a sí misma en el apostolado". Flett, *Apostolicity*, 208.

estudiantil cristiano misional está más cerca de ser una iglesia fiel que una iglesia local sin orientación misionera.

IFES no ha inventado ni el voluntariado religioso ni la misión universitaria. Sin embargo, ha contribuido a canalizar una vertiente específica de las convicciones cristianas – el evangelicalismo – hacia una población creciente de futuros líderes influyentes: los estudiantes.

El trabajo de IFES, a pesar de realizarse en su mayor parte fuera de los muros de las estructuras eclesiásticas formales, no puede definirse ni como ausente de la iglesia ni como antieclesial. Muchas de las marcas de la iglesia pueden encontrarse en los grupos de IFES. Muchas preocupaciones eclesiales – en particular la cuestión de la fidelidad teológica – pueden encontrarse en estos grupos que, aunque tienen un sentido de urgencia misionera, no ceden a la conveniencia en detrimento de un razonamiento reflexivo. Al no estar vinculada institucionalmente a las tradiciones eclesiales, una organización paraeclesiástica puede establecer salvaguardias para evitar la atomización teológica y los desarrollos heréticos, en particular asegurándose de que sus convicciones teológicas fundamentales estén sólidamente arraigadas en la teología y la práctica.

El mejor ejemplo de esta intensa preocupación eclesial es la abundancia de escritos teológicos del personal de IFES o de personas muy estrechamente vinculadas a IFES y cuyas publicaciones por los movimientos de IFES y ponencias en conferencias dan fe de su reconocida relevancia para la labor de la misión estudiantil. Estos escritos muestran una profunda preocupación por la iglesia, pero, en coherencia con su implicación en la red de una organización internacional, se centran más en la dimensión universal de la iglesia *invisible* que en cuestiones de política eclesiástica local. Esta atención a la diversidad geográfica y cultural de la iglesia fue misiológicamente clarividente. Las premisas teológicas, regadas por un fuerte ethos de autorreferencialidad, podían crecer en el suelo de la globalización y una de sus consecuencias de largo alcance: una disminución de la importancia de los particularismos confesionales en beneficio del pensamiento *glocal*.

Sociológicamente respetuoso con los estudiantes como "líderes en desarrollo", el sacerdocio de todos los creyentes proporciona por tanto un marco eclesiásticamente respetuoso, aunque desafiante, para entender la misión de la iglesia en su contexto:

> El movimiento de la iglesia misional hace una distinción en términos de función y cargo; pone el énfasis en la función del ministerio ordenado en lugar del cargo. La iglesia misional

aborda específicamente las líneas de distinción jerárquica entre el ministerio ordenado y los laicos con el fin de promover una estructura eclesiástica funcional dinámica. Elige de forma consciente y selectiva un lenguaje neutro e inclusivo que capacita a los creyentes para su tarea y su vocación en el mundo.[10]

Por lo tanto, parece razonable proponer que el "sacerdocio de todos los creyentes", como doctrina "implícitamente confesada" y practicada en toda la labor de IFES, ha allanado el camino hacia una comprensión misional de la iglesia. Esta visión pone de relieve la importancia de valorar las contribuciones al cristianismo mundial de las organizaciones paraeclesiásticas como IFES, y de dejar atrás la idea obsoleta de que la paraiglesia y la iglesia compiten entre sí.

---

10. Van Aarde, "Missional Church", 6.

Apéndices

Estos apéndices proporcionan detalles adicionales sobre algunos aspectos de la historia y la teología de IFES que por razones de espacio no he podido incluir en el cuerpo principal del texto.

Apéndice 1

Dos discursos que cambiaron el evangelicalismo

Este apéndice ofrece un análisis de los discursos pronunciados por Escobar y Padilla durante el Congreso de Lausana de 1974. Dado que estos discursos representan un momento clave durante el cual las personas relacionadas con IFES influyeron en el mundo evangélico en general, merece la pena examinarlos más detenidamente.

Dado que los borradores que habían presentado a los delegados con antelación generaron no menos de "algo entre 1500 y 2000 respuestas" cada uno,[1] los formatos finales que entregaron pueden valorarse como el resultado de un experimento dialógico minucioso, puesto que ambos ponentes ya podían tener en cuenta algunas afirmaciones y reservas de su audiencia. La ponencia de Padilla sostenía que el mundo era la esfera de acción elegida por Dios y que el amor al prójimo obliga a los cristianos no solo a ver el mundo como malo, sino también a amarlo. La ponencia también iba más allá, denunciando una cautividad estadounidense del evangelicalismo en términos bastante contundentes: "Hemos equiparado 'americanismo' con cristianismo hasta el punto de caer en la tentación de creer que las personas de otras culturas deben adoptar los patrones institucionales estadounidenses cuando se convierten".[2] Resaltando aún más su insistencia en la contextualización estaba su otra afirmación de que "no es sorprendente que al menos en América Latina hoy en día el evangelista a menudo tenga que enfrentarse a innumerables prejuicios

---

1. Chua Wee Hian, "Staff Letter 15", 1.
2. C. René Padilla, "Evangelism and the World", en *Let the Earth Hear His Voice*, ed. J. D. Douglas (Minneapolis: World Wide Publications, 1975), 125. J. D. Douglas (Minneapolis: World Wide Publications, 1975), 125.

que reflejan la identificación del americanismo con el Evangelio en las mentes de sus oyentes."[3]

En el análisis de Stott, el artículo de Escobar causó aún más revuelo, poniendo "el gato entre las palomas".[4] En el resumen de Stanley, Escobar

> argumentó que "el corazón que ha sido hecho libre con la libertad de Cristo no puede ser indiferente a los anhelos humanos de liberación de la opresión económica, política o social", y [él] sugirió que muchos de los países que habían sucumbido a una revolución violenta dirigida según los principios marxistas eran aquellos en los que el cristianismo se había dejado identificar con los intereses de la clase dominante.[5]

No se trataba solo de no "tirar [de] los pelos"[6] sino también de desafiar cierto pragmatismo misionero que favorecía los métodos y la urgencia a expensas de la misiología.[7] En el análisis de Chapman

> Muchos evangélicos criados en el activismo veían el tipo de paciencia necesaria para resolver los desacuerdos como una distracción de la tarea de vida o muerte que tenían entre manos. Para ellos, los llamamientos de Padilla y Escobar a la reflexión y la reorientación podían parecer una distracción en el mejor de los casos, y mucho peor en el peor de los casos. Los activistas querían que los profesores prácticos de Fuller, y no estos teólogos de la Comunidad Internacional de Estudiantes Evangélicos, definieran el nuevo campo de la misiología evangélica.[8]

El tipo de teología propuesto por Padilla y Escobar era el resultado lógico de su ministerio: la naturaleza del trabajo estudiantil es un terreno fértil para desarrollar el pensamiento teológico sobre la cultura, las tendencias y la evolución de las visiones del mundo, dada la tendencia a que las nuevas formas de pensamiento y comportamiento se desarrollen primero en los campus universitarios antes de llegar a la sociedad en general. Por lo tanto, en el mundo evangélico, las personas implicadas en IFES se encontraban en una posición única para desarrollar el enfoque interdisciplinar característico

---

3. Padilla, "Evangelism and the World", 125.
4. Stott, "Significance of Lausanne", 289.
5. Stanley, "Lausanne 1974", 542.
6. Dudley-Smith, *John Stott*, 211.
7. Chapman, "Evangelical International Relations", 360.
8. Chapman, 362.

de los esfuerzos misiológicos. Sin embargo, esto no se consideraba exento de riesgos: un ejemplo de la relativa inquietud con la que el SG tomó nota de la recién adquirida exposición teológica de la gente de IFES son las siguientes palabras de cautela de Chua en la carta al personal de la que ya hemos citado:

> Por mucho que agradezcamos esta exposición, tiene peligros inherentes. Debemos guardarnos del orgullo y también de la tentación de dispersarnos debido a las exigencias que otros plantearán a nuestro personal y a nuestros departamentos de literatura para que participen en conferencias, seminarios, etc. Ahora René y Samuel han presentado dos provocadoras ponencias sobre las implicaciones sociales del Evangelio. Éstas llamaron la atención de muchos cristianos. Debemos tener cuidado de que los hechos se correspondan con nuestras palabras; de lo contrario se nos tachará de charlatanes y teóricos vacíos.[9]

Del mismo modo, también se expresó un fuerte rechazo desde dentro de las filas de IFES, con Barclay, SG del IVF-UK y presidente de la junta de IFES, "advirtiendo" a Padilla de los "efectos" de su ponencia.[10] Resulta que algunos de los participantes del congreso aún no estaban satisfechos con su principal producto, el Pacto de Lausana,[11] y se reunieron para formar un grupo ad hoc sobre "Discipulado Radical".[12] Extrañamente para un miembro del comité de planificación, Chua observa con aprecio que estos

> teólogos jóvenes y radicales . . . intercambiaban información y compartían planes sobre cómo podrían cooperar y servir codo con codo en el cumplimiento del mandato misionero. Si estas personas se hubieran ceñido simplemente al programa regimentado habrían ganado algo, pero no tanto como pudieron ganar al reunirse con participantes de ideas afines.[13]

Así pues, el congreso representa un punto de inflexión en la historia global del evangelicalismo y, posiblemente, IFES desempeñó un papel muy significativo en él: por los destacados ponentes, y también por la decisiva influencia de Stott. La estrella emergente del evangelicalismo conservador

---

9. Chua Wee Hian, "Staff Letter 15", 1–2.
10. Kirkpatrick, *Gospel for the Poor*, 28.
11. Lausanne Movement, "Lausanne Covenant".
12. Su informe está impreso en J. D. Douglas, ed., "Theology and Implications of Radical Discipleship", en *Let the Earth Hear His Voice*, 1294–96.
13. Chua, *Getting through Customs*, 133–34.

había recogido las preocupaciones de los que hablaban en nombre de los evangélicos en el mundo mayoritario y las había interpretado con simpatía hacia aquellos, en Estados Unidos en particular, que temían que el nuevo evangelicalismo radical fuera simplemente una reencarnación del viejo "evangelio social" que, en su opinión, había conducido inexorablemente a la bancarrota espiritual en el CMI.[14]

Otra influencia indirecta de IFES fue Michael Cassidy. Se había convertido al cristianismo a través del ministerio del CICCU y más tarde fundó African Enterprise. Su discurso en la sesión plenaria, titulado "Evangelización de los estudiantes universitarios", fue un extraordinario alegato a favor de un compromiso holístico con el contexto universitario, trazando los contornos de un enfoque misiológico de la pastoral universitaria. Como muestra elocuentemente una cita, Cassidy había ido mucho más allá del enfoque común de la CICCU sobre la evangelización[15] y estaba exponiendo puntos de vista eclesiológicos misionales:

> La visión, creo, que debe captarse es la del cuerpo total de creyentes (estudiantes y personal) alcanzando el campus total con una penetración integral en todos los niveles de la institución. Los cristianos no deben ser un grupo gueto, sino una banda militante de infiltrados, testigos y agentes solidarios. No solo recordarán al campus el verdadero y pleno propósito de la educación como búsqueda de la verdad, sino que tratarán tanto de evangelizar a los individuos como de convertir las estructuras de la universidad. La visión de la plena participación cristiana en el deporte, la política estudiantil, el gobierno estudiantil, la vida en las residencias, el periódico del campus y las actividades culturales de la universidad debe mantenerse en alto.[16]

---

14. Stanley, "Lausanne 1974", 547. El hecho de que la importante influencia de Padilla y Escobar se abriera camino en el Pacto de Lausana tiene también mucho que ver con su amistad personal con John Stott, a quien habían llevado de gira de conferencias por su región unas semanas antes del congreso. "Su gira incluía una visita a presos políticos 'comunistas de línea dura' en el sur de Chile, que habían sido 'interrogados bajo tortura' por el régimen militar". Kirkpatrick, "Origins of Integral Mission", 354. Información confirmada en Escobar, Entrevista.

15. Así lo confirma la trayectoria de su ministerio y su defensa de la justicia en Sudáfrica. Véase David Goodhew, "Cassidy, Michael", en *Biographical Dictionary of Evangelicals*, eds. Timothy Larsen, David Bebbington y Mark A. Noll (Leicester: IVP, 2003), 130-31.

16. Michael Cassidy, "Evangelization amongst College and University", en *Let the Earth Hear His Voice*, 756.

Apéndice 2

La base doctrinal del IFES

La base doctrinal de IFES son las verdades fundamentales del cristianismo incluyendo:
- La unidad del Padre, Hijo y Espíritu Santo en la Deidad.
- La soberanía de Dios en la creación, revelación, redención y juicio final.
- La inspiración divina y la fiabilidad absoluta de las Sagradas Escrituras, según fueron dadas originalmente, y su autoridad suprema en todos los asuntos concernientes a la fe y la conducta.
- El pecado universal y la culpa de toda la humanidad desde la caída, estando sujetos por tanto a la ira y la condenación de Dios.
- La redención de la culpa, la pena, el dominio y la corrupción del pecado, únicamente mediante la muerte y sacrificio (como nuestro representante y sustituto) del Señor Jesucristo, el Hijo encarnado de Dios.
- La resurrección corporal del Señor Jesucristo de entre los muertos y su ascensión a la diestra de Dios Padre.
- La presencia y el poder del Espíritu Santo en la obra de regeneración.
- La justificación del pecador por medio de la gracia de Dios, tan solo mediante la fe.
- El Espíritu Santo que mora y obra en el creyente.
- La única Santa Iglesia Universal que es el Cuerpo de Cristo y al que pertenecen todos los creyentes verdaderos.
- La esperanza del regreso en persona del Señor Jesucristo.[1]

---

1. IFES. Qué creemos – IFES', 28 de abril de 2023. https://ifesworld.org/es/lo-que-creemos/.

Apéndice 3

Bibliología en la base doctrinal

Este apéndice ofrece más detalles sobre la postura oficial de IFES respecto a la Biblia. Dado el importante papel que desempeñan las Escrituras en las actividades de la comunidad, ofrece al lector una visión en profundidad de la bibliología y la hermenéutica.

> C: La inspiración divina y la entera confiabilidad de la Sagrada Escritura, tal como fue dada originalmente, y su autoridad suprema en todos los asuntos de fe y conducta.

Posiblemente ninguna cláusula de la BD ha sido más alabada y más criticada por proporcionar un sólido anclaje o por estrechar las mentes de la gente, dependiendo de las opiniones expresadas por los comentaristas. Esta cláusula es fundamental para comprender la IFES, su base doctrinal en su conjunto y los supuestos subyacentes sobre la Biblia que se sostienen en los círculos de IFES. Más que ser simplemente uno de los principios de la identidad de IFES, la posición de IFES sobre la Biblia fue considerada por sus fundadores como una cuestión existencial. En palabras del primer secretario general

> El núcleo de esta posición doctrinal de la I.F.E.S. y de sus movimientos miembros es su convicción con respecto a la inspiración, la autoridad y la entera fiabilidad de la Biblia. *Si nuestros puntos de vista respecto a la Sagrada Escritura cambiaran alguna vez, entonces habríamos perdido una razón de ser esencial para la existencia de nuestras uniones evangélicas nacionales y su ministerio particular.*[1]

Cuando se fundó IFES en 1947, no se podía argumentar la sola necesidad de llegar a los estudiantes con medios de los que no disponían las iglesias, ya

---

1. C. Stacey Woods, "Biblical Principles for Unity and Separation", *IFES Journal* 20, no. 3 (1967): 4; énfasis añadido.

que en muchos países el MEC seguía vivo y coleando. La narrativa coherente de IFES, tomada directamente de la propia historia de la IVF británica pero coherente con la experiencia personal de la mayoría de los fundadores de la IFES, era que la defensa de una postura evangélica sobre las Escrituras había hecho necesaria la fundación de otro movimiento: es más, había hecho inevitable la separación. Citando de nuevo a Woods, comentando 2 Juan 7:7–11, "el mandato de separarse tiene que ver específicamente con los que niegan que Jesucristo sea el Hijo de Dios encarnado, pero este principio también se aplica a los que sostienen otros puntos de vista heréticos que afectan a la doctrina cristiana esencial."[2]

Inspiración

Ofrecer una exposición completa de las doctrinas evangélicas de la inspiración superaría con creces el presente trabajo. Con el fin de mantenerlo dentro de la medida, nos centraremos en la propia comprensión de la inspiración de IFES para trazar el terreno.

Desde la fundación de la organización, los pioneros eran conscientes de que, si bien los evangélicos podían estar de acuerdo sobre la inspiración, no lo estarían sobre los términos exactos de esta doctrina. En palabras del primer presidente de IFES, "la I.F.E.S. proclama la inspiración de las Escrituras, pero no una teoría especial sobre cómo se produjo realmente esta inspiración a través de los profetas y los apóstoles. Existen diferencias sobre esta cuestión entre los cristianos evangélicos conservadores".[3]

La doctrina de la inspiración deriva de la idea de que existe un vínculo directo entre la fiabilidad de la Biblia y la naturaleza de Dios: "Si la Escritura tiene su origen en Dios, entonces una verdadera visión de la 'inspiración' incluye necesariamente la creencia de que lo que Dios ha 'exhalado' participa de Su confiabilidad. Tiene la infalibilidad de Dios mismo hablando".[4]

Los eruditos discrepan sobre el alcance de la cautividad cultural de la idea de la inspiración verbal plenaria a las visiones y metodologías científicas debidas más a los conceptos de la Ilustración que a la tradición cristiana. Sin embargo, suelen coincidir en que fue el teólogo estadounidense de Princeton B. B. Warfield cuyo "gran legado fue la elevación de la inspiración verbal plenaria

---

2. Woods, "Biblical Principles", 3.
3. Wisløff, "Doctrinal Position", 3.
4. Hammond, *Evangelical Belief*, 20.

que da lugar a la inerrancia a la posición primordial en la doctrina de las Escrituras".[5]

¿Dictado?

Una de las objeciones más comunes a las opiniones evangélicas sobre la inspiración bíblica es la idea de que creen en una especie de "dictado mecánico", olvidando así las dimensiones humanas de las Escrituras. Curiosamente, los escritores de IFES subrayan constantemente que no creen en tal proceso mecánico. Como Hammond especifica con rotundidad, "cualquier teoría que considere el proceso de inspiración como un dictado mecánico a una mente en blanco, es decir, en la que se sugiera que el escritor humano no fue más que un amanuense pasivo, hace violencia a la evidencia interna de la Biblia en su conjunto".[6]

Esta concesión a la humanidad de la Escritura explica mejor la especificación en la BD de que la Biblia está inspirada "tal como fue dada originalmente".[7] Esta concesión permite cierto grado de crítica textual sin comprometer a la comunidad en ningún crisol de traducciones, pero es notable que esta parte de la cláusula no desempeñe un papel primordial en los escritos sobre hermenéutica de los documentos de IFES.

Sin embargo, coherente con la noción de un "original dado" es la idea de que la Biblia no es merely un libro "religioso", sino esencialmente el registro de la intervención de Dios en la historia, que debe transmitirse a las generaciones futuras. En palabras de Woods,

> se trata de un mensaje que es una verdad objetiva. Dios nos ha hablado tanto en sus actos en la historia como proposicionalmente. Esta palabra de Dios ha sido inscrita en la Biblia. Es este mensaje inalterado, sin adulterar, el que debemos custodiar y proclamar. No podemos alterarlo, añadirle ni sustraerle nada. No podemos embellecerlo con nuestras nociones y reacciones personales. Solo

---

5. Holmes, *"Evangelical Doctrines"*, 42.
6. Hammond, *Evangelical Belief*, 19.
7. Para una visión esclarecedora de los puntos fuertes y débiles de este recurso a los autógrafos, véase John J. Brogan, "Can I Have Your Autograph?", en *Evangelicals & Scripture: Tradition, Authority and Hermeneutics*, de Dennis L. Okholm, Laura C. Miguélez y Vincent Bacote (Downers Grove: IVP, 2004), 93–111.

podemos interpretarlo según los cánones racionales normales de la hermenéutica.⁸

Woods argumenta aquí que, sean cuales sean las circunstancias, sea cual sea la traducción, lo esencial de la Biblia no podría haber cambiado. Sin embargo, este planteamiento no deja mucho margen para las circunstancias culturales e históricas. Hammond, por ejemplo, reconoce que "la Biblia ha estado sujeta en gran medida a las mismas contingencias a las que se ha enfrentado toda la literatura que llega desde la antigüedad".⁹ No obstante, a continuación, ofrece una breve explicación de cómo la "erudición lingüística"¹⁰ establece ediciones fiables. Sin embargo, a lo que Hammond quiere llegar en su breve explicación es a una declaración evangélica estándar sobre la fiabilidad de los textos de las Escrituras, que explica de la siguiente manera:

> Durante los últimos cien años se ha acumulado una cantidad considerable de datos procedentes de estudios arqueológicos, lingüísticos e históricos, que han obligado a los biblistas a ser más conservadores en su actitud hacia el texto de la Biblia y su valor histórico. Es una inferencia justificable que la conservación y la transmisión de los documentos hayan sido tales que hoy tengamos un registro exacto de los escritos originales del Antiguo y del Nuevo Testamento.¹¹

Así, a diferencia de los círculos ecuménicos que se inclinaban más bien a inferir a partir de su historización de los textos bíblicos basándose en las llamadas metodologías histórico-críticas, Hammond ve la tradición de la IVF de recurrir directamente a los textos bíblicos reivindicada por los resultados de la investigación científica.

Ciencia

Que una organización que trabaja esencialmente con miembros de la comunidad académica insistiera en la autoridad de su texto antiguo no

---

8. Woods, "Medium is the Message", 8.
9. Hammond, *Evangelical Belief*, 27.
10. Hammond, 27.
11. Hammond, 28. Más adelante, Hammond añade que "en vista de los recientes descubrimientos, la erudición crítica se ha vuelto más conservadora y los eruditos textuales (como en las últimas traducciones oficiales) han podido beneficiarse de los descubrimientos recientes para dilucidar una serie de puntos del texto de las Escrituras que resultaban oscuros para los estudiantes anteriores." Hammond, 59.

podía sino suscitar algunas preguntas sobre la tradición, la investigación y la epistemología en general. ¿Qué iban a hacer los estudiantes con las afirmaciones de la Biblia relativas especialmente al mundo natural y a su estudio realizado con las herramientas de las disciplinas académicas?

La historia del CICCU de 1910 ya ha demostrado que la idea de "libre investigación" era muy importante para los líderes del MEC y que el IVF les parecía someterse a una norma ajena al mundo académico. Sin embargo, en el contexto de finales de los años 60, las cuestiones volvieron a plantearse, esta vez desde el interior de IFES y no desde el exterior. Poco después del Comité General de 1971, el secretario general saliente, Woods, resumió las conclusiones del grupo de trabajo ad hoc sobre la BD e informó de que

> se nos preguntó si la "fiabilidad total" se aplica a la cronología, la historia, la geografía, etc. Se trata de una cuestión más compleja de lo que podría parecer y no ha sido posible dar una respuesta exhaustiva en el tiempo disponible. No obstante, afirmaríamos que, en la práctica de la interpretación, a menudo surgen dificultades por la imposición inadecuada de las convenciones científicas y eruditas modernas. Por otra parte, subrayaríamos que no deben establecerse limitaciones a priori a la autoridad de la Biblia.[12]

La tensión es palpable aquí: el Ejecutivo casi había sido acorralado por el CG y necesitaba una salida. La apelación a las limitaciones temporales parece haber sido muy conveniente: de hecho, es bastante sorprendente que se diera una respuesta tan "débil", ya que no había nada nuevo como tal en la pregunta. La dirección de la organización podría haber tratado más a fondo esta espinosa cuestión mucho antes y lo había hecho hasta cierto punto. El secretario teológico de IFES había escrito unos meses antes que "debemos reconocer, por ejemplo, que el concepto de infalibilidad no excluye la alegoría, la parábola, la metáfora u otros recursos literarios, pero sí el engaño deliberado (por ejemplo, la idea de que Jesús se acomodó a los conocimientos limitados y erróneos de sus discípulos al atribuir la Ley a Moisés, etc.)".[13]

Así pues, aunque había acuerdo sobre la necesidad de abordar cierto tipo de teología kenótica, la dirección de IFES prefirió considerar la variedad de opiniones dentro del redil evangélico, y no sin importancia entre los donantes una actitud de prudencia se convirtió aquí en una cuestión de

---

12. Woods, "IFES Doctrinal Basis", 11.
13. Harold O. J. Brown, "Inspiration and Authority of Scripture", 23. Observe que no existe la noción de "infalibilidad" en la BD de IFES, al contrario que en los movimientos estadounidense y británico.

conveniencia. De ahí que el subcomité informara de que la BD "expone clara y adecuadamente lo que hay que exponer", que su interpretación permite cierta libertad de conciencia personal y que "las palabras 'entera fiabilidad' tienen un significado más amplio y rico que infalibilidad e inerrancia". La declaración continúa diciendo que las tensiones entre la entera fiabilidad y las cuestiones de cronología, ciencia, etc. "surgen a menudo de la imposición inapropiada de convenciones modernas, científicas y eruditas."[14] El informe de esta subcomisión fue "reconocido por aclamación".[15]

La cuestión se trató más o menos de la misma manera algo superficial en el comentario de la BD publicado después del CG de 1971:

> La autoridad de las Escrituras se aplica a toda la realidad creada, incluidas las artes, la ciencia y la política. Sin embargo, la Escritura no se propone enseñar ciencia, por ejemplo, pero enseña cómo debe aprenderse y aplicarse la ciencia o cualquier habilidad humana ("fe y conducta") para el bien del hombre y para gloria de Dios.[16]

Algunos años más tarde, Bob Horn, secretario general de la UCCF, respondería en sus consideraciones sobre la BD – revisadas por muchos altos cargos de IFES – a la acusación de que una BD no es compatible con la libertad de investigación académica diciendo que "la investigación académica no se opone a las conclusiones definitivas, siempre que estén bien fundamentadas".[17] El motivo recurrente es que la Biblia es terreno seguro y sólido. Puesto que el conocimiento académico no solo trata de la libertad sino de llegar a conclusiones sobre la naturaleza de la realidad, la BD no puede entenderse como otra cosa que el resultado de una indagación bien fundamentada.

Confianza

Una y otra vez, la cuestión de lo que significa "fiabilidad" reaparece en las deliberaciones, artículos, defensas de la BD y controversias. Como hemos visto, se entendía que el término permitía más margen de comprensión que el término "infalible". Esta diferencia entre la BD de la IVF y la BD de IFES es notable, porque subraya el aspecto relacional de las enseñanzas de la Biblia

---

14. "Minutes of the Meeting of the Eight General Committee" (1971), 20.
15. "Minutes of the Meeting of the Eight General Committee" (1971), 20.
16. Bürki, *Essentials*, 29.
17. Horn, *Ultimate Realities*, 85.

y su adecuación a la vida, y no solo el carácter declarativo de sus doctrinas. Bürki lo subraya con palabras claras al afirmar que

> Toda la Escritura es enteramente digna de confianza porque Dios es digno de confianza. "Confiabilidad" es una palabra más completa que "infalibilidad"[18] y pone de relieve que la verdad bíblica no es una noción abstracta sino una realidad en la que se puede confiar porque Dios es la verdad. No se puede conocer, por tanto, la verdad de la palabra de Dios sin confianza, es decir, sin un compromiso personal con Dios y su voluntad divina expresada en palabras humanas.[19]

Se trata de una hermenéutica coherente con la soteriología: la Biblia no puede aprehenderse adecuadamente *fuera* de una relación personal con Dios, de ahí el mayor énfasis en la confianza – una categoría más pietista – que en la "infalibilidad", una categoría más científico-racionalista.[20] Por supuesto, esto choca un poco con la cultura académica, que hace hincapié en la aprehensión cuidadosa, distante y objetiva de los "hechos" frente a la relación subjetiva con lo que se estudia. La goma teológica golpea el camino académico, pero la diferencia de metodología puede explicarse pneumatológicamente: el objeto de estudio del científico natural no "habla" al investigador del mismo modo que el Espíritu Santo habla al lector de las Escrituras. Esta tensión entre un acercamiento distante y éticamente laxo al texto y una lectura piadosa y devocional es, por tanto, una posible explicación de cierta disonancia cognitiva para los estudiantes, presionados por ajustarse a las metodologías académicas, por un lado, y a los hábitos y normas eclesiológicos, por otro.

Esta tensión entre objetividad y subjetividad ha sido un enigma recurrente en los escritos procedentes de personas cercanas a IFES o que trabajan con ella. Aunque ni la infalibilidad ni la inerrancia han sido aclamadas oficialmente en la literatura de IFES, la idea está presente en el trasfondo. Hammond, comentando la BD de IFES que contiene la palabra "infalible", insiste en que se

---

18. Observe que la versión actual de la BD de la UCCF, en contradicción con el primer comentario de Hammond, desarrolla la cláusula que ahora dice: "La Biblia, tal como fue dada originalmente, es la Palabra inspirada e infalible de Dios. Es la autoridad suprema en todas las cuestiones de creencia y conducta". UCCF, "Base doctrinal".

19. Bürki, *Essentials*, 28.

20. El resumen algo agudo de Holmes es que "el evangelicalismo norteamericano, con un amplio compromiso con la inerrancia, ve la Biblia principalmente como una colección de hechos en los que creer; el evangelicalismo británico, que en cambio hace hincapié en la autoridad, ve la Biblia principalmente como una colección de reglas que obedecer." Holmes, "Evangelical Doctrines", 53.

trata de un marcador entre lo que podría calificarse anacrónicamente de lectura "existencial" del texto y un reconocimiento adecuado de *toda* la autoridad de las Escrituras:

> El principal propósito para el que la Biblia ha sido dada al hombre es guiarle "en todos los asuntos de fe y conducta". Por lo tanto, sugieren algunos, "la Biblia es infalible solo en lo que pretende enseñar". Tal punto de vista, sin embargo, no es en absoluto tan convincente como podría parecer a primera vista. En primer lugar, proporciona un criterio incierto y muy subjetivo. ¿Quién, por ejemplo, va a determinar cuáles son, de hecho, los límites de lo que la Biblia "pretende" enseñar?[21]

En este trabajo se ha postulado que el "sacerdocio de todos los creyentes" proporciona un marco teológico útil para comprender la relación de IFES con la hermenéutica, el liderazgo y la misión, ya que asume la posibilidad del acceso individual de cada creyente a Dios, de ahí la insistencia en la "fiabilidad". Sin embargo, lo que muestra la cita anterior es la tensión que acecha a este respecto: ¿quién decide, en última instancia, lo que dice la Biblia? Parece mejor afirmar la *autoridad suprema* del texto sin explicar cómo una tradición específica de interpretación – esencialmente la BD en este caso – desempeña el papel de *norma normata* de la interpretación bíblica.

El debate no se limitaba a la fiabilidad, como informaba el citado resumen del grupo de trabajo de 1971. Asomaba la posibilidad de que la palabra "inerrancia" describiera mejor el estatus de la Biblia. Un fuerte punto de contención, especialmente en Estados Unidos, "la inerrancia en su aspecto más básico es simplemente la confesión de que la Biblia carece de errores de hecho en aquellas cosas que afirma".[22] La cuestión de fondo es, por supuesto, si en una organización internacional de tal diversidad etnocultural como IFES se puede alcanzar un verdadero consenso sobre lo que afirma la Biblia. Aunque la palabra nunca se incorporó a la doctrina oficial de IFES, la idea de que confiar en el texto bíblico no era un paso en falso epistemológico racionalista, sino que se ajustaba puramente a la práctica histórica dentro del cristianismo, está bien resumida por Holmes, quien afirma que

---

21. Hammond, *Evangelical Belief*, 55.

22. Holmes, "Evangelical Doctrines", 41. Para más información sobre la historia, el desarrollo y los debates en torno a la inerrancia, véase, entre otros, Okholm, Miguélez y Bacote, *Evangelicals & Scripture*.

parece haber pocas dudas de que ha sido una posición generalmente mantenida dentro de las iglesias cristianas a lo largo de los tiempos. No es muy difícil encontrar afirmaciones explícitas de que la Biblia no comete errores a lo largo de la historia de la iglesia; sin embargo, incluso donde no se puede encontrar ninguna afirmación explícita, parece haber buenas razones para suponer que, si se les hiciera la pregunta, la gran mayoría de las denominaciones cristianas y los teólogos anteriores al auge de la alta crítica habrían afirmado la inerrancia, al igual que los conservadores de todo pelaje, no solo evangélicos, más recientemente.[23]

También en este caso, la adopción de la alta crítica por las "facciones liberales" se considera una especie de "pecado original hermenéutico" de finales del siglo XIX, en el que IFES asume el papel de defensora de la fe que otros han abandonado.[24]

Autoridad

Muy estrechamente vinculada a la idea de fiabilidad está la noción de autoridad de la Escritura, que emana en primer lugar del concepto de una naturaleza dual de la Escritura. En otras palabras, de forma muy similar a cómo el Credo calcedoniano afirma la doble naturaleza de Cristo encarnado, la BD se basa en la idea de la doble naturaleza de la palabra escrita: "La Biblia es a la vez divina y humana; ¡esta asombrosa confesión de fe es análoga a la confesión de Jesucristo como la palabra viva de Dios en carne humana!"[25]

Puesto que los cristianos confiesan seguir a Cristo, creer en él tiene la conclusión lógica para los escritores de IFES de que el creyente tiene que someterse a las Escrituras, debido a la implicación directa de Cristo en su inspiración: "Él ha inspirado de tal manera las Sagradas Escrituras que son

---

23. Holmes, "Evangelical Doctrines", 41.

24. Es probablemente con estas intenciones de salvaguarda en mente como deben leerse las palabras posteriores de Woods. En su borrador para una historia de IFES, utiliza el término "infalible" así como vuelve sobre la cuestión del conocimiento científico: "la *razón de ser* de IFES, tanto en sus antecedentes como en su convicción actual, es que la Biblia es y será para siempre la Palabra infalible de Dios, enteramente digna de confianza en todas sus partes. Esto es cierto no solo en cuestiones de fe, moral, ética y conducta, sino también cuando se entiende correctamente en todas sus referencias a los acontecimientos espaciotemporales, a las personas, a la historia y a la geografía." Woods, "IFES History Draft", cap. 2, p. 13.

25. Bürki, *Essentials*, 28.

autoautentificables y ellas mismas dan indicaciones claras y explícitas de su origen único; y Él ilumina el entendimiento de los creyentes para que comprendan el mensaje y reconozcan la autoridad de la Biblia, como siendo en verdad la Palabra de Dios".[26]

La noción de "autoautentificación" congenia bien con la hermenéutica evangélica tradicional y tiene consecuencias misiológicas evidentes. Un grupo local de estudiantes puede asumir la autoridad de la Biblia e invitar a otros a leerla, confiando en que no necesitan necesariamente presentar un sólido argumento teórico a favor de la autoridad escritural: congruente con la doctrina del sacerdocio de todos los creyentes es el libre acceso a la fuente suprema de autoridad que cualquiera, eventualmente, reconocería.

Todo el marco de la BD implica confianza en la autoridad de las Escrituras, pero no se trata únicamente de un concepto bibliológico. Surge de una clara convicción teológica de que el soberano – y por tanto autoritativo – "Dios de la Verdad no puede engañar y no engaña".[27] Si la Biblia es su palabra, debe ser autoritativa. Brown admite que esta confesión no es una cuestión de salvación, ya que "es un principio bastante generalmente reconocido que ningún cristiano debe confesar una doctrina particular sobre las Escrituras para salvarse. Ni la Biblia ni los credos lo presuponen".[28] No obstante, Brown continúa afirmando la importancia de una comprensión "adecuada" de lo que es la Biblia:

> Pero es importante que uno tenga una firme confianza en la fiabilidad de la Biblia para comprender el contenido de la fe salvadora, y es esencial para quien desee enseñar la fe, ya sea un profesor de teología, un pastor, un maestro de escuela dominical o cualquier otro cristiano que acepte una responsabilidad por el bienestar espiritual de los demás.[29]

Del mismo modo, los no evangélicos bien podrían preguntarse *qué* Biblia debe considerarse autorizada. Para evitar que los libros deuterocanónicos se consideren autoritativos, Hammond especifica que "se excluyen los libros conocidos como apócrifos, que se incorporan al canon católico romano".[30]

Dicho esto, hay un cierto grado de autorreferencialidad en la apelación de la BD a las Escrituras como autoridad. Muchas otras tradiciones cristianas

---

26. Hammond, *Evangelical Belief*, 27.
27. Harold O. J. Brown, "Inspiration and Authority of Scripture", 23.
28. Brown, 21.
29. Brown, 21.
30. Hammond, *Evangelical Belief*, 15.

estarían de acuerdo con IFES en que las Escrituras tienen autoridad; la cuestión es más bien *qué tipo* de autoridad se contempla, o *cómo funciona* en un contexto determinado. En este caso, parece que la BD afirma la autoridad de la Biblia y *enmarca la forma en que debe leerse*. Collange se pregunta con cierta ironía si tal actitud no se acerca mucho a la del "catolicismo tradicional y su presentación de la verdad de la letra del dogma y la doctrina como 'infalibilidad papal'".[31]

Del mismo modo, lo que Willaime ha observado en el caso de las iglesias reformadas francesas se aplica bien al caso de IFES, difuminando así de algún modo los límites entre iglesia y paraiglesia:

> La autoridad está en la Biblia, pero leída e interpretada a través de la Confesión de Fe de la Iglesia . . . Este texto [la Confesión de fe] tiene una autoridad secundaria a la Biblia, pero, puesto que define cuál es el centro del mensaje bíblico y cómo debe leerse la Biblia, ocupa un lugar central en la regulación de la fe de la Iglesia.[32]

Willaime concluye además que una confesión de fe funciona como una tradición, ya que "junto a la Biblia, existe una legitimidad tradicional que se manifiesta en referencia al testimonio apostólico y a las Confesiones de Fe de la Reforma".[33] Esto es lo que también observa astutamente Holmes:

> "Autoridad suprema" suena, retóricamente, como un refuerzo, pero de hecho su estatus lógico es potencialmente más débil que una simple reivindicación de "autoridad", en el sentido de que implica la existencia de otras autoridades, reales pero subordinadas. Si la Biblia es "la autoridad", entonces no es admisible ninguna otra apelación; si es "la autoridad suprema", entonces puedo creer en la autoridad real, aunque subordinada, de otros documentos: los credos ecuménicos, tal vez.[34]

---

31. Collange, "Les confessions de foi 'évangéliques'", 74. Llama la atención que la traducción francesa del comentario de Bürki también tenga la traducción original francesa de la BD, que dice "son autorité *seul* est souveraine [*solo* su autoridad es soberana]". Hans Bürki, *Fonder sa foi*, Points de repère (Lausana: Presses Bibliques Universitaires, 1978), 25; énfasis añadido. Es en el contexto de una mayor presencia católica en el que la mayoría de los movimientos francófonos han utilizado durante mucho tiempo su propia traducción, con el fin de animar a los católicos que aspiraban a unirse a sus movimientos a salir de la ICR.

32. Willaime, "Formule d'adhésion", 292.

33. Willaime, 292.

34. Holmes, "Evangelical Doctrines", 51.

Bürki también es consciente de esta compleja relación con las tradiciones. La preocupación de IFES parece haber sido más propiamente una cuestión de método teológico que de política eclesiástica:

> La autoridad suprema de la Escritura significa que la Palabra de Dios no está sin tradición sino por encima de ella.[35] No está en contra de la razón, pero la razón no debe ser su árbitro. No está fuera de la Iglesia sino por encima de ella, no sin conocimiento de las manifestaciones transhumanas sino más allá de su juicio.[36]

Proclamar la autoridad de las Escrituras debe ir más allá de la afirmación teológica para tener consecuencias éticas. La idea de centrarse en lo esencial llevó a los primeros líderes de la IFES a concentrarse en las premisas de las acciones cristianas fieles más que en la aplicación práctica de dichas creencias. Sin embargo, Holmes, continuando con su argumento citado anteriormente, señala que esto no está exento de peligros:

> Lo mismo puede decirse de la adición relativa a "fe y práctica": el efecto retórico es de nuevo de refuerzo, pero el efecto lógico es plantear la posibilidad de que haya asuntos que no pertenezcan a "fe y práctica" (o "fe y conducta") en los que las Escrituras no tengan de hecho ninguna autoridad: asuntos de ciencia o historia, quizás. Por supuesto, este tipo de análisis dificulta el análisis de las afirmaciones: ¿pensaban los escritores que añadían "suprema" a "autoridad" que estaban reforzando, o se daban cuenta de que estaban debilitando, la afirmación? ¿Qué hay de los que aceptaron los documentos revisados?[37]

Requisitos previos pneumatológicos

Por último, la hermenéutica de IFES tiene unos fundamentos decisivamente pneumatológicos. Congruente con la cláusula I de la BD y su afirmación de que el Espíritu Santo vive en el interior del creyente, el supuesto de la BD es que la Biblia no puede reconocerse como autorizada, ni entenderse adecuadamente, sin el Espíritu Santo. Lo que podría parecer una tautología se entiende correctamente como una declaración teológica contra el racionalismo

---

35. Bürki se pregunta en la nota a pie de página: "¿Cuál es el lugar de las Escrituras frente a las tradiciones del hombre? Marcos 7:6–9, 13; Gálatas 1:6–10". Bürki, *Essentials*, 30.

36. Bürki, 29.

37. Holmes, "Evangelical Doctrines", 51.

percibido de la teología liberal. Quienes estaban relacionados con IFES se desmarcaban constantemente de una teología que, o bien se hacía *etsi Deus non daretur,* o bien se enorgullecía de afirmar únicamente lo que podía ser entendido racionalmente por la gente moderna. De ahí la insistencia en la necesidad de una presencia activa trascendente en la mente y el corazón del creyente que lee el texto bíblico. Esto es notable, pues también implica que la lectura de la Biblia no presupone un grado teológico. En palabras de Hammond, la Biblia "fue concebida para seguir siendo un libro de aceptación universal y de igual valor para todas las edades y todos los pueblos en diversas etapas de educación. En la providencia de Dios está en una forma en la que su significado básico puede ser captado por todo tipo de hombres."[38]

Esto eleva la Biblia a un ámbito distinto del de cualquier otro texto y, por tanto, conlleva algunas tensiones potenciales en la práctica hermenéutica: es más fácil acordar metodologías comunes para estudiar textos históricos clásicos, por ejemplo, en un contexto universitario y alcanzar cierto consenso erudito. Sin embargo, lo que llama la atención es la insistencia en el hecho de que la Biblia es accesible a cualquiera que quiera leerla.

Como hemos señalado anteriormente, todos los comentaristas oficiales de la BD insisten en que las cláusulas de la BD se derivan inductivamente de la Biblia, pero no de forma no mediada. De acuerdo con la concepción evangélica tradicional de la hermenéutica, la Biblia no puede entenderse adecuadamente al margen de la iluminación interna del Espíritu Santo. Así pues, existe una compleja interrelación entre la fe del creyente, su relación con Dios y las Escrituras. Pero la BD media, entonces, una comprensión compartida de lo que se entiende como el núcleo de la verdad bíblica:

> El Espíritu Santo es quien opera la convicción en el creyente de que la Biblia es la Palabra escrita de Dios. Este testimonio interior del Espíritu Santo no es algo que actúe independientemente de la Escritura. Se da para dar testimonio de la Escritura y autentificarla como medio de la revelación divina al hombre. En cuanto al proceso real de la inspiración, la Biblia solo hace otra declaración general.[39]

Debemos señalar aquí que insistir en la necesidad de la iluminación espiritual presupone un enfoque particular del razonamiento humano, a saber, uno que está constantemente marcado por las referencias a las limitaciones

---

38. Hammond, *Evangelical Belief*, 56.
39. Hammond, 18. Se hace referencia a 2 Pe 1:21.

humanas causadas por el pecado: "se nos da a conocer que la razón y la emoción humanas no iluminadas por sí solas no pueden comprender la revelación de Dios. Todo tipo de conocimiento puede conducir fácilmente al orgullo. El que cree saber algo, no conoce el saber".[40]

Dependiendo de la perspectiva del lector, se trata o bien de una visión poco optimista de lo que son capaces de hacer los seres humanos, o más bien de una forma de resaltar el poder del evangelio cristiano. No cabe duda de que, en opinión de IFES, se trata de esto último, y es más bien un incentivo para la misión que una premisa para la desesperación.

---

40. Bürki, *Essentials*, 18.

Bibliografía

ABUB. "No Que Cremos". Aliança Bíblica Universitária do Brasil. Consultado el 22.02.2023. https://abub.org.br/quem-somos#!/cremos.

Achtemeier, Paul J. *1 Peter: A Commentary on First Peter*. Hermeneia. Minneapolis: Fortress, 1996.

Adeney, David H. *China: Christian Students Face the Revolution*. Londres: IVP, 1973.

———. "Light to the Nations: 1987 IFES Presidential Address". *IFES Review* 23 (1987): 3–11.

———. "Student Work in Southeast Asia". *IFES Journal* 12, nº 1 (1959): 3–9.

Ahlstrom, Sydney E. "The Radical Turn in Theology and Ethics: Why It Ocurred in the 1960s." *Annals of the American Academy of Political and Social Sciences* 387 (enero de 1970): 1–13.

Akinade, Akintunde E. "Introduction". En *A New Day: Essays on World Christianity in Honor of Lamin Sanneh*, editado por Akintunde E. Akinade, 1–13. 1ª ed. impresa. Nueva York: Peter Lang, 2010.

Allen, Hubert *Roland Allen: Pioneer, Priest and Prophet*. Grand Rapids: Eerdmans, 1995.

Allen, Roland *The Ministry of Expansión: The Priesthood of the Laity*. Editado por J. D. Payne. Kindle. Pasadena: Biblioteca William Carey, 2017.

———. *Missionary Methods: St Paul's or Ours?* Londres: Scott, 1912.

———. "Spontaneous Expansion: The Terror of Missionaries." *World Dominion* 4 (1926): 218–24.

Anderson, Benedict *Imagined Communities: Reflections on the Origin and Spread of Nationalism*. Londres: Verso, 1983.

Andria, Solomon. "Autonomy and Indegeneity". Hyundai Learning Center, Seúl, Corea del Sur, junio de 1999. Archivos electrónicos de IFES. Actas antiguas del CE de 1999, Apéndice K.

———. "Pentecostals, Charismatics, Evangelical: Differences and Distinctives". Centre des métiers de l'électricité, Bingerville, Costa de Marfil, mayo de 1994. Archivos electrónicos de IFES. Actas del CE 1994, Apéndice L1.

Anizor, Uche, y Hank Voss. *Representing Christ: A Vision for the Priesthood of All Believers*. Downers Grove: IVP, 2016.

Arana, Pedro. "Evangelization in the Latin American University". *International Review of Mission* 63, nº 252 (1974): 507–14.

———. "Towards a Biblical Public Theology". *Journal of Latin American Theology* 11, no. 2 (2016): 35–59.

Armitage, Carolyn. *Reaching for the Goal: The Life Story of David Adeney – Ordinary Man, Extraordinary Vision*. Wheaton: OMF Books, 1993.

Aulén, Gustaf *Christus Victor: An Historical Study of the Three Main Types of the Idea of the Atonement.* [Den Kristna Försoningstanken.] Traducción autorizada. Traducido por A. G. Hebert. Londres: SPCK, 1931.

Australian Fellowship of Evangelical Students (AFES). "Doctrinal Basis". Consultado el 21 de mayo de 2020. https://afes.org.au/about/doctrinal-basis.

Aw, Swee-Eng. "But When I Left College I Couldn't Fit into a Church". *In Touch* 1 (1984): 3.

Balia, Daryl M., y Kirsteen Kim, eds. *Witnessing to Christ Today.* Vol. 2 de *Edimburgo 2010.* Oxford: Regnum, 2010.

Barclay, Oliver R. *Developing a Christian Mind.* Leicester: IVP, 1984.

———. "Guarding the Truth: The Place and Purpose of the Doctrinal Basis. Taller en Formación 89". *IFES Review* 27 (1989): 29–40.

———. *What Happened to the Jesus Lane Lot?* Leicester: IVP, 1977.

Barclay, Oliver R., y Robert M. Horn. *From Cambridge to the World: 125 Years of Student Witness.* Leicester: IVP, 2002.

Bebbington, David W. *Evangelicalism in Modern Britain: A History from the 1730s to the 1980s.* Londres: Unwin Hyman, 1989.

Bebbington, David W., y David Ceri Jones, eds. *Evangelicalism and Fundamentalism in the United Kingdom During the Twentieth Century.* Oxford: OUP, 2013.

Beckford, James A. "Explaining Religious Movements". *International Social Science Journal* 29, nº 2 (1977): 235.

———. *Social Theory and Religion.* Cambridge: CUP, 2003.

Becquet, Valérie. "Moment étudiant, moment d'engagement: regard sur les activités bénévoles des étudiants". En *Cent ans de mouvements étudiants*, de Jean-Philippe Legois, Alain Monchalbon y Robi Morder, 141–55. Editado por Groupe d'études et de recherches sur les mouvements étudiants (GERME). París: Syllepse, 2007.

Benoît, Pierre de, Gordon Scorer, Ferenc Kiss, Rev. E. L. Langston, René Pache y Gertrud Wasserzug-Traeder, eds. "Invitation to the 1936 International Conference in Beatenberg, Suiza", 1936. BGC #193.

Benson, Hilda, Rev. Candy Douglas y Rev. Gerald Hutchison. "Extracts from a Report on the Conference for Missionary Advance, Toronto, 1946". Toronto: Federación Universal de Movimientos Estudiantiles Cristianos, enero de 1947. Archivo de la FUMEC 213.16.39/2.

Bentley-Taylor, David. "Adventures of a Christian Envoy". Manuscrito fotocopiado. Londres, 1992. Archivo IFES, Oxford.

———. "African Diary, Part II". *IFES Journal* 20, no. 3 (1967): 23–32.

———. "The Seventh IFES General Committee: An Appraisal". *IFES Journal* 20, no. 3 (1967): 9–12.

Berger, Peter L. *The Heretical Imperative: Contemporary Possibilities of Religious Affirmation.* Garden City: Anchor, 1979.

Bevans, Stephen B., y Roger Schroeder. *Constants in context: A Theology of Mission for Today.* AMS 30. Maryknoll: Orbis, 2004.

Bielo, James S. *Words Upon the Word: An Ethnography of Evangelical Group Bible Study*. Quantitive Studies in Religion. Nueva York: New York University Press, 2009.

Blackburn, W. Ross. *The God Who Makes Himself Known: The Missionary Heart of the Book of Exodus*. Downers Grove: Apollos, 2012.

Blanchard, Roger. "Concerns of Proposed Ecumenical Consultation". c.1955. Archivo de la FUMEC 213.16.39/2.

Blocher, Henri. "Lu et commenté : Dieu sans Dieu". *Chantiers*, 1965, 26–30.

———. "Permanent Validity and Contextual Relativity of Doctrinal Statements". En *The Task of Dogmatics*, editado por Fred Sanders, 107–31. Grand Rapids: Zondervan, 2017.

Bloesch, Donald G. *Life, Ministry, and Hope*. Vol. 2 de *Essentials of Evangelical Theology*. San Francisco: Harper & Row, 1979.

Bong, Wonyoung. "Toward Improving the Effectiveness of Campus Ministry at Universities". *Asia-Africa Journal of Mission and Ministry* 7 (2013): 27–45.

Bosch, David *Transforming Mission: Paradigm Shifts in Theology of Mission*. Maryknoll: Orbis, 1991.

Bourdanné, Daniel. "Évangélisation des étudiants". En *Dictionnaire de théologie pratique*, editado por Christophe Paya, 359–66. Cléon-d'Andran: Éditions Excelsis, 2011.

———. "Foreword". En *Influence: The Impact of IFES on the Lives of Its Graduates*, 9. Oxford: International Fellowship of Evangelical Students, 2015.

Boyd, Robin H. S. *The Witness of the Student Christian Movement: Church Ahead of the Church*. Londres: SPCK, 2007.

Brackney, William H. *Christian Voluntarism: Theology and Praxis*. Horizontes de Fe. Grand Rapids: Eerdmans, 1997.

Bramadat, Paul A. *Church on the World's Turf:An Evangelical Christian Group at a Secular University*. Oxford: Oxford University Press, 2000.

Briggs, John, Mercy Amba Oduyoye y Georges Tsetsis, eds. *A History of the Ecumenical Movement*. Vol. 3, *1968–2000*. 3 vols. Ginebra: Consejo Mundial de Iglesias, 1986.

Brogan, John J. "Can I Have Your Autograph?" En *Evangelicals & Scripture: Tradition, Authority and Hermeneutics*, de Dennis L. Okholm, Laura C. Miguélez y Vincent Bacote, 93–111. Downers Grove: IVP, 2004.

Brown, Callum G. "What Was the Religious Crisis of the 1960s" *Journal of Religious History* 34, no. 4 (2010): 468–79.

Brown, Harold O. J. "The Inspiration and Authority of Scripture". *IFES Journal* 23, n° 2 (1970): 19–24.

———. "Report of the Theological Secretary". 1971. Archivos electrónicos de IFES. Actas del CG 1971, Apéndice H.

Brown, Lindsay. "Draft Global IFES Long Range Plan". Oak Hill College, Londres, Inglaterra, 25–31.7 1993. IFES e-archives, Actas del CE 1993, Apéndice H.

———. "The Growth of a Work of God: The Antioch Model; Address to World Assembly 1991". *IFES Review* 31 (1991): 3–10.

———. "IFES Jubilee". *Highlights*, diciembre de 1997, 1–2.

———. "IFES and the Orthodox Church". Centro de formación Hald, Mandal, Noruega, 28.7–1.8 1992. Archivos electrónicos de IFES, actas del CE 1992, Apéndice I.

———. *Into All the World: The Missionary Vision of Luther and Calvin*. Fearn: Christian Focus, 2021.

———. "Report of the General Secretary to the General Committee of IFES". Centro del Banco Comercial de Kenia, Nairobi, Kenia, 26 de junio de 1995. Archivos electrónicos de IFES. Actas del CG 1995, Apéndice D.

———. *Brillando como estrellas: El poder del evangelio en las universidades del mundo*. Barcelona: Andamio, 2018.

Brown, Dra. Sue. "The Future of Training in IFES". Oak Hill College, Southgate, Londres, Inglaterra, mayo de 1993. Archivos electrónicos de IFES. Actas del CE de 1993, Apéndice B1.

———. To Formación 1989 Contributors. 27 de septiembre de 1989. BGC Box n° 5.

Bruce, Steve. "The Student Christian Movement and the Inter-Varsity Fellowship: A Sociological Study of Two Movements". Tesis doctoral, Universidad de Stirling, 1980.

Bryant, Alyssa. "Evangelicals on Campus: An Exploration of Culture, Faith and College Life. *Religion & Education* 32, n° 2 (2005): 1–30.

Bryant, Alyssa, y Helen Astin. "The Correlates of Spiritual Struggle During the College Years ". *The Journal of Higher Education* 79, n° 1 (2008): 1–27.

Bürki, Hans. "The Confrontation of Evangelism with Ideology". *IFES Journal* 1 (1967): 22–27.

———. *Essentials: A Brief Introduction for Bible Study Base on the Doctrinal Basis of the International Fellowship of Evangelical Students*. Londres: IFES, 1975.

———. *Fonder sa foi*. Points de repère. Lausana: Presses Bibliques Universitaires, 1978.

———. "Student Unrest: Its Causes, Charateristics and Cures". Ponencia de seminario, Schloss Mittersill, Austria, 1971. IFES e-archives, Actas del CG 1971, Apéndice J.

Calvino, Juan. *Institutes of the Christian Religion*. Traducido por Ford Lewis McNeill. The Library of Christian Classics. Filadelfia: Westminster John Knox, 2011.

Cambridge Inter-Collegiate Christian Union. *Old Paths in Perilous Times*. 1ª ed. Cambridge, 1913.

———. *Old Paths in Perilous Times*. Editado por Basil F. C. Atkinson. 2ª ed. Londres: IVF, 1932.

Camp, Bruce K. "A Theological Examination of the Two-Structure Theory". *Missiology* 23, n° 2 (1995): 197–209.

Cassidy, Michael. "Evangelization amongst College and University Students". En *Let the Earth Hear His Voice*, editado por J. D. Douglas, 749–64. Minneapolis: World Wide Publications, 1975.

'Catechism of the Catholic Church'. Consultado el 23 de febrero de 2023. https://www.vatican.va/archive/ENG0015/__P4Y.HTM.

Caterson, Joe. "Proposals for Effective Partnership in WorldWide Student Evangelisation." Documento de debate plenario. Ashburnham Place, Battle, East Sussex, Inglaterra, 27 de julio de 1983. Archivos electrónicos de IFES. Actas del CG 1983, Apéndice R.

Catherwood, Christopher *Martyn Lloyd-Jones:His Life and Relevance for the 21st Century*. Nottingham: IVP, 2015.

Cawley, Luke *Luces del campus: Estudiantes que viven y hablan de Jesús en todo el mundo*. Ulzama: Andamio Editorial, 2021.

———. *The Myth of the Non-Christian: Engaging Atheists, Nominal Christians and the Spiritual but Not Religious*. Downers Grove: InterVarsity Press, 2016.

Chadwick, Owen. *The Secularization of the European Mind in the Nineteenth Century*. Cambridge: Cambridge University Press, 1975.

Chapman, Alister. "Evangelical International Relations in the Post-Colonial World: The Lausanne Movement and the Challenge of Diversity, 1974–89". *Missiology* 37, no. 3 (2009): 355–68.

———. "Evangelical or Fundamentalist? The Case of John Stott". En *Evangelicalism and Fundamentalism in the United Kingdom During the Twentieth Century*, editado por David W. Bebbington y David Ceri Jones, 192–208, Oxford: OUP, 2013.

———. *Godly Ambition: John Stott and the Evangelical Movement*. Nueva York: OUP, 2012.

Chua Wee Hian. "Breakthrough in the Seventies". *IFES Journal* 23, nº 2 (1970): 8–13.

———. "The CU and the Church". Cinta de audio. Formación 89, 1989. Archivo IFES, Oxford.

———. "Foreword". En *Essentials: A Brief Introduction for Bible Study Based on the Doctrinal Basis of the International Fellowship of Evangelical Students*, de Hans Bürki, 7–9. Londres: IFES, 1975.

———. "The General Secretary's Perspective". Hurdal Verk, Noruega, 27 de julio de 1979. Archivos electrónicos de IFES. Actas del CG 1979, Apéndice D.

———. "General Secretary's Report". El Hostal Duruelo, Boyacá, Colombia, 30.8–8.9 1987. Archivos electrónicos de IFES. Actas del CG 1987, Apéndice B.

———. *Getting through Customs: The Global Jottings of Chua Wee Hian*. Leicester: Inter-Varsity Press, 1992.

———. "Graduate Ministry: A Postscript from the General Secretary". *IFES Review* 26 (1989): 45–48

———. "IFES: The Big Picture". *In Touch* 3 (1987): 5.

———. "IFES General Secretary's Report 1991". Wheaton College, Wheaton, Illinois, EE.UU., 27.7–4.8 1991. Archivos electrónicos de IFES. Actas del CG 1991, Apéndice D.

———. "Major Trends and Developments in IFES". Comité Ejecutivo de IFES, 5 de mayo de 1988. Archivos electrónicos de IFES.

———. "The Next Four Years". *IFES Journal* 25, no. 3 (1971): 7–9.

———. "Priorities 1". Abril de 1988. BGC Box nº 5.

———. "Report of the General Secretary". Schloss Mittersill, Austria, 1974. Archivos electrónicos de IFES. Actas del CE de 1974, Apéndice A.
———. "Report of the General Secretary". Schloss Mittersill, Austria, 1975. Archivos electrónicos de IFES. Actas del CG 1975, Apéndice.
———. "Staff Letter 6". Mayo de 1973. BGC Caja nº 5.
———. "Staff Letter 8". Julio de 1973. BGC Caja nº 5.
———. "Staff Letter 9". Septiembre de 1973. BGC Caja nº 5.
———. "Staff Letter 15". Octubre de 1974. BGC Caja nº 5.
———. "Staff Letter 31". Noviembre de 1978. BGC Caja nº 5.
———. "With Evangelical Students". En *Martyn Lloyd-Jones: Chosen by God*, editado por Christopher Catherwood, 110–24. Crowborough: Highland Books, 1988.
Chua Wee Hian y C. René Padilla. "God's Work in the World Today". En *Jesus Christ: Lord of the Universe, Hope of the World; Urbana 1973*, editado por David M. Howard, 167–78. Downers Grove: IVP, 1974.
Clawson, Michael. "Misión Integral and Progressive Evangelicalism: The Latin American Influence on the North American Emerging Church". *Religions* 3, no. 3 (2012): 790–807.
Clowney, Edmund P. *The Church*. Downers Grove: InterVarsity Press, 1995.
———. *The Message of 1 Peter*. The Bible Speaks Today. Leicester: IVP, 1988.
Coggan, Donald *Christ and the Colleges: A History of the Inter-Varsity Fellowship of Evangelical Unions*. Londres: Inter-Varsity, 1934.
Collange, Jean-François. "Les confessions de foi "évangéliques"". *Autres Temps. Les cahiers du christianisme social* 3 (1984): 72–82.
Colon, David. "Face aux églises : un siècle d'organisations d'étudiants chrétiens". En *Cent ans de mouvements étudiants*, de Jean-Philippe Legois y Alain Monchalbon, 217–26. Editado por Groupe d'études et de recherches sur les mouvements étudiants (GERME). París: Syllepse, 2007.
Congar, Yves. *Jalons pour une théologie du laïcat*. 2ª ed. Unam sanctam 23. París: Éditions du Cerf, 1954.
Congar, Yves, y François Varillon. *Sacerdoce et laïcat dans l'église*. París: Vitrail, 1947.
"Constitution of the International Conference of Evangelical Students". 9 de septiembre de 1935. BGC #193.
"Constitution of the International Conference of Evangelical Students". Agosto de 1947. BGC #193.
"Constitution of the International Conference of Evangelical Students". Julio de 2015. Archivos electrónicos de IFES.
Cox, Harvey Gallagher *Fire from Heaven: Pentecostalism, Spirituality, and the Reshaping of Religion in the Twenty-First Century*. Reading: Addison-Wesley, 1994.
Cressey, Martin H. *The Conservative Evangelical in the Ecumenical Movement*. Londres: Movimiento Estudiantil Cristiano, década de 1960.
Dahle, Lars, ed. *The Lausanne Movement: A Range of Perspectives*. Oxford: Wipf & Stock, 2014.

Davie, Grace *Religion in Britain since 1945: Believing without Belonging*. Oxford: Blackwell, 1994.

———. *Religion in Modern Europe: A Memory Mutates*. Sociedades Europeas. Oxford: OUP, 2000.

Davies, D. Eryl. "Lloyd-Jones, David Martyn". En *Biographical Dictionary of Evangelicals*, editado por Timothy Larsen, 370-74. Leicester: IVP, 2003.

D'Costa, Gavin. "The State of the University: Academic Knowledges and the Knowledge of God". *Pro Ecclesia* 20, no. 3 (2011): 312-16.

Debanné, Marc. "L'étudiant chrétien, l'Église locale et les mouvements chrétiens étudiants : comment démystifier la place du "para-Église"?" *Théologie évangélique* 14, no. 1 (2015): 24-44.

Deschner, John. "Evangelism". Resumen del discurso pronunciado en la Consulta Ecuménica de la FUMEC de 1956. Céligny, 1956. Archivo de la FUMEC 213.16.39/2.

Dickson, Neil. "'The Church Itself Is God's Clergy'. The Principles and Practices of the Bethren". En *The Rise of the Laity in Evangelical Protestantism*, editado por Deryck Lovegrove, 217-35. Londres: Routledge Chapman & Hall, 2002.

Diétrich, Suzanne de. *Cinquante ans d'histoire : la Fédération universelle des associations chrétiennes d'étudiants (1895-1945)*. París: Ed. du Semeur, 1946.

Douglas, J. D., ed. "Theology and Implications of Radical Discipleship". En *Let the Earth Hear His Voice*, 1294-96. Minneapolis: World Wide Publications, 1975.

Dransfield, Julie, y Cindy Merritt. "The 'One-Another' Ministry of Students to Students". *IFES Review* 24 (1988): 37-42.

Dudley-Smith, Timothy. *John Stott: A Global Ministry*. Downers Grove: IVP, 2001.

Dumbrell, W. J. *Covenant and Creation: A Theology of the Old Testament Covenants*. 1ª ed. 1984. Biblical and Theological Classics. Carlisle: Paternoster, 1997.

Dunn, James D. G. *The Parting of the Ways: Between Christianity and Judaism and Their Significance for the Character of Christianity*. 1ª ed. 1991. 2ª ed. Londres: MEC, 2006.

Durham, John I. *Exodus*. Word Biblical Commentary 3. Waco: Word, 1986.

Durnbaugh, Donald F. *The Believers' Church: The History and Character of Radical Protestantism*. Nueva York: Macmillan, 1968.

Dutton, Edward *Meeting Jesus at University: Rites of Passage and Student Evangelicals*. Burlington: Ashgate, 2008.

Eberstadt, Mary *How the West Really Lost God: A New Theory of Secularization*. West Conshohocken: Templeton Press, 2013.

Edge, Findley B. "Priesthood of Believers". *Review & Expositor* 60, n° 1 (1963): 9-21.

Enns, Fernando. "Believers Church Ecclesiology: A Vital Alternative with the Ecumenical Family." En *New Perspectives in Believers Church Ecclesiology*, editado por Abe J. Dueck, Helmut Harder y Karl Koop, 107-24. Winnipeg: CMU, 2010.

Enoch, H. *Following the Master*. Bombay: GLS, 1977.

Escobar, Samuel. *Diálogo entre Cristo y Marx y otros ensayos*. Lima: AGEUP, 1969.

———. "Evangelism and Man's Search for Freedom, Justice and Fulfillment". En *Let the Earth Hear His Voice*, editado por J. D. Douglas, 303–26. Minneapolis: World Wide Publications, 1975.

———. Entrevista. Coma-Ruga, España, 2018.

———. *La chispa y la llama: breve historia de la Comunidad Internacional de Estudiantes Evangélicos en América Latina*. Buenos Aires: Ediciones Certeza, 1978.

———. *La chispa y la llama: Volumen II*. Buenos Aires: Certeza Unida, 2022.

———. "A New Time for Mission: Plenary Address to IFES WA 1999". Hyundai Learning Center, Yong-In, Corea del Sur, 23 de julio de 1999. Archivos electrónicos de IFES.

———. "Our Evangelical Heritage: Major Paper Presented at the 1983 General Committee". *IFES Review* 14 (1983): 2–20.

———. "Report of the Associate General Secretary". Raglan, Nueva Zelanda, 18 de agosto de 1978. Archivos electrónicos de IFES. Actas del CE 1978, Apéndice E.

———. "Report of the Associate General Secretary". Oxon, Inglaterra, 28.9–3.10 1977. Archivos electrónicos de IFES. Actas del CE de 1977, Apéndice E.

———. "Social Concern and World Evangelism". En *Christ the Liberator*, editado por John R. W. Stott, 103–12. Urbana 70. Downers Grove: IVP, 1971.

———. "The Social Impact of the Gospel". En *Is Revolution Change?*, editado por Brian Griffiths, 84–105. IVP Pocketbook. Londres: Inter-Varsity Press, 1972.

———. *A Time for Mission: The Challenge for Global Christianity*. Leicester: IVP, 2003.

Escobar, Samuel, C. René Padilla y Edwin Yamauchi, eds. *¿Quién es Cristo hoy?* Buenos Aires: Ediciones Certeza, 1971.

"Evangelical Declaration of Cochabamba: At the Founding Meeting of the Fraternidad Teológica Latinoamericana, diciembre de 1970". *Journal of Latin American Theology* 11, no. 2 (2016): 185–88.

Fath, Sébastien. "Evangelical Protestantism in France: An Example of Denominational Recomposition?" *Sociology of Religion* 66, no. 4 (1 dic. 2005): 399–418.

———. *Le protestantisme évangélique, un christianisme de conversion : entre ruptures et filiations*. Biblioteca de la Escuela de Altos Estudios. Sciences religieuses. Turnhout: Brepols, 2004.

Fielder, Geraint *Lord of the Years: Sixty Years of Student Witness – Story of the Inter-Varsity Fellowship/Universities and Colleges Christian Fellowship, 1928-88*. Leicester: IVP, 1988.

Filiatreau, Mark. "Honouring Our Elders: Dr. James Houston, Founder of Regent College". BC Christian News, junio de 2001. https://web.archive.org/web/20090519095349/https://canadianchristianity.com/cgi-bin/bc.cgi?bc/bccn/0601/supelders.

Flemming, Dean E. *Contextualization in the New Testament: Patterns for Theology and Mission*. Westmont: InterVarsity Press, 2009.

Flett, John G. *Apostolicity: The Ecumenical Question in World Christian Perspective*. Missiological Engagements. Downers Grove: IVP, 2016.

Ford, Barney. "A Shift of Strategy: From Expansion towards Greater Maturity". Bischofsheim, Alemania, mayo de 1998. Archivos electrónicos de IFES. Actas del CE de 1998, Apéndice E.

Foster Williams, David. "A comparison of the Work of the Student Christian Movement and the Inter-Varsity Fellowship as Each Is Found in Latin America". Tesis de maestría, Seminario Bíblico de Nueva York, 1959. Archivo de la FUMEC 213.16.39/1.

Fry, John R. "Anti-Intellectualism in the Church Today". *The Christian Scholar* 45, nº 1 (1962): 22–27.

"FTL: Comunidad Teológica Latinoamericana". Consultado el 27 de julio de 2020. https://ftl-al.com/.

Fueter, Paul D. "New Christians for New Pagans". *IFES Journal* 21, no. 3 (1968): 1–9.

Galadima, Bulus. "Evaluation of the Theology of Bolaji Idowu". *Africa Journal of Evangelical Theology* 20, nº 2 (2001): 105–31.

Gebara, Ivone. "The Movement of May 1968 and Theology in Latin America". *The Ecumenical Review* 70, no. 2 (23 sep. 2018): 264–71.

Gilliland, Dean. "Contextualization". En *Evangelical Dictionary of World Missions*, editado por A. Scott Moreau, Harold A. Netland y Charles Edward van Engen, 225–28 Grand Rapids: Baker, 2000.

Gloege, Timothy. "A Gilded Age Modernist: Reuben A. Torrey and the Roots of Contemporary Conservative Evangelicalism". En *American Evangelicalism: George Marsden and the State of American Religious History*, editado por Darren Dochuk y Thomas S. Kidd, 199–229. Notre Dame: University of Notre Dame Press, 2014.

Goheen, Michael W. "The Missional Calling of Believers in the World: Lesslie Newbigin's Contribution". En *A Scandalous Prophet: The Way of Mission after Newbigin*, editado por Thomas F. Foust, George R. Hunsberger, J. Andrew Kirk y Werner Ustorf, 37–56. Grand Rapids: Eerdmans, 2001.

Goodhew, David. "Cassidy, Michael". En *Biographical Dictionary of Evangelicals*, editado por Timothy Larsen, David Bebbington y Mark A. Noll, 130–31. Leicester: IVP, 2003.

———. "The Rise of the Cambridge Inter-Collegiate Christian Union, 1910–1971". *The Journal of Ecclesiastical History* 54, nº 1 (2003): 62–88.

Green, Joel B. *1 Peter*. The Two Horizons New Testament Commentary. Grand Rapids: Eerdmans, 2007.

Greggs, Tom. *Dogmatic Ecclesiology*. Vol. 1, *The Priestly Catholicity of the Church*. Kindle. Grand Rapids: Baker Academic, 2019.

———. "The Priesthood of No Believer: On the Priesthood of Christ and His Church". *International Journal of Systematic Theology* 17, no. 4 (1 oct. 2015): 374–98.

Grossi, Vittorino. "Priesthood of Believers". En *Encyclopedia of Ancient Christianity*, editado por Angelo Di Berardino, 3:302–4. Downers Grove: IVP, 2014.

Gruner, Paul. *Menschenwege und Gotteswege im Studentenleben: Persönliche Erinnerungen aus der christlichen Studentenbewegung*. Berna: Buchhandlung der Evangelischen Gesellschaft, 1942.

„G. T. Manley a J. C. Pollock". J. C. Pollock, Documentos sobre la historia del CICCU. Biblioteca de la Universidad de Cambridge, s.f.

Guest, Mathew. *Christianity and the University Experience: Understanding Student Faith*. Londres: Bloomsbury, 2013.

Gutiérrez, Gustavo. *A Theology of Liberation*. Traducido por Caridad Inda y John Eagleson. Londres: MEC, 1988.

Haight, Roger. *Comparative Ecclesiology*. Vol. 2 de *Christian Community in History*. Londres: Bloomsbury, 2014.

———. *Ecclesial Existence*. Vol. 3 de *Christian Community in History*. Londres: Bloomsbury, 2014.

Hall, Ronald Owen. "A Circular Letter from the Bishop to All Clergy to Be Discussed with Anyone Concerned with the FES". 1963. Archivos electrónicos de la IFES. Documentos del CE de 1963.

Hallesby, Ole. "The Distinctive Message of the Conservative Evangelical Movements: Address Given at the First International Conference of Evangelical Students, Oslo, septiembre de 1934". En *A Brief History of the International Fellowship of Evangelical Students*, por Douglas Johnson, 178–84. Lausana: IFES, 1964.

Hammett, John S. "How Church and Parachurch Should Relate: Arguments for a Servant-Partnership Model". *Missiology* 28, no. 2 (1 abr. 2000): 199–207.

Hammond, T. C. *Cómo comprender la doctrina cristiana: manual de teología para laicos*. Buenos Aires: Ediciones Certeza, 1978.

———. *Evangelical Belief: A Short Introduction to Christian Doctrine in Explanation of the Doctrinal Basis of the Inter-Varsity Fellowship*. Londres: IVF, 1935.

———. En *Comprender a los hombres: Un manual de doctrina cristiana para estudiantes no teólogos*. 1ª ed. Londres: InterVarsity Fellowship, 1936.

———. *In Understanding Be Men: A HanBDook on Christian Doctrine for Non-Theological Students*. 5th ed. Londres: InterVarsity Fellowship, 1960.

Hanks, Tom "Paternalistic – Me?" *IFES Journal* 21, nº 1 (1968): 1–7.

Hardy, Daniel W. "Upholding Orthodoxy in Missionary Encounters: A Theological Perspective. En *Christian Missions and the Enlightenment*, editado por Brian Stanley, 198–222. Grand Rapids: Eerdmans, 2001.

Harrison, Peter. "Narratives of Secularization". *Intellectual History Review* 27, no. 1 (2 ene. 2017): 1–6.

Hatch, Nathan O. "Evangelicalism as a Democratic Movement". En *Evangelicalism and Modern America*, editado por George M. Marsden, 71–82. Grand Rapids: Eerdmans, 1984.

Hauerwas, Stanley *The State of the University: Academic Knowledges and the Knowledge of God*. Iluminaciones – Theory and Religion. Malden: Blackwell, 2007.

Hauerwas, Stanley, y William Willimon. *Resident Aliens: Life in the Christian Colony*. Nashville: Abingdon, 1989.

Henry, Douglas V., y Michael D. Beaty. *Christianity and the Soul of the University: Faith as a Foundation for Intellectual Community*. Grand Rapids: Baker, 2006.

Hervieu-Léger, Danièle. "Le converti 'évangélique', figure de description de la modernité religieuse". En *Le protestantisme évangélique, un christianisme de conversion : entre ruptures et filiations*, editado por Sébastien Fath, 207–13. Turnhout: Brepols, 2004.

Hiebert, Paul G. "Critical Contextualization". *International Bulletin of Missionary Research* 11, no. 3 (1987): 104–12.

———. "Critical Contextualization". *Missiology* 12, no. 3 (julio de 1984): 287–96.

Higton, Mike. "Education and the Virtues". En *The Universities We Need: Theological Perspectives*, editado por Stephen Heap, 77–90. Milton: Taylor and Francis, 2016.

———. *A Theology of Higher Education*. Oxford: OUP, 2012.

Hiraux, Françoise, ed. *Les engagements étudiants : des pratiques et des horizons dans un monde globalisé*. Lovaina la Nueva: Academia-Bruylant, 2008.

Hiraux, Françoise, y Paul Servais. "Les figures de l'engagement étudiant". En *Les engagements étudiants : des pratiques et des horizons dans un monde globalisé*, editado por Françoise Hiraux, 31–58. Lovaina la Nueva: Academia – Bruylant, 2008.

Hoekendijk, Johannes Christiaan. *The Church Inside Out*. Filadelfia: Westminster, 1966.

———. *Kirche und Volk in der deutschen Missionswissenschaft*. Traducido por Erich-Walter Pollmann. Munich: Chr. Kaiser, 1967.

Hoggarth, Pauline. *The Seed and the Soil: Engaging with the Word of God*. Carlisle: Langham Global Library, 2011.

Holmes, Stephen R. "Evangelical Doctrines of Scripture in Transatlantic Perspective". *Evangelical Quarterly* 81, nº 1 (enero de 2009): 38–63.

Hopkins, Charles Howard *John R. Mott, 1865–1955: A Biography*. Grand Rapids: Eerdmans, 1979.

Horn, Gerd-Rainer. "Catholic Action: A Twentieth-Century Social Movement (1920–1930)". En *Western European Liberation Theology*, editado por Gerd-Rainer Horn, 5–43. Oxford: OUP, 2008.

Horn, Robert M. *Student Witness and Christian Truth*. Londres: Inter-Varsity Press, 1971.

———. *Ultimate Realities: Finding the Heart of Evangelical Belief*. Leicester: IVP, 1999.

Horner, David A. *Mind Your Faith: A Student's Guide to Thinking and Living Well*. Downers Grove: IVP, 2011.

Howard, David M. *Student Power in World Evangelism*. Downers Grove: IVP, 1970.

Hunt, Keith, y Gladys Hunt. *For Christ and the University: The Story of InterVarsity Christian Fellowship of the USA 1940–1990*. Downers Grove: IVP, 1991.

Huntston, George. "The Ancient Church, 30–313 d.C.". En *The Layman in Christian History*, de Stephen Neill y Hans Ruedi Weber, 28–56. Londres: MEC, 1963.

Hutchinson, Mark, y John Wolffe. *A Short History of Global Evangelicalism*. Nueva York: CUP, 2012.

Hylson-Smith, Kenneth. *The Laity in Christian History and Today*. Londres: SPCK, 2008.
Idowu, Emanuel Bolaji. *Towards an Indigeous Church*. Oxford: Oxford University Press, 1965.
"IFES and the Church: Notes produced by the Task Force Group". Redcliffe College, Gloucester, Inglaterra, 30 de junio de 1996. Archivos electrónicos de IFES. Actas del CE 1996, Apéndice F3.
IFES. "The International Fellowship of Evangelical Students: Who Are We? Why Do We Exist? How Do We Function?" Discipleship Training Center, Singapur, 17 de agosto de 1982. Archivos electrónicos de IFES. Actas del CE 1982, Apéndice A
———. "Qué creemos". Consultado el 28 de abril de 2023. https://ifesworld.org/es/lo-que-creemos/?switch_language=es
"Instruction. Imitation, Initiation: A Composite Report (Curso de formación IFES, Mittersill, 1971)". *IFES Journal* 25, no. 3 (1971): 12–17.
International Fellowship of Evangelical Students, ed. "Living Stones: IFES Vision to 2020". 2008.
InterVarsity Christian Fellowship USA. "Our Ministry". Consultado el 10 de marzo de 2016. https://intervarsity.org/our-ministry.
———. "What We Believe". 17 de abril de 2017. https://intervarsity.org/about-us/what-we-believe.
Inter-Varsity Fellowship of Evangelical Unions, ed. *Principles of Co-operation*. Londres: IVF, s.f.
Jenson, Philip *Graded Holiness: A Key to the Priestly Conception of the World*. JSOT. Sheffield: Bloomsbury, 1992.
Jochemsen, Henk. "Authentic Christian Witness Demands Authentic Christian Service; Lecture Given at the International Student Conference Held at Schloss Mittersill in August 1989". *IFES Review* 29 (1990): 35–41.
Johnson, Douglas. *A Brief History of the International Fellowship of Evangelical Students*. Lausana: IFES, 1964.
———. "Christ Our Freedom: Internationa Conference of Evangelical Students Cambridge; Documento publicitario". 1939. BGC Box #193.
———. *Contending for the Faith: A History of the Evangelical Movement in the Universities and Colleges*. Leicester: IVP, 1979.
———. Letter to Greer. 22 de abril de 1943. Archivo de la FUMEC 213.13.94/7.
Johnston, James. "A Biblical Philosophy of Student Witness". *IFES Journal* 2 (1966): 7–10.
Joset, Timothée. "20 ans d'histoire des groupes bibliques universitaires de Suisse Romande : 1955–1975; L'histoire de la "Réformation" des étudiants en une période mouvementée ou comment concilier une foi séculaire dans un monde en mouvement". Tesis de máster, Universidad de Neuchâtel, 2012.
Kagan, Jerome. *Three Cultures: Natural Sciences, Social Sciences, and the Humanities in the 21st Century*. Cambridge: Cambridge University Press, 2009.
Kärkkäinen, Veli-Matti. "The Calling of the Whole People of God into Ministry". *Studia Theologica* 54, nº 2 (2000): 144–62.

Kinoti, George K. "Contribution towards Submission for the Templeton Prize". Universidad de Nairobi, 1996.

Kirkpatrick, David C. "C. René Padilla and the Origins of Integral Mission in Post-War Latin America". *The Journal of Ecclesiastical History* 67, no. 2 (2016): 351–71.

———. "Died: C. René Padilla, Father of Integral Mission". Christianity Today, 27 de abril de 2021. Consultado el 22 de julio de 2021. https://www.christianitytoday.com/news/2021/april/rene-padilla-died-integral-mission-latin-american-theology.html.

———. *A Gospel for the Poor: Global Social Christianity and the Latin American Evangelical Left*. Filadelfia: University of Pennsylvania Press, 2019.

Kraemer, Hendrik. *A Theology of the Laity*. Filadelfia: Westminster, 1958.

Kreyssig, Peter. "The Reality of the New Life in Terms of Conversion, Regeneration, and Sanctification". Resumen del discurso pronunciado en la Consulta Ecuménica de la FUMEC de 1956. Céligny, 1956. Archivo de la FUMEC 213.16.39/2.

Kristensen, Brede. "Report of the Assistant to the IFES General Secretary (Europe)". Raglan, Nueva Zelanda, 18 de agosto de 1978. IFES e-archives, Actas del CE 1978, Apéndice F.

Kristensen, Brede, y Ada Lum. *Jesus – One of Us: 52 Evangelistic Bible Studies Compiled into 8 Series*. International Fellowship of Evangelical Students. Nottingham: IVP, 1976.

Kuhn, Chase. "The Ecclesiological influence of T. C. Hammond". *Churchman* 127, no. 4 (2013): 323–35.

Küng, Hans. *The Church*. New York: Sheed & Ward, 1967.

Lamb, Jonathan. "IFES Movements in Orthodox Countries". Memorándum confidencial solo para los jefes de equipo de IFES. Dimesse Sisteres Retreat Center, Nairobi, Kenia, 31 de julio de 1993. Archivos electrónicos de IFES, actas del CE 1995, Apéndice A.

———. "Orthodox Progress Report". Centre des métiers de l'électricité, Bingerville, Costa de Marfil, 9 de junio de 1994. Archivos electrónicos de IFES, actas del CE 1994, apéndice K.

Lausanne Movement. "Cooperating in World Evangelization. A Handbook on Church/Parachurch Relationships". Documento Ocasional de Lausana. 1983. http://www.lausanne.org/content/lop/lop-24.

———. "The Lausanne Covenant". 1 de agosto de 1974. http://www.lausanne.org/content/covenant/lausanne-covenant.

Legois, Jean-Philippe, Alain Monchablon y Robi Morder. *Cent ans de mouvements étudiants*. Editado por Groupe d'études et de recherches sur les mouvements étudiants (GERME). París: Editions Syllepse, 2007.

Lehtonen, Risto *Story of a Storm: The Ecumenical Student Movement in the Turmoil of Revolution, 1968 to 1973*. Grand Rapids: Eerdmans, 1998.

Leithart, Peter *The Priesthood of the Plebs: A Theology of Baptism*. Eugene: Wipf and Stock, 2003.

Lightfoot, Joseph Barber. *Saint Paul's Epistle to Philippians; A Revised Text*. Londres: Macmillan, 1888.

Lineham, Peter J. "Students Reaching Students: A History of the International Fellowship of Evangelical Students". Manuscrito inédito, 1997.

Lloyd-Jones, D. Martyn. "Ecclesiola in Ecclesia". En *Approaches to Reformation for the Church*, Vol. 4. Puritan Papers. Hartshill: Tentmaker, 1965.

Lovegrove, Deryck W. *The Rise of the Laity in Evangelical Protestantism*. Londres: Routledge, 2002.

Lowman, Pete *The Day of His Power: A History of the International Fellowship of Evangelical Students*. Leicester: Inter-Varsity, 1983.

———. "What Scripture Says, God Says". *In Touch* 3 (1982): 5.

Luther, Martín. *Selections from His Writings*. Editado por John Dillenberger. Garden City: Doubleday, 1961.

Lutz, Stephen. *College Ministry in a Post-Christian Culture*. Kansas City: House Studio, 2011.

Mackie, Robert C. "Draft Letter Enclosed in Confidential Memorandum on the Relationships of the WSCF and IVF Britain". Carta a Douglas Johnson. Abril de 1943. Archivo de la FUMEC 213.16.94.

———. *Layman Extraordinary: John R. Mott, 1865–1955*. Londres: Hodder and Stoughton, 1965.

———. "The Relationships of the National Student Christian Movements and the WSCF to the Inter-Varsity Fellowship of Evangelical Unions". Documento privado para uso dentro de la FUMEC y no pronunciamiento oficial. Ginebra: Federación Universal de Movimientos Estudiantiles Cristianos, septiembre de 1946. Archivo de la FUMEC 213.16.39/2.

———. "The Relationships of the National Student Christian Movements and the WSCF to the Inter-Varsity Fellowship of Evangelical Unions and the International Fellowship of Evangelical Students. Memorandum 2". Ginebra: Federación Universal de Movimientos Estudiantiles Cristianos, agosto de 1947. Archivo de la FUMEC 213.16.39/2.

———. "Statement on the Relationship of the Federation with I.F.E.S.". Documento oficial de posición. Simposio de 1957 para uso de los movimientos estudiantiles cristianos y sus líderes. Ginebra: Federación Universal de Movimientos Estudiantiles Cristianos, 1949. Archivo de la FUMEC 213.16.39/1.

MacLeod, Donald A. *C. Stacey Woods and the Evangelical Rediscovery of the University*. Downers Grove: IVP Academic, 2007.

Malik, Charles Habib. *A Christian Critique of the University*. Waterloo: North Waterloo Academic Press, 1987.

Malley, Brian *How the Bible Works: An Anthropological Study of Evangelical Biblicism*. Walnut Creek: AltaMira, 2004.

Malone, Andrew S. *God's Mediatiors: A Biblical Theology of Priesthood*. NSBT 43. Downers Grove: IVP, 2017.

Manley, G. T., G. C. Robinson y A. M. Stibbs. *New Bible Handbook*. Londres: IVP, 1947.
Marsden, George M. *Fundamentalism and American culture*. 2ª ed. Nueva York: Oxford University Press, 2006.
Mathews, Basil. *John R. Mott, World Citizen*. Nueva York: Harper, 1934.
Maury, Philippe. Letter to Rev. Sverre Magelssen. 14 de febrero de 1956. Archivo de la FUMEC 213.14.76/2.
———. "Document IV and Additional Notes of the 1957 WSCF Symposium". Carta a la Asociación Sudafricana de Estudiantes Cristianos. Diciembre de 1954. Archivo de la FUMEC 211.16.39/1.
———. "Memorandum on IFES. Report on a Meeting with Stacey Woods". Chicago, 21 de diciembre de 1955. Archivo de la FUMEC 213.16.39.
McGrath, Alister E. *The Passionate Intellect: Christian Faith and the Discipleship of the Mind*. Downers Grove: IVP Books, 2014.
McIntosh, Robert. "Missio Dei". En *Evangelical Dictionary of World Missions*, editado por A. Scott Moreau, 631–33. Grand Rapids: Baker, 2000.
McLeod, Hugh. "The Crisis of Christianity in the West: Entering a Post-Christian Era?". En *World Christianities c.1914-c.2000*. Vol. 9 de *The Cambridge History of Christianity*, editado por Hugh McLeod, 323–47. Cambridge: CUP, 2006.
———. "The Religious Crisis of the 1960s". *Journal of Modern European History* 3, nº 2 (2005): 205–29.
———. *The Religious Crisis of the 1960s*. Oxford: Oxford University Press, 2007.
Michaels, J. Ramsey. *1 Peter*. Word Biblical Commentary 49. Waco: Word, 2004.
"Minutes of a Meeting of the General Committee of the IFES". Biblioteca del Regent's Park College, Oxford, 28 de marzo de 1946. BGC Box #193.
"Minutes of Meetings of the Executive Committee of the IFES". Examination Hall, Cambridge, 27 de junio de 1939. Archivos electrónicos del IFES.
"Minutes of the First Meeting of the General Committee to the fully Constituted IFES". Phillips Brooks House, Universidad de Harvard, Cambridge, Massachusetts, 23 de agosto de 1947. BGC Box #193.
"Minutes of the First Meeting of the General Committee of the IFES". Phillips Brooks House, Universidad de Harvard, Cambridge, Massachusetts, 18 de agosto de 1947. BGC Box #193.
"Minutes of Meetings of the Executive Committee of the IFES: Session I". Institut Emmaüs, Vennes-sur-Lausanne, Suiza, 10 de agosto de 1948. BGC Box #193.
"Minutes of the Meeting of the Eighth General Committee of the IFES – 1971". Schloss Mittersill, Austria, 28 de agosto de 1971. Archivos electrónicos de IFES.
"Minutes of the Meeting of the Eleventh General Committee of the IFES ". Ashburnham Place, Battle, Inglaterra, 27 de julio de 1983. Archivos electrónicos de IFES.
"Minutes of the Meeting of the Executive Committee of the IFES". De Witte Hei, Huis Ter Heide, Países Bajos, 19 de abril de 1955. Archivos electrónicos de IFES.
"Minutes of the Meeting of the Executive Committee of the IFES". Branksome Hall, Toronto, Canadá, 31.8–3.9 1956. Archivos electrónicos de IFES.

"Minutes of the Meeting of the Executive Committee of the IFES". Lunteren, Países Bajos; Wuppertal-Barmen, Alemania, 27.8-1.9 1962. Archivos electrónicos de IFES.

"Minutes of the Meeting of the Executive Committee of the IFES". Uppigard, Noruega, 30 de septiembre de 1965. Archivos electrónicos de IFES.

"Minutes of the Meeting of the Executive Committee of the IFES". Casa Moscia, Ascona, Suiza, 30.8-3.9 1968. Archivos electrónicos de IFES.

"Minutes of the Meeting of the Executive Committee of the IFES". Sanden Bjerggard, Dinamarca, septiembre de 1972. Archivos electrónicos de IFES.

"Minutes of the Meeting of the Executive Committee of the IFES". Schloss Mittersill, Austria, 30.8-3.9 1973. Archivos electrónicos de IFES.

"Minutes of the Meeting of the Executive Committee of the IFES". Oak Hill College, Londres, Inglaterra, 20 de septiembre de 1976. Archivos electrónicos de IFES.

"Minutes of the Meeting of the Executive Committee of the IFES". Charney Manor, Oxon, Inglaterra, 28.9-3.10 1977. Archivos electrónicos de IFES.

"Minutes of the Meeting of the Executive Committee of the IFES". Raglan, Nueva Zelanda, 18 de agosto de 1978. Archivos electrónicos de la IFES.

"Minutes of the Meeting of the Executive Committee of the IFES". London Bible College, Northwood, Inglaterra, agosto de 1988. Archivos electrónicos de IFES.

"Minutes of the Meeting of the Executive Committee of the IFES". Centro cristiano Tao Fong Shan, Hong Kong, 25 de julio de 1989. Archivos electrónicos de la IFES.

"Minutes of the Meeting of the Executive Committee of the IFES". Centro de formación Hald, Mandal, Noruega, 28.7-1.8 1992. Archivos electrónicos de IFES.

"Minutes of the Meeting of the Executive Committee of the IFES". Oak Hill College, Londres, Inglaterra, 25.7-31.7 1993. Archivos electrónicos de IFES.

"Minutes of the Meeting of the Executive Committee of the International Fellowship of Evangelical Students". Centre des métiers de l'électricité, Bingerville, Costa de Marfil, 29 de julio de 1994. Archivos electrónicos de IFES. Actas del CE 1994.

"Minutes of the Meeting of the Executive Committee of the IFES". Urbana, Illinois, EE UU, 6 de enero de 1997. Archivos electrónicos de IFES.

"Minutes of the Meeting of the Executive Committee of the IFES". Bischofsheim, Alemania, 28.6-3.7 1998. Archivos electrónicos del IFES.

"Minutes of the Meeting of the Fourteenth General Committee of the IFES". Centro del Banco Comercial de Kenia, Nairobi, Kenia, 22.6-2.7 1995. Archivos electrónicos de IFES.

"Minutes of the Meeting of the Fifteenth General Committee of the IFES". Hyundai Learning Center, Yong-In, Corea del Sur, 23 de julio de 1999. Archivos electrónicos de IFES.

"Minutes of the Meeting of the General Committee of the IFES". Redeemer University College, Ancaster, Ontario, 18 de julio de 2007. Archivos electrónicos de IFES.

"Minutes of the Meeting of the Incoming Executive Committee of the IFES". Kwang Lim, Corea del Sur, 26 de julio de 1999. Archivos electrónicos de IFES. Nuevas actas del CE 1999.

"Minutes of the Meeting of the Out-Going Executive Committee of the IFES". Hyundai Learning Center, Seúl, Corea del Sur, 14 de julio de 1999. Archivos electrónicos de IFES. Actas del CE 1999.

"Minutes of the Meeting of the Retiring Executive Committee of the IFES". Phillips Brooks House, Universidad de Harvard, Cambridge, Massachusetts, 18 de agosto de 1947. BGC Box #193.

"Minutes of the Meeting of the Sixth General Committee of the IFES". Nyack, Nueva York, 1963. Archivos electrónicos de IFES.

"Minutes of the Meeting of the Seventh General Committee of the IFES". Wuppertal-Barmen, Alemania, 1967. Archivos electrónicos de IFES.

"Minutes of the Meeting of the Tenth General Committee of the IFES – 1979". Hurdal Verk, Noruega, 27 de julio de 1979. Archivos electrónicos de IFES.

"Minutes of the Meeting of the Twelfth General Committee of the IFES". El Hostal Duruelo, Boyacá, Colombia, 30.8–8.9 1987. Archivos electrónicos de la IFES.

"Minutes of the Newly-Elected Executive Committee Meeting of the IFES". Ashburnham Place, Battle, Inglaterra, 27 de julio de 1983. Archivos electrónicos de IFES.

"Minutes of the North Atlantic Zone Committee of the IFES". Grundtvigs Höjskole, Frederiksborg, Hillerød, Dinamarca: Actas CE 58, agosto de 1958.

Moberg, David O. *The Great Reversal: Evangelism versus Social Concern*. Londres: Scripture Union, 1973.

"The Moratorium Debate". *International Review of Mission* 64, n° 254 (1975): 148–64.

Morder, Robi. "Années 1960 : crise des jeunesses, mutations de la jeunesse". *Matériaux pour l'histoire de notre temps* 74 (2004): 62–69.

Morris, Jeremy. "Edinburgh 1910–2010: A Retrospective Assessment". *Ecclesiology*, septiembre de 2011.

Mott, John Raleigh. *Liberating the Lay Forces of Christianity*. Nueva York: Macmillan, 1932.

———. *The World's Student Christian Federation: Origin, Achievements, Forecast; Achievements of the First Quarter-Century of the World's Student Christian Federation and Forecast of Unfinished*. [¿Londres?]: World's Student Christian Federation Federación, 1920.

Muthiah, Robert A. *The Priesthood of All Believers in the Twenty-First Century: Living Faithfully as the Whole People of God in a Postmodern Context*. Kindle. Eugene: Wipf & Stock, 2009.

Napon, Moïse. "Holistic Ministry". Centre des métiers de l'électricité, Bingerville, Costa de Marfil, mayo de 1994. Archivos electrónicos de IFES. Actas del CE 1994, Apéndice LM.

———. "Ministry amongst Past Members of the GBU". London Bible College, Northwood, Inglaterra, agosto de 1988. Archivos electrónicos de IFES.

Neill, Stephen. "Introduction". En *The Layman in Christian History: A Project of the Department of the Laity of the World Council of Churches*, por Hans Ruedi Weber y Stephen Neill, 15–27. Londres: MEC, 1963.

Nelson, Warren. *T. C. Hammond: Irish Christian; His Life and Legacy in Ireland and Australia*. Edimburgo: Banner of Truth Trust, 1994.

Newbigin, Lesslie. "X-Ray to Make God Visible in the World". *Reform*, 1990:7

Newman, John Henry. *Idea of a University*. Londres: Longmans, Green & Co., 1852.

Niringiye, David Zac. "Beyond Pioneering". Documento de debate, mayo de 1996. Archivo IFES, Oxford.

———. *The Church: God's Pilgrim People*. Downers Grove: IVP Academic, 2015.

———. "Parachurch Organizations and Student Movemnts". Presentado en Christianity in Africa in the 1990s, Universidad de Edimburgo, mayo de 1990.

———. "Towards an Understanding of Our Ehtos: Some Reflections". Consulta al personal superior, 2000. Archivo IFES, Oxford.

Noll, Mark A. "Common Sense Traditions and American Evangelical Thought". *American Quarterly* 37, n° 2 (1985): 216–38.

———. *Jesus Christ and the Life of the Mind*. Grand Rapids: Eerdmans, 2011.

———. *The Scandal of the Evangelical Mind*. Grand Rapids: Eerdmans, 1994.

Okholm, Dennis L., Laura C. Miguélez y Vincent Bacote. *Evangelicals & Scripture: Tradition, Authority and Hermeneutics*. Downers Grove: InterVarsity Press, 2004.

Olofin, Samuel. "Pentecostals, Evangelicals and Charismatics". Centre des métiers de l'électricité, Bingerville, Costa de Marfil, mayo de 1994. Archivos electrónicos de IFES. Actas del CE 1994, Apéndice L2.

Osei-Mensah, Gottfried. "Integration Point: Against Dichotomy". *En Touch* 1 (1974).

Ott, Craig. "Conclusion". En *Globalizing Theology: Belief and Practice in an Era of World Christianity*, editado por Craig Ott y Harold A. Netland, 309–36. Grand Rapids: Baker, 2006.

Oxbrow, Mark. "Pentecost and the World: Roland Allen, the Spirit and the Remodeling Twenty-First Century Mission". *International Bulletin of Mission Research* 44, no. 3 (julio de 2020): 215–32.

Paas, Stefan *Pilgrims and Priests: Christian Mission in a Post-Christian Society*. Londres: MEC, 2019.

Packer, J. I. *Keep Yourselves from Idols*. London: Church Book Room, 1963.

Padilla, C. René. "Evangelism and the World". En *Let the Earth Hear His Voice*, editado por J. D. Douglas, 116–133. Minneapolis: World Wide Publications, 1975.

———. "Introduction: Una eclesiología para la misión integral". En *La iglesia local, agente de transformación: An Ecclesiology for Integral Mission*, editado por C. René Padilla y Tetsunao Yamamori, 19–49. Buenos Aires: Ediciones Kairós, 2004.

———. "My Theological Pilgrimage". En *Shaping a Global Theological Mind*, editado por Darren C. Marks, 127–37. Aldershot: Ashgate, 2008.

———. "The Roads to Freedom: Liberation Theology". *En Touch* 2 (1979): 7.

———. "Student Witness in Latin America Today". *IFES Journal* 2 (1966): 11–21.

Padilla, C. René, y Tetsunao Yamamori, eds. *La iglesia local como agente de transformación: una eclesiología para la misión integral*. Buenos Aires: Ediciones Kairós, 2003.

Papa Juan Pablo II. "*Christifideles Laici*". Exhortación postsinodal sobre la vocación y la misión de los fieles laicos en la Iglesia y en el mundo. Roma, 1988.

Papa Pablo VI. "*Ad Gentes*". Decreto sobre la actividad misionera de la Iglesia. Roma, Vaticano II, 1965.

———. "*Apostolicam Actuositatem*". Decreto sobre el Apostolado de los Laicos. Decreto del Vaticano II. Roma, 1965.

Payne, J. D. "Roland Allen, Missiology and the Ministry of Expansion". En *The Ministry of Expansion: The Priesthood of the Laity*, de Roland Allen, editado por J. D. Payne, 133-375 Kindle loc. Pasadena: Biblioteca William Carey, 2017.

Pelikan, Jaroslav Jan. *The Christian Tradition: A History of the Development of Doctrine*. 4 vols. Chicago: University of Chicago Press, 1987-94.

Pellowe, John. *The Church at Work: A Manual for Excellent Church-Agency Relations*. Elmira: Canadian Council of Christian Charities, 2012.

———. "Leading Ministries into Christian Community: A Practical Theology for Church-Agency Relations ". Tesis doctoral, Seminario Gordon-Conwell, 2008.

Perdomo, Lic Edgar Alan. "Una descripción histórica de la teología evangélica latinoamericana (Segunda de dos partes)". *Kairos* 3 (2003): 83-116.

Plantinga, Alvin C. "On Christian Scholarship". En *Christian Scholarship in the Twenty-First Century: Prospects and Perils*, editado por Thomas M. Crisp, Steven L. Porter y Gregg Ten Elshof, 18-33. Grand Rapids: Eerdmans, 2014.

Plantinga, Cornelius *Engaging God's World: A Christian Visionof Faith, Learning, and Living*. Grand Rapids: Eerdmans, 2002.

Pollack, Detlef, y Gert Pickel. "Religious Individualization or Secularization". En *The Rol of Religion in Modern Societies*, editado por Detlef Pollack y Daniel V. A. Olson, 191-220. Nueva York: Routledge, 2008.

Pollock, John. *A Cambridge Movement*. London: John Murray, 1953.

Potter, Philip, y Thomas Wieser. *Seeking and Serving the Truth: The First Hundred Years of the World Student Christian Federation*. Ginebra: World Council of Churches, 1996.

Preston, Ronald. "The Collapse of the SCM". *Theology* 89, nº 732 (1986): 431-40.

"Procès-verbal de l'assemblée annuelle du Conseil des GBEU de Suisse romande ; Discussion du soir". Vennes-sur-Lausanne, 24 de febrero de 1962. Conseil&Co. 1957-62, Archivos de GBEU Suiza.

"Proposals Presented to the General Committee". Centro del Banco Comercial de Kenia, Nairobi, Kenia, 22.6-2.7 1995. Archivos electrónicos de IFES.

Prudente, Adrienne. "Histoire des Groupes Bibliques Universitaires (GBU) en Suisse romande (de 1937 à 1953). Ou des stratégies pour une évangélisation efficace des étudiants". Tesis de máster, Universidad de Lausana, 2004.

Quebedeaux, Richard. *The Worldly Evangelicals*. San Francisco: Harper & Row, 1980.

Ramachandra, Vinoth. "El testigo cristiano en la Universidad: Integridad, encarnación y diálogo en las universidades actuales". *Palabra y Mundo* 4 (5 dic. 2017). https://ifesworld.org/wp-content/uploads/2019/08/IFES-Palabra-y-Mundo-Número-4-Serán-mis-testigos.pdf

———. "Some Reflections on 'Indigeneity' and 'Autonomy' in IFES". Hyundai Learning Center, Seúl, Corea del Sur, junio de 1999. Archivos electrónicos de IFES. Antiguas actas del CE 1999, Apéndice.

Regent College, Admisiones y Finanzas. "Tuition Discounts". Consultado el 14 de julio de 2020. https://www.regent-college.edu/admissions-finance/costs/tuition-discounts.

Reimer, S. "Higher Education and Theological Liberalism: Revisiting the Old Issue". *Sociology of the Religion* 71, no. 4 (3 de junio de 2010): 393–408.

"Report of the Commission on Evangelism". Grupos de trabajo de la Consulta Ecuménica de la FUMEC de 1956. Céligny, 1956. Archivo de la FUMEC 213.16.39/2.

"Report of the Commission on the Student Christian Community in the University". Grupos de trabajo de la Consulta Ecuménica de la FUMEC de 1956. Céligny, 1956. Archivo de la FUMEC 213.16.39/2.

"Report of the Commission on Truth and Doctrine". Grupos de trabajo de la Consulta Ecuménica de la FUMEC de 1956. Céligny, 1956. Archivo de la FUMEC 213.16.39/2.

"Report on the Working Party Held on Suggestions for Our Behaviour toward Communism". Nyack, Nueva York: Comité General de IFES 1963. Archivos electrónicos de IFES. Actas del CG 1963, Apéndice H.

Richardson, Cyril Charles, ed. *Early Christian Fathers*. Filadelfia: Westminster, 1953.

Robert, Dana L. *Christian Mission: How Christianity Became a World Religion*. Hoboken: Wiley & Sons, 2009.

———. "The Origin of the Student Volunteer Watchword: 'The Evangelization of the World in this Generation". *International Bulletin of Mission Research* 10, no. 4 (oct. 1986): 146–49.

———. "Shifting Southward: Global Christianity since 1945". *International Bulletin of Mission Research* 24, n° 2 (2000): 50–54.

Roberts, Vaughan. "Refraining the UCCF Doctrrinal Basis". *Theology* 95, n° 768 (1 nov. 1992): 432–46.

Robinson, John A. T. *Honest to God*. Londres: MEC, 1963.

———. *Layman's Church*. Londres: Lutterworth, 1963.

Root, Michael. "Freedom, Authority, and the Priesthood of All Believers". En *Critical Issues in Ecclesiology: Essays in Honor of Carl E. Braaten*, editado por Alberto L. García y Susan K. Wood, 88–104. Grand Rapids: Eerdmans, 2011.

Rouse, Ruth. *The World's Student Christian Federation: A History of the First Thirty Years*. Londres: MEC, 1948.

Rutt, Steven. "Background and Overview of the Ministry of Expansion". En *The Ministry of Expansion: The Priesthood of the Laity*, de Roland Allen, editado por J. D. Payne. Kindle. Pasadena: Biblioteca William Carey, 2017.

———. *Roland Allen: A Missionary Life*. Cambridge: Lutterworth, 2018.

———. *Roland Allen II: A Theology of Mission*. Cambridge: Lutterworth, 2018.

———. "Roland Allen's Apostolic Principles: An Analysis of His 'The Ministry of Expansion'". *Transformation* 29, no. 3 (2012): 225-43.

Salinas, Daniel. *Teología con Alma latina: el pensamiento evangélico en el siglo XX*. (Lima: Ediciones PUMA, 2018)

Sanneh, Lamin O. *Translating the Message: The Missionary Impact on Culture*. Maryknoll: Orbis, 1989.

———. *Whose Religion Is Christianity? The Gospel beyond the West*. Grand Rapids: Eerdmans, 2003.

Scheitle, Christopher P. *Beyond the Congregation: The World of Christian Nonprofits*. Nueva York: Oxford University Press, 2010.

Schreiter, Robert J. "From the Lausanne Covenant to the Cape Town Commitment: A Theological Assessment". *International Bulletin of Mission Research* 35, n° 2 (2011): 88-90, 92.

Scruggs, Lane. "Evangelicalism and Ecumenism: The World Evangelical Alliance and Church Unity". *Fides et Historia* 49, n° 1 (2017): 85-103.

"Second Draft of Global IFES Plan July 1999 – July 2003". Bischofsheim, Alemania, 28.6-3.7 1998. Archivos electrónicos de IFES. Actas del CE de 1998, Apéndice I.

Selles, Johanna M. *The World Student Christian Federation, 1895-1925: Motives, Methods, and Influential Women*. Eugene: Pickwick, 2011.

Sharma, Sonya. "Navigating Religion between University and Home". *Social & Cultural Geography* 14, n° 1 (2013): 59-79.

Shaw, R. Daniel. "Beyond Contextualization: Toward a Twenty-First-Century Model for Enabling Mission". *International Bulletin of Mission Research* 34, no. 4 (oct. 2010): 208-15.

Shedd, Clarence. *Two Centuries of Student Christian Movements: Their Origin and Inter-Collegiate Life*. Nueva York: Association Press, 1934.

Shinn, Ruth E. "The International Fellowship of Evangelical Students (Inter-Varsity): Its Role in the Ecumenical Life of Christian Student Movements". Tesis de licenciatura, Yale Divinity School, 1955. Archivo de la FUMEC 213.16.39/2.

Skaaheim, Anfin. "IFES and a Global Strategy for Mission Work among Students". Documento de debate. Centro Yahara, Madison, EE.UU., 21 de abril de 1985. Archivos electrónicos de IFES. Actas del CE 1985, Apéndice.

Skreslet, Stanley. "Thinking Missiologically about the History of Mission". *International Bulletin of Mission Research* 31, n° 2 (1 abr. 2007): 59-65.

SMD. *Rechenschaft geben von unserer Hoffnung: Festschrift zum 50jährigen Bestehen der Studentenmission in Deutschland*. Marburg: SMD, 1999.

Smith, Christian, y Patricia Snell. *Souls in Transition: The Religious and Spiritual Lives of Emerging Adults*. Oxford: OUP Premium, 2009.

Smith, James K. A. 'Loving the University: Engaging the Big Questions on Your Campus'. Emerging Scholars Blog, 20 de febrero de 2023. https://blog.emergingscholars.org/2023/02/loving-the-university-engaging-the-big-questions-on-your-campus/.

Sng, Bobby. "Unity and Diversity in IFES". Consulta al personal superior, mayo de 1998. Archivo IFES, Oxford. Documentos de la SSC 98.

Snyder, Howard A. "The Church as God's Agent in Evangecalism: Conference Presentation". En *Let the Earth Hear His Voice: Official Referencce Volume, Papers and Responses*, editado por el Congreso Internacional sobre la Evangelización Mundial y J. D. Douglas, 352–60. Minneapolis: World Wide Publications, 1975.

———. "The Church as God's Agent in Evangelism: Working Paper". En *Let the Earth Hear His Voice: Official Referencce Volume, Papers and Responses*, editado por el Congreso Internacional sobre la Evangelización Mundial y J. D. Douglas, 327–51. Minneapolis: World Wide Publications, 1975.

———. *Liberating the Church: The Ecology of Church and Kingdom*. Downers Grove: IVP, 1983.

Sommerville, C. John. *Religious Ideas for Secular Universities*. Grand Rapids: Eerdmans, 2009.

Spener, Philipp Jacob. *Pia desideria oder herzliches Verlangen nach gottgefälliger Besserung der wahren evangelischen Kirche, nebst einigen dahin abzweckenden christlichen Vorschlägen*. Original en 1675. Leipzig: Köhler, 1841.

Spies, Gernot, y Achim Schowalter. „Der Hochschul-SMD-Leitfaden zur Feier des Abendmahls in SMD-Gruppen". s.f. Documento interno de formación.

Stacey, Vivienne, ed. *Mission Ventured: Dynamic Stories across a Challenging World*. Leicester: IVP, 2001.

Stackhouse, John G. *Canadian Evangelicalism in the Twentieth Century: An Introduction to Its Character*. Toronto: University of Toronto Press, 1993.

———. "Engaging the University: The Vocation of Campus Ministry". John G. Stackhouse, Jr. (blog), 2007. https://www.johnstackhouse.com/post/engaging-the-university.

———. *Evangelical Landscapes: Facing Critical Issues of the Day*. Grand Rapids: Baker Academic, 2002.

Stallings, Robert A. "Patterns of Belief in Social Movements: Clarifications from an Analysis of Environmental Groups". *The Sociological Quarterly* 14, no. 4 (1973): 465–80.

Stamoolis, James. "An Evangelical Position on Ecclesiology and Mission". *International Review of Mission* 90, no. 358 (1 de julio de 2001): 309–16.

Stanley, Brian *Christianity in the Twentieth Century: A World History*. Princeton: Princeton University Press, 2018.

———. "Conversion to Christianity: The Colonization of the Mind?" *International Review of Mission* 92, no. 366 (1 de julio de 2003): 315–31.

———. *The Global Diffusion of Evangelicalism: The Age of Billy Graham and John Stott.* Vol. 5 de *A History of Evangelicalism.* 5 vols. Downers Grove: IVP, 2013.

———. "'Lausanne 1974': The Challenge from the Majority World to Northern-Hemisphere Evangelicalism". *Journal of Ecclesiastical History* 64, no. 3 (2013): 533-51.

Brian Stanley y Alaine Low, eds. *Missions, Nationalism, and the End of Empire.* Grand Rapids: Eerdmans, 2003.

Stark, Rodney. *The Rise of Christianity: A Sociologist Reconsiders History.* Princeton: Princeton University Press, 1996.

Steensland, Brian, y Philip Goff, eds. *The New Evangelical Social Engagement.* Oxford: OUP, 2013.

Stott, John *Christ the Controversialist.* Downers Grove: IVP, 1970.

———. "Evangelical Essentials: Plenary Address to IFES WA 1999". Hyundai Learning Center, Yong-In, Corea del Sur, 23 de julio de 1999. Archivos electrónicos de IFES. Ponencias GC 1999.

———. *Evangelical Truth: A Personal Plea for Unity, Integrity and Faithfulness.* Downers Grove: InterVarsity Press, 2003.

———. *One People.* Downers Grove: InterVarsity Press, 1971.

———. "The Significance of Lausanne". *International Review of Mission* 64, n° 255 (julio de 1975): 288-94.

———. *Your Mind Matters: The Place of the Mind in the Christian Life.* Downers Grove: IVP, 1973.

Stringfellow, William. *An Ethic for Christians and Other Aliens in a Strange Land.* Waco: Word, 1973.

Students' Christian Organization (SCO) South Africa. "Statement of Faith". Consultado el 21 de mayo de 2020. https://web.archive.org/web/20210621163925/https://www.sco.org.za/statement-of-faith/.

Sundkler, Bengt, y Christopher Steed. *A History of the Church in Africa.* Cambridge: CUP, 2001.

Swann, John T. "Priests". En *The Lexham Bible Dictionary*, editado por John D. Barry. Bellingham: Lexham, 2016.

Tatlow, Tissington. *The Story of the Students Christian Movement of Great Britain and Ireland.* Londres: MEC, 1933.

Taylor, Charles. *A Secular Age.* Cambridge: Harvard University Press, 2007.

"T2. Oral History Interview with René Padilla". Transcripción de cinta de audio. Vol. 2. 4 vols. "Colección 361 Entrevistas de Historia Oral con C. René Padilla". Wheaton College, 1987. https://archives.wheaton.edu/repositories/4/archival_objects/238467.

Thacker, Justin, y Susannah Clark. "A Historical and Theological Exploration of the 1910 Disaffiliation of the Cambridge Inter-Collegiate Christian Union from the Student Christian Movement. Documento de conferencia inédito". Evangelicalism and Fundamentalism in Britain, Oxford, 2008.

Tomlin, Graham. *The Widening Circle: Priesthood as God's Way of Blessing the World.* Londres: SPCK, 2014.

Torrey, Reuben Archer. *What the Bible Teaches: A Thorough and Comprehensive Study of What the Bible Has to Say Concerning the Great Doctrines of Which It Treats.* Nueva York: Fleming H. Revell, 1898.

Treloar, Geoffrey *The Disruption of Evangelicalism: The Age of Torrey, Mott, McPherson and Hammond.* 5 vols. Londres: IVP, 2016.

———. "Hammond, Thomas Chatterton". En *Biographical Dictionary of Evangelicals*, editado por Timothy Larsen, 286-87. Leicester: IVP, 2003.

———. "T. C. Hammond the Controversialist." *Anglican Historical Society Diocese of Sydney Journal* 51, n° 1 (2006): 20-35.

Trueman, Carl R. *The Real Scandal of the Evangelical Mind.* Chicago: Moody, 2011.

Turner, John G. *Bill Bright and Campus Crusade for Christ: The Renewal of Evangelicalism in Postwar America.* Chapel Hill: University of North Carolina Press, 2008.

UCCF. "Doctrinal Basis". Consultado el 9 de mayo de 2020. https://www.uccf.org.uk/about/doctrinal-basis.htm.

Van Aarde, Timothy A. "The Missional Church Structure and the Priesthood of All Believers (Ephesians 4:7-16) in the Light of the Inward and Outward Function of the Church". *Verbum et Ecclesia* 38, n° 1 (31 de enero de 2017).

Van den Toren, Benno. "Can We See the Naked Theological Truth? ". En *Local Theology for the Global Church: Principles for an Evangelical Approach to Contextualization*, editado por Matthew Cook, Rob Haskell, Ruth Julian y Natee Tanchanpongs, 91-108. Pasadena: Biblioteca William Carey, 2010.

Vaux, Roland de. *Ancient Israel: Its Life and Institutions.* Londres: Darton, 1961.

VBG. „Geistliche Leitlinien: Leitlinien der VBG". 25 de marzo de 2017. https://wp.vbg.net/spirituelle-traditionen/.

Village, Andrew *The Bible and Lay People: An Empirical Approach to Ordinary Hermeutics.* Explorations in Practical, Pastoral, and Empirical Theology. Aldershot: Ashgate, 2007.

Voelkel, Jack. *Student Evangelism in a World of Revolution.* Contemporary Evangelical Perspectives. Grand Rapids: Zondervan, 1974.

Volf, Miroslav. *After Our Likeness: The Church as the Image of the Trinity.* Grand Rapids: Eerdmans, 1998.

———. "Soft Difference: Theological Reflections on the Relation between Church and Culture un 1 Peter."*Ex Auditu* 10 (1994). http://www.pas.rochester.edu/~tim/study/Miroslav%20Volf%201%20Peter.pdf.

Volz, Verna Claire. "The InterVarsity Christian Fellowship and the Lacks in the Student Christian Movement Program Which Its Rise Reveals". Ensayo de maestría encargado por la Comisión de Programas del Consejo Nacional Cristiano Intercolegial (YMCA), Union Theological Seminary, 1945. Archivo de la FUMEC 213.14.66/1.

Voss, Henry J. "The Priesthood of All Believers and the *Missio Dei*: A Canonical, Catholic, and Contextual Perspective". Tesis doctoral, Wheaton, 2013.
Walls, Andrew F. "Christianity in the Non-Western World". En *The Cross-Cultural Process in the Christian History: Studies in the Transmission and Appropiation of Faith*, 27-48. Maryknoll: Orbis, 2002.
———. *The Cross-Cultural Process in Christian History: Studies in the Transmission and Appropiation of Faith*. Maryknoll: Orbis, 2002.
———. "Globalization and the Study of Christian History". En *Globalizing Theology: Belief and Practice in an Era of World Christianity*, editado por Craig Ott y Harold A. Netland, 70-82. Grand Rapids: Baker, 2006.
———. "The Gospel as Prisoner and Liberator of Culture". En *The Missionary Movement in Christian History: Studies in the Transmission of Faith*, 3-15. Maryknoll: Orbis, 1996.
———. "The Missionary Movement of Lay Fiefdom?". En *The Rise of the Laity in Evangelical Protestantism*, editado por Deryck W. Lovegrove, 167-86. Londres: Routledge Chapman & Hall, 2002.
———. *The Missionary Movement in Christian History: Studies in the Transmission of Faith*. Maryknoll: Orbis, 1996.
Walsh, Michael. "The Religious Ferment of the Sixties". En *World Christianities c.1914-c.2000*. Vol. 9 de *The Cambridge History of Christianity*, editado por Hugh McLeod, 304-22. Cambridge: Cambridge University Press, 2006.
Walton, John H. *Ancient Near Eastern Thought and the Old Testament: Introducing the Conceptual World of the Hebrew Bible*. Grand Rapids: Baker, 2006.
———. *The Lost World of Genesis One*. Downers Grove: IVP, 2009.
Ward, Pete *Participation and Mediation: A Practical Theology for the Liquid Church*. Londres: MEC, 2008.
Warner, Rob. "Evangelical Bases of Faith and Fundamentalizing Tendencies". En *Evangelicalism and Fundamentalism in the United Kingdom During the Twentieth Century*, editado por David Bebbington y David Ceri Jones, 328-47. Oxford: OUP, 2013.
Watkin, Christopher. *Biblical Critical Theory: How the Bible's Unfolding Story Makes Sense of Modern Life and Culture*. Grand Rapids: Zondervan Academic, 2022.
Webster, Warren W. "The Messenger and Mission Societies." En *Perspectives on the World Christian Movement: A Reader*, editado por Ralph D. Winter, 763-69. Pasadena: Biblioteca William Carey, 1981.
Wellings, Martin *Evangelicals Embattled: Responses of Evangelicals in the Church of England to Ritualism, Darwinism and Theological Liberalism 1890-1930*. Carlisle: Paternoster, 2003.
Wells, Robin. "A Work amongst Graduates for a Student Movement?" London Bible College, Northwood, Middlesex, Inglaterra, agosto de 1988. Archivos electrónicos de IFES.

White, Jerry E. *The Church and the Parachurch: An Uneasy Marriage*. Portland: Multnomah, 1983.
Willaime, Jean-Paul. "La formule d'adhésion, la déclaration de foi et le problème ecclésiologique du protestantisme : un point de vue sociologique". En *Vers l'unité pour quel témoignage ? La restauration de l'unité Réformée (1933-1938)*, editado por Jean Baubérot, 288-304. París: Les Bergers et les Mages, 1982.

———. *La précarité protestante : sociologie du protestantisme contemporain*. Histoire et Société 25. Ginebra: Labor et Fides, 1992.

Williams, Alex. *Holy Spy*. Budapest: Harmat, 2003.

Williams, Clifford. *The Life of the Mind: A Christian Perspective*. Grand Rapids: Baker Academic, 2002.

Willmer, Wesley Kenneth, J. David Schmidt y Martyn Smith. *The Prospering Parachurch: Enlarging the Boundaries of God's Kingdom*. San Francisco: Jossey-Bass, 1998.

Winter, Ralph D. "The Two Structures of God's Redemptive Mission". *Missiology: An International Review* 2, n° 1 (1 de enero de 1974): 121-39.

Wisløff, Carl F. "The Doctrinal Position of the IFES". *IFES Journal* 3 (1963): 1-6.

———. *I Know in Whom I Believe: Studies in Bible Doctrine*. Original noruego de 1946. Minneapolis: AFLC Seminary Press, 1983.

Woods, C. Staccy. "Biblical Principles for Unity and Separation". *IFES Journal* 20, no. 3 (1967): 2-5.

———. "Evangelical Unions and the Church". *IFES Journal* 10, no. 3 (1957): 3-5.

———. "God's Initiative and Ours". *IFES Journal* 1 (1966): 2-4.

———. *The Growth of a Work of God: The Story of the Early Days of the Inter-Varsity Christian Fellowship of the United States of America as Told by the First General Secretary*. Downers Grove: IVP, 1978.

———. "The IFES Doctrinal Basis". *IFES Journal* 25, no. 3 (1971): 10-11.

———. "IFES History Draft". Manuscrito inédito. Lausana, 1977.

———. "The Inner-Directed Christian". *IFES Journal* 1 (1966): 17-19.

———. "The Medium is the Message". *IFES Journal* 21, n° 1 (1968): 8-10.

———. "Memorandum on Charismatic Gifts". Septiembre de 1970. Archivos electrónicos de IFES.

———. "Perspectives and Priorities in the 1970s". *IFES Journal* 23, n° 2 (1970): 1-4.

———. "Report of the General Secretary". Schloss Mittersill, Austria, 1971. Archivos electrónicos de IFES. Actas del CG 1971, Apéndice A.

———. "Report of the General Secretary to the Seventh General Committee of the IFES". Wuppertal-Barmen, Alemania, 1967. Archivos electrónicos de IFES. Actas del CE de 1967, Apéndice B.

———. *Some Ways of God*. Downers Grove: InterVarsity Press, 1975.

———. "Student Work: Strategy and Tactics". *IFES Journal* 1 (1966): 13-16.

———. "Take Heed undo Doctrine". *IFES Journal* 1 (1955): 14-16.

World Council of Churches. "Baptism, Eucharist and Ministry". Documento de Fe y Constitución n°. 111. Ginebra, 1982. https://www.oikoumene.org/resources/

documents/baptism-eucharist-and-ministry-faith-and-order-paper-no-111-the-lima-text.

World Council of Churches. Comisión de Misión Mundial y Evangelización. "Mission in the Context of the Empire: Putting Justice at the Heart of Faith ". *International Review of Mission* 101, n° 1 (abr. 2012): 195–211.

World's Student Christian Federation. "The Relationships of the World's Student Federation and Student Christian Movements with the International Fellowship of Evangelical Students and Inter-Varsity Fellowships". Simposio para uso de los Movimientos Estudiantiles Cristianos y sus líderes. Ginebra: Federación Universal de Movimientos Estudiantiles Cristianos, 1957. Archivo de la FUMEC 211.16.39/1.

Wright, Christopher J. H. *Knowing Jesus through the Old Testament*. Downers Grove: IVP, 2014.

———. *The Mission of God. Unlocking the Bible's Grand Narrative*. Downers Grove: IVP Academic, 2006.

Yri, N. "Wisløff Carl Fredrik". En *New Dictionary of Theology*, editado por Sinclair B. Ferguson, David F. Wright y J. I. Packer, 726. Downers Grove: IVP, 1988.

Zald, Mayer N. "Theological Crucibles: Social Movements in and of Religion". *Review of Religious Research* 23, no. 4 (1982): 317–36.

Langham Literature y sus sellos editoriales son parte del ministerio de
Langham Partnership.

Langham Partnership es un comunidad global que trabaja para actualizar la visión que el Señor confió a su fundador John Stott – la visión de

facilitar el crecimiento de la iglesia en madurez y en semejanza al carácter de Cristo por medio de la mejora de los estándares de la predicación y la enseñanza bíblicas.

Nuestra visión es que las iglesias del mundo mayoritario sean equipadas para la misión y crezcan hacia la madurez en Cristo por medio del ministerio de pastores y líderes que creen, enseñan y viven de acuerdo a la Palabra de Dios.

Nuestra misión es fortalecer el ministerio de la Palabra de Dios:
- fortaleciendo movimientos nacionales de predicación bíblica
- favoreciendo la creación y distribución de literatura evangélica
- elevando el nivel de la educación teológica evangélica, especialmente en países donde las iglesias carecen de recursos.

Nuestro ministerio

Langham Preaching se asocia con líderes nacionales que estimulan movimientos locales de predicación bíblica para pastores y predicadores laicos en el mundo entero. Con el apoyo de un equipo de capacitadores provenientes de diversos países, se desarrolla un programa de talleres a diversos niveles que proveen capacitación práctica, seguido de un programa que busca formar facilitadores locales. Los grupos locales de predicación (escuelas de expositores), que son redes nacionales y regionales, se encargan de dar continuidad a los programas y de impulsar su desarrollo con el fin de construir un movimiento sólido y comprometido con la exposición bíblica.

Langham Literature provee a los pastores, académicos y seminarios del mundo mayoritario libros evangélicos y recursos electrónicos mediante su publicación y distribución, y por medio de becas y descuentos. El programa también auspicia la producción de literatura evangélica autóctona en diversos idiomas mediante becas para escritores, con apoyos para casas editoriales evangélicas, y por medio de la inversión en proyectos importantes de literatura en las regiones, como por ejemplo los comentarios bíblicos a un solo volumen como el *Africa Bible Commentary* (Comentario Bíblico Africano) y el *South Asia Bible Commentary* (Comentario Bíblico del Sureste Asiático).

Langham Scholars provee respaldo económico para estudiantes evangélicos del mundo mayoritario a nivel doctorado, de modo que, cuando regresen a su país de origen, puedan formar a pastores y a otros líderes cristianos por medio de la enseñanza bíblica y teológica. Este programa forma a los que más adelante formarán a otros. Langham Scholars también trabaja en colaboración con seminarios del mundo mayoritario para fortalecer la educación teológica evangélica. Un número creciente de becados de Langham estudia programas doctorales de alta calidad en instituciones del mundo mayoritario. Además de enseñar a una nueva generación de pastores, los graduados del programa de becas Langham ejercen una influencia considerable a través de sus escritos y su liderazgo.

Para conocer más acerca de Langham Partnership y el trabajo que realizamos visita **langham.org**

www.ingramcontent.com/pod-product-compliance
Lightning Source LLC
Chambersburg PA
CBHW052010290426
44112CB00014B/2181